祝贺滕多俊先生八十华诞

漆多俊先生八十华诞祝寿文集

国家调节说的传承与发展

王 健　李 刚　主编

法律出版社 | LAW PRESS

第九届经济法博士论坛
暨经济法再分配功能学术研讨会
2007.10 杭州

热烈欢迎九七级校友返校

前　言

二〇一七年九月十四日为恩师漆多俊先生八十华诞。

先生是我国著名法学家。其主要研究领域是经济法学,同时在法理学、政治学和经济学领域也有很深的造诣。先生是《当代中国法学名家》首批收录的著名法学家,是影响中国法治建设进程的百位法学家。先生从教经历堪称传奇。从中学教员(湖北沔阳县中学)到中专教师(武汉市司法学校),然后到大学老师(武汉大学和中南大学),完成了常人眼里不可思议的飞跃。但学生以为,先生的成功不是偶然的,之所以能得到更高层次学校的垂青并屡创佳绩,是因为先生的身上有着常人并不具备的忧国忧民的情怀、博大精深的思想和奋斗不止的精神。正如先生所言,"强烈的使命感会促使人在苦之长途无止息地跋涉和攀登"。

先生是我国著名法学教育家。其因材施教,不拘一格,确立了研究型人才和实务型人才不同的教育思路和培养规格,使各位学生各展所长,各尽所能。先生在这方面的施教经验堪称典范。自 1981 年开始从事法学教育迄今已经三十七年,除本科生教学外,先生招收和培养了大量法学、法律硕士研究生和博士研究生。其中在武汉大学和中南大学招收、培养的博士生 80 多人、硕士生 100 多人,指导博士后研究人员 7 人。所培养的硕士、博士生毕业后分布在全国各地高等院校、国家机关、企业事业单位,从事法学教学科研或法律实务工作,成为所在行业和单位的工作骨干。据不完全统计,其中正教授 60 人,博士生导师 25 人,各高校法学院正副院长 22 人,担任各级法院、检察院和政府机关领导职务的30多人。

先生具有敏锐的洞察能力和独立的研究品格。他从不随波逐流,不断探究真相和追求真知。其所倡导的国家调节说理论(又称“三三理论”),历经三十多年时间,从非主流学说逐渐变为主流学说,这需要极大的探索勇气和理论自信。“国家调节说”不仅在理论上具有严密的逻辑自洽性,而且符合100多年来世界各国经济和法律演变现实。作为国家调节说主要载体的《经济法基础理论》自1993年面世以来,历经1996年、2000年、2008年、2017年四次修订,迄今共五版,这在经济法基础理论教科书中是独一无二的。现在该著作已被全国绝大多数高校选作经济法专业硕士和博士研究生教材或教学指定参考书。先生具有浓厚的“经世”情怀,文学功底深厚,文字表达精要简练,读先生的著作犹如看一本小说,这是一种至高的享受。

作为先生的学生,我们备感压力,但更有不竭的动力。自入师门以来,先生一直在追问“什么是你论文的贡献?”,以至于我们对于学问和研究丝毫不敢懈怠。我们也有幸得到先生的真传——“钻进去和跳出来”的漆门独家研究绝技。该方法像一盏明灯,指引着我们前进的方向。先生教导我们做学问要有高度,要有境界,要敢于“跳出经济法看经济法,跳出法学看法学”。先生的这种点拨让学生受益终生,时常有拨开云雾、豁然开朗的感觉。

先生八十华诞,作为弟子的我们集体合作出一本祝寿文集,应当是顺理成章之举。因为,没有什么能比传承并发展先生的思想更能报答先生的传道授业之恩了,也没有什么能比思想的长盛不衰更能彰显其生命力之长久了。

今年5月中下旬,蒙同门的信任与抬爱,委托我们两人具体负责先生八十华诞祝寿文集的征稿与编辑工作。我们两人分工,一人负责征稿,一人负责编辑,在短短不到一个半月时间里,征集到二十余篇稿件，从中选定收录十八篇，并编辑成书。

本书所收录的论文，大体可以分为经济法基础理论与经济法制度分论两大部分。在经济法基础理论部分，既有对先生代表作《经济法基础理论》1993年首版的书评（冯果：《推进经济法学科建设的力作》），又有对先生代表性观点"国家调节说"意义的阐发（张德峰：《经济法学的正本清源》）；既有由"国家调节说"出发，论及我国的部门法划分问题（周刚志：《问题意识与法学学科体系之构建》）或者民法与经济法分野之争（丁国民：《民法现代化抑或经济法的兴起》），又有论及经济法的再分配功能（郑艳馨：《利益分配的国家调节》），或者运用制度变迁理论演绎美国"大萧条"时期对于其经济法的意义（王红霞：《作为契机的危机》）。

在经济法制度分论部分，既有主张将我国竞争政策的实施定位于全面转变资源配置方式的宏观展望（徐士英：《全面转变资源配置方式的政策定位》），又有对当前我国竞争法领域国有企业特殊性问题的具体审视（孙晋：《竞争性国企市场支配地位取得与滥用以及规制的特殊性》；刘桂清：《国企合并反垄断调节的政策意蕴及当前央企集中竞争审查中的挑战与应对》），还有以史为鉴，经由历史反思的方式提炼出其对现代法制的借鉴意义（李国海：《前现代反垄断法研究》；李胜利：《美国联邦反托拉斯法的百年历史及其经济法意义》）；既有运用经济学知识分析国家投资经营法与宏观调控法的差异（漆思剑：《附庸性：经济学之宏观调控的经济法改造》），又有深入探讨宏观调控的法律属性（吴伟达：《我国宏观调控概念法律属性之探讨》），还有以国有企业法为例延伸至经济法体系构成问题的探讨（孙光焰：《国有企业法是经济法体系不可或缺的部分》）；既有以纳税人权利监督课税权力的深刻论证（黎江虹：《论纳税人权利的功能》），或者对传统观点加以反思并提出税法并非整体性归属于经济法的新论（李刚：《税收宏观调控法若干基本问题研究》），又有共同聚焦于美国次贷危机并由此归纳出完善我国金融监管制度的启示（王健：《资产证券化的发展与法律调控方式的演变》；许多奇：《次贷危机法律根源探究》）。

以上诸文，均由先生之观点或者思想为出发点，或阐发以传承，或运用而发展。亦与先生所倡导之“钻进去、跳出来”的研究方法形成呼应：欲传承，非先钻进去而不可为；拟发展，如不跳出来则属枉然；如先生所言：“钻进去潜心静气，跳出来纵目骋怀”。故而，书稿编成之时，书名亦水到渠成，以此《国家调节说的传承与发展》作为先生门下诸弟子集体贺寿献礼！

感谢先生长期给予我们的培养、指导和鼓励！

祝先生健康长寿，学术常青！

本书编者谨识

2017 年 7 月

目 录

1

推进经济法学科建设的力作*

——评漆多俊教授著《经济法基础理论》一书

冯　果**

摘　要：漆多俊教授的《经济法基础理论》一书成功地摆脱了传统的理论拘囿，以冷静的理智和务实的态度，从分析社会经济关系入手，科学、公正、合理地解决了我国理论界长期没能解决的有关经济法与民法、经济法与行政法之间关系之争，是经济法学科的经典与奠基之作，书中所提出的理论和学说终将被历史所检验。

关键词：经济法学；民法学；行政法学；奠基之作；真知灼见

一

20世纪80年代，我国法学界发生的最引人注目的事件之一，便是经济法理论的出现和经济法学科的兴起。十一届三中全会以后，随着经济体制改革的开展，国家经济立法活动被提上了议事日程，各种经济法规相继颁布。经济立法的实践给整个法学界提出了新的课题。经济法研究应运而生，并逐步引起世人的关注。十余年来，经济法学说纷杂，莫衷一是。如何认识我国立法体系出现的变化，如何认识经济法的调整对

* 本文原载《法学评论》1994年第1期。

** 冯果，河南南阳人，法学博士，武汉大学法学院院长，教授、博士生导师。

象、性质和任务,如何建立经济法这一新学科的理论体系,成为困扰法学界,特别是经济法学界的一大难题。加强经济法各种基本理论问题研究,不仅决定着经济法学科建设,而且还关系到国家法制建设的健全和完善。在人们对经济法理论感到困惑乃至腻烦,整个研究工作从总体上说处于沉寂阶段之际,武汉大学经济法专家漆多俊教授的新作《经济法基础理论》(武汉大学出版社 1993 年第 1 版)一书面世了。它的面世,对于我们澄清理论上的混乱,推动我国经济法学科的建设具有重要意义。

漆多俊教授自 20 世纪 80 年代初便致力于经济法理论研究,形成了比较系统的理论和观点。这些观点在 1986 年出版的经济法专著《国民经济的法律调整》一书已有初步阐述。其后作者对各种经济法理论问题进行了更深层的全面、系统研究,先后发表了十余篇论文。在各篇论文的基础上予以证实、加工,集合成册,《经济法基础理论》的形成,可以说经过了几分几合的过程,是作者十几年心血的结晶,也体现了作为一名经济法研究人员的历史责任感和使命感。

二

该书的最大特点是,摆脱了传统的理论拘囿,以冷静的理智和务实的态度,从分析社会经济关系入手,比较科学、公正、合理地解决了我国理论界长期没能解决的有关经济法与民法、经济法与行政法之间关系之争。

一门学科必须有区别于其他学科而自己独有的合理而完备的理论体系,经济法学科也是如此。经济法理论体系的建立,要解决的首要问题便是经济法的调整对象及其在法律体系中的地位问题。为此,十余年来,在我国法学界围绕这一问题展开了旷日持久的争论。民法学者、经济学者、行政法学者都纷纷加入了这场论战。在这场轰轰烈烈的争论中,我们可以切身感受到的是,有关经济法地位之争,与学术成见、与政治及国家政策、方针过于紧密地交织在一起,人们为经济法正名的方法,多是追求其独立的法律地位,并极力地抢占地盘;反之,欲将经济法拒之于法律体系之外者，则竭力论证它不是独立的法律部门，以至于出现了在经济法学界和民法学界分别占主导地位的所谓“大经济法”学派和“大民法”学派。感情色彩过浓，理性分析欠足，在这场争论中表现得极为明显。《经济法基础理论》一书则本着冷静、务实的态度，客观地分析了经济法产生的背景，分析了社会经济关系的性质、类型及其发展变化，分析了法的体系演变规律，从各部门法的调整对象、基本任务、调整原则和方法等方面，客观而雄辩地界定了经济法同民法、行政法等部门法的关系，基本上解决了长期以来没能很好解决的经济法与其他部门法之间的纷争。

该书作者从深入分析社会经济关系入手，将社会经济关系分成两种类型：一类是民间经济关系，即民间社会公民和组织在生产、分配、交换、消费领域，以平等身份参与经济交换而发生的权利义务关系；另一类是国家经济管理关系，即国家在对社会经济进行干预、管理和组织过程中，以国家为一方主体，同有关各方发生的权利义务关系。两类社会经济关系的性质、特征不同，决定了用以调整它们的法律规范，其性质、任务、原则和方法也不相同。民间经济关系的特性决定，用以调整它们的法，其基本任务是保护民间主体在平等的经济交换中的正当权益，维护正常的(自由主义的)经济秩序；其立法主旨以个体权利为本位；其基本原则是平等、自愿、公正、信实；其基本调整方法是采取任意规范为主，辅之以强行性规范，对法律后果则主要采取等价补偿方式。这就是民法。国家经济管理关系的特性决定，用以调整它们的法，基本任务是维护国家经济管理，保障在国家经济管理中各有关管理主体和被管理主体的正当权益，以促进社会经济协调、稳定和发展；其立法主旨以国家和社会总体经济利益为本位；其调整原则是经济管理中权、责、利、效相结合；其基本调整方法是采取强行性规范与提倡性规范并重，对于法律后果则主要采取经济制裁与奖励相结合的方法。作者基于对两类经济关系自身特性及经济法与民法各自特点的分析和比较研究，令人信服地得出如下结论：民间经济关系只能由民法调整。同样，对国家经济管理关系的调整也只能由经济法才能担负,民法无力胜任。从而既捍卫了经济法作为独立部门法的地位,同时又摒弃了传统“大经济法”的观点,合理地界定了经济法与民法的界限,进一步理顺了经济法与民法之间的关系。

作者在论证法调整对象时,为了解决经济法调整对象的专门性,还从管理目的和任务、管理方式和手段、管理原则、管理主体及管理领域与深度等方面,比较分析了国家经济管理关系与行政管理关系之间的异同,廓清了经济法与行政法之间的分水岭。

作者对上述问题的解决,立足点选择得较为科学,论证严密,为我国经济法理论问题的进一步深入研究提供了一个崭新的思维角度。

三

该书在全面系统地论述经济法各种基本理论问题的同时,建立了其特有的经济法理论体系。

作者认为,经济法体系是国家经济管理关系体系在法律上的体现。由于现代国家的经济管理活动往往涉及国民经济各主要方面、部门、层次和环节,所以,现代各国的国家经济管理体系与国民经济体系基本上是一致的。国民经济体系是国家经济管理体系,从而也是经济法体系的客观基础。由于国家经济管理不能(也不应该)包揽国民经济全部活动,经济法并不调整全部国民经济关系,而只调整国民经济活动中重要的、往往涉及社会经济总体结构和总体运行、国家认为必须由其干预管理并需要通过立法予以调整的那部分经济关系,所以,经济法体系也只涉及这部分国民经济活动和这部分国家经济管理关系。按照以上基本思路,作者把经济法体系的内部构成区分为:国家对国民经济各职能方面管理法(简称“职能经济法”)与对各行业部门管理法(简称“行业部门经济法”),宏观经济法与微观经济法,经济决策法、经济组织法、经济运行调控管理法与关于经济纠纷和违法犯罪调处法,国有经济管理法与非国有经济管理法与涉外经济法等。

特别可贵的是该书精辟地论述了经济法的内容和体系同国家实行

的经济体制和经济管理体制的关系在当前我国经济体制发生转变、实行社会主义市场经济的情况下,国家经济管理活动和经济法立法应着重在国家对社会经济总体结构和运行的宏观调控立法。要改善国家微观经济管理和修改、完善微观管理法规关于国家直接投资经营方面,它既具有宏观性,也有微观管理内容,为顺应市场经济体制要求,国家需要在投资规模、投资方向和结构方面加强控制,对于国有资产的经营方式,应当灵活多样,当前应积极推行对国有企业的股份制改造,发展合股经营,经济法立法应改善对国家投资企业的管理制度和规定,有些方面可以只作原则性规定或规定对于民法、劳动法有关条款的适用。这些论述,对于建设和完善我国经济法立法体系,使之适应社会主义市场经济体制要求,具有十分重要的理论和实践意义。

该书还比较科学地论述了经济法体系同民商法体系的联系和区别,勾画了市场经济体制下整个经济立法(包括经济法与民商法)体系的总体框架;并从立法技术上解决了经济法同其他部门法律规范互相关联、衔接、交叉和互相适用等许多具体问题。

值得提到的是,该书结构体系上的完整性、严密性,是其鲜明特色之一。全书始终紧紧围绕"经济法调整国家经济管理关系"这一主线,全面论述了经济法的概念和调整对象,经济法的产生和独立,经济法的本质和基本任务,经济法调整原则与调整方法,国家经济管理关系的主体、客体、内容,经济法的体系,经济法的立法、实施,经济法学科建设等问题。各章节内容环环紧扣,层层推进,纵横捭阖,浑然一体。全书的结构集中地反映了经济法理论体系。应该说,目前我国有关经济法的教材及专著并不算少,但对我国经济法理论作如此系统、详尽论述的尚不多见。

四

该书理论观点和理论体系上所得的突破,与其所运用的科学的研究方法密切相关。作者将马克思主义唯物辩证法的方法论娴熟地运用于经济法理论研究,是该书的又一大特色。这给人们许多有益的启迪。

法,归根结底都是对一定经济关系的要求的反映和记载。一定社会经济关系的存在决定着调整它的法和研究这种法的学科的产生、发展及其性质、内容和体系。社会经济生活是经济法及经济法学科理论最根本的基础,重视研究社会经济,并深入分析社会经济,才能从根本上把握经济法的许多基础理论问题,建立科学的学科理论。作者提倡"要坚持从深入分析研究社会经济入手,来探寻经济法各种基本理论问题的解决途径";指出"一个出色的经济法学家应该是一个够格的经济学家"。正是在上述思想的指导下,作者从分析社会经济关系入手,而且始终围绕经济规律来创建自己的经济法理论,比较科学地解决了经济法的调整对象、调整原则、调整方法等一系列理论问题。《经济法基础理论》一书的一个显著特点,便是其所创立的经济法理论体系完全建立在对社会经济关系这一本源的实质分析基础上。

事物都处于相互间密切联系之中,经济法是法的体系中的一个部门法,经济法学是法学的一个分支学科。研究经济法,必须将其放在整个法的体系和法学体系之中,从全局的角度把握经济法和经济法学科,弄清它在法和法学体系中的地位和作用,它同其他部门法和其他学科的区别和联系。本书在论述经济法各个基本理论问题时,正是采取这种"总览全局"的方法,既"钻进去"深刻论述经济法本身的各种矛盾特殊性,又能"跳出来"揭示其周围事物的普遍性联系,使经济法这一部门法的各种基本属性及其同民法、行政法等部门法的关系,清楚地显现于读者面前,具有较强的说服力和雄辩性。

国内外经济法理论研究长期以来先后出现了许多不同观点,形成众多学派。虽然难免片面和错误,但其中不乏真知灼见。我们的研究应当对各种有代表性的理论观点进行比较鉴别,吸收其精华,剔除其糟粕,并应分析它们形成的历史背景和思想根源,从而更好地借鉴其成功与失败的经验教训。本书在正面提出并论述作者一整套独创性理论观点的同时,客观地介绍和评论了国内外各主要经济法观点。有立有破,以破助立。特别是作者大胆地摒弃传统保守观念束缚,客观、公正地评价了西方各国经济法学说。作者从所实行的不同的经济体制和国家经济管理体制等方面，比较研究了西方国家同公有制国家的经济立法和经济法理论的各自特点，指出“大经济法”观点是当代各公有制国家较为普遍的一种经济法思潮，深刻地揭示了“大经济法”观点产生的社会根源。

经济法作为一个部门法，其理论研究应当以法学基础理论为指导；同时，经济法基础理论研究，又必然丰富和发展法学基础理论。本书对于经济法各种基本理论问题的论述，处处涉及法学基础理论问题。由于我国法学基础理论原来基本上照搬前苏联的教科书，即使至今也仍有许多问题研究不深、观点陈旧或缺乏研究。而经济法理论研究中又必然要触及这些问题。所以，本书许多地方对法理学问题（包括许多基本概念和原理），作了重新探讨和论证。这主要有：在法律规范结构理论方面，作者首创“提倡性”规范和概念，并对这种提倡性规范和奖励规定作了详细论述；在法的原则方面，论述了法的原则确立的标准和依据、法的原则的类型及各种法的原则相互间的关系；作者第一次明确提出法的调整方法的本来含义；明确地论述了法律关系的具体性和主体资格的多重性；此外，对法律关系客体的性质和类型，立法技术，法律实施体制，法律义务、法律后果、法律责任与法律制裁等概念的关系等，提出了许多独到的见解。

漆多俊教授的《经济法基础理论》一书奉献给我们读者的绝非仅有上面所提的几个方面，它还从其他许多不同的角度启迪着我们的思维。全书思想内容十分丰富，资料翔实。加之文笔清新明快，可读性强，是一本不可多得的好书。该书的出版，必将推动我国经济法学科的进一步发展。读过此书，会深深感到：现在的确是我们经济法学界的许多同志重新审定和修正原来观点的时候了。

当然，本书也存在一些不足之处，特别是其中某些观点尚有进一步推敲和研究的必要。而更重要的是，该书的理论观点是否正确，最终还需实践检验。正如作者在书的结尾所说：“一门新学科理论体系的创立和完善，往往需要几代人的共同努力。”当前摆在我们经济法学界面前的任务仍然很艰巨，需要大家进一步解放思想，开拓前进。

2

经济法学的正本清源

——国家调节说的生成与意义*

张德峰**

摘　要：国家调节说在对各种理论流弊的深刻批判过程中产生，矛头尤其直指迄今仍占据很多人脑海并引人误解的大经济法观；在对社会发展规律的深邃总结中形成，建立了科学的经济法学理论体系，拨开了笼罩很多人心头的理论云雾；在时代潮流中发展，及时、中肯地回答和回应了经济法学中不断出现的问题，体现了它的开放性和时代适应性。国家调节说对于经济法学的正本清源和澄清当前的各种误解具有积极的意义。

关键词：国家调节说；经济法学；正本清源

2007年3月8日，《南方周末》刊发旅美法律学者、中国社会科学院法学研究所特聘研究员周大伟先生的《佟柔先生与中国民法学》一文，对当年佟柔先生所论战的经济法观进行了尖锐的批判；接着，周大伟先生于《西部法学评论》2008年第5期再次刊发文章《经济法：一道困扰中国法学界的难题》，重提上文的内容。作者分别在两文中对中国经济法学理论作出如下同一评价——目前，中国经济法理论依然没有摆脱从产

---

* 本文原载漆多俊主编：《经济法论丛》（第24卷），法律出版社2013年版。

** 张德峰，湖南平江人，博士，湖南师范大学法学院副教授。

生之初就面临的两难困境。一方面,经济法研究者们在努力探索将经济法塑造成一个"独立的法律部门"的种种途径,另一方面,他们在理论思考上又苦恼于传统法律部门划分标准的难以逾越;一方面,经济法研究者们竭力从浩如烟海的具体法律法规中提炼出某种抽象的法律规则,另一方面,在实践中又只能传授一些不甚完整的启蒙知识和部门性规章。可见,经济法理论的现状是"形而下"的,而不是"形而上"的,是"器"而非"道"。这样的理论目前仍然停留在对现有的法律法规进行滞后性的解释、堆积、整理、编纂和拼接的状态,而不具有理论上应有的超越。用风险投资领域的话语说,属于明显缺少"技术含量"的"非创新产品"。这两文对经济法理论一无是处的批判无疑引起了中国法学界的高度关注,也强烈刺激着每一个经济法学者的神经,部分学者开始撰文予以回应,①为经济法学辩解。

但是,人们对中国经济法学的误解实属由来已久、成见太深,非一般回应可以澄清——周大伟先生的批判只是这种长期误解累积的显性表达,也正因如此,迄今为止,应当说经济法学界的各种回应并未能实现让人们(包括学界、教育行政主管部门等)客观看待经济法学的目的,这种误解与偏见得以为继甚至一度置经济法学者们于尴尬境地。若追根溯源,上个世纪大经济法观的消极影响及其至今未能得到有效消除是各种误解产生的根源,而科学的经济法学理论未被人们广为认知则使人们的误解始终不得以释怀。在此背景下,经济法学亟须正本清源,以理(论)服人,并让人们所熟知。

1986 年 3 月,漆多俊先生所著的《国民经济的法律调整》(实际完成于 1984 年)一书由河南人民出版社正式出版;这是我国最早的一部经济法学著作之一。② 当时经济法学刚刚在我国兴起,拉普捷夫式的"大经

① 代表如陈云良:《傲慢与偏见:经济法的现象学分析》,载《法商研究》2009 年第 4 期。

② 我国早期经济法个人专著除该书以外,还有 1981 年 8 月由北京大学出版社出版的刘隆亨先生的《经济法简论》。

济法观点”正目空一切地占据绝对主导地位。漆多俊先生力排众议，独树一帜，提出并雄辩地论证了他的被人们所称之为“小经济法”的理论。《国民经济的法律调整》指出了经济法应有的调整对象和特殊使命，科学地界定了经济法同民商法的关系，深刻地分析了“大经济法”的弊端及其产生的根源。在该书经济法思想理论的基础上，漆多俊先生于1993年4月出版了另一部学术专著《经济法基础理论》（武汉大学出版社出版，后分别于1996年、2000年、2008年和2017年四次再版）。该书进一步按照“市场、调节机制与法律同步演变”这一明晰的逻辑思路，创立了以“市场三缺陷——国家调节三方式——经济法体系三构成”为核心的经济法学科理论体系。此即学界所谓“国家调节说”，或称“三三理论”。国家调节说在对各种理论流弊的深刻批判过程中产生，矛头尤其直指迄今仍占据很多人脑海并引人误解的大经济法观；在对社会发展规律的深邃总结中形成，建立了科学的经济法学理论体系，拨开了笼罩很多人心头的理论云雾；在时代潮流中发展，及时、中肯地回答和回应了经济法学中不断出现的问题，体现了它的开放性和时代适应性。就此而言，国家调节说对于经济法学的正本清源和澄清当前的各种误解具有积极的意义。

一、国家调节说产生的背景和思想根源

（一）中国经济法学的兴起与早期的“大经济法”观点

中国学者研究经济法起步于20世纪70年代末。当时国家已经决定实行经济体制改革和对外开放。体制改革就是要改变原来国家对经济管制过多、过死局面，引入和发展市场因素，发挥市场机制对经济的调节作用。与此同时，国家决定要加强社会主义法制建设，改变主要靠行政指令方式管理经济的传统做法。中国经济法就是在这样的背景下产生的，并在全国迅速兴起一股经济法学研究的热潮。

中国的经济法学最早是从国外引入的。当时人们认为欧洲国家和日本等西方国家的经济法并不适合中国国情，而只对苏联、东欧国家（以

下简称苏东国家)的理论感兴趣。由于这些国家一直实行公有制和计划经济体制,所以民商事关系和民商法很不发达,其社会经济关系几乎都离不开国家的参与,因而他们认为经济法几乎调整各种经济关系,而民法、商法则基本上被废弃。

苏东国家当时的经济法学说以拉普捷夫的"纵横经济关系说"为代表。受此影响,形成了中国的"大经济法"理论观点。① "大经济法"观点认为,经济法是调整几乎各种经济关系的法,既调整"纵向经济关系"(国家经济管理关系),又调整"横向经济关系"(企业等各平等主体之间经济关系),还调整"企业内部经济关系"。② 但是,这种观点遭到了民法学界的强烈反对,从而拉开了经济法学界与民法学界论战的序幕。

在中国经济法学发展的早期阶段,"大经济法"观点的出现是可以理解的。首先,在苏东国家,经济法学界许多人都把经济法的调整对象看得过大,这也是当时(代)公有制国家较为普遍的一种经济法思潮。由于受苏联经济法理论的影响,所以国内经济法学界的绝大多数人也持相似的观点。其次,"大经济法"观点的产生还同当时的中国经济体制相关。中国此前长时期实行计划经济,在经济体制改革刚刚起步的当时,许多人对中国经济体制改革的意义和发展方向的认识并不深刻,反映在经济法学界,便是很少有学者从国家(调节)与市场(调节)的关系去思考经济法。漆多俊先生当时就洞察到这一原因并指出:"有些同志之所以把经济法的调整范围看得太广,在不同程度上对于民法在调整国民经济活动中的地位和作用有所忽视,与他们对于社会主义国家应该实

① 中国当时的经济法理论观点形形色色,有所谓经济法"诸说"。但当时影响最大的是所谓"纵横说"或"纵横统一说",及稍后的"密切联系说""管理协作说"之类"大经济法观点"。详见漆多俊:《国民经济的法律调整》,河南人民出版社 1986 年版,第 25 ~ 30 页;漆多俊:《经济法基础理论》(第 3 版),武汉大学出版社 2000 年版,第 126 ~ 141 页;漆多俊:《经济法基础理论》(第 4 版),法律出版社 2008 年版,第 97 ~ 106 页。

② 到了 20 世纪 80 年代末,上述"纵横说"或"纵横统一说"则变成了"密切联系说"或"管理协作说"。

行怎么的经济体制的认识有关。由于我国过去长期内过分强调了国家权力在经济管理工作中的作用,过分依仗行政命令的手段来管理经济,以致使人们形成一个较深的印象,以为社会主义国家经济体制本应就是如此。近几年来,我国虽然进行了经济体制改革,但是,对于经济体制改革的重大意义和发展方向,也不是很快就会被所有人认识的。过去的习惯和传统观念,影响到我们法学界的同志对于我国经济法制建设的看法,这原是可以理解的。随着我国经济体制改革的继续深入进行,相信在这方面的看法会逐渐趋于一致的"。①

(二)国家调节说的思想根源——"小经济法"观点的产生

国家调节说的创始人漆多俊先生也是那一时代最先研究中国经济法的学者之一。但同当时中国经济法学界研究的普遍狂热相反,他冷静地看到了经济法学研究狂热背后的潜在危机——经济法并不是调整所有经济关系的法律!早在中国经济法研究的起步阶段,漆多俊先生就不同意以苏联法学家拉普捷夫为代表的国内外法学家的"大经济法"观点,而是认为经济法只同现代国家对社会经济的管理调节相关。20世纪80年代初期,在他的《国民经济的法律调整》[《中华人民共和国民法通则》(以下简称《民法通则》)颁布之前完成的著作]中将社会经济关系分为两类,一种是发生在平等主体之间的民间经济关系,另一种是由于国家干预、管理经济活动而发生的,其一方主体是国家的国家经济关系。前者由民法调整,后者由经济法调整。"自从国家产生以后,社会经济关系便事实上存在两种类型……民间经济关系"和"由于国家干预、管理经济活动而发生的,其一方主体是国家"的国家经济关系。资产阶级国家建立之后,刑民分离,调整民间商品经济关系的民法独立;进入生产社会化和出现资本主义垄断以后,调整国家(干预、管理的)经济关系的经济法迅速壮大,形成独立之势。② 在当时大经济法观点如日中天的历史

① 漆多俊:《国民经济的法律调整》,河南人民出版社1986年版,第20页。

② 漆多俊:《国民经济的法律调整》,河南人民出版社1986年版,第4~6页。

境况下,这种观点显然并非仅凭学术勇气和一腔热情便可以做到,而是反映出漆多俊先生对社会经济生活及其发展规律的深刻认识。

为了强调经济法与民商法的区别,他进一步指出:“国家经济法并不是对各种所有制经济和国民经济各个领域当中的什么事都管,不是说它调整一切经济关系,以致把民法的内容也包括进去了;不。国家经济法它只调整各种所有制、国民经济各领域当中以国家为一方主体的那些经济关系,这些经济关系关系到国计民生;对于其余与国计民生不是紧密相关、国家不以一方主体身份参与或干预的那些部分和方面,国家经济法不予调整,那是民法等其他部门法的调整范围。”①由于漆多俊先生认为经济法是调整,也仅调整同国家调节经济相关的国家经济管理关系,或者“经济管理关系”,相对于“大经济法”观点而言,这种意见所揭示的经济法调整对象范围较小,所以他的观点又被称为“小经济法”观点。②

“小经济法”观点的提出在某种意义上就意味着为民法(的调整对象)存在的合理性作“辩护”,这在当时经济法学界看来是不可思议的!但事实上的情况是,漆多俊先生并没有为民法进行“辩护”的必要(事实上也无须辩护)。他这么做仅仅是基于对中国经济体制改革的意义和目标的远见,以及他对民法的重要性和经济法本质的独特见解。他在《国民经济的法律调整》一书中指出,“社会主义国家的经济体制改革揭示了民法在调整国民经济活动中的广阔途径……国家对国民经济的管理由主要依仗国家权力、依靠行政手段过渡到重视运用价值规律,运用经济杠杆对国民经济实行调节。”③“在国民经济活动中,除了国家以一方主体身份参加经济活动,发生国家经济关系以外,还有更为大量的经济关系是发生在‘国家’以外的各社会组织和公民相互之间——我们把它

① 漆多俊:《国民经济的法律调整》,河南人民出版社 1986 年版,第 12 页。

② 漆多俊:《经济法基础理论》(第 3 版),武汉大学出版社 2000 年版,第 130 页;漆多俊:《经济法基础理论》(第 4 版),法律出版社 2008 年版,第 99 页。

③ 漆多俊:《国民经济的法律调整》,河南人民出版社 1986 年版,第 17 ~ 18 页。

称为民间经济关系。在商品社会,民间经济关系主要是一种民间经济关系。在社会主义条件下,由于仍然存在商品生产和商品交换,价值规律仍然起着重要作用,所以,各社会组织和公民之间发生的经济协作、交换关系,也必须按照平等自愿、等价有偿的原则进行,这种经济关系的双方地位是平等的,不能依仗行使权力解决问题。"①因此,平等主体之间的关系本来就应该由民法来调整,这不是"争""抢"的问题。这种观点的提出在当时无疑是需要巨大的学术勇气的。

《民法通则》的颁布及此后中国经济法各种学说的演变基本上证明了他的先知先觉。

《国民经济的法律调整》一书中关于国家对经济活动的"干预""管理"或"调整"等核心概念和思想后来即被发展演变成"国家经济调节";而其"小经济法"观点关于"经济法只同现代国家对社会经济的管理调节相关"的思想则直接导致了此后国家调节说的产生。

二、国家调节说的产生

在《国民经济的法律调整》一书的基础上,漆多俊先生对经济法基础理论问题进行了更系统、更深邃的思考。其范围包括经济法的产生根源、沿革和地位、概念、调整对象、调整方法与责任制度、体系,以及经济法的价值、理念、功能与原则等问题。上述问题尽管多样,但漆多俊先生对其发表见解的出发点和归宿点始终没有离开一个核心概念——"国家调节"。"国家调节"是经济法产生和发展的中心环节,也是漆多俊先生所创立的理论体系的"核心范畴",正因如此,其理论体系被称为"国家调节说"。

国家调节说是一个广博的理论体系,其内容集中体现在漆多俊先生的成名之作——《经济法基础理论》中,该书的出版标志着国家调节说的产生。在该书中,漆多俊先生围绕"市场三缺陷——国家调节三方

① 漆多俊:《国民经济的法律调整》,河南人民出版社 1986 年版,第 17 页。

式——经济法体系三构成”(又称“三三理论”)展开其对经济法的思考,并在此基础上构建起著名的国家调节说理论大厦。此处即对该“基础”的产生过程进行介绍。

(一)“市场——调节机制——法律同步演变”规律的发现

通过对西方各主要资本主义国家的历史与现状的考察和研究,漆多俊先生凭借其对社会现象和经济规律的明敏识见,总结出市场——调节机制——法律三者之间的同步演变关系。他指出:市场经济从其形成至今经历了三个阶段,即自由市场经济、社会市场经济和国际化市场经济阶段。① 在市场经济发展的每一个阶段,对经济的调节都有相应的机制:对自由市场经济的调节主要依靠市场自身的力量,此种机制即所谓的市场调节;对社会市场经济的调节主要依靠国家调节;而对国际化市场经济的调节则为国际调节。但不管是国家调节还是国际调节,都不能取代市场调节的基础性地位,而只能是对市场调节的“辅助和配合”。市场及调节机制的发展引起法律同步演变:民商法是市场调节的基本法律保障,是自由市场经济的基础性法律;经济法是社会市场经济的产物,它适应国家调节机制和国家经济职能的需要而产生和发展,是国家调节的基本法律保障;在国际化市场经济条件下,国际调节的基本法律是国际经济法,它同国际民商法、各国内经济法等法律部门相协调,维护国际化市场经济秩序。

上述“市场——调节机制——法律三者之间的同步演变”规律包含了两个与经济法有关的基本命题:第一,经济法不是在自由市场经济阶

① 关于市场经济发展的前两个阶段及其相应的调节机制、法律秩序演变的论述见漆多俊:《经济法基础理论》(第2版),武汉大学出版社1996年版,第28~29页;而关于三个阶段及其调节机制、法律秩序演变的论述见漆多俊:《经济法基础理论》(第3版),武汉大学出版社2000年版,第54~55页;《经济法基础理论》(第4版),法律出版社2008年版,第46页;详细的论述见漆多俊:《论市场经济发展三阶段及其法律保护体系》,载《法律科学》1999年第2期;漆多俊:《市场、调节机制与法律的同步演变》,载漆多俊主编:《经济法论丛》(第1卷),中国方正出版社1999年版。

段及其以前的阶段产生的；第二，经济法是在社会市场经济阶段产生的。①

（二）社会市场经济与经济法的产生——以西方资本主义国家为例

对于第一个命题，漆多俊先生论证指出，“在自由资本主义时期，资产阶级的经济活动以自由放任为原则，不允许包括国家在内的任何他人的干预；国家只是以裁判者身份制订‘竞赛规则’，保障各竞赛者个体权益，维护竞争秩序（这种‘竞赛规则’便是资产阶级民法）。”②类似的论证多处可见。这一论证无疑是充分且合乎常理的。后来有学者在论证国家经济调节权不可能在自由市场经济阶段产生时也指出：孟德斯鸠提出的三权分立理论是在自由市场经济阶段提出来的，其“立法权”和“司法权”都没有“国家调节经济”的含义，而“行政权”作用也仅在于“媾和或宣战，派遣或接受使节，维护公共安全，防御侵略”。因为，在自由市场经济阶段，国家对经济的干预是完全被排斥的。③

考虑到社会现象的特殊性，漆多俊先生对第一个命题也作了解释和补充，“以前的国家有时候也进行一些目的是直接影响社会经济结构和运行的国家经济管理活动，具有某种经济调节性质，可视为国家调节社会经济的萌芽和雏形”。④ 而“调整国家经济管理关系的法，自国家和法出现时候起便产生了”。但是，“那时的经济法不是作为独立部门法而存在的现代意义上的经济法，严格地说，它只是经济法性质的法”。⑤ 这无疑使该命题更具有正确性。

---

① 当然，至少还有一个很重要的命题，那就是“在国际化市场经济阶段，经济法有新的发展。”不过，限于本文的主旨，不对其进行讨论。

② 漆多俊：《经济法基础理论》（第1版），武汉大学出版社1993年版，第84页。

③ 陈云良：《中国经济法的道路与模式：转型国家经济法》，中南大学2006年博士学位论文。作者的观点隐含着这一推论：如果孟德斯鸠晚生一百多年，那么他提出的就不应该是三权分立理论，而是四权理论，即立法权、司法权、行政权和国家经济调节权。

④ 漆多俊：《经济法基础理论》（第3版），武汉大学出版社2000年版，第24页。

⑤ 漆多俊：《经济法基础理论》（第1版），武汉大学出版社1993年版，第62页。

对于前述第二个命题,漆多俊先生在《经济法基础理论》一书中则对其做了充分的论述。1993 年,他在第一版《经济法基础理论》中就敏锐地指出,经济法产生的根源在于生产高度社会化和垄断的形成和发展的结果——“经济法的独立具有历史必然性,它是 19 世纪末、20 世纪初以来,生产高度社会化和垄断的形成和发展的结果”。①

市场缺陷的存在是众所周知的事实。市场机制并非任何时候、任何条件下都能充分有效地发挥调节作用,市场也有其缺陷。但从经济法的视角对市场缺陷进行类型化研究则又由漆多俊先生开了先河。他指出,尽管市场缺陷的表现形式有很多种,但是其主要存在三种形式:市场的障碍性、唯利性和被动滞后性。② 这些缺陷从有了市场开始便不同程度地存在。但在整个自由资本主义阶段,此种危害主要局限于某种微观经济领域,尚不至于妨害社会经济的宏观结构和运行,市场机制从总体上看仍能较为有效地发挥对经济的调节作用。但是,当市场经济发展到 19 世纪末期以后(进入社会市场经济阶段),情况发生了重大变化。各种市场缺陷逐渐严重显露,终于影响市场机制从总体上对社会经济调节作用的正常发挥,从而出现了“市场失灵”现象。这里的原因就是资本主义产业革命以后出现的生产社会化:生产日益社会化以后,不正当竞争手段日益增多,危害增大,它们并被垄断组织广泛运用;各经济部门、行业、产业、地区等之间的投资和发展不平衡问题,以及社会对公共产品需求的扩大与供给不足之间的矛盾开始凸显;市场的盲目、被动和滞后性影响社会的总供给与总需求平衡,甚至引发经济危机和社会震荡。所

① 漆多俊:《经济法基础理论》(第 1 版),武汉大学出版社 1993 年版,第 85 页。

② 经济学认为“市场缺陷”还包括公共物品、外部效应和信息不对称等。其实,外部性问题既可以归入“市场障碍”,如垄断,也可以归入“市场唯利性”,如公共品的“搭便车”;而公共物品可以看作为“市场唯利性”;信息不对称则可以看作为“市场的盲目被动性”。

有这些共同成为市场调节机制作用的严重障碍。①

上述各种因素造成社会经济结构和运行上的严重后果，迫使人们思考对策，寻求其他补救措施。有什么办法和力量能够克服市场缺陷呢？三种人开出了三副不同的药方：傅立叶和圣西门以及此前的摩莱里、德萨米等代表人物提出了空想社会主义的构想；马克思主义提出了社会主义革命和无产阶级专政理论；资产阶级改良派提出在承认市场基础作用的前提下由国家介入调节市场。与此相应，产生了三种不同的法律制度设想：摩莱里的《自然法典》和德萨米的《公有法典》勾绘了空想社会主义的法律（包括经济法）蓝图；马克思主义影响下的前苏东国家在重建生产关系的基础上了建立各自的社会主义国家及其法律制度；资产阶级改良派则对其市场进行了国家调节，"罗斯福新政"就是在美国实践这种理论的代表，并出台了一系列以授权、保障和规范（制）国家调节为内容的法律。后者即是我们通常意义上的"经济法"，即有关国家介入社会经济之法。② 也就是说，19 世纪末以后，由于生产社会化，在资本主义国家特别是垄断形成以后，国家调节机制应运而生。

与此同时，国家调节作为一种重要的国家职能日益发达起来。国家调节机制的形成和发达，意味着国家职能的演进（因为尽管国家职能属

① 此部分关于"市场缺陷"的论述在《经济法基础理论》第一版、第二版中均有提及，但集中论述则在第三版、第四版。参见漆多俊：《经济法基础理论》（第 3 版），武汉大学出版社 2000 年版，第 13 ~ 19 页；《经济法基础理论》（第 4 版），法律出版社 2008 年版，第 10 ~ 15 页。

② "经济法是调整国家经济管理关系，以保障国家调节社会经济，促进其协调、稳定和发展的法律规范的总称。"参见漆多俊：《经济法基础理论》（第 1 版），武汉大学出版社 1993 年版，第 27 页；"经济法是调整在国家调节社会经济过程中发生的各种社会关系，以保障国家调节，促进社会经济协调、稳定和发展的法律规范的总称。"参见漆多俊：《经济法基础理论》（第 2 版），武汉大学出版社 1996 年版，第 14 页；"经济法是国家调节社会经济之法；是规范和保障国家经济调节之法。"参见漆多俊：《经济法基础理论》（第 3 版），武汉大学出版社 2000 年版，第 80 页；"国家调节需要法律授权，需要法律规制，也需要法律保障，这种法律就是经济法。"参见漆多俊：《经济法基础理论》（第 4 版），法律出版社 2008 年版，第 65 页。

于政治范畴，而调节机制是从经济方面说的，但它们是同一事物所具有的两重属性）。起初，有些国家主要是通过反垄断和限制竞争以排除市场障碍，让市场机制恢复其有效的调节作用；以后，国家进而采取更多的调节方式和手段，扩大调节范围，包括国家直接参与投资经营以及国家宏观调控。国家担负起调节社会经济的职能，是国家职能的重大转变。也是国家性质的一种进化。其实质是国家职能的逐渐社会公共职能化：国家由原来主要关注统治阶级及政治集团的政治统治利益向为体现更多民众意志的社会利益服务方向转变。也可以说，这是“政治国家”向“社会性国家”演化的重要一步。国家经济调节职能的发生和发达，是具有时代性和普遍性的客观事实，也是现代国家的一个显著特征，无论社会主义国家还是现代资本主义国家，概莫例外，只是这种职能用我们原来的说法叫作“国家第三种职能”（除了对内职能和对外职能以外的另一种职能）。因此国家调节社会经济即为国家的一种职能活动，从此国家担负起调节社会经济的重要职能。[①]

针对市场缺陷的三种类型，国家调节相应地采取三种方式：[②]（1）针对市场障碍，国家通过反对垄断和限制竞争及对其他不正当竞争予以排除，让市场调节能够充分恢复其作用。（2）针对市场机制作用领域的唯利性局限，国家通过调整或安排国家直接投资经营活动，以调节社会经济的结构和运行。（3）针对市场机制作用的被动性和滞后性，国家运用自己所掌握的情况和信息，并根据对客观经济规律的认识，凭借手中所握有的政策手段和工具，对社会经济实行总体规划、指导、提供各种帮助和服务。后面这种作法后来日益发达，形成了以国家计划——经济政

---

① 漆多俊：《经济法基础理论》（第3版），武汉大学出版社2000年版，第122页。

② 关于国家调节经济的三种基本方式的论述，参见漆多俊：《经济法基础理论》（第2版），武汉大学出版社1996年版，第29～31页；漆多俊：《经济法基础理论》（第3版），武汉大学出版社2000年版，第19～23页；漆多俊：《经济法基础理论》（第4版），法律出版社2008年版，第19～22页。

策——调节手段为轴线的国家宏观调控体系。

国家调节需要法律的授权、规范和保障,否则又会引起"政府失灵"现象。为此各国制定了大量有关这方面的法律,这就是经济法。这类法律突破了历来自由放任的经济原则,与确保个体自由、维护个体权益的传统民法显著不同。其基本功能和任务是保障国家调节,以促进社会经济协调、稳定和发展,维护社会总体经济效益和利益。经济法所调整的是国家经济调节过程中所发生的社会关系,这种社会关系以国家(它的代表者)为一方主体,是一种国家调节与被调节、管理与被管理关系;而不是民法上的平等主体之间的关系。同时,经济法同行政法也明显不同。行政法规范国家行政行为,调整行政管理关系,维护行政管理秩序。行政法一般并不影响或不注重影响社会经济结构和运行,不以特定的社会经济效益为其最终目的。行政法也涉及某些经济领域,但它仍然主要是关于这些领域的治安、社会或其他行政管理,而不涉及社会经济结构和运行这种深层次的经济问题。总之,经济法是同以往各种法律部门性质不同的新型的法律部门。

由于国家调节采取了三种基本方式,所以经济法体系包含三种基本法律,①即(一)为保障国家以强制方式排除市场障碍的需要,国家制定了市场障碍排除法(市场规制法),它包括反垄断和限制竞争法、反不正当竞争法以及其他有关市场障碍排除的法律规定;(二)为保障国家以直接参与方式投资经营的需要,国家制定了国家投资经营法,它包括国家投资法、国有企业(含国家控股公司)法以及其他有关国家投资经营的法律;(三)为保障国家以促导方式实行宏观调控的需要,国家制定了国家经济指导调控法(或称宏观调控法),它包括计划法、各种经济政策法以及关于各种调节手段运用的法律规定。经济法体系的三构成在其

① 漆多俊:《经济法基础理论》(第2版),武汉大学出版社1996年版,第29~31页;漆多俊:《经济法基础理论》(第3版),武汉大学出版社2000年版,第25~27页;漆多俊:《经济法基础理论》(第4版),法律出版社2008年版,第23~25页。

调整领域和所担当的任务上分工有所不同。但是,“这三个基本法律渊源是互相配合、综合运用的”。它们分工协作,从不同侧面共同执行国家经济调节使命。[①] 从经济法体系三构成所分别规范和保障的国家调节三方式来看,“国家强制干预、参与和引导促进这三种调节方式的关系,用一种形象的说法就是,当国家分别采用这三种调节方式时,国家对于社会经济所处的方位不同:强制干预时,国家居于社会经济之上;参与则国家跻身其中;引导促进乃处于其外,在其前面引,后面促,旁边左右帮。由此可以看出这三个方面法律的关系,它们的分工和作用点有所不同,但都是在规范和保障国家调节,以促进社会经济协调、稳定和发展”。[②]

(三)国家调节说普适性的一个例证——社会主义国家经济法的产生

20 世纪先后出现的各社会主义国家同西方资本主义国家的经济法,其产生和发展具体道路看来截然相反,其实其基本的社会背景和根源有着一致性,这就是两者都源于生产社会化——社会化引发一系列经济和社会问题,表明需要国家介入社会经济领域进行干预或调节。只是在国家介入的方式和程度等方面,发生了严重分歧。按照马克思主义方案,前苏东和中国等国家发生了社会主义革命,建立了社会主义国家,“重新组建”自己的经济基础,并实行集中统一的计划经济体制,政府对社会经济实行统制,基本上排斥市场机制作用。社会经济的结构和运行基本上靠国家计划予以调节。国家为统制、管理或调节社会经济所颁布的法律,具有经济法“规范和保障国家调节”的基本属性。但当时所谓国家计划调节实为经济统制,主要依靠行政指令,即使颁布了一些法律,它们也带有浓厚的行政法色彩,经济法性质不纯;而在不重视法制的情况下,就连这种性质不纯的经济法也很少有。

后来这些国家先后发动改革,实行市场经济体制。国家改变经济管理模式,逐渐使国家调节配合市场调节,在一般情况下仅作为弥补市场

① 漆多俊:《经济法基础理论》(第 2 版),武汉大学出版社 1996 年版,第 328 页。

② 漆多俊:《经济法基础理论》(第 3 版),武汉大学出版社 2000 年版,第 250 页。

调节缺陷的辅助力量。这样一来,这些国家的国家调节和经济法情况便与西方国家的情况趋同了——“统观两种不同社会制度国家经济法的产生和发展历程,我们看到两条不同的运动轨迹:一条是,由国家放任市场作用到逐渐加强国家调节;由单一的民商法秩序到经济法产生和逐渐发达。另一条是,由国家包揽经济、市场几为空白,到逐渐‘引入’市场因素,转变国家职能,并最终使市场机制成为基础;经济法由同党政指令相伴生、同行政法为一体,并且它们共同排斥民商法作用,到经济法逐渐剔除异己因素而性质日趋纯正,立法日益发达,到最后完全适应市场经济的要求。这两条道路最终还是异途同归”。① 也就是说,社会主义国家经济法的产生也符合“市场三缺陷——国家调节三方式——经济法体系三构成”的一般原理。

三、国家调节说的意义

漆多俊先生创立的国家调节说是我国经济法理论探索中的一盏明灯,它指明了一条正道,驱散了许多疑云。许多年前的一些论点尽管如今看来似乎已属老生常谈,但如果回顾一下这些论点提出的时间和历史背景,就不得不佩服他当年的远见。国家调节说是一个完美的逻辑体系,即使时至今日,人们欲找出该理论的缺陷,哪怕是措辞和表达上的瑕疵,都并非易事。当然,一种理论并非仅仅是为了建立起完美的逻辑体系,而是必须能给实践以指导;或者,由于它是从实践中产生,所以它至少应该能够解释实践。当前中国社会正在经历的诸多变化,一方面正在检验国家调节说的科学性,另一方面也为国家调节说发挥其指导作用提供了机会。

(一)理论意义

1. 科学揭示了经济法的本质并创立了合理的经济法学科理论体系

国家调节说创立的经济法学科理论体系以“市场三缺陷——国家调

① 漆多俊:《经济法基础理论》(第3版),武汉大学出版社2000年版,第59页。

节三方式——经济法体系三构成”为核心（前面已述）。该体系的内容涉及经济法的产生根源、沿革和地位、概念、调整对象、调整方法与责任制度、体系，以及经济法的价值、理念、功能与原则等基础理论方面的各种问题，其中的分析透彻且处处闪烁着真知灼见。该体系的合理性更是获得一致的公认。

国家调节说科学揭示了经济法的本质。就对法的本源问题进行研究来说，通过从对社会经济关系的考察入手无疑是科学的。“世人多已认知，法是社会关系的反映，社会关系特别是以生产关系为核心的各种物质利益关系即经济关系，是法的本源”。[①] 在《经济法基础理论》一书中，漆多俊先生正是通过阐明法律同社会经济同步演变的规律，论证了19世纪末由于西方各主要资本主义国家相继完成的产业革命，推动了生产社会化，进而引起了各国市场和经济体制发生重大变革；与此同时，国家调节机制和国家经济职能开始发达起来，导致法律体系的变化和经济法这一新部门法的产生。社会主义国家经济法的产生虽然有其特殊性，但在本质上是一致的。简言之，经济法产生的社会根源在于生产社会化引起市场及其调节机制、国家职能以及法律的演变。

从经济法的产生过程可以看出，现代国家的经济管理主要是为了调节社会经济，促使其健康、有效地运行。这是因为在“现代社会，仅靠价值规律（市场调节）已不能完全有效地调节国民经济，需要国家出面进行管理和调节”。[②] 经济法即是关于此种国家经济调节之法，是国家制订或认可，并由国家强制力保障实施的，在国家经济调节中人们的行为规范；它调整国家经济调节中的社会关系，保障国家调节目标及这种国家意志的实现；这种国家意志是由生产社会化引起经济调节机制变化这

① 漆多俊：《经济法基础理论》（第3版），武汉大学出版社2000年版，第13页。

② 漆多俊：《经济法基础理论》（第1版），武汉大学出版社1993年版，第120页。

种特定“物质生活条件”决定的。以上便是经济法的本质属性。①

经济法的本质是经济法所以为经济法而不为其他事物的根本性质所在。比如,民法虽然也调整一定经济关系,但那是民间社会各平等主体之间的经济关系,而不是国家与社会主体之间的非平等经济调节、管理关系。再如,行政法调整的是国家行政管理关系,国家行政管理中一部分涉及经济领域,并具有经济性内容,因此也是一种经济管理。“但这种经济管理关系同经济法所调整的国家经济管理关系有所不同,它们是不同性质和类别的两种经济管理关系。前者作为国家行政管理,是国家为了维护社会、治安或政治秩序,保障国家行政管理职能实现,而对于社会经济活动以及对国家机关自身的经济活动和经济管理活动实施的管理;后者则是国家为了调节社会经济结构和运行,促进社会经济协调、稳定和发展,对于社会经济的总体或同总体密切相关的部位或方面实行某种干预、参与和调控。这两种国家管理及由其产生的管理关系在管理目的、管理方式、原则、内容和深度、侧重角度、主体等方面均有所区别”。②

2. 澄清了“大经济法”观点所造成的各种误解

自中国经济法产生之日起,“大经济法”观点在中国经济法学界就一直占主导地位,并长达十余年之久。“大经济法”观点不仅带来了法学界许多无谓的争论,还误导了社会各界对经济法的正确认识。如本文一开始所述,即使时至今日,其消极影响仍然没有被完全消除。而国家调节说则通过“独到地提出经济法是国家调节管理经济之法,并以此为基础,论述了经济法一系列基本理论问题,创立了其特有的经济法学科理论体系,动摇了曾在我国经济法学界盛行十余年的大经济法观点的主

① 漆多俊:《经济法基础理论》(第2版),武汉大学出版社1996年版,第18页;漆多俊:《经济法基础理论》(第3版),武汉大学出版社2000年版,第80页。

② 漆多俊:《经济法基础理论》(第3版),武汉大学出版社2000年版,第118~119页;漆多俊:《经济法基础理论》(第4版),法律出版社2008年版,第92页。

导地位”，因而“被广大学者所赞同和接受”。[①]

由于集中反映国家调节说理论观点的著作为《经济法基础理论》一书，因此，该书受到了法学界的一致好评，并被法学界评为我国“经济法理论研究的奠基之作”——“漆多俊教授的新作《经济法基础理论》一书面世了。它的面世，对于我们澄清理论上的混乱，推动我国经济法学科的建设具有重要意义”。“该书的最大特点是，摆脱了传统的理论拘囿，以冷静的理智和务实的态度，从分析社会经济关系入手，比较科学、公正、合理地解决了我国理论界长期没能解决的有关经济法与民商法、经济法与行政法之间关系之争”。[②] 它“创立了特有的经济法学科理论体系；揭示了经济法同民法、行政法等部门法的联系和区别；总结了本世纪以来国内外研究的经验和教训，并着重剖析了‘大经济法’观点的缺陷及其产生的主、客观原因。它标志着我国经济法理论研究进入成熟阶段，并将在更广范围内产生深远影响”。[③]

此外，由于国家调节说在批判“大经济法”观点的同时，也科学地划清了经济法与其他部门法在调整对象上的界限，因而受到了其他部门法学者的好评——“漆先生《经济法基础理论》一书的出版，无疑给我们对经济法和民商法的研究开拓了一条新的思路，增添了许多新的素材。虽然，漆先生主要是从经济法的角度进行研究的，但对我们研究民商法也给了许多有益的启迪”；“其中关于经济法与民商法的关系的论述，尤为精辟，具有极大雄辩性；特别是它适应着国家经济体制转换的要求，适应着建立社会主义市场经济对于加强经济法立法，建立和完善经济法和民商法立法体系的要求。其理论价值和实践意义应当引起

① 王新红：《经济法体系的科学勾画——读漆多俊先生〈经济法基础理论〉（修订版）》，载《法学评论》1998 年第 1 期。

② 冯果：《推进经济法学科建设的力作——评漆多俊教授著〈经济法基础理论〉一书》，载《法学评论》1994 年第 1 期。

③ 崔尚文：《经济法理论研究的奠基之作——〈经济法基础理论〉出版》，载《法学评论》1994 年第 1 期。

人们足够重视”。①

3. 成为经济法主导学说之一并影响巨大

自1992年中国决定改行市场经济体制以后，国家调节说迅速成为我国经济法学主导学说之一。这是因为，关于国家调节说的《经济法基础理论》一书是在我国提出建立社会主义市场经济体制以后第一部较有分量的经济法基础理论专著。而只有在社会主义市场经济体制确立之后，绝大多数人才能真正认识到经济法是关于国家调节社会经济之法；才能真正认识到国家调节说的科学性。正如有学者指出的，“1993年4月，漆多俊教授出版了《经济法基础理论》一书，初步回答了社会主义市场经济条件下经济法的基本理论问题。该书出版后，在法学界，特别是经济法学界、民法学界引起了较大反响”。“1996年4月出版了《经济法基础理论（修订版）》。该书是我国提出建立社会主义市场经济体制以后第一部较有份量的经济法基础理论专著，全面深刻地论述了有关经济法的若干基础理论问题”。②

此后，国家调节说的科学性逐步为越来越多的人所认识并接受，从而成为经济法主导学说之一。“此后我国立法体系及中国经济法学的研究动向表明，漆多俊先生的理论已事实上为我国立法界和学术界越来越多的人们所接受，其在理论上和实践上的指向性意义日益彰显”。“这是我国经济法学研究的一大进步，并在构建社会主义市场经济法律保障体系中具有重大现实意义”。③

总之，以《经济法基础理论》为主要载体的国家调节说，自1993年第一版出版发行以来，受到法学界、经济学界和其他社会公众高度重视和

---

① 马俊驹：《市场经济体制下经济法与民商法的关系——读漆多俊先生新著〈经济法基础理论〉》，载《中国法学》1994年第1期。

② 胡家勇、胡夏冰：《经济法理论研究的一部拓新之作——评漆多俊教授新著〈经济法基础理论〉》，载《中南财经大学学报》1997年第3期。

③ 费春：《论社会主义市场经济体制下经济法的地位与作用——读漆多俊先生〈经济法基础理论〉（修订版）》，载《徐州师范大学学报（哲学社会科学版）》1997年第3期。

好评,影响巨大。1996 年,武汉专门召开了一次以该著作理论观点为中心的"全国经济法理论研讨会"。2000 年,在"全国民法经济法年会暨学术研讨会"上,有著名民法学者在会上发言时评价该书"应当属于名著"。在公开刊物、会议或其他场合,学者们评论也甚多。从国家调节说被引用的情况看,通过"google 学术搜索"的结果显示,《经济法基础理论》被中国学术期刊网能检索到的学术论文引用 392 次,①遥遥领先于同类经济法学说的引用率。从其被采纳的情况看,自该书第一版问世以来,全国几乎所有高校的法学院系都将《经济法基础理论》作为本科生或硕士、博士研究生的经济法教材或指定教学参考书目;②此外,几乎所有招收经济法专业硕士研究生的法学院都将该书列为研究生的参考书目之一。2007 年 1 月,《经济法基础理论》(第 3 版)获"第一届钱端升法学研究成果奖"(中国唯一获该奖的经济法学成果);2011 年 12 月,《经济法基础理论》(第 4 版)获第二届"中国法学优秀成果奖"专著类三等奖……随着时间的推移,我们有理由相信该理论将获得更广泛的认同,其影响力将更为深远。

(二)实践意义

在市场与国家的关系上,通过几个世纪的实践与理论研究,现在人们已经认识到:在发挥市场调节的基础性作用前提下,国家调节必不可少。国家调节相对于市场调节一般情况下发挥的是配合、辅助作用,但在某些时候和社会经济的某个方面,国家甚至可以和应当发挥某种主导作用。美国罗斯福新政时期国家调节便发挥了对经济和社会调节的主

---

① 说明:(1)上述引用次数仅指为"中国学术期刊网"所能检索到的学术论文的引用,不包括专著、教材、学位论文、不公开发表论文和资料中的引用,不包括虽公开发表但不能被中国学术期刊网检索到的引用;(2)该期刊网检索的时间段为 1994 年至 2012 年 12 月。

② 根据最近的不完全统计,包括如武汉大学法学院、中南大学法学院、厦门大学法学院、湖南师范大学法学院、南京大学法学院、武汉理工大学、浙江财经学院、山东大学威海分校;等等。

导作用;新政过后国家作用力度和方式则有所缓和,到20世纪80年代里根总统执政时期,强调重新关注私有市场的能力,而对新政改革进行"反思"——但反思不是完全否定,里根政府对新政以来建立的制度并未作根本性修改。又如1997年金融危机时各有关国家的干预程度便需要加强;危机过后则各国政府的调控措施缓和。所谓缓和,只是力度和方式的变化,实际上当代各国即使在平时,政府也在积极地运用自己在信息、能力和社会威望等优势和手中掌握的各种资源,及时地发布预测,组织制定发展规划,制定正确的经济和社会政策,提供公共设施,营造良好环境,提供其他服务;等等,为经济和社会发展作出贡献。① 由此可见,尽管国家调节的力度、方式和范围是变动的,但总的看,不是在削弱,而是有所强化。由于国家调节说的科学性,因此,只要市场经济和国家存在,作为对国家与市场关系高度理论抽象的国家调节说,对国家经济调节实践的指导意义就不会丧失,这里举几例说明:

1. 关于"国家与市场关系"的论述对中国经济体制改革的指导意义

中国的经济体制在改革的道路上演变了30多年,改革的目标现在已经很明确,就是要建立完善的社会主义市场经济体制。在向该目标前进的过程中及目标达到以后,如何定位、处理好国家与市场之间的关系事关重大。按照国家调节说的观点,虽然国家在某些时候和社会经济的某个方面可以和应当发挥某种主导作用,但在一般情况下必须以市场自身的调节为基础,国家发挥的只能是起"配合、辅助"作用。"国家调节的出现及其作用是对市场缺陷的救济。市场经济的调节机制仍然是以市场调节为基础,国家调节必须同市场调节密切配合。"②国家在市场障碍排除、投资经营和宏观经济调控中都始终要注意发挥市场(调节)自

① 漆多俊:《时代潮流与模块互动——"国家调节说"对经济法理论问题的破译》,载漆多俊主编:《经济法论丛》(第13卷),中国方正出版社2007年版,第37~38页。

② 漆多俊:《论市场经济发展的三阶段及其法律保护体系》,载《法律科学》1999年第2期。

身的基础性作用,切忌以国家调节有形之手替代、排斥市场无形之手。

2. 关于“权力经济与法治经济”“控权与维权”的思想对转型中国的指导意义

权力经济和法治经济是一对法学范畴。[①] 所谓“权力经济是指国家权力广泛地介入社会经济生活的各个领域和环节,对经济实行统制”的一种经济形态。在这种经济形态中,“国家管理经济的方式主要是依靠行政指令而不是法律,即使颁行一些法律,也只是把法律当作统制经济的一种工具,法律的内容、形式及其实施程序都充斥着权力者的随意性。”中国社会一直具有权力经济的传统,这个传统在20世纪新中国成立后二十多年的严格计划经济时代得到了进一步的强化。比如在20世纪80年代,中国实行的是全国高度集中统一的计划经济体制和经济管理体制,当时管理经济的方式和手段是权力者的各种指令,法律基本被废置,倡导的是“法律虚无主义”,民主法制遭到粗暴践踏。

法治经济是与法治紧密相连的一种经济运行状态。在这种状态下,法律既维护广大民众的经济利益,又控制公共权力的滥用。即法律既要维权,又要控权,并且只有控权才能真正实现维权——“由于良法、法治最根本的标志和最核心的问题,是它们能够体现广大民众的意志和利益要求,即最大限度的维护着民众的权利;又由于要想维护民众权利,必须控制公共权力,所以,良法和法治的关键问题乃在于控制权力”。因此,法治经济的基本特征是:国家在经济方面所制定的“法为良法”,并且完备;各种重要经济活动都“有法可依”;而这些法律都能得到切实实施,“执法必严”“违法必究”。[②]

国家调节说认为,中国当前正处于“转型”时期——中国经济体制

① 漆多俊:《权力经济向法治经济的转变——兼论转型时期法律的控权使命》,载漆多俊主编:《经济法论丛》(第11卷),中国方正出版社2005年版。

② 漆多俊:《权力经济向法治经济的转变——兼论转型时期法律的控权使命》,载漆多俊主编:《经济法论丛》(第11卷),中国方正出版社2005年版。

改革过程的本质特征，就是逐步放宽和改善国家权力对于经济的管制，而让社会经济本身固有的机制即市场机制能够发挥其调节作用，这同时也就是一个依靠法治控制权力的过程。中国经济体制改革从资源配置上说是计划经济向社会主义市场经济的转变；而从按国家治理经济的基本方略来说则是从权力经济向法治经济的转变。“中国经济体制改革的完成和市场经济体制的建立，与国家的法治建设应当是基本同步的。此两者的基本契合点说到底同是一个控制权力的问题。二者的不同点仅在于经济体制改革主要涉及经济领域的权力控制；而法治建设包括但不限于经济领域，它还包括政治、法律、文化等领域的权力控制”。① 鉴于中国原来国家权力过大，缺乏尊重私权利的传统，因此，对于转型中国，认识法律（包括经济法）的维权性和控权性，尤其重要。

3. 关于经济法再分配功能思想对收入分配制度改革的意义

国家调节说认为，法律是社会利益资源和权利的分配书。不同的法律部门基于其价值取向的差异，导致其功能上的差异，即不同的法律部门对社会利益的分配各不相同。宪法是一国利益资源和权利的总分配书、总合同，各部门法则是各个方面和领域的利益和权利的分配书，是宪法总合同下的分合同。经济法也具有利益分配功能，它主要是界定和确认国家在调节社会经济过程中权力机关同民众之间的利益分配关系。② 不过，国家调节说特别强调的是经济法的再分配功能，“经济法是利益资源和权利再分配法”。

实际上，国家调节的本质也决定了经济法具有再分配功能。从经济法的产生可以看出，经济法是在原来法律（主要是民商法）的分配秩序

① 漆多俊：《权力经济向法治经济的转变——兼论转型时期法律的控权使命》，载漆多俊主编：《经济法论丛》（第 11 卷），中国方正出版社 2005 年版。

② 漆多俊：《经济法基础理论》（第 4 版），法律出版社 2008 年版，第 135 ~ 138 页；《权力经济向法治经济的转变——兼论转型时期法律的控权使命》，载漆多俊主编：《经济法论丛》（第 11 卷），中国方正出版社 2005 年版。

基础上,因考虑到社会总体效率与公平(社会公平和实质公平)的需要,而对原来权利安排作出的调整和再分配——这就是经济法所规范的国家调节的实质,经济法和国家调节的出现本来就是为了对原有社会资源配置、民商法权利结构(民商法秩序)作出必要调整和再分配。这是在继续坚持民众个体拥有充分自由和私权利的前提下,从社会和全体民众总体、根本和长远利益出发,也就是从社会效率和社会公平角度,经由国家调节,克服因生产社会化和社会文明进步而引起的市场调节和民商法秩序的不足,实现社会公平。

深刻认识经济法的再分配功能具有重大的现实意义。当前我国的收入分配制度存在许多严重不合理的地方。很显然,这些问题基本上已经不再是市场调节机制和民商法能够彻底解决的初次分配问题,而是属于再分配领域的问题。解决这些问题需要多方面的努力,其中,通过发挥法律制度的再分配功能非常重要。具有再分配功能的法律虽然不限于经济法一个部门(如还有社会保障法等),但经济法所具有的再分配功能显然非常突出,因而需要充分加以运用。因此,从法律角度说,社会的良性发展离不开国家调节和经济法再分配功能的发挥,离不开市场障碍排除法、国家投资经营法和宏观调控法的再分配功能的综合作用。

总之,从理论意义上看,国家调节说创立了特有的经济法学科理论体系;初步回答了社会主义市场经济条件下经济法的基本理论问题;动摇了曾在我国经济法学界盛行十余年的大经济法观点的主导地位,并比较科学、公正、合理地解决了我国理论界长期没能解决的有关经济法与民商法、经济法与行政法之间关系之争,揭示了经济法同民法、行政法等部门法的联系和区别。而从其实践意义来看,国家调节说推动和繁荣了我国经济法理论研究和经济法学科的建设;对社会主义市场经济条件下的法治建设具有指导意义;而特别是其关于国家与市场关系的论述、经济法的"控权"和"维权"观、经济法的利益再分配观等,对处于转型期的社会主义中国的诸多社会问题的解决具有重要的指导意义。

四、结语

中国的经济体制在改革的道路上演变了 30 多年，与之相伴生的中国经济法学也走过了风雨的 30 年。国家调节说见证了这一段历史。由于国家调节说对经济法的产生根源、沿革和地位、概念、调整对象、调整方法与责任制度、体系，以及经济法的价值、理念、功能与原则等问题的论述深刻、合理，具有很强说服力，其影响日益广泛，在人们对中国经济法学的误解尚很严重的今天，运用国家调节说理论对这些误解予以回应是非常必要的。中国经济体制改革继续进行，中国经济法学继续发展，国家调节说也继续发展。百川东流，终归大海。国家调节说正如长江大河一般汇入人类思想的大海，并将最终在人类社会的进步中留下自己的印记。

3

问题意识与法学学科体系之构建

——从漆多俊先生的"三三理论"看中国的部门法理论

周刚志*

摘　要:中国经济法学界有关经济法概念的争议,在本源上是受苏联部门法划分理论和大经济法理论的误导所致。漆多俊先生独树一帜,从"市场经济的三种缺陷"导引出"国家调节经济的三种方式"与"经济法体系的三大构成",成功创建了经济法的"三三"理论。漆多俊先生的经济法理论,不仅合理诠释了经济法成立之法理依据,其中所体现的"钻进去、跳出来"的研究方法,对于法学界合理确定"法释义学"等研究方法之理论争议,构建中国特色的法学话语体系,均具有重要之理论价值。

关键词:经济法;部门法;法学研究方法;三三理论

2011年3月10日,吴邦国委员长在工作报告中指出:截至2010年底我国已制定法律236件、行政法规690多件、地方性法规8600多件,以宪法为统帅,以宪法相关法、民法商法等多个法律部门的法律为主干,由

---

* 周刚志,湖南长沙人,法学博士,中南大学法学院教授、博士生导师,中国文化法研究中心执行主任。笔者自1998年起在武汉大学法学院李龙教授指导下攻读法学理论专业学位。遵照李龙先生要求,笔者选修了漆多俊先生主讲的经济法基础理论课程,并得先生多次耳提面命,悉心教导。谨以此文作为学生多年研修的课程论文,感谢漆老师多年教导和提携之恩。

法律、行政法规、地方性法规等多个层次的法律规范构成的中国特色社会主义法律体系已经形成。社会主义法律体系形成之后,尽管法律法规的发展完善依然是我国法治建设的重要内容,但法治建设的重心将转移至法律实施领域,中国法学界数十年“跑马圈地”的部门法及其调整范围之争,或许已告一段落。

然则,法学的“研究方法”“学科属性”等法理学问题,学术界的争议再起,迄今尘埃未定。在此情势之下,漆多俊先生在《经济法基础理论》一书所展示的深邃而清晰的理论逻辑,在理论界数十年的争议中独树一帜,历久弥新!

一、经济法的“部门法”之困:我国传统部门法划分标准之惑

毋庸讳言,在中国众多部门法学科当中,经济法学者对于“经济法”本身的理论分歧最大,争议最持久。漆多俊教授在《经济法基础理论》一书中,就曾经分别列举了20世纪80年代的“纵横经济关系说”“纵横统一说”“综合说”“经济—行政说”“学科经济法说”“经济管理关系说”“国家经济管理关系说”,以及20世纪90年代以来的“经济协调关系说”“需要干预经济关系说”“经济管理与市场运行关系说”“间接宏观调控说”“行政隶属关系说”等理论观点。[①] 为什么我国的经济法学者们会对于经济法本身的定位存在如此大的争议与困惑?笔者认为,除了时代变迁导致经济法理念变化之外,其中还有一个非常重要的原因是法理学领域内的部门法划分理论。我国法理学中的部门法划分理论,渊源于苏联的“国家与法的理论”。新中国成立之初,“在西方国家的重重包围与封锁之下,为巩固国家政权,故采取了全面学习苏联的‘一边倒’的外交政策。正如其他学科一样,苏联法学便成为中国法学的最好范本。从20世纪50年代起,就大规模的翻译出版了苏联的法学教材和论著,并直接被作为高等院校的教材使用。《国家与法的理论》便是法理学在这一

① 漆多俊:《经济法基础理论》(第5版),法律出版社2017年版,第100页。

特定背景下的具体表现形式。这种状况一直维续到70年代末80年代初”。[①] 当然,中国的“大经济法”论等传统经济法学说,正是在苏联法学的影响之下,随着苏联的“部门法划分学说”与“经济法学说”的传入而逐步形成。

部门法划分的标准是什么?苏联的法学家们对于这个问题也存在争议。在1938~1940年的一次大论战中,他们得出一个结论:划分部门法的实体标准是法律的调整对象,并依据这一标准将法律体系分为10个部门法:国家法、行政法、劳动法、土地法、集体农庄法、财政预算法、家庭法、民法、刑法和诉讼法。20世纪50年代中期,苏联的法学家们认为,法律的调整方式也是区分部门法的一个标准。此后,法学家们就部门法划分的标准基本达成共识:法律调整的对象是划分部门法的基本标准,法律调整的方法是划分部门法的辅助标准。例如,苏联法学家阿列克谢耶夫提出:“特殊的法律调整制度及法的基本部门所具有的十分鲜明的特点——专门的调整方法和调整机制的存在,在任何时刻都是一种直接的、实际上很重要的、准确无误的标志。它表明,摆在我们面前的实际存在的部分,是法的独立部门。同时,毫无疑问,法律特征本身也需要说明;法律特征都是派生的,归根结底取决于社会的物质生活条件。为了确定把法划分为部门的根据,每一次都必须注意到那些制约着法的结构的系统化因素,而首先要注意到,在法律体系各部分形成时,法律调整的对象具有决定性的意义。部门调整制度从来都是针对某种社会关系而形成的,这种社会关系的经济的、社会政治的内容,既预先决定着部门调整制度形成这一事实本身,也预先决定着部门调整制度的法律特征。”[②] 阿列克谢耶夫进而认为,任何发达的法律体系都必然包含一些基本的部门综合体,即国家法、行政法、民法、刑法和诉讼法,在各类专有的社会关

---

① 李龙、汪习根:《二十世纪中国法理学回眸》,载《法学评论》1999年第4期。

② [苏联]C. C. 阿列克谢耶夫:《法的一般理论》,黄良平、丁文琪译,法律出版社1988年版,第255~256页。

系的基础上，形成了其他的部门法，包括劳动法、土地法、集体农庄法、家庭法、财政法、社会保证法。除了基本部门法的划分之外，尚有一些综合性的构成物，如海洋法、银行法、经济法、保险法、自然环境保护法等，其规范可以“落户”于各基本部门法之中。① 从中国法理学者们的研究状况来看，他们自继受苏联法学的观点以后至今依然未作太多变动。那么，苏联的法学家们为何会形成这种部门法划分的理论观点？一种可能的解释是受革命导师列宁的影响，而欲刻意使其“社会主义法学”与西方法学的“公私法划分”理论相区别。众所周知，公法与私法的划分源于古罗马法学家乌尔比安，后来这种划分方法一直被西方法学家们所沿用至今。在公私法划分的基础上，有的法学家基于对本国法典编纂运动的经验总结，又提出了“五法体系”或者“六法体系”的构想。“五法”主要是指：民法、商法、刑法、民事诉讼法和刑事诉讼法。“六法”主要是指：宪法、民法、刑法、行政法、民事诉讼法、刑事诉讼法。苏联在取得社会主义革命的胜利之后，列宁于 1922 年提出了一个观点：“我们不承认‘私法’，在我们看来，经济领域中的一切都属于公法范围，而不属于私法范围”。② 显然，列宁之所以否认私法存在的必要性与合理性，主要与当时苏联正准备实施计划经济有关，其目的是加强国家对于社会经济生活的干预，所以他还提出“要把革命法律意识运用到‘公民法律关系’上去”。似乎是为了刻意追求与西方法学的区别，而又能够对社会主义国家法律体系的基本构成进行合理的规划，苏联的法学家们才精心构造了这种所谓“部门法划分”理论，并力图以苏联当时的现存主干法律作为基本单位，来构造法学体系。显然，源自苏联的“大经济法”观点，正是在此种计划经济体制的背景之下被中国学者所继受，也必然因 20 世纪 90 年代以后市场经济体制建设的时代契机而遭遇严重质疑。因此，漆多俊先生

① ［苏联］С. С. 阿列克谢耶夫：《法的一般理论》，黄良平、丁文琪译，法律出版社 1988 年版，第 256 ~ 263 页。

② 《列宁全集》（第 36 卷），人民出版社 1972 年版，第 587 页。

非常明确地指出："搞市场经济，需要以市场调节作为社会经济结构和运行的基本调节机制。政府应减少对社会各经济主体的直接指令性干预。平等主体间经济关系将更加发达起来，需要民法加以调整。'密切联系说'等'大经济法'观点受到严重挑战，人们再次深深陷入困惑之中。"①

然则，无论是西方法学家们基于公私法划分的理论对于"五法体系"或者"六法体系"的构想，还是苏联法学家们对于部门法划分标准的探究，部门法观念的形成，其实主要是一种对以往法典编纂运动的经验总结，而并非一种逻辑分类的结果。问题在于，部门法体系的所谓"划分"标准，本身就违反形式逻辑的基本规则。在逻辑学上，"划分"是一种"以对象一定的属性为标准，将一个属概念的外延分成若干个种概念，以明确其外延的逻辑方法"。"划分"有三个逻辑规则：其一，"划分必须是相称的"，即划分所得的子项的外延之和等于母项的外延；其二，"每次划分的根据必须同一"，即每次划分只能有一个标准；其三，"划分的子项应该是互相排斥的"。② 从"划分"的逻辑规则来看，苏联法学家们所创立、我国法学界所继受的所谓"部门法划分"方法，其实质并非"划分"方法，恰恰是一种典型的"归纳"方法——部门法划分的标准或者根据有两个，即"调整对象"与"调整方法"，而且被划分的各部门法子项之间具有广泛的交叉与重合领域，不具有"互相排斥性"，这种方法显然不符合"划分"的逻辑规则而更加近似于归纳的逻辑规则。当然，"归纳推理作为一种由个别知识前提得出的一般知识结论，它不等于由个别到达一般的整个研究活动"；"在收集材料的过程中，人们还要对其进行思维加工，这就需要运用理论思维的方法，即比较、分析、综合等等。"③可以说，法学家们对于部门法的认识与研究，决非一种经由简单的"划分"或

① 漆多俊：《经济法基础理论》（第5版），法律出版社2017年版，第132页。

② 吴家国等编：《普通逻辑》，上海人民出版社1993年第4版，第127~130页。

③ 吴家国等编：《普通逻辑》，上海人民出版社1993年第4版，第277~278页。

者“归纳”方法所得出的结论，而是综合运用各种理论思维方法认识与研究法律体系之构成单元所形成的理论成果，其认识的前提与基础正是社会发展与法制变革的客观过程及发展趋势。

值得注意的是，自苏联解体之后，20 世纪 90 年代俄罗斯法学家们对部门法划分问题的看法已经有所改变。他们不仅已经承认了公法与私法的划分，而且对于法律体系的构成单位也有了新的认识，提出不仅部门法是法律体系的构成单位，而且法律制度也是法律体系的构成单位。俄罗斯法学家 B. B. 拉扎列夫就提出：“法律体系是指全部法律规范根据调整的对象（被调整关系的性质和复杂性）和方式（直接规定方式、允许方式及其他）分为法律部门（宪法、行政法、民法、刑法等）和法律制度（选举制度、财产制度、正当防卫制度等）。”①可见，部门法的划分其实与社会形势的发展及其所带来的法制变革具有紧密的联系。为了澄清部门法分立的真正原因与现实意义，我们需要求助于新的研究视角与学科观念。而这种纵横于法学、经济学、政治学、史学、文学等学科宽阔的理论视角，恰恰是漆多俊先生在《经济法基础理论》一书中所展示的一以贯之的研究风格。

二、经济法的“部门法”之证：漆多俊先生“三三”理论之解

中国经济法的学科概念之争，大体上属于“法学学”或者“法学学科学”的范畴。在中外语言文字中，“…学”中的“学”字向来就具有多种含义，如“科学”（science）、“学派”（school）、作为教学科目的“学科”（subject）以及作为社会科学体系中的“学科”（discipline），还有作为某一研究领域的“专学”（study）等。我国经济法学者对于“经济法”的定位，实际上处于多种词义混杂的喧嚣语境之中，其概念的内涵与精神却似乎始终处于飘忽不定的状态。例如，经济法学者所热衷于建构的，乃是作

① ［俄］B. B. 拉扎列夫主编：《法与国家的一般理论》，王哲等译，法律出版社 1999 年出版，第 38～39 页。

为法律体系之构成部分的“经济部门法”(branch law)。而仔细推究学者们所使用的概念,我们却又不难发现其实他们所说的“经济法”,很多时候是指作为法学专业所必修的一门课程(subject),或者是经济法学专业研究生的主修课程(major)。当然,当经济法学者努力为经济法的独立性、特殊性进行论证的时候,实际上他们理论研究的目的,依然是将“经济法”界定为作为法学分支学科之一的、与其他法学学科及财政学、税收学等学科相区别的“经济法学学科”(discipline)。

诚如邓正来先生所说:“对于社会科学知识的批判,在脱离对社会科学知识生产机器的反思和批判的情况下,完全有可能使我们无法有效地洞见社会科学知识生产的过程,乃至这种知识的性质。”[①]知识社会学揭示了知识生产与其社会存在(一定学科从业人员及其利益、意识形态)之间的相互关系,为我们反思与剖析学科分立体制提供了一种崭新的理论视角。例如,美国学者沃勒斯坦认为,学科的划分其实不过是学术制度运作的结果,它牵涉到学术机构、学术权力与学术资源的设立与分配,涉及不同学科从业人员的共同利益,并不具有当然的合理性与必然性——“我们知道自从全世界的大学中有各种学院的系科以来,就存在各种学科、这些学科的毕业学位以及这些学科的全国性和国际性的学者联合会。这就是说我们政治性的知道不同的学科存在。它们建立了拥有界限、结构和人员的组织以保护其共同利益并确保它们的发展”。[②]当然,沃勒斯坦质疑学科划分的真正目的,是旨在论证其所谓之“世界体系分析”理论作为一种新型学科知识体系存在的正当性与合理性;不同学科的学者之间的学术分工,在今天这个知识高速发展的时代,可能依然是理论发展的一种不可缺失的条件。进而言之,为什么我们要建立这

① 邓正来:《研究与反思——关于中国社会科学自主性的思考》,中国政法大学出版社2004年版,第3页。

② [美]伊曼纽尔·沃勒斯坦:《沃勒斯坦精粹》,黄光耀、洪霞译,南京大学出版社2003年版,第165页。

样一种学术分工的制度体系,以维护各个学科的相对独立性与自足性呢?除了知识分工与维护学术共同体利益的需要之外,沃勒斯坦似乎并没有进行更加深入的分析。实际上,沃勒斯坦的观点比较清楚的解释了不同学科形成的直接原因,即学术制度体系的存在及其从业人员所形成的"垄断利益",但并不能进一步说明现行学术制度产生的真正原因;其实高等学校的专业设置和学科分工体系的存在,主要是基于教育发展的内在需要,而教育的发展又是基于社会化大分工、需要培养不同专业人才的社会需求。因而,学科分工体系的存在,在当今时代的专业人才培养与学术研究等方面依然具有积极意义。但是,世界本为一体,各门社会科学所研究的"社会",本为同一个"社会"。因此,传统经济法学说对于"经济法"定位的既有观点,以及经济法学术群体的自身利益,都不足以成为捍卫经济法等部门法之地位的法理依据。以漆多俊先生之睿智,他早就脱离了这种"肉食者谋之"的论证逻辑,采取了更为宽阔的社会经济史视角去论证经济法成立的正当基础,此即先生一直倡导的"三三理论"——"国家调节是用以弥补市场机制之不足的,针对市场机制存在三种缺陷,所以国家调节必然需要采取相应的三种基本方式(三种类型的国家调节活动)。这三种调节活动都需要制定法律,所以关于国家调节的法律主要包括以下三个方面的构成:(一)市场规制法;(二)国家投资经营法;(三)国家引导调控法。"①

饶有趣味的是,而在我国法学理论界的相关讨论中,部门法的划分实际上已经演化为依据一定标准对于法律规范的一种分类,以及法学学者之间在研究领域的分工。如果某一制度被归入某一部门法,它将被视为该部门法学者所研究的"专门领域",而其他部门法学者涉足这一领域,乃至于涉足其他社会科学学科,都将被视为有"不务正业"之嫌。此种狭隘的法学学科观,不仅可能助长法学界的无谓争论,更不利于法学研究的深入拓展,历来为漆多俊先生所反对。漆多俊先生在阐述经济法

① 漆多俊:《经济法基础理论》(第5版),法律出版社2017年版,第31页。

基础理论的研究方法时，详细阐述了他所主张的“探本索源法”“分析归纳法”“全局总览法”“比较鉴别法”；等等。[①] 窃以为，先生在此所阐明的这些研究方法，正是中国传统部门法学者克服“跑马圈地”“画地为牢”等陋习之良方。进而言之，此种研究方法不仅深刻阐明了经济法存在的法理依据，也为其他法学学科的研究，树立了一个突破“难识庐山真面目”之法学认识论困境的理论研究典范！

三、部门法的“教义化”之门：中国部门法学研究的发展前景？

德国法学家拉伦茨曾经指出，“法学”是指“以某个特定的，在历史中逐渐形成的法秩序为基础及界限，借以探求法律问题之答案的学问”。[②] 拉伦茨的法学观，无疑是以传统“法教义学”或者“法释义学”为核心的实证主义法学学科观。关于此种“法释义学”或者“法教义学”，德国学者阿列克西（Robert Alexy）认为，它是一个“多向度的学科”，至少表现在：（1）对实定法的描述；（2）对实定法进行概括性与体系性之演绎；（3）拟定解决疑难法律个案的建议。第一种表现形态是一种描述—经验的向度；第二种是逻辑—分析的向度；最后则是规范—实践的向度。在描述—经验的向度范围内，可以区分对法官审判实务的描述与预测以及对立法者实际意图的调查。逻辑—分析向度则包括对法律概念的分析以及对于各种不同规范与原则间逻辑关联的研究。至于规范—实践向度则是对于规范进行解释、对于某些新的规范与制度提出建议与赋予理由，或者对于法院裁判所发生的实践缺陷进行批判与提出相反的建议。法释义学具有稳定功能、进步功能、减轻负担功能、技术功能、检验功能与启发功能等。[③] 无论学者对之作何界定，法释义学作为一种发端

---

① 漆多俊：《经济法基础理论》（第5版），法律出版社2017年版，第8～11页。

② ［德］卡尔·拉伦茨：《法学方法论》，陈爱娥译，商务印书馆2003年版，第19页。

③ 转引自程明修：《行政法之行为与法律关系理论》，台北，新学林出版股份有限公司2005年版，第10、19页。

于古罗马法学的“法解释学”,其基本方法乃需要研究者以“历史素养”与“系统眼光”,[①]将分散于各部法典、判例与习惯、惯例中的法规范连成一个逻辑自洽的原理体系。基于此种理解,台湾学者颜厥安、黄俊杰等人将“宪法释义学”界定为“对特定有效宪法之体系性解释建构”[②];其主要功能是,在宪法解释上“协助解释者确定条文之文义,避免解释者于面对抽象之宪法概念时,难以具体化”[③]。近年来,受德国等域外法学的影响,此种“法教义学”或者“法释义学”的“法学学科观”甚为盛行。

邓正来先生指出:“从1978年至2004年,中国法学在取得很大成就的同时也暴露出了它所存在的一些问题,而它的根本问题就是未能为评价、批判和指引中国法制/法律发展提供作为理论判准和方向的‘中国法律理想图景’。这是一个没有中国自己理想图景的法学时代。”[④]无独有偶,在我国台湾地区,亦有不少法学学者对于此种从域外移植的法释义学进行了严肃的反思。比如,苏永钦教授认为,我国台湾地区“宪法”释义学蓬勃发展下的困境主要在于,“直接移植造成的混乱”“释义学明显脱离文本”“新旧规范间冲突显现”及“规范与现实落差扩大”。另一位台湾地区学者张嘉伊更是明确指出:“台湾地区‘宪法’释义学虽然在解严后十几年来蓬勃发展,但是政治历史因素在‘宪法’文本与‘宪法’解释之间所造成的脱节,却形成重要条件,使得解严前倾向于‘宪法’理念学的‘宪法’释义学,在解严后却成为外国宪法理论与学说较劲的场所,有时明明是属于台湾地区‘宪法’解释的争议,却仿佛成为外国宪法释义学的‘代理人战争’。目前台湾地区‘宪法’学界对此的认识与反省与日俱增,对于直接移植外国学说的做法也逐渐采取质疑与批

---

① [德]弗里德里希·卡尔·冯·萨维尼:《论立法与法学的当代使命》,许章润译,中国法制出版社2001年版,第37页。

② 颜厥安:《那日渐扩大的矛盾——代序》,载颜厥安:《宪邦异式:宪政法理学论文集》,元照出版有限公司2005年版。

③ 黄俊杰:《税捐基本权》,元照出版有限公司2006年版,第48页。

④ 邓正来:《中国法学向何处去》,商务印书馆2006年版,第2页。

判的态度。"[①]如前文所言，现当代中国大陆地区近年来所流行的法释义学，其在寻求理论证立路径上，也逐渐形成了(几乎)完全依赖西方法学资源的现状。然而欧美诸国的法释义学，也因其国别背景尤其是因为其分权体制的差异而有所不同。如果域外法释义学的方法与原理不能被当作"当然的前提"而予以全盘移植，则中国的法学家们又该从何处寻求有效的理论支持？

漆多俊先生从未局限于法学的单一学科视角和法规内部视角，他明确指出："一个出色的经济法学家，应当同时是一个够格的经济学家。不懂经济，不深入研究社会经济，经济法理论研究是不可能深入和卓有成效的，这样的经济法学家最多只能是半截子经济法学家。"[②]毋庸置疑，域外法释义学之内在于现行法规范体系的解释学视角及立场，比较近于漆老师所倡导的"钻进去"的研究方法，其对于经济法学等部门法学科的发展及学科体系的构建，当然具有非常重要的方法论意义。但是，不同发展阶段、不同历史背景的国家，能否共享同一种法律体系及法释义学原理？如何借鉴对方的法律体系及法释义学原理？中国法学者能否根据对于中国历史发展阶段与社会经济发展状况等特定事实之理解，构造出真正富有中国特色的法学话语体系？这些在传统法释义学看起来似乎"无解"的前设性、外部性法学难题，恰恰需要法学研究者采取"跳出来"的研究视角，以艰苦卓绝的努力，去突破自身的知识局限，求得对于特定法规范之特有价值、功能和任务的精确的外部理解！[③] 窃以为，这正是漆多俊先生等法学学术界前辈之所以取得卓著之学术成就的重要原因，亦当为吾辈中青年法学学者今后所戮力前行的方向！

---

① 苏永钦主编：《部门宪法》，元照出版有限公司2006年版，第59页。

② 漆多俊：《经济法基础理论》(第5版)，法律出版社2017年版，第9页。

③ "钻进去、跳出来"是漆多俊先生一直在倡导的研究方法。参见漆多俊：《经济法基础理论》(第5版)，法律出版社2017年版，"三版序"。

4

民法现代化抑或经济法的兴起

——民法与经济法分野之争*

丁国民**

摘　要：随着自由竞争发展到垄断，近代民法的所有权绝对、契约自由和过失责任的三大原则受到挑战，民法学界积极回应这种挑战的结果便是民法现代化理论的创新。然而，民法现代化理论使得民法自身陷入自我否定的危险境地。对此，经济法的兴起刚好承接了民法现代化无法承受之重，成为现代市场经济下国家调节社会经济的重要法律部门。

关键词：民法现代化；经济法；分野之争

中国法治的进步与法学的推进是分不开的，但中国法学发展之路又是极不平坦甚至是反反复复的，其中以民法与经济法分野之争为甚。关于民法、经济法之争的文献可以说是浩瀚，但至今仍然硝烟弥漫，不见有收场之势。改革开放之初，法学界遵循列宁的"社会主义国家一切法律都是公法"的理论，经济法无限扩张，民法几无空间。1986 年我国《中华人民共和国民法通则》颁布，民法、商法逐渐从大经济法中剥离出来，有了自己的独立地盘，而经济法回头一看却发现自己成了"四不像"。这种尴尬局面随着 21 世纪钟声敲响之际迎来了又一股寒流——最高人民

---

* 本文原载《福建行政学院学报》2013 年第 5 期。

** 丁国民，湖北襄阳人，博士，福州大学法学院教授、博士生导师。

法院决定撤销法院经济庭。虽然我国法学界特别是经济法学者近些年做了不懈努力以构建经济法的理论大厦和学科体系，但否认经济法存在的声音仍然时隐时现。一个有趣的现象是：我国在20世纪90年代曾掀起了一股现代化研究之风，民法现代化问题也随之热了好一阵子。随着"私法公法化"或"私法社会化"的声音一浪高过一浪，经济法自身却陷入"公法兼私法性质"进退两难、不能自圆其说的窘境。考察民法现代化理论所暴露出来的问题，我们发现，正是民法现代化理论给经济法的体系构建提供了很好的进路。但民法现代化其实是个悖论，而解决这一悖论的金钥匙便是经济法的兴起。

一、民法的理论创新

对于民法现代化问题，几个基本的立场和观点必须予以明确。首先，民法现代化不是孤立运行的，它应当是整个法律现代化的一部分。而法律现代化也应有一个具体的标准和尺度。有学者认为这种标准和尺度对于中国而言，就是"中外通行"，也就是法律的基本体系、基本理念、基本价值观、基本制度等与世界潮流合拍，或者说"与国际接轨"。[①] 所以，撇开他国的和国际的法律单纯地谈中国民法的现代化问题未免有失偏颇。再者，社会的现代化进程是一个包括民法现代化的法制现代化在内的全面现代化的过程。易言之，民法现代化乃社会发展的必然要求。[②] 另外，一个国家民法的现代化发展，形式上是制度文化的制定程序，实质上是思想文化的培养过程。倡导民法精神，用民法的精神塑造人，使市民社会关系的主体以民法精神认识并规范自己的民事行为是民

---

① 艾永明：《中国法律现代化的几个问题》，载《社会科学》2005年第11期，第14页。

② 参见辜明安：《中国民法现代化研究引论》，载《社会科学研究》2004年第4期，第6页。

法现代化的必由之路。[①] 我国著名民法学教授马俊驹认为,民法现代化的演进主要体现为民法发展的三个趋势,即民法国际化趋势、民法社会化趋势和民法商事化趋势。[②]

考察民法现代化之路,我们发现,社会化是其精神内核,国际化是其发展趋势,商事化则是其表现形式。而从民法的价值层面看,民法现代化就是所谓"私法社会化"的问题。[③] 而私法社会化实际又是一个"权利社会化""社会本位"思想日渐成为国家创制法律体系的主导原则的过程。由于私法社会化,国家的立法开始将"社会利益"或"公共利益"作为座右铭。[④] 依照民法制度的演变,一般将历史上的民法分为三个时期:一是"义务本位时期"。人类进化之始,"固结团体之要件,首在牺牲小己,事事服从,于是形成义务之观念,法律遂以此义务观念为其中心观念"[⑤]。二是"权利本位"时期。随着社会的发展,"个人主义逐渐发达,法律遂由义务本位进于权利本位","法律与权利同时存在,而法律现象,其本位即是权利"。三是社会本位时期。"个人主义发达的结果,于不知不觉中酿成种种之流弊,于是学者主张,法律最终之目的不在于权利之保护,而在于社会生活之安全与健全,法律之中心观念亦随之而变,此即所谓社会本位者是也。""社会本位"以"权利社会化"为主要载体,从 19 世纪末开始直至今天,始终受到人们的普遍关注,并成为大多数国

---

① 参见王利民、姜凤武:《中国民法现代化问题辨析》,载《社会科学辑刊》2009 年第 2 期,第 57 页。

② 参见马俊驹:《现代民法的发展趋势与我国民法典立法体系的构想》,载《法律科学》1998 年第 3 期,第 44 页。

③ 参见李贵连、俞江:《"私法社会化"思潮与中国民法现代化——以私权及其规则为观察角度》,载《"中国民法百年回顾与前瞻"学术研讨会论文集》,法律出版社 2003 年版。

④ 参见[美]丹尼尔·贝尔:《资本主义文化矛盾》,赵一凡译,生活·读书·新知三联书店 1989 年版,第 71 页。

⑤ 何珍慧、兰山:《论公民社会在我国的兴起及特色性构建》,载《西南石油大学学报(社会科学版)》2011 年第 2 期,第 59 页。

家民法制度的基本价值定位。[①] 社会本位的价值观反映在民法原则上，突出的表现就是对传统民法三原则的“社会化”修正。所有权神圣不可侵犯、契约自由和过失责任，是近代大陆民法的三大原则，几乎贯穿在各个时期的民法典之中，被近代西方资本主义国家奉为至宝。但是，随着自由竞争发展到垄断，近代民法三大原则也受到挑战。法律上的社会本位思想日渐抬头，引发了对民法三原则的限制和约束。

首先就是对所有权绝对的限制。《法国民法典》第 544 条规定：“所有权是对于物有绝对无限制地使用、收益及处分的权利。”这是所有权绝对原则的经典表述。依照该原则，所有权人可以在法律范围内任意处置自己的财产，可以用，也可以不用，可以丢弃甚至破坏，任何人不得干涉，哪怕这种干涉有益于所有人乃至全社会也是被禁止的。这种所有权绝对理论随着 19 世纪末社会本位理念的日益膨胀而日渐式微。依照社会本位理念，所有权的行使不得违背社会公共利益，所有权人不得滥用权利、损害他人和社会公共利益。1900 年颁布的《德国民法典》遵循了社会本位理念。尽管该法仍然确立所有权受法律保护的原则，但同时也对所有权的行使规定了一系列限制：规定了所有权的行使不得违反“善良风俗”；所有权的行使不得损害他人利益；所有权的行使要顾及到社会整体利益；所有权的行使要有助于发挥物的社会效用等。

其次就是对契约自由的限制。依照契约自由的原则，当事人意思完全自治，只要契约内容不违反法律、“公共秩序”和“善良风俗”，当事人可以任意约定，任何人不得干涉。不仅如此，“契约是当事人之间最高的法律”几乎成为铁律，即使国家立法与当事人之间的契约有冲突，当事人可以不予遵从。而且，国家还应当以国家强制力来保证契约的履行。这种契约自由的理论在 20 世纪以来也同样受到挑战。现代世界各国的立法中，大都对契约自由进行了限制，特别是在大陆法系的国家和地区立

① 参见眭鸿明：《中国民法现代化的发端及价值选择误区》，载《江海学刊》2006 年第 2 期，第 61 页。

法中尤为明显。依照社会本位理念,由于人们的财产和经济实力上的巨大差异使契约当事人间形成实际的不平等,如果一味追求契约自由则会损害社会整体利益,所以,为了社会整体利益,国家应当更多地介入契约法领域,以保证实质公平和社会正义的实现。具体在立法上,增加契约法中的强制性规范比重;用特别法的形式来限制垄断企业订立契约的自由;以行政手段规定契约的订立和条件;标准契约的制定形式和内容也予以严格限制。

最后就是无过错责任原则的确立。按照《法国民法典》第1382条规定,给他人人身或财产造成损害如果要求行为人赔偿责任,则必须行为人主观要有过错才行,否则不予赔偿。过错责任原则与前面两大责任一样被奉为民法根本原则。但随着资本主义社会大工业生产的迅速发展,过错责任原则的坚持已经造成社会严重不公,弱势群体利益很难保护,社会公共利益遭到严重破坏,包括环境污染问题、劳资纠纷问题等不能得到有效化解,为此,无过失责任原则在立法和司法上得到确立。按照无过失责任原则,只要有损害发生,即使对方没有任何过错,也要负赔偿责任。无过错责任原则在处理工业事故、交通事故、医疗事故以及航空器、核能的采用所引起的损害等方面发挥着积极的作用。①

二、民法现代化理论不能承载之重

对于民法现代化问题,也有学者持否定态度,认为中国民法现代化历程存在三个误区:一是对"权利社会化"思潮的盲目追从;二是始终未能摆脱"国家本位主义"的阴影;三是全方位"法律移植"及"制定法至上主义"。概言之,中国民法的现代化应当是以权利为本位的中国民法文化的现代化,而不应当是简单的法典化,更不应当是国家或者社会本位

---

① 参见朱淑丽:《近代民法三大原则的变迁》,载《人民法院报》2006年6月23日,第B03版。

的制定法至上主义。[①] 还有学者认为，基于我国特殊的国情，自由和文化本位的渐进理性主义并不适合我国的民法现代化，现代法治政府建构的民法现代化模式有其存在的必然性和合理性。[②] 甚至有学者提出私法不应彻底社会化，认为传统的私法在现代化进程中，只需做一些局部调整，原则性地规定社会化条款以回应法的现代性要求而不应彻底社会化，私法若彻底社会化就意味着走向自我否定。固守传统才是私法立于不败的不二法门。[③]

美国社会法学派大法官本杰明指出："法律必须稳定，但不能一成不变。"[④]现代民法相较于近代民法既有传承又有发展，其中社会经济的基础作用和政治、文化的潜移默化是至关重要的。近代民法的物质基础是19世纪的社会经济生活，而现代民法的物质基础是20世纪的社会经济生活。[⑤] 作为民法现代化理论的现实价值不容低估，但民法作为整个法律体系的一部分应当保持其自身的特质，而不应因为社会经济生活的变化而彻底改头换面或模糊与其他部门法的边界，否则将会落得"四不像"的地步。从内容上来讲，私法彻底社会化有诸多来自自身法律功能与技术上的障碍，因而以"私法社会化"的名义进行的，既对现实生活中产生的新法律现象不具有足够的理论解释力与指导意义，又与私法固有理论不兼容，甚至导致私法体系无法自我圆洽并最终失去独特价值的私法的现代演进，其积极的社会效果是很难得以体现的。从形式上来看，

---

① 参见眭鸿明：《中国民法现代化历程中的三个误区》，载《山东警察学院学报》2006年第7期，第78页。

② 参见黄和新：《政府建构与民法现代化》，载《法学评论》2009年第2期，第15页。

③ 参见赵红梅：《私法社会化的反思与批判——社会法学的视角》，载《中国法学》2008年第6期，第73页。

④ [美]本杰明·内森·卡多佐：《法律的生长》，刘培峰译，贵州人民出版社2003年版，第3页。

⑤ 参见梁慧星：《从近代民法到现代民法——二十世纪民法回顾》，载《中外法学》1997年第2期，第20页。

一二百年前，私法学曾经为个人自由主义的法律准备了具备形式理性外在特征的堪称完美的法律技术和完整的法典体系，但今天，私法学却没能为向纵深发展的法律社会化做同样的贡献。其以“私法社会化”名义实施的被动、残补式的理论推进，常常自相矛盾、难圆其说。[①] 民法现代化之核心——私法社会化问题至少有存在以下三个悖论，而这三个悖论就成为民法现代化不能承受之重。

第一，民事主体的平等性原则与差别对待原则共存。私法社会化理论既强调民事主体的抽象平等性，又承认民事主体在具体生活中经济社会地位存在强弱差别。这种互相矛盾的甚至是截然相反的两种理念同时存在于民法这一部门法中是很奇怪的现象。大陆法或成文法历来很重视原则性规定，这些原则性规定具有整部法律法规的导向作用，其具体规定不明者皆可依原则解释。因而，针对民事主体的平等性而言，我们能否在民法总则部分表述为“所有民事主体在民事活动中的法律地位平等，特殊情况下不平等”或“法律规定民事主体间平等就平等，法律规定民事主体间不平等就不平等”？显然不能。而事实上，我们的民事立法中，总则部分皆规定为民事主体的法律地位是平等的。但在民法的具体规定中又存在不平等对待的情形。大多数人的解释是一般和特殊之间的关系，那就是民事主体间以平等为一般，以不平等为特殊。这种一般和特殊的关系听上去不难理解，但操作中就有问题了，于是乎我们的立法不得不在具体规定的特殊情形中以列举的方式处理这一立法技术的难题。尽管如此，立法仍避免不了挂一漏万或以偏概全的情形。毕竟在同一部法律文件中的总则部分不能表述为截然对立的原则规定。

第二，契约自由原则与契约限制原则同在。既倡导合同自由，又认可强制缔约。我国合同法自身的矛盾以及合同法与劳动合同法的矛盾已经凸显了这种立法技术上的毛病。在合同法的基本原则里确认了契

① 参见赵红梅：《私法社会化的反思与批判——社会法学的视角》，载《中国法学》2008 年第 6 期，第 74 页。

约自由和意思自治原则,但在涉及具体规定时这一原则就被轻而易举地突破了。比如前几年热议的"开瓶费"问题。《中华人民共和国合同法》第13条规定:"当事人订立合同,采取要约、承诺方式。"谢绝自带酒水或收取"开瓶费"的条款,由经营者、消费者经过要约、承诺,协商一致,"开瓶费"就合法有效。如果消费者拒绝支付"开瓶费",则合同不能成立,经营者可以拒绝提供餐饮服务(含饭菜服务),顾客也可以选择其他经营者。在双方未达成一致的情况下经营者不得违反《中华人民共和国消费者权益保护法》进行强迫交易。[①] 但许多地方法规依照《中华人民共和国消费者权益保护法》的规定都对此作了与合同法相悖的规定。比如2006年11月,贵州省第十届人民代表大会常务委员会第二十四次会议通过了《贵州省消费者权益保护条例》(以下简称《条例》),该《条例》明确规定餐饮、娱乐业的经营者"不得拒绝消费者自带酒水、饮料,不得收取开瓶费等不合理费用",否则将处以1万元以下罚款,"情节严重的,责令停业整顿"。同样是合同行为,契约自由不能得到同样的体现。而在立法技术上,合同法还只能在原则部分确立契约自由和意思自治原则而不能将契约限制作为原则规定在总则里。随着社会的发展,复杂情形或特殊情形越来越多,这种一般和特殊的关系会不会有一天就颠倒过来了呢?这绝不是杞人忧天。

第三,过错原则与无过错原则并用。既强调侵权行为适用过错归则原则,又承认特殊侵权行为适用无过错归则原则。我国2010年7月施行的《中华人民共和国侵权责任法》在一片叫好声中也有不小的"杂音"。总共12章的《侵权责任法》,除了第一章一般规定和第二章责任构成和责任方式以及第十二章的附则外,其他条款全是关于特殊规定的内容,一般和特殊的关系在这里终于颠倒了。而在这部法中,一般的过错责任原则成了陪衬,无过错责任原则唱了主角。而且,这种列举的特

① 参见卢建华:《"谢绝自带酒水"和"开瓶费"的法律问题分析》,载《上海政法学院学报》2008年第1期,第17页。

殊侵权民事责任情形同样无法避免挂一漏万和以偏概全的问题。

针对私法社会化理论的社会弊端和其自身缺陷，有学者断言："可以毫不夸张地说：私法的彻底社会化是为私法准备的坟墓。"①也就是说，私法社会化所带来的理论矛盾和实践缺陷是民法无法克服的痼疾，必须要有外力加以解决，我们期待这一外力的出现。

三、经济法遭遇民法现代化

针对上述私法社会化问题，中国政法大学赵红梅教授认为，私法将保持传统，不应、不能彻底社会化，因为私法社会化理论不能做出有说服力的解释，而社会法理论则很容易做到这一点。她认为私法是建立在个人(自由)法律观基础上的法律形态，它以个人利益为出发点和最终归宿；而社会法是建立在社会连带法律观基础上的法律形态，它以社会整体福祉为出发点和最终归宿。② 面对社会发展的新情况，立法的回应不应是简单修正，而应有所创新。德国法学家拉德布鲁赫断言："新的法律思想对旧的法律思想的完全突破仅仅在两个新生的法律领域才实现，即经济法和劳动法领域。"③旅美法律学者周大伟也说道："改革开放以来，中国法学界最引人注目的一件新奇事，大概应当是经济法的崛起。"④应当说，解决民法现代化问题的金钥匙非经济法莫属。因为民法现代化对传统民法三原则的修正实质上是在原本国家不该插手的地方要出手了，这一任务由公法性质的经济法来担当再恰当不过了。另外，在这一领

---

① 赵红梅：《私法社会化的反思与批判——社会法学的视角》，载《中国法学》2008年第6期，第76页。

② 参见赵红梅：《私法社会化的反思与批判——社会法学的视角》，载《中国法学》2008年第6期，第76页。

③ [德]古斯塔夫·拉德布鲁赫：《法学导论》，米健、朱林译，中国大百科全书出版社1997年版，第72页。

④ 周大伟：《经济法：一道困扰中国法学界的难题》，载《西部法学评论》2008年第5期，第3页。

域，其他传统部门法如刑法、行政法等不好出手，因为它们都有自己确定的调整对象和方法，让它们另外担负起传统民法不能解决的问题显然是另生枝节，勉为其难。最后，经济法作为新兴法律部门，专门弥补民法调整之不足，具有很强的针对性，又不与其他部门法争“饭碗”，岂不是两全其美？

然而经济法从它产生之日起就没有停止过与其他部分法的纷争。前述旅美法律学者周大伟犀利地指出，目前中国经济法理论依然没有摆脱从它产生之初就面临的两难困境。一方面，经济法研究者们在努力探索着将经济法塑造成一个“独立的法律部门”的种种途径，另一方面，他们在理论思考上又苦恼于传统法律部门划分标准的难以逾越；一方面，经济法研究者们竭力从浩如烟海的具体法律法规中提炼出某种抽象的法律规则，另一方面，在实践中又只能传授一些不甚完整的启蒙知识和部门性规章。可见，经济法理论的现状是“形而下”的，而不是“形而上”的，是“器”而非“道”。这样的理论目前仍然停留在对现有的法规进行滞后性的解释、堆积、整理、编纂和拼接的状态，而不具有理论上应有的超越。用风险投资领域的话语说，属于明显缺少“技术含量”的“非创新产品”。①

应当说，民法现代化理论自身的矛盾和缺陷为经济法的兴起提供了绝好的机会，经济法的兴起势在必行。但遗憾的是，经济法自身也面临着进退维谷和左右为难的尴尬境地。民法前辈王家福、梁慧星和王利明等人在20世纪80年代中期提出过经济行政法的主张，其核心在于，主张平等主体之间的财产关系由传统民法调整，而涉及国家行政权力干预、管制内容的社会经济关系可以由经济法来调整。但随之而来的问题出现了，这种观点划清了民法与经济法的边界，却把经济法与民法的战火引向了经济法和行政法的纷争之中。“经济行政法”再一次使经济法

① 参见周大伟：《经济法：一道困扰中国法学界的难题》，载《西部法学评论》2008年第5期，第4页。

陷入行政法附庸的泥潭。

经济法学人常常还会遇到一件哭笑不得的尴尬事，那就是在我们的经济法作品发表之时需要部分英文翻译，翻遍词典找不到对应的“经济法”英文专业词汇，用百度和 Google 两个最著名的搜索引擎搜索“经济法”和“Economic Law”这两个关键词也无法找到对应的英文“Economic Law”的概念，无奈只有用“Economic Law”或“Laws for Economy”生硬对付。

就像民法现代化面临的矛盾和缺陷一样，经济法的稚嫩和危机四伏使其发展举步维艰，如何找到强有力的理论支撑是经济法学人必须面对的艰巨任务。

四、经济法自身建设的几个关键问题

为了有效避免诸如民法现代化理论所带来的尴尬，经济法理论体系建设任重道远。针对经济法自身面临的尴尬，寻找有理论支撑、定位恰当、完整的体系构建非常迫切。

（一）理论支撑

正如青年学者赵明教授所言：“将经济法放在经济学的角度来考察，可以对法学界关于经济法是否是一个独立的法律部门的长期争论画上一个句号，又可以解决法学领域长期从概念到概念的形而上学式的研究方法。”①在法学界的争论和论述中，缺少的就是从经济法产生的渊源——经济学角度来分析经济法的调整对象和调整范围的研究。尽管中国民法与经济法学界关于经济法调整对象的性质之争，众说纷纭，莫衷一是，但事实早已表明，无论是全国人大的立法，还是国务院大量的经济行政法规，都将经济法规作为加强政府管理经济的有力工具。2011 年 10 月国务院新闻办公室发布的《中国特色社会主义法律体系》白皮书

① 赵明：《经济学对现代经济法和经济法学的作用》，载《社会科学研究》2001 年第 6 期，第 86 页。

将中国特色社会主义法律体系划分为七大类,其中重要的一类就是经济法。中国市场经济越发展,经济法就越显示出其重要性。①

任何一门学科都要有其理论支撑,前述传统民法的所有权绝对、契约自由和过错责任三原则正是资本主义自由经济下"自由、平等、博爱"思想的法律反映。我国台湾地区著名法学家史尚宽先生将传统民法三原则及其发展都归结为"自由、平等、博爱"的民法"三民主义"民法立法精神。② 那么,经济法的立法精神是什么?其理论基础又是什么?对这一问题的科学回答可以说是经济法自身体系建设的关键,也是有效划分经济法与其他部门法关系的重要分水岭。蓦然回首,我们会惊奇地发现:民法现代化理论恰恰正是经济法理论的坚实基础。

当前得到经济法学界普遍认同的经济法基础理论当属我国著名经济法学家漆多俊先生的"国家调节说"了。该学说以20世纪初社会化大生产引发的经济垄断为经济背景,以著名宏观经济学理论凯恩斯主义为铺垫,揭示出市场调节的三缺陷,国家调节的三方式以及经济法的三构成。在其《经济法基础理论》(第4版)中,"国家调节说"所勾画出的"三三理论"为我们清晰地展现出经济法学的理论基础、基本构成和学科体系。"国家调节说"正是针对现代社会发展中出现的传统民法所不能解决的新情况、新问题做出的新阐释,搭建的新框架。其所解决的问题恰恰是民法现代化所必须解决又无能为力的问题。传统民法遵循的原则是不需要国家主动干预,而民法现代化理论却针对传统民法原则无能为力的私领域要求国家出手予以干预,这一民法自身无法解决的矛盾用"国家调节说"的经济法理论便迎刃而解了。

正如青年法学家邢会强先生所说:中国经济法学面临的主要任务是,把经济法基础理论从形而上学的云霄高处拉到中国社会主义市场经

① 参见岳彩申:《经济发展方式转变中的宏观调控制度转型》,载《法商研究》2012年第2期,第39页。

② 参见史尚宽:《民法总论》,中国政法大学出版社2000年版,第67~78页。

济建设的实践底层，再把这些平凡的实践经验上升到经济法基础理论的高度，加强经济法理论与经济法制度的互动研究，提炼和整理出越来越多的具有可操作性和解释力的经济法规则范型，以最终成为真正的“常规科学”。①

（二）恰当定位

经济法是公法还是私法、抑或公私法混合法域？对这一问题的不同回答会对经济法的确立和发展产生至关重要的影响。

按照汉斯·卡尔·尼佩代的观点，“经济法是以保障及促进经济发挥其适应机能为目的而随事制宜的公法及私法，具体内容有：(1)经济基本体制法，研究国家与经济之间关系在政治上的基本决定；(2)经济私法，研究私人企业的组织形态、私人企业财产、企业与其他企业及顾客间关系的规定；(3)经济行政法，研究用以监督、保护、引导、管理及影响经济的法令措施，以及国家自为经济活动的公营事业；(4)经济刑法，研究对于违反经济法规行为的惩罚规定；(5)经济诉讼法，研究裁决有关经济法上争端的诉讼种类；(6)国际经济法。研究用以确保及发挥国际贸易功能为目的的法规范”。② 史尚宽先生也认为：“一切法域不必得划归私法或公法中之一种，例如劳工法、经济法为公私法混合之区域。”③包括我国现当代许多法学学者都持这种观点。但这种观点致命之处就是把经济法摆在一个“四不像”的位置上。

按照漆多俊教授的观点，经济法当然是公法，不存在兼具公法、私法性质的第三法域问题。其所表述的经济法调整的是作为一方主体的国家在调节社会经济过程中所产生的社会关系经由法律调整而形成的市场规制法律关系、国家投资经营法律关系和宏观调控法律关系。国家调

---

① 邢会强：《经济法基础理论研究与经济法学术共同体的建立》，载《南都学坛》2011年第2期，第94页。

② 张世明：《经济法学理论演变研究》，中国民主法制出版社2002年版，第100页。

③ 史尚宽：《民法总论》，中国政法大学出版社2000年版，第5页。

节社会经济的目的是保持社会经济总量平衡,实现社会经济稳定、协调和发展。[1] 无独有偶,德国著名经济法学家费肯杰先生在其两卷本的《经济法》专著中也旗帜鲜明地表明经济法的公法性质。该书结构分为世界经济法、欧洲经济法和德国经济法三部分,费肯杰先生所表述的经济法基本框架核心部分也是三个即竞争法、经济配置法和经济调控法,[2]与漆多俊先生的经济法三构成不谋而合。

坚持经济法的公法性质,才能充分体现国家调节社会经济以弥补市场调节之不足的特性,才能有针对性地解决民法现代化所遇到的矛盾和冲突;坚持经济法调节社会经济这一职能,而不是贪大求全地把手伸向宏观管理和微观管理领域才能够正确划分经济法与行政法及其他部门法的界限,从而是经济法成为整个法律体系中独立的而又不可替代的重要组成部分。

(三)体系构建

经济法的体系构建最致命的问题就是诉讼机制问题。既然民法现代化自身有矛盾和缺陷,由经济法来解决,如果经济法在解决问题的过程中诉讼机制问题还只能沿用传统的民事诉讼机制,经济法的独立部门法特征显然会大打折扣。对此,有学者尝试"多重诉讼机制并用"来解决这一问题。这种尝试无疑有自我否定之嫌,弊端如同前述经济法定位问题的"四不像"。对此我们必须正确划分民事诉讼和经济法诉讼的界限。作为一般市场主体之间的权利救济机制和纳入到经济法领域的竞争法律关系权利救济机制是有明显区别的,其中一个重要方面就是前者不需要国家公权力主动介入,而后者则不然。这也正是传统民法和民法现代化所解决问题的不同方式的体现,亦可作为民法与经济法的分野。

另外就是涉及法律责任问题。对此也有许多学者尝试专门研究,他

---

① 参见漆多俊:《经济法基础理论》(第4版),法律出版社2008年版,第135页。

② 参见张世明:《空间、经济法与和谐之美——从费肯杰先生两卷本〈经济法〉审视中国经济法体系的建构》,载《山西大学学报(哲学社会科学版)》2009年第2期,第87页。

们认为,由于几乎所有的经济法律文件中都专设有“法律责任”章,且规定有两种或两种以上的责任形式。经济法学界将这种责任形式称为“综合性”法律责任,并认为这是经济法具有独立法律责任形式之表征。但经济法责任并不是各种责任形式的随意的、胡乱的堆砌,它们基本上遵循行政责任在先、民事责任居中、刑事责任在后,市场主体责任在先、主管机关责任在后的规律。它体现着经济法先规制市场失灵,再控制政府失灵这一事实逻辑和经济法产生与发展的轨迹。[①] 针对经济法的责任问题我们需要跳出一般私法和一般公法的视野来看。笔者曾在近几年的全国经济法年会上连续提交有关宏观调控法的诉讼机制问题文章,试图探究经济法特有的诉讼机制,以完善经济法体系建设。[②]

五、结语

我国著名经济法学家史际春教授在接受记者访谈时不无担忧地提到:“无论从经济法的发生动因、自身特性还是从社会关系法律调整的实际需要来看,它调整的都应当是直接含有‘公’的因素或国家意志的经济关系,而这一点与改革开放所引发的‘私权利’回潮和勃兴却存在着内在的紧张。在私法张扬、以控制公权为固有秉性的行政法初兴的大背景下,经济法无可避免地陷入了低潮。”[③]由此可见,在民法现代化的强音下,经济法要正本清源,有所作为还要走很长的艰辛之路。

---

① 参见郑鹏程、刘璨:《经济法责任特征新论》,载《财经理论与实践》2010 年第 4 期,第 112 页。

② 参见丁国民:《由违宪审查的宏观调控法诉讼机制探究》,载徐士英、王健主编:《新世纪经济法的反思与挑战》,中国法制出版社 2008 年版。

③ 参见史际春、冯辉:《经济法与经济法治》,载《西部法学评论》2008 年第 6 期,第 9 页。

5

作为契机的危机*

——制度变迁视域下的“大萧条”之于美国经济法

王红霞**

摘　要:社会变迁与法律变革之间的关系是当代法学理论的重大课题。经济法的产生正是现代社会法律变迁进程中最显著的变革。已有成果缺少对经济法产生过程的细查。制度变迁理论则提供了一个有益的研究框架;美国大萧条和新政是最佳的研究样本。危机是制度变迁的非根本性因素,但在变迁进程中发挥着关键性作用。蕴藏巨大破坏性的经济危机,基于其紧迫性、不确定性、系统性等特点,能够降低制度变革的各项成本,并促使个体意识形态快速转变和社会意识形态的有效整合,为新制度的确立、实施与巩固创造了常时不具备的特殊条件。从这个意义上讲,危机正是制度变迁的契机。契机的含义包括对危机功能的认识和变革时机的把握。美国经济法正是在应对大萧条的过程中从传统部门法脱胎而出。历史和逻辑表明,经济危机是经济法的产生的契机。

关键词:制度变迁;经济法;经济危机;变革成本;意识形态

---

* 本文原载《政法论坛》2012 年第 5 期。

** 王红霞,辽宁鞍山人,博士,中南大学法学院副教授。

经济法是怎样产生的?① 这一问题不仅是对经济法根源的追问,而且深刻关系到经济法的性格并影响经济法的命运。已有的诸多研究成果对于经济法产生的必然性及产生背景作出的丰富论述,大大有助于回应这一问题。但“背景论”的局限在于其所采取的静态视角容易将问题仓促简化:虽然揭示了经济法产生的部分(乃至绝大部分)因素,但难以确证其已揭示因素的整全性,更无从探讨各因素在促成经济法产生过程中的权重及其互动。近年来,零星的研究也将焦点集中在诸如“转型”等动态论题上,但这种关注同样忽视了转变的过程性。上述视角实际上预设了经济法是如此具有适应性,一旦建立就具有高度稳定性和自在性,以至于经济法的产生并无疑问。

引入时间因素并进行对比就会发现,经济法的产生是一个极其复杂的过程。经济法既是一系列制度规范,又是一种制度现象。现象层面的经济法是历史发展和社会变迁的制度性产物。② 然而,经济法如何在法治秩序基本确立、部门法分工明晰各司其职的现代法律系统中,从传统民商法中脱胎而出? 这一问题充满挑战性但远未得到充分阐释。

经济法的产生作为因应社会变迁的制度成果,本身存在历史线索和逻辑动因。解读这些因素需要对广泛的历史事实进行归纳,辨认该条线索也宜从经验分析中加以梳理。对于这类问题,新经济史学的制度变迁理论提供了一个有助于分析和理解的框架(事实上,这恰是其成就之所在)。因此,本文求助于这一框架。但鉴于问题本身的庞大和复杂,本文选取一个切入点,通过分析具体的历史样本,尝试对经济法如何产生作出初步回答。

---

① 关于经济法的产生标准及其时点界定,学界有不同意见。本文不深涉其间的争论,仅以共识性的意见为基准。

② 漆多俊教授很早提出了从现象的角度观察经济法的进路,并指出“经济法作为一种社会现象,它是人类社会发展到一定阶段的产物”。参见漆多俊:《时代潮流与模块互动》,载漆多俊主编:《经济法论丛》(第13卷),中国方正出版社2007年版。

一、制度变迁与危机理论概述

制度变迁理论是新经济史学和新制度经济学的重要内容。该理论是在对新古典经济学基本假定的批判和对制度因素的关注中发展起来。制度变迁理论坚持新古典的均衡分析、边际分析和成本收益分析传统，结合历史分析的方法，以及国民经济核算、经济增长要素分析、经济计量等方法，对经济史中制度的产生、发展和变迁加以研究，强调制度的动态性和历史性，形成了特定的理论框架和完整的研究体系。制度变迁理论将制度视为“一系列被制定出来的规则、所依循的程序，以及行为的道德伦理规范”。[①] 它由“正式规则、非正式规则及其实施方式组成。”[②]现存制度对于其所在系统总是具有一定的功能和适应性。理想的制度在经济分析中表现为均衡。处于均衡状态的制度能够使系统合秩序的运行。随着环境的变化、设计者的主观目的变化，或其他因素的变化致使制度的收益下降或成本增加，就会产生对效率更高、效益更好的制度的潜在需求。但制度的变革存在成本，只有当各种条件具备，新的制度才会产生，制度变迁随之发生。所谓制度变迁就是新制度（或新制度结构）产生，并否定、扬弃或改变旧制度（或旧制度结构）的过程。[③] 体系庞大的制度变迁理论，触及经济、政治、社会和意识形态诸多方面。早期理论着重于从相对价格和创新的收益角度解释制度变迁的原因和动力，晚近的研究则格外关注意识形态乃至认知模式对制度变迁的影响。

许多研究表明制度变迁的实现是困难的，因为每一种既存制度都具有自我实施和自我强化的功能，使其表现出内在的稳定性。而危机在制

---

① ［美］道格拉斯·诺思：《经济史中的结构与变迁》，陈郁等译，上海三联书店、上海人民出版社 1994 年版，第 225 页。

② Douglas C. North，The New Institutional Economics and Development，http://ideas.repec.org/p/wpa/wuwpeh/9309002.html，2008 年 12 月 5 日访问。

③ ［美］康芒斯：《制度经济学》，于树生译，商务印书馆 1983 年版，第 87 页。

度的变迁进程中具有"核心的重要性"①。危机是社会演进过程的中断,它突出表现为社会生活的集体性的、大规模的紊乱失序。这种失序状态会刺激对秩序恢复和制度重建的需求,从而客观上促进正式制度与非正式制度变迁。危机因此成为制度演进过程中的"关键节点"②。制度变迁理论对于危机在制度演进中的重要性有着充分的肯定。尤其是在正式制度变迁中,危机的作用更为突出。

历史地看,各国经济法的产生亦几乎都是与经济危机相伴,无论是一般意义上的经济危机,还是特种危机——战时危机。这暗示着经济危机之于经济法的关联,不仅仅只是时间上的继起。

围绕特定的研究对象和研究目的,本文将市场调节机制及与之相配套的法律制度作为初始制度,即本文分析制度变迁的起点,在制度变迁理论体系内谨慎地简化出"变革成本"与"意识形态"这两个关键性元素,③以经济危机作为研究的切入点,从宏观层面观察经济法作为正式制度的生成过程,在制度变迁理论的框架下探索经济危机对于经济法产生的意义。

二、大萧条与罗斯福新政——美国经济法的全面确立

美国是现代经济法的发源地。美国经济法④是在市场经济基础上

---

① See Stephen D. Krasner, Approaches to the State: Alternative Conceptions and Historical Dynamics, Comparative Politics, 1984(16).

② See Ebbinghaus, Bernhard, Can Path Dependence Explain Institutional Change? Two Approaches Applied to Welfare State Reform, MPIfG Discussion Paper, http://www.mpi-fg-koeln.mpg.de/pu/mpifg_dp/dp 05 -2.pdf.

③ 事实上,这也正是诺思教授所强调的"制度变迁的两个源泉"。参见孙圣民:《制度变迁视角的意识形态理论分析》,载《经济评论》2006年第6期。

④ 英美法系国家基于其法制传统,不大重视从理论上划分部门法,一般也不使用"经济法"概念。但法律史学界和经济法学界都承认这些国家存在根植于本国经济发展状况的国家经济调节活动,以及相应的法制实践。因此,将其规范和保障国家调节经济之法概括起来统一称为"经济法"是合适的。参见漆多俊:《经济法基础理论》(第4版),法律出版社2008年版,第40页。

产生和发展起来的一个典型模块,它鲜明地体现着经济法的一般规律,集中地反映了经济法的各种本质特征。[①] 以《州际贸易法》的颁布为起点,到"罗斯福新政"标志着美国现代意义上的经济法全面确立。尤其是大萧条引发了美国人对经济运行机制的反思,政府放弃了自由放任的政策主张,全面介入经济生活,现实地塑造了经济法制度的整个体系。新政期间,从立法的内容、数量及其实施的社会效果和影响等各方面看,美国经济法的体系趋于完备,法的价值功能得到较充分发挥,经济法作为事实上的一个独立部门法成熟起来,奠定了美国国家调节经济的制度基础,对世界各国也均产生了重要的影响。大萧条已然成为许多学科极为重要的研究素材。[②] 由大萧条所引发的新政亦被法史学家称为"立法革命"。比较地看,大萧条和新政期间的美国经济社会变迁和制度变革是本研究的最优样本。

1929年爆发的大萧条是美国历史上最广泛、最严重、最持久的一次经济危机。从是年10月24日"黑色星期四"到1933年7月股票跌价到最低点时,大约有740亿美元,即1929年9月市值的5/6从股市消失。在此期间,各行业的情况严重恶化。在工业领域,大多数企业赚不到钱,企业倒闭率约上升50%。10万多家的企业破产牵连了几乎达30亿美元的团体债务;在农业领域,总产值在1929年和1932年之间下降了33%。在金融领域,1933年银行的数量下降到1929年的60%。最为严重的问题是失业。1933年美国失业人数达到1260万人,超过劳动力的25%。[③] 其他人则靠着大大降低了的收入维持着生活。在业人员的工资

① 参见漆多俊:《时代潮流与模块互动》,载漆多俊主编:《经济法论丛》(第13卷),中国方正出版社2007年版。

② 譬如,美联储主席伯南克将"解释大萧条"视为"宏观经济学的'圣杯'"。参见[美]本·S.伯南克:《大萧条》,宋芳秀、寇文红等译,东北财经大学出版社2007年版,第3页。

③ 这些失业者中,绝大部分是户主,家庭中的其他成员的生活靠他的工资来维持。因此,受失业影响的人数达到以千万计之多。按照1934年底对公众救济人数所作的合理估计为1700万人。

率到 1931 年底以后急速下降，同时伴随着每周的劳动时间减少和更加普遍的解雇。

1933 年 3 月 4 日，富兰克林·罗斯福宣誓就任第 32 任美国总统。上任伊始他即开始了轰轰烈烈的改革，推行新的经济调节政策，史称“罗斯福新政”。新政可分为两个阶段：1933 年到 1934 年为第一阶段，1935 年至 1938 年为第二阶段。① 第一阶段着力在复兴，第二阶段侧重于改革，救济则贯彻始终。整个新政期间共颁布了 700 多部法律。② 前期新政内容包括遏制经济萧条，挽救业已崩溃的金融体系和濒临崩溃的农业危机，复兴工业，消除普遍的失业和饥饿。后期新政立法则注重长远影响，建立了与经济现代化相适应的现代银行体系，建立了相对公正的税收和福利制度，并通过立法保证了劳工的集体谈判权，等等。③ 由于美国的法治传统，国家调节经济的职能活动必须有法律授权、得到法律的保障并受到法律的约束（规制），所以新政主要是通过颁布和实施大量经济法来实现的。

虽然新政具有明显的应急性质，但其所创立的制度的大部分都保留了下来。“罗斯福新政的大型重要立法都没有被废止。某些部分已经进入法律的神殿。即便在罗斯福辞世乃至第二次世界大战结束后，美国国

---

① 该划分是由雷蒙德·莫利在 1939 年首次提出，后由巴兹尔·劳赫作为其 1944 年出版的《新政史》一书的主题。现在史学界通常采用这种划分方法。参见 Raymond Moley, After Seven Years, York, Harper & Brothers Publishers, 1939; Basil Rauch, The History of the New Deal, York, Creative Age Press, 1944。综合地分析，救济是复兴的前提，也是复兴的手段；改革在对大萧条反省的基础上，对救济手段和复兴措施的制度化，使救济手段和复兴措施融入政府职能和国家经济运行机制，保障经济的协调稳定发展。

② ［英］彼得·马赛厄斯、悉尼·波拉德主编：《剑桥欧洲经济史》（第 8 卷），经济科学出版社 2004 年版，第 325 页。

③ 陈明、李庆余、陈华：《相信进步——罗斯福与新政》，南京大学出版社 2001 年版，第 75 页。

会没有撤销任何重大的法律,甚至没有大幅修改他们”。① 新政期间的经济立法不仅数量惊人,更为重要的是其开创性。这些在当时人们的眼中极具革命性的法律,何以能够迅速通过和实施,值得细查。

新政期间与经济调节有关的主要立法②

时间	立法	时间	立法
1933－3－9	《紧急银行救援法》	1935－4－8	《紧急救济拨款法》
1933－3－20	《联邦政府信用保持法》	1935－4－27	《土壤侵蚀防治法》
1933－3－22	《啤酒法》	1935－6－16	《紧急铁路运输法》
1933－3－31	《民间自然资源保护队重造森林救济法》	1935－7－5	《全国劳工关系法》
1933－5－12	《联邦紧急救济法》	1935－8－3	《烟煤保护法》
1933－5－12	《农业调整法》	1935－8－9	《机动车辆法》
1933－5－18	《田纳西河流域管理局法案》	1935－8－14	《社会保障法》
1933－5－27	《证券法》	1935－8－24	《1935 银行法》
1933－6－6	《全国就业体系法》	1935－8－26	《公用事业控股公司法》
1933－6－13	《房主贷款法》	1935－8－29	《瓦格纳－克罗塞铁路职工退休法》
1933－6－16	《全国工业复兴法》	1935－8－30	《农场抵押延缓法》
1933－6－16	《农场信贷法》	1935－8－30	《格菲—施奈德煤炭保护法》
1933－6－16	《紧急铁路运输法》	1935－8－31	《财产税法》

① 参见[美]劳伦斯·傅利曼:《二十世纪美国法律史》,吴懿婷译,商周出版社 2005 年版,第 204 页。

② 资料来源:作者根据史料整理。

续表

时间	立　法	时间	立　法
1933－6－16	《1933 银行法》	1936－1－24	《退伍军人补偿金调整法》
1934－1－11	《酒税法》	1936－2－29	《班克黑德棉花控制法》
1934－1－30	《黄金储备法》	1936－2－29	《土壤保持和作物调配法》
1934－1－31	《为农场抵押提供资金法》	1936－6－20	《鲁宾逊—帕特曼法》
1934－2－15	《民用工程紧急救济法》	1936－6－22	《洪水控制法》
1934－2－23	《农作物贷款法》	1936－6－26	《商船法》
1934－4－7	《琼斯－康纳利农场救济法》	1936－6－30	《沃尔什—希利公共合同法》
1934－4－21	《班克黑德棉花控制法》	1937－4－26	《格菲—文森烟煤法》
1934－4－28	《住宅主贷款法》	1937－6－1	《税收法》
1934－5－9	《琼斯—科斯蒂根食糖法》	1937－7－22	《班克黑德—琼斯农场租佃法》
1934－6－6	《证券交易法》	1937－8－18	《米勒—泰丁斯法》
1934－6－12	《互惠贸易协定法》	1937－8－20	《邦纳维尔电力法》
1934－6－19	《购买白银法》	1937－8－26	《司法程序改革法》
1934－6－19	《通信法》	1937－9－1	《瓦格纳－斯蒂高尔住宅建设法》
1934－6－27	《铁路劳工法》	1938－2－16	《农业调整法》
1934－6－28	《国家住房法》	1938－2－19	《曼罗尼法》
1934－6－28	《联邦农场破产法》	1938－6－24	《食品、药品和化妆品法》
1934－6－28	《烟草控制法》	1938－6－25	《公平劳动标准法》
1934－6－28	《泰勒放牧法》	1938－8－22	《民用航空法》

三、"大萧条"对于变革成本的影响

从社会学的角度观察,危机的发生是组织原则所限定的活动范围内,控制无法解决,从而对系统整合构成威胁,并危及社会认同本身。"当社会系统结构所能容许解决问题的可能性低于该系统继续生存所必需的限度时,就会产生危机"。[①] 普遍地看,危机总是具有强破坏性、极不确定性和紧迫性等特点。经济危机是一种经济系统的持续性失调。它既有一般危机的共性,又有自身的特点:基于经济系统的广泛牵连,经济危机不仅在场域上表现出全局性,而且在进程上还具有传染性和急速恶化的趋势。经济危机的特点使得其对制度变迁进程产生重要的影响。当初始制度呈现出非均衡就为制度变迁准备了必要条件。但基于变革成本的存在,制度变迁并不必然发生或不立即发生,即制度表现出刚性。制度变迁的成本主要包括清理旧制度的成本、新制度的规划设计成本、消除其他阻力的成本,以及新制度运行实施的成本等。[②] 经济危机基于自身的特点大大降低了上述的变革成本,为制度变迁提供了常时不可能造就的条件。

第一,经济危机的强破坏性本身就是对旧制度的消解,它直接具有清理旧制度的效果。内战结束后,美国迎来了其经济增长的"镀金时代"。在此期间,市场机制的正功能得到充分释放。与此时代相伴随的是政府自由放任的经济政策和民商法为核心的经济法律制度框架。美国经济飞速发展及其所带来的人民生活水平的整体性提高为市场机制、政府政策及其法制基础赢得了巨大权威。虽然 19 世纪末期美国已经由自由资本主义进入垄断资本主义,逐渐暴露的经济社会矛盾使局部领域出现对政府干预的需求和相应法律调整的呼声,这些呼声也得到了部分

① [德]尤尔根·哈贝马斯:《合法化危机》,刘北成、曹卫东译,上海人民出版社 2000 年版,第 17 页。

② 张曙光:《论制度均衡和制度变革》,载《经济研究》1992 年第 6 期。

回应。但旧制度的正统性并未发生变化。即使遭遇一次世界大战的特殊局面迫使政府管制经济。但战争一结束,政府立即放弃战时政策及其制度性成果,恢复到自由放任状态。历史充分表明,制度一旦建立就极难发生变迁。然而,经济危机的爆发以及其造成的巨大损害,从根本上削弱了市场的权威,证成了变革的正当性。由于这种失序产生于正常运行的经济制度中,因此常规的做法自然被判定已经失灵,甚至某种意义上正是罪魁祸首。此时,人们迫切期望某种根本的变化或新的秩序。因此,经济危机大大节省了清理旧制度的成本。

第二,危机的紧迫性和不确定性降低了制度规划设计的成本。一方面,经济危机的紧迫性对寻求新方案走出困境形成了巨大的创新压力,全体民众都在试图发现或发明新的办法,充分调动全社会的智识。心理学认为,当人们承受危机的巨大压力时,创新也是使人摆脱精神上的混乱的有效途径之一。事实上,"这场大危机着实挑战了美国人的首创精神"。[①] 各种各样的解决方案在此期间层出不穷。另一方面,危机的不确定性潜藏着巨大的威胁和破坏,反而使危机的应对方案具有一定的可错性。即危机为制度创新造就了一种相对宽松的环境,保留了一定的试错空间。对于制度行动者而言,这意味着责任成本下降,从而行动动力增强。新政正是一个不断探索的过程。罗斯福总统曾对身边的新政派明确表示:"挑一个办法试试看嘛。失败了,就换另一个。总之,要搞点什么试试。"[②]因此,经济危机也缩小了新制度的规划设计成本。

第三,经济危机的系统性削弱了制度变迁的阻力。在常态的制度变迁过程中,由于完美的帕累托改进往往不存在,因此变革总是涉及利益的再分配,因此相对受损的利益集团必然加以阻挠。正式制度的变迁更

---

① [美]威廉·曼彻斯特:《光荣与梦想》,广州外国语学院英美问题研究室翻译组译,商务印书馆1988年版,第108页。

② [美]威廉·曼彻斯特:《光荣与梦想》,广州外国语学院英美问题研究室翻译组译,商务印书馆1988年版,第111页。

是如此。“以法律为代表的正式制度往往被认为是迟缓、保守、难以改变:受限于传统,总是坚守过去。这大部分是错觉。每当法律被指责因循苟且时,并不是真的有什么被称为法律的东西阻滞了进展,而是真实的力量、真是的利益团体、真实的热情,基于具体的理由反对法律的改变”。① 然而经济危机的全局性和广泛牵连性导致损害威胁到经济生活中的每一个人、每一个阶层,形成或多或少、但无人幸免的局面。为了防止更大的损失,各利益集团都倾向于共同拥护危机的解决方案,客观上使建立新制度的阻力大大削弱。

第四,经济危机也有助于降低新制度的运行和实施成本。危机本身是最好的宣传和动员。经济危机的爆发使行动者目标明确统一,增强行动有效性,克服“搭便车”,使新制度得以顺利实施。

综上所述,危机大大降低了制度变迁的成本,由危机促发的制度变迁具有明显的危机应对性特点。但这并不意味着随着危机的消除,制度性成果也难以保留。为应对经济危机,控制损失的进一步扩大和防范不确定性与风险,必须重建合作秩序。因此,消除威胁性状态的努力往往伴随着对运行系统实施的再造。以新政为例,虽然其目的可以划分为复兴和改革:前者意在把全国从灾难性的萧条中拯救出来,后者是补救经济方面的十分明显和导致灾难的那些缺点,但这两个目的往往是交织在一起的。当危机时代过后,人们也倾向于从危机中总结经验,进一步完善新制度,并往往以正式制度安排将其固定下来。这意味着,应对危机的过程也是一个新制度建构性的过程。危机恰恰是制度变革的契机。

四、“大萧条”对于意识形态的作用

成本分析能够有效解释制度变迁中的许多问题,但它所无法作出合理说明的也不少。一方面,早期制度变迁理论的理性选择主义将制度视

① 参见[美]劳伦斯·傅利曼:《二十世纪美国法律史》,吴懿婷译,商周出版2005年版,第626页。

为行动者的理性选择,但并没有进一步回答理性从哪里来。另一方面,理性人假定难以捕捉到人们决策过程中的其他因素,在制度变迁问题上尤为如此:制度的变革往往表现为集体行动,而“搭便车”是集体行动的最大障碍。新经济史学的领军人物诺思教授很早就发现成本分析的局限,进而指出意识形态在制度变迁问题上的关键性作用。① 哈耶克则更早着力论述这个问题。

制度变迁理论中的意识形态通俗的讲就是“人们对现实的理解”②,是决定个人观念转化为行为的道德和伦理的信仰体系。个体的意识形态构建了个人理解周围世界的主观框架。整体的意识形态是由相互关联的、包罗万象的世界观构成。诺思指出,人除了具有利益动机之外,还存在精神需要的动机,即人具有表达信念与价值观的需要。以此为出发点,他推导出意识形态的变化也是影响制度变迁的重要原因。在新近的研究成果中,诺思教授甚至宣称制度变迁的“关键在于促使制度发生变迁的参与者的意向性以及他们对问题的理解”。③

意识形态的作用主要表现在对人的理性的决定和对制度的影响两个方面。首先,哈耶克认为,理性由包括习俗、传统、道德伦理在内的意识形态所决定。“创设我们道德的并不是我们的理智;相反,是受着我们道德支配的人类交往,使得理性的成长以及同它结合在一起的各种能力成为可能”。④ 无论从逻辑上、心理学上还是时间顺序上,理性都是位于本能与习俗和传统之后。其次,意识形态与制度关系密切。不仅非正式

---

① [美]道格拉斯·诺思:《经济史中的结构与变迁》,陈郁等译,上海三联书店、上海人民出版社 1994 年版,第 49 页以下。

② [美]道格拉斯·诺思:《经济史中的结构与变迁》,陈郁等译,上海三联书店、上海人民出版社 1994 年版,第 228 页。

③ Douglass C. North, Understanding the Process of Economic Change, Princeton: Princeton University Press, 2005, p. 3

④ [英]弗里德里希·奥古斯特·哈耶克:《致命的自负》,冯克利、胡晋华等译,中国社会科学出版社 2000 年版,第 19 页以下。

制度正是人们的意识形态形成、发展和互动过程中沉淀的结果，而且正式制度安排也是在意识形态的基本框架内制定和检验的。①

意识形态的一个重要特点是其内在的稳定性。从动态的视角观察，意识形态也会发生变化。随着社会的变迁，人们的生活经验相应发生改变。"当人们的经验与其思想不相符时，他们就会改变其意识观点。实际上，他们试图去发展一套更'适合'于其经验的新的理性"。② 然而相对于制度演进进程而言，意识形态就显现出相对稳定的特点。也就是说，意识形态的改变是一个缓慢的过程。"相对价格的一个单独变化本身可能不会改变人们的观念及据此所作的决策。""人们在改变其意识形态之前，其经验与意识之间的矛盾必须有一定的积累。"意识形态的内在稳定性特点在美国表现得格外明显。2008 年诺贝尔经济学奖得主克鲁格曼指出，美国是个守成品格十分突出的国家。"美国的一个重要特征是选民天生是且通常是理性的保守主义"。"除非政府的现行政策明显濒于失败，否则选民不愿意支持巨大的政策变化"。③ 即使是罗斯福也是如此。在 20 世纪 20 年代，一本名为《丰裕之路》的书先于凯恩斯建议实施赤字开支，以便在衰退时期支撑经济。罗斯福在该书上批注说："哪有此等好事——天下没有不劳而获的东西。"④守成是一种信息理性。意识形态就是通过其节约机制来实现其对制度及其实施的影响的。即意识形态使人们认识其所处环境，并被一种"世界观"导引，从而简化

---

① 孙圣民：《新制度经济学与演化经济学意识形态理论的比较分析》，载黄少安主编：《制度经济学研究》，经济科学出版社 2005 年版。

② ［美］道格拉斯·诺思：《经济史中的结构与变迁》，陈郁等译，上海三联书店、上海人民出版社 1994 年版，第 54 页。

③ ［美］保罗·克鲁格曼：《美国怎么了——一个自由主义者的良知》，刘波译，中信出版社 2008 年版，第 46 页。

④ H. L. Mencken, Prejudices: Third Series, New York, Kessinger Publishing, LLC, p. 271.

决策过程。[①]

意识形态的内在稳定性既是保障制度稳定的减震器,也成为制度变迁时的巨大阻碍,是导致制度变迁迟滞的重要因素。如前所述,美国自由市场经济体制的缺陷已于19世纪末逐步显露并引发了严重的经济社会问题。虽然引起了联邦政府的关注并作出了部分改革,但明显具有应付性质,因此也没有好好实施。第一次世界大战期间具有应急性质的国家调节政策随着战争的结束戛然而止。即便在大萧条爆发以后,胡佛仍然坚信美国的经济是"根本健全"的,他和他的政府的责任是尽力保护自由放任的经济政策。因此,他坚决反对联邦政府直接干预经济生活;即使不得已而为之,也要尽力限制干预的深度广度和时间。由于胡佛固执地继续贯彻自由放任的主张,导致大萧条长时间持续并且愈演愈烈。[②] 这并不是说胡佛是一个对救济全然无知的人,甚至恰恰相反,他"以在欧洲的战后救济工作得享盛名"[③]。胡佛是真的笃信自由市场的理念。即使在他败北于1932年的大选后,他仍然试图通过各种方式促使罗斯福继续他的道路。[④] 而就整个美国社会而言,根据诺思所考察,美国自由市场的意识形态的转变在1914年已经开始而直到30年代才全面完成。[⑤]

经济危机的爆发仍促使绝大多数民众反思危机成因和寻找真正出路。由此,经济危机不仅有助于降低变革成本,更为重要的是有利于加

---

① [美]道格拉斯·诺思:《经济史中的结构与变迁》,陈郁等译,上海三联书店、上海人民出版社1994年版,第53页。

② 刘绪贻:《富兰克林·D.罗斯福时代,1929—1945》,人民出版社1994年版,第72页。

③ [美]保罗·克鲁格曼:《美国怎么了——一个自由主义者的良知》,刘波译,中信出版社2008年版,第26页。

④ [美]威廉·曼彻斯特:《光荣与梦想》,广州外国语学院英美问题研究室翻译组译,商务印书馆1988年版,第98页以下。

⑤ [美]道格拉斯·诺思:《经济史中的结构与变迁》,陈郁等译,上海三联书店、上海人民出版社1994年版,第221页。

速意识形态迅速转变和共识的形成。

首先,危机加速意识形态的转变。危机是问题和矛盾的充分暴露。历史上任何一次危机不仅造成巨大的损害,而且总是伴随着一系列丑闻。这正验证了格林斯潘的那句名言:“只有当退潮的时候才知道谁在裸泳。”这些问题和矛盾对旧制度的合理性和有效性的观念造成强烈冲击,对人们的惯常观念形成巨大压力。当发生“影响人们福利的重大后果的变化,将迫使人们改变其意识形态”。① 此时,转变中的观念仿佛被放在高压锅内迅速压熟。

其次,危机促使共识的形成。在一个社会中,个体的意识形态受到文化传统和社会环境的影响而表现出诸多共性,但同时也因个人的学习和经验的不同而存在差异。在意识形态的发展进程中,个体的观念变化的方向、速度也不相一致。也就是说,社会统一的信念往往难以达成。而制度的变迁,尤其是正式制度的变革,在代议制政体下必须以高度的共识作为前提。因此正式制度创新的供给,总是受到达成社会一致(或平息反对意见)的成本的巨大影响。但经济危机的到来使经济体内的民众形成一种统一作战的局面,人们在面临一个整体性威胁中迅速达成共识,进而形成较一致的意识形态,而歧异的意识形态基于对现实感知会感到压力和矛盾,也容易想共识归化。

这种迅速的转变和共识的形成在大萧条中的美国表现明显。虽然胡佛依然固守自己的理念,但美国民众并不与他同道。三年大萧条为新观念的生成扫清了道路。到了 1932 年,美国人民用选票表达了他们新的信念:自由市场的意识形态已经陷入危机,联邦政府必须作出干预。在 1933 年 3 月总统的就职演说中,当罗斯福讲到他必须取得通常只在战时才授予总统的那种大权时,这个从成立之初就对权力集中时刻保持

---

① [美]道格拉斯·诺思:《经济史中的结构与变迁》,陈郁等译,上海三联书店、上海人民出版社 1994 年版,第 229 页。

警惕的国家的民众竟"表示最热烈的支持"。[①] 接下来的立法风暴更是表明了这种意识形态上的转向。仅在1933年3月9日到6月16日的100天内,国会就通过了70多部法律。以《紧急银行法》的审议为例,众议院仅用了38分钟就通过了一分钟前还在用铅笔修改的草案。许多众议员根本就没有听清楚秘书的宣读,事后才跑去打听。[②]

可见,经济危机不仅直接降低制度变迁中的各项变革成本,而且使意识形态迅速转变和社会共识的有效整合,从而不仅使立法得以迅速通过,而且有助于法律的有力实施。因为信念决定着制度的有效性。一致的意识形态可以替代规范性规则和服从程序。相对于法律等正式制度安排它发挥着辅助实施、补充正式制度漏洞和防止"搭便车"等重要作用。[③] 上述情形又进一步有利于制度变迁成本的下降。在这种互动和循环中,新制度逐步确立起来。危机正是这一进程中发挥了关键性作用。

需要额外指出的是,危机虽然在制度变迁进程中发挥着关键性的作用,但危机本身非导致制度变迁的根本原因。制度的功能和适应性在其长时间的持续演进中总是不断进行着通常是微妙的变化。这种变化可能导致渐进适应的制度变迁,也可能累积成巨大矛盾以危机的形式瞬时释放出来。也就是说,危机只是制度持续中变迁因素累积的结果。大萧条的爆发正是美国快速转型进程中制度非均衡的矛盾充分累积后的释放。[④] 大萧条虽然不是制度失衡的根本原因,但以此为契机,美国通过转变政府职能并采取有效措施最终不仅从混乱和动荡中走出,而且实现

---

① [美]威廉·曼彻斯特:《光荣与梦想》,广州外国语学院英美问题研究室翻译组译,商务印书馆1988年版,第107页。

② 陈明、李庆余、陈华:《相信进步——罗斯福与新政》,南京大学出版社2001年版,第76页。

③ 李正图:《论诺思制度变迁理论的思维逻辑框架》,载《江淮论坛》2007年第6期。

④ 关于这一问题的详见探讨,参见王红霞:《经济法功能的实证研究——实证社会学的进路》,载《法学评论》2008年第2期。

了向现代经济体制和法律结构的转变。从这个意义上说,经济危机无疑成为这场制度变迁的关键因素。

五、结论

持续性的社会变迁是20世纪的基本特征之一。法律为满足新的需求而发生的应变是现代法制的重要变革。由此,社会变迁与法律变革之间的关系是当代法学理论的重大课题。经济法的产生正是现代社会法律变迁进程中最显著的变革。甚至某种意义上,它标志着现代法律的开端。美国法学家弗里德曼就宣称:"从某方面来说,现代的法律与社会是从新政时期开始的。"①

但正如约翰·伊肯伯里指出,"制度结构一旦建立起来就很难变迁,即使潜在的社会力量不断发展,……只能在战争或萧条等危机时产生……"②美国经济法的产生和全面确立的进程无疑验证了这一点。新政缘起于对经济危机的应对,但整体地看,美国经济法的发轫是一种混合式的制度变迁。在渐进过程中矛盾逐渐累积,最终以危机的形式摧毁了原有制度结构。危机本身并不是根本性的决定力量,但它在制度变迁的进程中发挥了关键性作用。危机总是蕴藏着巨大的破坏性,可能造成无可弥补的损害,甚至导致整个社会的瓦解。但同时,危机也包含着积极的东西。它的积极面与消极面是融合在一起的。在经验上往往难以区分,但在逻辑上却可以梳理。从制度变迁的视域审视,危机能够降低制度变革的各项成本,并促使个体意识形态快速转变和社会意识形态的有效整合,为新制度的确立、实施与巩固创造了常时不具备的特殊条件。从这个意义上讲,危机正是制度变迁的契机。

---

① 参见[美]劳伦斯·傅利曼:《二十世纪美国法律史》,吴懿婷译,商周出版社2005年版,第164页。

② See John Ikenberry, et al., The State and American Foreign Economic Policy, Cornell University Press, 1989.

对于美国大萧条与新政史的考察不仅使我们得出上述结论,而且也告诫我们危机作为契机的另一层含义。当1935年美国的经济形势渐渐好转,对于新政的批评声音鹊起。最高法院也接连判定初期新政的核心立法违宪。而随着1937年秋新一轮经济危机的显现,分歧和犹豫戏剧性地随之消失。紧接着的则是包括财政政策在内的制度的坚定的转变。① 这一曲折的进程不仅生动地印证了危机对制度变迁所产生的影响,同时也在暗示,当危机渐退,压力和紧迫性随之下降,一致的意识形态会渐渐分化,从而以一致的意识形态为基础的可行的制度(尤其是非正式制度)随着各种各样的观念的发展会变得不可行。② 因此,契机的另一层含义在于它的稍纵即逝。抓住契机与认识契机同样重要。这意味着在危机进程的适当时刻迅速将适宜的制度通过立法固定下来并进一步发展"服从程序"亦尤为重要。

需要特别指出的是,制度变迁理论的一大特色是强调意识形态对制度变革的作用。而这里所称的意识形态与法学理论中所谓的"法律文化"不谋而合。弗里德曼将法律文化定义为"人们对法律的想法、态度、价值观和期待",并其视为"法律的直接根源"。③ 法律的出现是为了回应人们的需求。从这个意义上讲,正是文化与期望的改变,使得经济法应运而生。可见,制度变迁理论与法社会学的研究有着殊途同归的气息。

经济学领域对于经济危机有着近乎预言式的研究。这些成果对于法学理论与实践意义重大,假使经济危机真如某些理论所指系周期性爆发,甚至可以预测,那么相对于那些致力于解释危机成因、克服或降低危

① 关于这一进程的细节,参见胡国成:《塑造美国现代经济制度之路》,中国经济出版社1995年版。

② [美]道格拉斯·诺思:《经济史中的结构与变迁》,陈郁等译,上海三联书店、上海人民出版社1994年版,第229页。

③ 参见[美]劳伦斯·傅利曼:《二十世纪美国法律史》,吴懿婷译,商周出版社2005年版,第626页。

机损害、缩短危机周期的经济学家而言，法学家则可以聚力于利用危机的正向功能，抓住契机，促成包括制度改进在内的特定目标的实现。而这种探索不仅有助于危机的消解，更有希望将危机背后的矛盾纳入一个新的制度框架。某种意义上说，经济法就是这种内化矛盾的制度框架之一类。

经济法学界沉吟于经济法的形式结构的状态而忽视或回避了经济法的生成问题。虽然该问题的多向度性和复杂性导致难以全面追溯，但正如卡西尔所言，这不排除我们可于“特定的”和“适合的”场合中去追寻因果。[①] 本文正是从这个意义上，借助制度变迁理论框架，以特定样本对经济危机在经济法产生过程中的功能进行经验考察与逻辑归纳，试图对这一虽非根本性但具关键性的因素的作用进行追问。文中许多论点还略粗糙，但笔者意在提供一个可供讨论的框架。

① ［德］恩斯特·卡西尔：《人文科学的逻辑》，关子尹译，上海译文出版社 2004 年版，第 159 页。

6

利益分配的国家调节*

——论经济法的再分配功能

郑艳馨**

摘　要：国家调节是对市场缺陷和市场失灵导致的利益分配失衡现象的救济与校正，是国家介入利益分配领域后，对市场初次分配格局中存在的缺陷的补救，是在市场分配基础上的再分配。经济法作为国家调节社会经济之法，其本质属性在于国家调节，是对利益进行的再分配。以利益分配与国家调节之间关系的探究为基础，对经济法再分配功能的内涵与意义加以分析，有利于我们更好地了解经济法的功能，并运用经济法的再分配功能为建设和谐社会服务。

关键词：利益分配；国家调节；经济法的再分配

一、利益分配与国家调节

18世纪法国思想家霍尔巴赫曾说过："利益就是人行动的唯一动力。"从古到今，人们对利益的追求从未停止过，从个人的趋利避害，到商人的唯利是图，从对个人利益的维护，到对社会利益的协调，人类社会每时每刻发生的每一事件都与利益息息相关，全部社会关系都是建立在利

---

* 本文原载《河北法学》2008年第8期。

** 郑艳馨，辽宁营口人，法学博士，西北政法大学教授。

益关系的基础之上，对利益的追逐也成为人类社会发展的直接动力。有利益必然就会有纷争，由于利益总量的相对有限性，不同的利益主体为了寻求和维护自身的利益，必然与其他的利益主体产生矛盾与冲突，这种利益矛盾与冲突在不同的历史时期呈现出纷繁复杂的特点。如何化解利益矛盾，平息利益冲突，使社会保持平稳发展的态势，也成为每个历史阶段统治阶级关心的焦点问题。这其中备受关注的是利益分配问题，因为不同的利益分配状况决定了不同的社会状态和社会发展阶段。

从分配现象的形态来看，分配表现为一定的社会财富和利益（包括自然资源、社会产品和由此产生的相关利益），按照一定的原则、规则和方式，在不同社会主体之间进行划分配给的动态经济过程。[①] 对利益的分配从人类社会产生时就已开始，但由于那时可供分配的利益总量十分有限，因此主要是由市场进行分配。伴随着社会财富与利益总量的不断增加，“市场三缺陷”[②]日益暴露出来，市场分配方式已无力在满足多数人利益需求的基础上对社会财富和利益进行公平的分配，国家的介入与法律的规制成为利益分配的新模式。

国家运用“看得见的手”对利益分配格局进行调整，矫正因市场缺陷导致的利益分配失衡现象，使利益进行相对公平的分配，从而使大多数人的合法利益得以实现。国家介入经济是为了对社会经济进行某种调节，以维护和促进经济结构和运行的协调、稳定与发展，并维护社会公平和稳定。这就是国家调节。[③] 国家调节主要是指为了弥补和纠正市场缺陷，由国家运用“国家之手”，在市场调节的基础上，对社会经济进行的某种干预、参与、引导和调控，其目的是实现经济的协调、稳定

① 孟庆瑜：《分配关系的法律调整——基于经济法的研究视野》，西南政法大学 2004 年博士学位论文，第 11 页。

② “市场三缺陷”是由漆多俊先生在《经济法基础理论》中首次提出的，由于市场存在三缺陷，即市场障碍、市场的唯利性、市场调节的被动性和滞后性，因此国家调节相应地需要“三方式”，并最终确立了“三三理论”或称“国家调节说”。

③ 参见漆多俊主编：《经济法学》（修订版），武汉大学出版社 2008 年版。

和发展。[①] 因此可以说,国家调节机制是对市场缺陷和市场失灵导致的利益分配失衡现象的救济与校正,是国家介入利益分配领域后,对市场初次分配格局中存在的缺陷的补救,是在市场分配基础上的再分配。在这一过程中,经济法起到了至关重要的作用,因为经济法本身就是国家调节之法,其本质属性在于国家调节。国家调节是经济法各种基本属性的引发点和集中体现。同时,作为一个重要的法律部门,经济法与其他法律一样具有利益分配功能,只是在分配层次上存在一定差异,它是对利益进行再分配之法。

二、经济法是再分配法

(一)经济法是再分配法论断的提出

事物的本质决定事物所具有的功能。经济法国家调节的本质决定了经济具有再分配功能,经济法再分配功能是国家调节本质在功能上的反映。漆多俊先生于 2003 年发表的《接近司法——经济法的诉讼问题》一文中,明确指出国家调节与再分配的关系,即“市场的国家调节是对国家运用国家权力对社会资源进行再配置或者对国家所有的资源和财富进行再配置和再分配”。[②] “经济法是再分配法”论断正是“国家调节说”固有之意的推演,是“国家调节说”理论的发展和完善。经济法应充分运用其权利调整和再分配功能,通过国家调节,实现经济的全面、协调和可持续发展。[③]

对法律分配功能的阐释是经济法再分配功能研究的前提。在市场

① “国家调节说”的思想与理论集中体现在漆多俊先生的《经济法基础理论》《经济法学》两部论著和《科学发展观:当代中国经济法良法观之核心》《时代潮流与模块互动——经济法百年鸟瞰》等文章之中。

② 参见漆多俊:《接近司法——经济法的诉讼问题》,载漆多俊主编:《经济法论丛》(第 7 卷),中国方正出版社 2003 年版。

③ 参见漆多俊:《科学发展观:当代中国经济法良法观之核心》,载《法学评论》2006 年第 6 期。

经济条件下,利益分配的主体、方式、流程等主要是通过法律加以规定的,法律成为社会利益资源和权利的分配书。法律需要界定和确认的利益关系主要有下列4种:(1)普通民众(个人和他们组成的团体)相互之间的利益分配关系,这是最基础的关系。(2)公共权力部门同普通民众之间的利益分配关系。因为既然社会需要有公共权力,公共权力本身也需要拥有和支配相应的利益资源(这些公共机关的权利),这就需要界定该二者之间的权利义务关系。(3)公共权力部门内部之间的利益分配关系。(4)一国同其他国家或地区之间利益资源分配的关系,这涉及维护本国所拥有和能支配利益资源的总额、总体问题。法律作为社会利益资源分配书,其基本任务是确认和维护全体民众的权利。不同的法律部门基于其价值取向的差异,导致其功能上的差异,即不同的法律部门对利益的分配各不相同,并形成不同层面的分配模式,产生不同的分配结果。首先,宪法是一国利益资源和权利的总分配书、总合同。宪法确认了利益分配的基本方针与原则,并对分配方式作了总体规定,通过对国家基本经济制度的确认和对国民基本财产权的保护与救济来实现对利益的总体分配。离开宪法对分配关系的基本确认,社会的基本分配关系、分配格局与分配秩序必将是无序的、失范的。宪法对利益的分配构成其他一切法律对利益分配进行调整的前提和基础,并直接影响整个社会的利益分配态势和分配结果的合理性。其次,各部门法是宪法总合同下的分合同,是社会不同领域利益和权利的分配书。不同法律部门基于其调整对象和调整方法的不同,对社会利益的分配也有所不同。民商法主要是在民众总体权利义务确定的前提下对于民众之间的权利义务的分配书,界定和维护民众相互之间的利益关系;行政法主要界定、确认国家行政权力机关内部之间和他们在行政管理过程中同民众之间的权利义务关系;经济法主要界定、确认国家在调节(管理)社会经济过程中权力机关同民众之间的权利义务关系;国际法主要界定、确认本国同他国或其他国际社会之间的各有关权利义务关系。[1]

对经济法再分配功能中的分配内容和分配方式的探究发展和完善了这一论断,并最终确立了其在经济法基础理论体系中的重要地位。一方面,经济法作为再分配法,是由于市场存在失灵现象,在民商法无力实现对利益的公平合理分配的情形下,对于既存法律秩序(特别是民商法秩序)的调整,是对社会利益资源和权利进行的再分配。[2] 另一方面,经济法是以社会为本位,注重全社会经济的总体效率和社会整体公平、实质公平,是对社会整体利益资源与权利的再分配。[3]

(二)经济法再分配功能的内涵

经济法再分配功能是对经济法功能的探讨。再分配指的是经济法的功能而非本质,经济法的本质是国家调节经济之法。但经济法的本质与功能又是密不可分的,本质决定功能,功能是本质在不同角度的投射。功能不是事物的现象,而是内含于事物的本质之中。经济法的再分配功能正是对国家调节经济从功能角度的阐释,是对经济法本质的深入挖掘。同时,经济法再分配功能在经济法体系"三构成"中均有体现。

经济法是"再分配法"。对社会利益进行分配是法的基本功能之一,其不仅涉及物质利益的分配,还涉及精神利益、政治利益、人身利益等各种利益的分配。不同法律部门的利益分配对象、分配方式和分配层次等均存在不同之处。如民商法主要是对社会生活中私权利的分配;行政法主要是对国家行政机关内部及其同社会其他成员之间利益的分配。在市场经济体制下,对社会经济利益的初次分配首先是由民商法完成的。经济法是基于民商法等法律部门在社会利益初次分配中存在的不

① 参见漆多俊:《权力经济向法治经济的转变——兼论转型时期法律的控权使命》,载漆多俊主编:《经济法论丛》(第 11 卷),中国方正出版社 2005 年版。

② 参见漆多俊:《权力经济向法治经济的转变——兼论转型时期法律的控权使命》,载漆多俊主编:《经济法论丛》(第 11 卷),中国方正出版社 2005 年版。

③ 参见漆多俊:《时代潮流与模块互动——经济法百年鸟瞰》,载漆多俊:《转变中的法律——以经济法为中心视角》,法律出版社 2007 年版,第 53 ~ 117 页。

公平和不合理现象,在初次分配基础上的调整与再分配。而且,经济法的再分配是在民商法基础上的再分配,是从经济领域的安全、秩序、公平的再分配而影响经济领域以外的利益分配,是从维护社会经济总体公平的角度出发对经济法功能的全新阐释。其力求以国家为进路实现分配的正义,倡导实质正义,针对分配领域本身存在的不平等,予以差别待遇,以一种特殊的标准来衡量人的地位和分配利益。[①] 当然也要注意到,经济法虽然是一种再分配法,但再分配法不全是经济法。再分配法的种类很多,如社会保障法就是一种再分配法。但经济法的再分配与其他再分配法相比,在分配目标、对象、原则、领域和方式等方面存在特殊性,它是对经济领域的再分配,是运用各种经济措施实现的再分配,是通过国家调节对社会经济领域的结构与运行的协调和稳定而对社会经济的总体在公平基础上进行的再分配。

经济法再分配是对既存法律秩序特别是民商法秩序的适度调整。民商法从个人本位角度对私权利进行保护,对不同个体的利益以"市场之手"进行初次调节,实现形式上的分配公平。但由于市场失陷的存在,仅依靠民商法的分配不可能实现实质上的分配公平与正义,有时甚至适得其反,对个体公平过度追求有时会妨害社会公平,对形式公平的追求有时会导致实质不公平,宣扬机会公平其实并未解决起点公平、过程公平和结果公平问题。为弥补和纠正民商法在分配利益时可能造成损害社会公平与正义的现象,有必要就民商法等法调节的既存法律秩序进行适度调整,以实现利益分配的实质公平与正义,此即经济法的功能和任务。经济法至经济的调整与民商法不同,民商法是在自愿、公平、诚实信用的基础上,对个体社会资源和利益的初次分配,其目的是在形式上平衡个体之间的利益关系;而经济法是运用国家调节的方式对原有社会资源与利益的再分配,其目的是实现社会利益分配的整体公平和实质公

① 参见刘思萱:《论经济法的分配正义观——从罗尔斯和诺齐克之争谈起》,载《上海商学院学报》2005 年第 3 期。

平。但也需明确经济法是在充分尊重民商法等法律所作的利益和权利分配的基础上，对既存法律秩序、社会利益资源和权利作出的适度调整和再分配，是"微调"，而不是一律否定和推倒重来。在发展市场经济过程中，始终要明确民商法的基础调节地位。

经济法再分配主要是指对社会利益资源和权利的调节和再分配。民商法作为个人本位法，贯彻自由、平等原则，主要运用市场调节，对个体利益与权利进行调节和分配，维护个体间的公平，这种分配是社会平等、公平的基础。经济法作为社会本位法，主要运用国家调节即利益"再分配"，实现对社会利益和权利的调节和再分配，促进社会总体效率与社会公平。在再分配过程中，要处理好经济法再分配同民法等法律基础性分配之间的关系，既要充分尊重和维护个体的经济权利和自由，又要在民商法等法无法排除和解决妨害社会总体效率与社会公平问题时，对社会利益与权利进行再分配。

经济法再分配的目的主要是维护和促进社会总体效率与社会公平。经济法再分配是基于对社会总体和实质意义上效率和公平正义等目标的考量和追求，追求利益"衡平"，并在此基础上追求秩序、自由和安全。在进行再分配时，要恰当处理好社会总体经济效率与个体经济效率、社会整体利益与个体利益、社会公平与个体间公平相互之间的衡平问题，即寻找一个最佳的平衡点，在维护社会总体经济效率与公平时注意维护而不是妨害广大个体效率，使经济法的价值目标和理念目标得以实现。

三、经济法再分配功能理论的意义

（一）经济法再分配功能的理论意义

第一，它是对前人有关经济法功能理论的发展。经济法概念一经提出，即与分配法概念密切相联。摩莱里在其 1755 年出版的《自然法典》中认为，经济法的功能是"调整自然产品或人工产品的分配"。可以说他已经认识到经济法具有分配的功能，但他所指的"分配"仅涉及初次分配。在 1842 年法国空想共产主义者德萨米出版的《公有法典》一书中,德萨米将第三章的标题定名为“分配法和经济法”,其含义与摩莱里的大致相同。德萨米在分配问题上接受了摩莱里的思想,但他所谓“经济法”实际上是泛指各种经济方面的法律,他所指的经济法的功能也是对各种经济利益关系进行的初次、细致甚至是烦琐的分配。无论是摩莱里还是德萨米,对经济法功能的认识都与现代经济法相去甚远,他们所指的“分配”都是运用“国家之手”,对社会利益进行的强制、简单和初级的分配,是唯理论的、刻板的和过分细致的分配。经济法的再分配功能的提出,是适应现代经济法发展的需要,是对前人所持分配观的改进。

第二,它的出现对“经济法是分配法”的观念造成了巨大的冲击。近些年来,一些经济法学者对经济法的分配功能展开研究,并提出了“经济法是分配法”的观点。如有的学者认为“经济法实质上就是分配法”;①有的学者“把经济法定位于调整人们在社会化生产中的增量利益关系”,认为“经济法就是调整人们在社会化生产中生产和实现剩余并相应地进行剩余的分配和再分配关系的法”,“重提‘经济法是分配法’具有确定经济法是一种新的独立法域的理论意义”;②还有学者认为,“经济法利益分配的核心在于对集团利益的分配,利益分配的对象是集团利益,而不是社会公共利益与个体利益。如果说经济法利益分配的目标是公平与效率的话,那么平衡正是经济利益分配的新价值目标。在一些情况下,经济法利益分配的目标既不是公平也不是效率,而是利益的平衡性。……经济法有两种最基本的功能,即分配利益的功能与维护利益的功能人们通常更关注法律维护利益的功能”。③ 范海玉也认为,“经济法这种利益分配功能主要是通过对于集团利益——一种介于传统的个体

① 杨紫煊主编:《经济法》,北京大学出版社1999年版,第23~24页。

② 陈乃新:《经济法是增量利益生产和分配法——对经济法本质的另一种理解》,载《法商研究》2000年第2期。

③ 岳彩申、袁林:《经济法利益分配功能之解释》,载《社会科学研究》2002年第3期。

利益与社会利益之间的团体利益的分配来实现的”。[1] 这些学者对经济法的分配性达成了共识，但都未涉及经济法的分配层次问题，即使是“增量利益分配法说”也仅窥其一斑，无法识别经济法功能与其他法功能上的根本差异。与其他学者不同，漆多俊先生旗帜鲜明地提出经济法是“再分配法”，从而确定了经济法的分配层次，即它不同于民商法以及行政法的初次分配，而是一种再分配，从而确定了经济法的分配层次，使人们开始重新思考经济法功能的科学定位。

第三，它是对经济法的国家调节本质的深入阐释和经济法理论体系的完善。它既是国家调节的本意延伸，又是国家调节的理论发展与完善。它的确立也丰富和进一步完善了经济法基础理论体系。国家调节是经济法的本质特征。同民商关系相比，国家调节关系不是平等主体之间的关系，而是国家作为一方主体同其他社会主体发生的调节与被调节关系。[2] 由于民商法主要注重对私权利的保护和形式上的公平，故其在调节社会经济生活中出现诸多不尽如人意的地方，如其不能解除垄断行为对社会经济的严重破坏，不能消除利益分配中的结果不公平和实质不公平现象，因此需要其他法律的参与，通过对民商法已调整过的社会经济运用国家权力进行再分配，从而使最终的调节结果能基本趋于实质公平。这正是经济法需要进行的工作，它通过对社会资源和权利在原来民商法秩序基础上的调整和再分配，使社会利益分配格局逐渐趋于合理，并对原有利益分配不公现象予以纠正。所以说经济法的再分配功能正是国家调节这一经济法本质属性在功能层面上的反映。

第四，它进一步明确了经济法与民商法的区别。经济法与民商法及行政法的关系紧密，因为它们都调整一定的经济关系，因此学者们对三者的关系存在许多分歧，其根源在于许多学者并没有把经济法与民商法

---

① 范海玉：《论经济法在社会分配中的作用和边界》，载《当代法学》2007 年第 1 期。

② 参见漆多俊：《经济法基础理论》(第 3 版)，武汉大学出版社 2000 年版，第 200 ~ 222 页。

和行政法之间的根本属性划分清楚，对其功能的划分也不明确。因为民商法和行政法也是对利益的分配书，只是民商法主要是对私权利的分配，而行政法主要是对公权利的分配。“经济法是再分配法”论断从功能角度对不同法律部门进行分析，指明民商法是调节社会利益初次分配的法，经济法则是在民商法调节基础上的“再分配法”，从而更清晰地划分了经济法与民商法。

（二）经济法再分配功能理论的现实意义

该理论为市场经济的调节方式定下了基调，即以市场调节为基础，以国家调节为保障。市场调节的基础性工作主要由民商法负责完成，它是加快发展经济的前提；国家在民商法无力解决市场缺陷产生的不良后果时，运用经济法进行国家调节，以满足社会总体利益分配合理化与均衡化的需要，它是经济与社会协调、稳定与健康发展的保障。这与中共十七大提出的坚持把发展作为第一要务，坚持以人为本，坚持全面协调可持续发展，坚持统筹兼顾的科学发展观要义不谋而合。

该理论是合理处理效率与公平关系的法律保障。改革开放以来，由于对效率的过度追求，导致效率与公平关系的失衡，虽然经济高速发展，但贫富差距加大、资源分配不公、社会矛盾加剧等问题突显。民商法在对社会利益进行初次分配时，虽然也寻求公平，但其更注重对效率的追求，其公平也只是在强调个体利益基础上实现的一种形式公平。而经济法在对社会利益进行再次分配时，更加注重对公平的追求，并且追求在社会整体利益合理分配基础上实现实质公平。运用经济法的再分配功能可以解决效率与公平失衡问题。

该理论对深化我国收入分配制度改革具有重要的指导意义。我国目前在行业之间、城乡之间、工农之间、贫富之间存在严重的收入分配不公现象，尤其是垄断福利问题成为人们争议的焦点。通过国家调节，应用经济法各个部门法——主要是财税法、反垄断法、反不正当竞争法、金融法、价格法等对收入分配体系的规范和调控，可以使国民收入在全社会实现公平、合理的分配，改善收入差距扩大造成的严重社会影响，逐步实现全体社会成员的共同富裕。

该理论为构建和谐社会奠定了制度基础。经济法的本质属性决定了经济法在构建和谐社会中的重要作用。经济法在对社会利益进行再分配时,遵循社会本位原则,追求社会的和谐发展,并以法律的和谐共建为基础。它在我国构建和谐社会过程中发挥着不可替代的作用。同时,经济法通过对经济领域的调节和再分配,进而影响经济领域以外的其他利益的调节和分配。所有的社会公平问题不是经济法所能解决的,但通过对经济领域的公平问题的解决,可以影响其他领域的公平问题。这无疑为社会主义和谐社会的构建搭建了一个良好的制度平台。

7

全面转变资源配置方式的政策定位*

——兼论中国竞争政策的实施与展望

徐士英**

【前言】导师漆多俊教授，尽毕生精力孜孜追求经济法理论体系的建设，他的学术研究成果深深地影响了中国经济法学的发展进程，本人受益良多。值此庆贺导师八十华诞之际，撰写短文阐发自己对经济法理论研究的粗浅感受，以此表达对导师的深深敬意！

摘　要：中国三十多年体制改革的成就充分显示了竞争政策的成效。当改革进一步深化，资源配置方式实行全面转变的时候，中央政府及时提出了“确立竞争政策的基础性地位”。国家经济政策的调整与定位，现有政策体系的重构，就是要以竞争理念指导和影响其他经济政策与社会政策的制定与实施，将这些公共政策纳入到竞争政策的价值体系之中。竞争政策定位为国家基本经济政策，既是对以往体制改革实践的理性总结，更是对未来重构经济政策体系的严峻挑战。为推进竞争政策基础性地位的确立，应当通过包括制定竞争政策总体规划、在竞争政策

---

* 本文系作者2016年12月在中南大学“法治论坛”演讲稿的基础上修改而成，作为2016年国家社科基金项目《竞争政策视域下行政垄断规制研究》阶段性成果发表（课题编号：16BFX097）。

** 徐士英，浙江江山人，博士，浙江理工大学特聘教授，华东政法大学教授。

目标下完善竞争法律实施、推进公平竞争审查、改革垄断行业和国有企业、弘扬竞争文化、全面提升消费者地位等全方位的努力实现。

关键词：体制改革；竞争政策；政策定位；持续发展

一、问题的提出：政策定位引发的担忧

中央政府关于"让市场在资源配置方面起决定性作用"的重大决策，[①]给处于经济新常态下的中国经济发展展现了新的前景，全面转变资源配置方式的同时，将国家经济政策的重新定位提上了重要议程，"要逐步确立竞争政策的基础性地位"成为当前关注和热议的焦点。市场经济发展进入常态化，自然需要完整的市场经济政策体系，竞争是市场制度的灵魂，以保护竞争机制为宗旨的竞争政策发挥基础性作用毋庸置疑。[②] 因此，国家基本经济政策的定位和现有政策体系的重构到了必须认真对待的时候。但由于长期以来政府配置资源的思维惯性难以刹车，而高速增长时期倾斜性产业（区域）的扶持政策为主导的体制居功至伟，影响深刻，这使竞争政策与其他经济、社会政策（法律）的关系及其协调呈现出难解的理论争议和尖锐的现实矛盾。[③] 近年来周期性经济下行的困难和结构性问题更加剧了此种担忧。体制转型为什么要进行基本经济政策的换位，竞争政策基础性地位究竟意味着什么，将竞争政策定位于基础性经济政策应当如何推进，这不仅是政策选择的问题，更是值得深思的理论问题。笔者尝试议论一二，以求教各方。

---

① 参见《中共中央关于全面深化改革若干重大问题的决定》（2013 年 11 月 12 日中国共产党第十八届中央委员会第三次全体会议通过）。

② 参见吴敬琏：《加强竞争地位不是一蹴而就的》，载《北京日报》2016 年 12 月 19 日，第 17 版。

③ 2016 年 11 月 9 日两位经济学家林毅夫和张维迎关于产业政策的现场交锋就是这一理论争议的典型。参见冯彪：《林毅夫 PK 张维迎：我们到底需不需要产业政策？》，载《每日经济新闻》2016 年 11 月 10 日，第 2 版。

二、竞争政策定位基本经济政策的理论依据

在经历了较长时期的超常速度增长之后,我国经济进入平稳发展的"新常态"。随着经济体制改革的深入,影响经济发展的主要矛盾已从要素市场的开放转向全面改变资源配置的方式。体制改革从单项的、分散的政策措施发展到全面的、综合性的攻坚克难,发展模式从以政府投资为动能向大众创新为动能实行全面转换。这些重大的变化必然影响国家整体经济政策的结构与走向。在体制转型的新阶段,市场对于公平竞争秩序的需求大于对个别产业扶持的需要,①以产业政策为主导的经济政策体系转换成以竞争政策为主导的经济政策体系,重新定位国家基础性经济政策,这是我国社会经济发展的必然结果。

(一)竞争政策的核心:维护竞争"机制"

竞争政策作为"一切旨在维持和发展竞争性市场体制所采取的各种公共措施",②其作用就在于为市场在资源配置中起决定性作用搭建基础平台,通过促进资源在经济部门的有效分配,创造更多的社会财富。③竞争是市场主体为赢得有利的市场地位,实现自身既定的经济目标而进行相互较量的动态过程。④ 但不同的竞争行为对社会资源配置会产生不一样的后果:市场主体在竞争中增进个体利益的同时也增进了社会整

---

① 参见于良春:《推进竞争政策在转型新时期加快实施》,载《中国工商管理研究》2014 年第 9 期。

② 竞争政策可以包括旨在促进国内经济竞争自由和市场开放的各项政策措施,如垄断行业放松管制政策、国有企业民营化经营政策、政府补贴或者优惠与限制政策,以及其他各项社会经济政策中涉及竞争问题的政策措施等。参见徐士英:《竞争政策研究——国际比较与中国选择》,法律出版社 2013 年版,第 6 ~ 8 页。

③ 参见吴敬琏:《确立竞争政策基础性地位的关键一步》,载《人民日报》2016 年 6 月 22 日,第 10 版。

④ 参见徐士英:《新编竞争法教程》,北京大学出版社 2009 年版,第 1 页。

体利益，[1]或者市场主体在增进个体利益的同时却减损了社会整体利益。对于前者需要鼓励和保护；对于后者则必须限制或禁止。“竞争”应当是将增进个体利益的主体行为导向同时增进社会整体利益这一目标的驱动力，[2]竞争并不是作为“行为”受到重视，而是作为“机制”才值得维护。[3] 正是在这一意义上，维护竞争构成了竞争政策语境内的核心内容，市场才可以“在资源配置方面起决定性作用”。

（二）竞争政策的功能：调节竞争机制作用

市场经济本质上是竞争经济，但是竞争不能是自发、盲目和无序的，这需要国家通过有效的竞争政策加以引导和规范。[4] 各国从市场竞争带给社会的惠予和损害中不断反思、总结，进行着各种制度建设，保障竞争作为驱动力促进社会持续进步目标的实现。这种努力的结果形成了各国的竞争政策。为确保一个竞争性的市场有效发挥作用，各国通过实施具有严厉威慑力的竞争法律对限制竞争行为加以规制，使其竞争法律成为竞争政策的主要形式和内容。正是通过对竞争优势的保护与发扬，对其缺陷的限制与匡正，竞争法达到了让竞争机制充分发挥有效配置资源的作用。[5] 单纯依靠竞争法难以全面保护竞争机制，更何况在特定时期和条件下，必要的限制竞争也是不可避免的选择。因此，国家根据总体发展战略和阶段性发展水平的需要，要将市场竞争机制的作用调节在恰当的水平，达到社会经济持续发展的目标，竞争政策正是回应此需要

---

① 这里的社会整体利益主要是指效率，不仅包括生产效率，还包括分配效率与创新效率；不仅包括微观经济效率，还包括宏观经济效率。

② 参见徐士英：《竞争法论》，世界图书公司1999年版，第3页。

③ 我国改革实践显示竞争政策通过促进资源在经济部门内的有效分配，创造了更多的社会财富，国家GDP年平均增幅达到了9.8%。参见中华人民共和国国家统计局编：《中国统计年鉴2015》，中国统计出版社2015年版。

④ 王先林：《浅析竞争政策与反垄断战略问题》，载《中国市场监管研究》2016年第1期。

⑤ 应品广：《法治视角下的竞争政策》，法律出版社2013年版，第25页。

的必然产物。

一个国家竞争政策的定位,通过影响国家的经济结构、政策立法、执法司法制度的发展,直接影响整个国家发展战略的实现。竞争政策是在充分重视竞争机制基础上的努力成果,更是政府主动调节竞争机制的重要手段和基本标准。即使在某些特殊的领域需要限制竞争,那也是作为竞争政策适用范围的限制或者适用除外的形式而存在的,实际上是与其他经济政策、特别是产业政策相协调和平衡的结果。于是,竞争政策就有了宽泛的理解:一切有利于促进和维护竞争的经济政策都可以被视为相互作用的竞争政策的重要组成部分。① 目的就是把更多的经济政策纳入竞争政策的价值体系当中,全面影响国家政策体系的结构和走向。

(三)竞争政策的定位:市场经济政策的基础性地位

竞争政策的基础性地位是指以竞争的基本理念影响和指导其他经济政策的制定和实施,是"敦促其他经济政策改善竞争环境的经济政策"。② 相对于其他经济政策,竞争政策应是一项基础性经济政策,这是由市场经济本身特点所决定的。确立竞争政策在经济政策体系中的基础性地位是对市场经济运行规律的尊重。③ 与其他强调政府干预经济的经济政策不同之处在于:竞争政策坚持市场机制的作用,防止政府对经济的过度干预是竞争政策的哲学基础。强调竞争是市场经济的生命,竞争机制会刺激经济活力,带来资源配置效率,推动经济增长和经济实

---

① 徐士英:《竞争政策研究——国际比较与中国选择》,法律出版社 2013 年版,第 8 页。

② See United Nations, Empirical Evidence of the Benefits from Applying Competition Law and Policy Principles to Economic Development in order to Attain Greater Efficiency in International Trade and Development, http://www.unctad.org/en/docs/c2emd10r1.en.pdf, 2017 年 1 月 20 日访问。

③ 参见时建中:《全面推进实施竞争政策 促进我国经济转型发展》,载《中国价格监管与反垄断》2016 年第 11 期。

力的增强。① 因此,竞争政策被视作可持续发展的保障。我们看到,各国在建立和发展市场经济的过程中,竞争政策扮演了重要的角色。② 在政府赖以调节的各项经济政策中,竞争政策占有重要的基础地位。③ 不仅如此,通过多年的实践进一步证明,相比产业政策(无论是选择性产业政策还是功能性产业政策),竞争政策的实施都更有利于产业政策目标的实现。④ 竞争政策在与其他经济政策,尤其是产业政策的协调过程中逐渐成为主角,使那些试图通过限制竞争扭曲市场而获利的行为得到了广泛的制约。⑤ 值得注意的是,进入 21 世纪以来,竞争政策在发展中国家和转型经济国家成为主要的政策取向,联合国贸易和发展会议(以下简称"联合国贸发会议")从 2000 年开始的会议和研究表明,将竞争政策视为基础性的经济政策,制定竞争政策的明确目标和实施的长期规划,使其成为制定其他经济和社会政策的基础,已经成为共同的发展趋势。⑥

如何处理不同政策之间的关系,体现了一国政府在社会经济发展的不同阶段的战略选择。市场经济发达国家,对于竞争的重要性以及竞争政策

---

① 中国社会科学院《竞争政策比较研究》课题组:《联邦德国的竞争政策考察》,载《经济学家》1994 年第 4 期。

② 徐士英:《竞争政策与反垄断法实施》,载《华东政法大学学报》2011 年第 2 期。

③ See UNCTAD, The Role of Competition Policy in Promoting Sustainable and Inclusive Growth, Note by the UNCTAD Secretariat. http://unctad. org/meetings/en/SessionalDocuments/tdrbpconf8d6_en. pdf,2017 年 1 月 16 日访问。

④ 徐士英:《反垄断法实施面临功能性挑战:兼论竞争政策与产业政策的协调》,载《竞争政策研究》2015 年第 1 期。

⑤ See United Nations, Empirical Evidence of the Benefits from Applying Competition Law and Policy Principles to Economic Development in order to Attain Greater Efficiency in International Trade and Development, http://www. unctad. org/en/docs/c2emd10r1. en. pdf, 2017 年 1 月 16 日访问。

⑥ See UNCTAD, Competition Policy, Legislation and Mechanisms, http://unctad. org/en/Pages/DITC/CompetitionLaw/ccpb-PubsPage04. aspx,2017 年 1 月 16 日访问。

在维护有序竞争方面的功能,竞争政策具有基础性地位和优先地位并不存在普遍争议。越来越多的国家和地区都确立了“竞争政策优先”的原则,无论是经济理论还是发展实践都证明,决定当年德、日及其他国家经济腾飞的关键并非仅仅在于政府积极推行产业政策,而恰恰是充满活力的竞争和以维护竞争为宗旨的竞争政策,使他们成为产业界创新与变革的摇篮。[①] 随着越来越多人的反思,这种说法已经成为主流观点。[②] 我国改革前期出现的“小产权”“小财政”和“小市场”现象表明,即便是在以产业政策为主导的政策体系之下,竞争机制也会以其特有的方式渗透。[③]

(四)竞争政策的重心:规制政府经济政策制定行为

参考各国的实践,“竞争政策”一词被应用于很多不同的方面,包括它作为竞争法的同义词,或者作为一系列包括竞争法律在内的政策。一般来讲,竞争政策是竞争原则在评价市场行为、政府政策与法律法规时的一种应用。每个国家都有自己对竞争政策的不同理解,我国作为转型经济国家,竞争政策的重心更多是针对政府行为,是对政府规定、国家计划、行业政策、市场管制和经济调控等政府行为的一种替代。集中表达发展中国家意愿的联合国贸发会议的研究指出:竞争政策就是指保护和促进市场主体间的竞争的政府政策,尤其是促进其他政府政策及其实施过程能够发展竞争性市场环境的政府政策。[④] 竞争政策具体是指,确定

---

① [美]迈克尔·波特:《国家竞争优势》,李明轩、邱如美译,郑风田校,华夏出版社2008年版,第364、398页。

② [日]伊从宽:《日本竞争政策和竞争法》,载漆多俊主编:《经济法论丛》(第10卷),中国方正出版社2005年版,第50页。

③ 参见于立:《中国产能过剩的根本成因与出路:非市场因素及其三步走战略》,载《改革》2014年第2期。

④ See UNCTAD, Competition Policy Refers to Government Policy to Preserve or Promote Competition among Market Players and to Promote Other Government Policies and Processes that Enable a Competitive Environment Develop, http://unctad. org/en/pages/MeetingDetails. aspx? meetingid =485,2017年1月16日访问。

这些政府的政策法规措施是否通过对有效率的行为强加限制，从而对社会整体利益造成损害。因为这种强加的限制往往超出了实现社会公共利益目标的合理必要。政府反竞争行为一般表现为地方保护和行业保护、强制交易或指定交易。这些行为不仅妨碍全国统一大市场的建立，破坏公平竞争的市场秩序，而且不利于激发市场主体活力，促进大众创业、万众创新，也损害了市场主体的自主经营权和消费者利益，必须予以严厉查处和纠正，才能促进全国统一开放、竞争有序的市场体系建设。[①] 对于政府的反竞争行为，反垄断执法规制有一定的局限。事后救济的局限、规制范围的局限、执法建议权的局限，以及司法救济的不足，提示必须以竞争政策为导向，全面解决行政性垄断所带来的后果。必须通过竞争政策推进对政府反竞争行为规制体系的完善。要形成改革、立法、执法、司法多个维度系统推进。只有社会具有了良好的竞争文化，才能真正管住"有形之手"，保障市场配置资源决定性作用的充分发挥。[②]

作为转型经济国家，我国在过去几十年中实施了以鼓励竞争为目的的改革，基于理论和经验，我们可以得出结论：竞争性的市场体系有利于资源被有效利用。短期竞争压力可以使市场价格趋于边际成本，而长期的竞争可以带来经济整体的增长和创新市场。新产品、和新技术的发现和发展。[③] 在全面理解竞争政策的科学内涵之后讨论现阶段我国对竞争政策定位才具意义。

三、我国确立竞争政策基础性地位的现实条件

中国市场经济体制改革的过程就是逐步形成竞争政策的过程。从萌芽、发展到基本形成，我国竞争政策经历了几十年的实践。2008 年

---

① 参见李韶辉：《积极查处行政垄断，充分释放经济活力》，载《中国改革报》2015 年 11 月 3 日。

② 徐士英：《竞争政策与反垄断法实施》，载《华东政法大学学报》2011 年第 2 期。

③ 参见应品广：《法治视角下的竞争政策》，法律出版社 2013 年版，第 124 页。

《中华人民共和国反垄断法》(以下简称《反垄断法》)的正式实施,标志着国家竞争政策体系建设开始启动。[①] 实践证明,缺乏竞争政策与竞争法律,市场竞争过程有可能受到来自个人或政府行为的阻碍和扭曲,但是,如果没有地位确定、目标明确的竞争政策体系,即使实施了竞争政策,它也只能是分散地、局部地产生作用,市场经济体制的运行仍然会遭遇不确定的甚至是扭曲的因素的干扰。中国现在是到了该形成竞争政策体系的时候,通过几十年改革开放,我国确立竞争政策基础性地位的时机基本成熟,形成以竞争政策为主导的政策体系的条件基本具备。我国全社会已经普遍认识到市场机制和竞争机制在配置资源中的决定性作用,而且也普遍认识到应该如何处理竞争政策与其他经济政策特别是与产业政策之间的关系。[②] 这主要体现在进一步改革的社会需求与改革开放的进程高度契合,竞争政策的基础性地位呼之欲出,应该是水到渠成的必然结果。

第一,深化改革目标与竞争政策高度契合。竞争政策的基本目标是维护自由公平的市场竞争、促进提高经济资源的配置效率以及消费者福利整体增长。由于每个国家所处的发展阶段不同,其文化传统各不相同,因此其竞争政策目标选择受到多重因素的影响。一般而言,主要会受到重要因素的影响,包括国家社会经济发展战略、市场经济发育程度、社会公众对竞争的认同程度、国家面临的国际竞争环境,以及短期的经济危机等。发展中国家尤其是转型经济国家,竞争政策的目标除了分散垄断力量(除非证明垄断更有利于资源配置)、阻止滥用市场地位限制竞争、制止各类垄断协议以确保消费者利益不受损害等之外,更重要的是消除影响公平竞争市场环境的政策措施、创造技术进步和创新的市场

① 《反垄断法》第 9 条第 1 款明确规定了国务院反垄断委员会的首项职能就是“研究拟订有关竞争政策”。这是我国首次通过法律文件提出竞争政策。

② 王晓晔:《竞争政策为什么应成为国家基本经济政策》,载《中国价格监管与反垄断》2016 年第 3 期。

环境;开放市场让更多主体自由准入;确保经济资源(包括国有资产)的有效配置利用等。如格鲁吉亚国家竞争政策和立法的主要目的除了禁止不公平和反竞争行为外,还包括了促进企业进步的目标。[①] 我国当前的改革进程已经到了攻坚克难的关键时期,所有分散的、单项的改革,最终都汇聚到一个总的关口:政府与市场的关系。正如著名经济法学家漆多俊教授所言,如何在市场调节与国家调节(市场与政府)之间找到"平衡点",即政府如何在以市场为基础的前提下同后者恰当配合的问题。[②] 规制政府反竞争行为、垄断行业中引入竞争、深化国有企业改革、发展中小微型企业、确立消费者选择标准等,每一项改革都与竞争政策的目标高度契合。只有确立以竞争政策为主导的政策体系,才能寻觅到根本性的全局性的解决方案。

第二,实施创新战略需要竞争政策环境。中国的经济现状呈常态化发展,这与改革开放早期主要依靠投资(政府投资是主流)驱动的发展模式相比发生了根本性变化。中央政府提出的实施创新驱动发展战略,要实现新旧动能转换是适应这一变化的重要决策。为万众创新者提供能够脱颖而出的市场环境,构建平等自由公平竞争的政策环境成为政府的主要职责。[③] 这与竞争政策的内涵完全一致,因为任何公共政策,最终都要以服从国家经济发展战略为目的。[④] 实施竞争政策的宗旨就是激发社会创新活力和创造潜能,破除一切制约创新的思想障碍和制度樊篱,遏制一切排除、扭曲市场竞争的行为。在竞争政策的视野下,偏向性的政策措施不能存在,区域性与行业性的市场壁垒必须消除,要构建有

---

① Lapachi K., Anti-Monopoly Regulation in a Transaction Country, The Example of Georgia, European Competition Law Review, 2001, 22 (9): 374 - 381.

② 漆多俊:《经济法基础理论》(第5版),法律出版社2017年版,第30页。

③ 参见《中共中央、国务院关于深化体制机制改革,加快实施创新驱动发展战略的若干意见》(2015年3月13日)。

④ 石俊华:《论反垄断法实施后我国产业政策与竞争政策的协调》,载《云南社会科学》2009年第1期。

利于大众创业、万众创新的普惠性创新支持政策体系。① 竞争政策应成为阻碍向创新驱动转型的障碍，目前开展的商事制度改革，限制投资和市场准入负面清单的制定，公平竞争审查制度的实施，都是矫正现行产业政策弊端的这样的“障碍”。② 事实上，采取一切公共措施维持一个竞争性市场的政策换位已经启动，而且势在必行。

第三，评判政府行为符合竞争政策标准。我国体制改革是政府推动，几十年来政府一直扮演着制度变革的坚定推动者角色。在催化市场经济发展中各项要素成熟的目标下，政府调动了巨大的行政力量给予针对性的扶持，这不仅造就了我国经济高速增长的“奇迹”，与此同时也使“政府与市场关系”中的行政主导难以褪色。政府在推动国有资本运行机制的市场化政策，激活企业经营决策自主权的同时，也使国有企业深度参与市场竞争，资本定位不清晰，影响了各类主体之间的平等竞争；政府部门出于地方利益或部门利益兑现的考虑，致力于扩张或维持管制权力，甚至围绕局部利益进行权力抱团，出现了要素流通的行政禁锢，阻碍市场化定价基础上要素统一市场的形成。由此可见，经济高速增长背后的区域政策和产业政策盛行的影子，在一定程度上抵销着发展成果，“对于经济发展的促进效果逐步递减，对我国产业、企业竞争力的提升、转型升级和国家创新战略的负面影响越来越大”。③ 面对政府通过权力可以随意挑选赢家，甚至挑选输家的政策现实，④迫切求解产业结构性矛盾

① 参见《中共中央关于制定国民经济和社会发展第十三个五年规划的建议》（2015年10月29日中国共产党第十八届中央委员会第五次全体会议通过）。

② 陈清泰：《新时期应把竞争政策提到基础地位》，载《中国经贸导刊》2016年第36期。

③ 黄勇：《竞争政策的功能与实施路径》，载《中国价格监管与反垄断》2016年第6期。

④ 吴敬琏：《2016年11月4日在“第三届大梅沙中国创新论坛”的演讲》，载凤凰网财经频道，http://finance.ifeng.com/a/20161104/14985249_0.shtml，2016年11月4日访问。

的时候，极其需要明确的基础性政策进行评判和进行抉择，而评判的标准竞争政策，它应当成为各种经济政策的“公约数”，[①]或“经济政策的主轴”。[②]

竞争政策与竞争法虽然在价值目标上相辅相成，但具体的作用对象各有区别。后者通常侧重于对私营部门竞争行为的规制，而前者则侧重于规制由政府法律法规或其他行政行为所造成的市场扭曲。因为“国家调节并非万能”，“现代社会经济需要国家调节，同时又必须对国家调节活动进行规制与保障”，[③]通过公平竞争审查与评估制度、竞争中立政策、竞争推进措施等，对于政府行为的评判确立以“最小妨碍市场竞争”的标准，保证政府行为与市场机制作用的一致性，是确立竞争政策基础性地位的真正意义所在。

第四，产业结构性调整借助竞争政策工具。我国经济正在遭遇的结构性危机，体制和政策因素抑制了市场竞争，限制了资源的自由流动无疑是其中最重要的原因之一。[④] 即便是“三去、一补、一降”的权宜之计，现有体制下如何实现也存在路径选择问题。是继续沿袭政府之手实施“行政关停并转”，还是依靠市场机制的作用，通过市场竞争实现去留，这是摆在我们面前的无法回避的选择。在竞争政策的目标和思路下进行调整，以市场供求为，通过竞争兼并，进行优胜劣汰的甄别，才是产能和库存最好的“去途”。竞争是不以人们意志为转移的巨大机器，它一旦运转起来，任何市场主体只能任其切削、筛选与吞噬。[⑤] 竞争政策的

① 时建中：《全面推进实施竞争政策促进我国经济转型发展》，载《中国价格监管与反垄断》2016 年第 1 期。

② 戴龙：《日本反垄断法实施中的竞争政策和产业政策》，载《环球法律评论》2009 年第 3 期。

③ 漆多俊：《经济法基础理论》（第 5 版），法律出版社 2017 年版，第 30 页。

④ 参见吴敬琏：《确立竞争政策基础性地位的关键一步》，载《人民日报》2016 年 6 月 22 日，第 10 版。

⑤ 徐士英：《竞争法论》，世界图书出版公司 2001 年版，第 4 页。

路径就是保障各类市场主体之间的公平竞争，淘汰缺乏竞争力的企业，鼓励优质企业在市场竞争中获取更多资源，大幅度减少政府对资源的直接配置，推动资源配置依据市场规则、市场价格、市场竞争实现效益最大化和效率最优化。[①] 也唯有如此，才能引导资源朝着最能产生效益的行业与地区流动。随着国家经济发展水平的提升，在现代产业发展具有高度不确定性且没有国外成功经验可资借鉴的背景下，产业发展更主要的还是依靠市场调节机制。[②] 恢复产业乃至整个经济的活力，现在是到了"用先进标准倒逼'中国制造'升级"的关键时刻，[③]明确基本经济政策的定位，适用竞争政策优先实施的原则，矫正政策消极后果，现在是到了最迫切，也是最恰当的时机。

第五，政策之间的协调适用竞争政策原则。完善的竞争政策不仅是使市场在资源配置中起决定作用的重要法宝，也是其他经济政策发挥作用的前提。在政府干预经济的惯性思维下，竞争政策并不被重视。尤其是在竞争政策与行业监管政策之间的矛盾最为典型。众多的行业监管政策与法律，在行业监管中发挥着重要的作用。但这些监管政策与立法大多是在产业政策导向下进行的，鼓励产业发展是这些政策法律的主旋律。由于产业政策可刺激经济求得短期内可观效益经济，对于社会经济政策的制定和施行是否可能对竞争机制造成损害基本不予考虑。[④] 结果往往偏离了产业政策实施的初衷，还留下严重的政策依赖，企业或地区参与竞争的意愿和能力下降，支撑产业成熟和持续发展的动力明显不

① 参见《中共中央关于全面深化改革若干重大问题的决定》(2013 年 11 月 12 日中国共产党第十八届中央委员会第三次全体会议通过)。

② 刘桂清:《产业政策失效法律治理的优先路径——"产业政策内容法律化"路径的反思》，载《法商研究》2015 年第 2 期。

③ 参见李克强主持召开国务院常务会议(2016 年 4 月 6 日)，中国政府网，http://www.gov.cn/guowuyuan/2016-04/06/content_5061745.htm，2017 年 1 月 12 日访问。

④ 参见徐士英:《中国竞争政策论纲》，载漆多俊主编:《经济法论丛》(第 25 卷)，法律出版社 2013 年版。

足。目前,处理两类政策与法律之间关系的矛盾已经明朗化。随着反垄断法与反不正当竞争法的实施与修改的讨论,竞争法律优先适用和一般适用的地位已经不容争议,在竞争政策的框架内构建统一、协调的竞争法律体系也得到高度认同。为此,竞争政策基础性地位的确立,有利于行业监管政策与法律的制定要以"不违反竞争法的基本宗旨"为前提。行业法中关于竞争行为的规制条款不得减损竞争法的效力,竞争执法机构应当保留一般执法权和兜底执法权,以避免目前存在的行业监管法所存在的执法空白,这些都必须以国家明确清晰的竞争政策目标为前提。

积极推动在其他经济政策的制定和实施过程中充分考虑竞争政策的因素。① 有助于其他经济政策工具的运用,通过有效的协调机制以及结构调整来整合经济政策,从而协力推动经济的可持续发展。② "绿色壁垒"往往成为区域之间限制竞争的集中表现。在这方面欧盟的做法值得借鉴。欧盟委员会提出环境政策与竞争政策虽然有各自不同的具体目标,但两者之间不存在根本性矛盾。在确立竞争政策优先的基本原则之下,应该正确对待"绿色壁垒",配合环境政策灵活发挥竞争政策的功能。③

① 徐士英:《中国竞争政策论纲》,载漆多俊主编:《经济法论丛》(第25卷),法律出版社2013年版。

② 张汉东:《进一步加强反行政垄断执法,推动确立竞争政策的基础性地位——在反行政垄断培训班上的讲话》,载《中国价格监管与反垄断》2015年第12期。

③ 一方面,欧盟根据竞争政策对有关环境保护的国家援助予以积极审查和监督;另一方面要求在作出有关竞争政策的决定的时候,不能只局限于经济和市场分析的基础,而应该考虑环境政策等其他经济和社会政策的要求,比如,将限制竞争的协议所能带来的生态效益作为"有助于改善商品的生产和销售,或者有助于推动技术和经济进步"而加以考虑。为了实现对绿色产业发展的促进,在合并审查方面,环境保护的因素必须纳入合并规则所确定的竞争政策中,单纯的环境保护不能成为禁止或批准合并的理由。

四、竞争政策新定位面临的困境

尽管竞争政策基础性地位呼之欲出，但是路途依然艰难。各种理论困惑和现实矛盾不断干扰着竞争政策定位的进程。关于政策之争的理论探讨还在继续，这里仅就我国存在的现实问题略加讨论。

一是对竞争政策与经济发展之间关系评价不同。经常遇到一些质疑竞争法与竞争政策实施效果的议论，比如，经济困难时期企业抱团取暖可以克服危机，政府鼓励扶持政策带来的高速增长使国家迅速发展，因此，得出不竞争的市场状态反而促进经济的增长；又比如，强调市场准入政策，让具有强大竞争实力的企业自由进入市场，造成不公平竞争，反而容易导致形成垄断；再比如，保护中小企业反而使政府政策承受更大压力，因为容易形成市场恶性竞争的局面等，这些都是经济转型国家必须面临的特殊难题，因为在发展中国家，尤其是转型经济国家，国家竞争政策的目标、内容和范围较之发达国家更为复杂。其实，仅有竞争法律和竞争政策的存在，并不能说明它可能产生的影响，竞争法与竞争政策的作用取决于实际执行的程度，有时还取决于某些特殊规定，即在权衡之后做出某些限制竞争的决定。[①] 造成上述疑虑的原因不是因为实施竞争政策，恰恰相反，正是竞争政策没有确定其主导性定位，才会在问题上不能合理发挥作用，或者不能及时的转换政策。因此，笔者认为，单纯讨论国家竞争政策与经济发展与富裕之间的关系是不现实的。应该将竞争政策置于长期保持竞争性市场，坚持阻止和削减来自市场和政府方面对竞争的损害这一竞争政策的“最高目标”，才能使竞争政策可以对各类经济政策和法律法规的制定与实施产生“无处不在”的影响。[②]

二是实施竞争政策的推力与阻力都来自政府。这是一个矛盾的现

---

① 徐士英：《中国入世与竞争政策的国际调节——中国竞争法面临的挑战》，载漆多俊主编：《经济法论丛》（第9卷），中国方正出版社2004年版。

② 应品广：《法治视角下的竞争政策》，法律出版社2013年版，第114页。

象,也是转型经济国家特有的现象。市场经济基本规律决定了我国市场经济的运行必定引发对竞争政策的迫切需求,并且与成熟国家的市场经济和国际惯例日趋相同。在市场经济比较发达的国家,竞争政策的基础性地位越来越受到各国政府的认同,即便是缓和经济危机的短期刺激政策和竞争政策的长期效应之间也得到了理性的平衡。我国的特殊国情使我们存在着竞争政策实施的推力与阻力共存的现象,而且主要来自政府改革政策的制定。政府是我国进行改革的初始动力,也是制定和实施竞争政策的主要推力。随着改革的深入,市场主体开始成为竞争动力与推力的真正源泉,而政府却由于部门利益和地区利益的片面追求,其行政权力却演变为市场进一步扩张的阻却。竞争政策基础性地位确立的障碍主要来自政府及其产业政策笼罩下的国有企业、垄断行业和相关扶持的区域。[1] 有些竞争政策曾经的积极推行者,在当前经济遭遇周期性下行困难时,也难以坚守竞争政策的底线。政府作为公共政策的供给方,必须与市场的需求相适应。但是,目前在很大程度上政府法律政策的供给依然存在传统思维的惯性。不尊重市场运行规律,对产业政策过于倚重,尤其是在经济遭遇周期性困难时,驾轻就熟的是干预市场的"任性"之举,越是局部的政策越是背离竞争政策,政府的政策供给与市场的需求之间存在错位甚至裂口的现象不可避免。这不仅影响实施竞争政策的决心与进程,还在一定程度上抵消着改革的成果,成为确立竞争政策基础性地位的障碍。

三是利益博弈加剧竞争政策的不同需求。虽然有越来越多的人发现竞争以及以维护竞争为宗旨的竞争政策才是促进产业发展和创新的

① 参见黄群慧:《以产业政策转型促进竞争政策基础地位确立》,载《中国价格监管与反垄断》2016 年第 S1 期;于立:《中国产能过剩的根本成因与出路:非市场因素及其三步走战略》,载《改革》2014 年第 2 期;刘志彪:《经济发展新常态下产业政策功能的转型》,载《南京社会科学》2015 年第 3 期。

原动力,①但是随着经济体制改革的深入,不同利益主体对保护竞争的各项政策(与立法)产生新的分歧并进行角逐。这主要表现在强大的国有经济与广大的民营经济的不同政策需求。中国的民营经济已经具备相当实力,在他们中,资金雄厚、技术领先、管理科学的先进企业已经不少,且已在世界市场范围内参与竞争。他们对于不够令人满意(实际上是不够先进)的竞争政策有着强烈的切身感受,对于公平竞争环境有着极为迫切的需求。这是推动国内竞争政策发展的强大动力。相比之下,国有经济因长期处于受保护地位,虽然随着改革深入,地位和待遇受到挑战,但他们寻求政策庇护的愿望与动力却有增无减。国有企业对于竞争政策的基础性地位需求并不迫切,相反还有某种程度上的抵触情绪,令人担忧的是这种情绪还波及了其他的市场主体。削弱了竞争政策的实施。因此,当务之急就是在承认政策之间存在互相博弈合理性的同时,建立竞争政策的"基础性地位",让竞争政策理念贯穿于其他经济政策,影响和约束其他经济政策的制定和实施。

四是与国际社会竞争政策对接尚有距离。与国际社会的竞争政策对接是由市场规则的国际共识与我国发展的阶段性特征所决定。成熟的市场经济国家已于21世纪初开始建立竞争政策的国际标准,从竞争法实施的指导思想,到竞争政策实施的体系、方法,措施等层面,推动竞争政策实施理念和具体技术的标准化,体系相对成熟。相比之下,我国虽然已经开始全面融入世界经济体系,在不少方面(如互联网产业等)已经大幅领先,但在竞争政策方面却还未能融入国际竞争政策体系。虽然现在国际上贸易保护主义时有抬头,但贸易与投资自由化,简化行政许可程序,增强企业自治和实行事后规制,强化竞争法和竞争政策的实

① 参见王先林:《竞争政策的基础性地位及其主要实现路径初探》,载《中国价格监管与反垄断》2016年第5期。

施依然是国际主流。[①] 国内竞争政策的发展必须正视这一基本现实差距，国内竞争政策的发展必须正视这一差距，若不重视竞争政策在一国经济政策体系中的基础性地位，很可能会阻碍市场经济体制的最终确立，不仅影响经济的可持续发展，还将面临与世界水平不能迅速对接，承受由此带来的不必要后果。

五、推进我国确立竞争政策基础性地位的展望

我国市场经济发展处于“转型阶段”的关键时期。在“全面建成小康社会”的总目标指引下，发展战略已作调整，对于基本经济政策的定位，中央政府的顶层设计决策明确，社会公众对维护竞争机制也已形成共识，确立竞争政策基础性地位的时机基本成熟。这不仅是我国体制改革深化的必要前提，也是最终建立社会主义市场经济体制的基本前提与保障。要实现这一目标应尝试从以下措施展开。

（一）全面制定国家竞争政策总体规划

首先，竞争政策的基础性地位应当通过国家竞争政策实施规划（纲要）加以确立，这是制定和实施其他经济和社会政策的基础。不少发展中国家和转型经济国家都努力通过制定竞争政策规划（纲要）确立竞争政策的基础性地位。一方面，其他经济和社会政策的制定和实施不得与竞争政策相抵触，借助于竞争审查和审查机制对影响竞争的公共政策的出台进行阻却；另一方面，一旦其他经济和社会政策在实施过程中出现于竞争政策相抵牾的情况，通过政策之间的协调机制尽量将冲突降到最低。[②] 我国竞争政策的基础性地位不能仅仅以中央和国务院文件中部分章节内容的形式存在，因为缺乏总体纲领性的规划来推动实施竞争政

---

① 戴龙：《日本反垄断法实施中的竞争政策和产业政策》，载《环球法律评论》2009 年第 3 期。

② 徐士英：《中国竞争政策论纲》，载漆多俊主编：《经济法论丛》（第 25 卷），法律出版社 2013 年版。

策是难以真正实现确立竞争政策基础性地位的目的的。①

其次，根据竞争政策作为国家基础性经济政策决策，应当体现在法律的修改规定中。虽然《反垄断法》明确了国务院反垄断委员会的职责，但是尚未明确竞争政策的内涵与定位。同时要在主要的市场经济法律制度中，将竞争政策的基础性地位通过具体的规定加以体现。比如，通过立法将竞争审查的制度内容进行规定，在行业管制法中规定不能与竞争原则相悖的规定，在国家的宏观调控立法中强调调控原则以不影响市场竞争为底线等。

最后，确立竞争法律优先适用的实施体制。建立竞争政策与其他经济政策尤其是产业政策之间的协调机制的关键是要设计好政策协调中的权限配置和程序规定。制定明确竞争法律优先适用和一般适用的地位，包括在立法环节，统一界定法律概念与行为评价标准，避免行业法与竞争法的冲突。竞争执法机构对其他部门拟定的涉及竞争法事项的政策和规章提出修改建议。行业监管机构在制定、修订以限制竞争事项为内容的法律规则时事先与竞争执法机构协商。在赋予竞争执法机构行业立法咨询建议权的同时，也给行业监管机构在相关规则制定前的协商义务，以最大限度增加竞争规则的一致性等。

（二）强化竞争政策指导下实施反垄断法

反垄断法实施需要遵循竞争政策的指导，这是成文法在应对社会快速变迁环境时必然出现的实施需求，执法政策日益成为法律适用的重要条件，反垄断法的不确定性使得这种执法政策更为必要，任何超前或者滞后于竞争政策目标的标准都将削弱反垄断法实施的效率。② 在各国

① 根据其他国家的执法，竞争政策实施规划可以涵盖包括法律制度、政府公共政策、消费者保护、竞争政策工具、实施能力建设、保障措施、智库建设等内容。

② 反垄断法的实施中有许多控制标准需要明确［如经营者集中的审查标准、垄断协议豁免的认定标准、“安全港”（safe harbor）的标准等］，许多认定标准需要确定（如“社会公共利益”“实质性影响竞争”等），许多实施制度需要细化（如宽恕制度、承诺制度等），许多数额需要确定（如行政罚款额、民事赔偿额等）。

竞争法实施的实践中，上述标准的确定和界限的划分，无一不是与其国家的竞争政策目标相吻合。[①] 我国在决定这些标准和界限时，同样离不开对竞争政策的整体把握。

值得一提的是，反垄断法律制度在规制市场主体的垄断行为和规制政府反竞争行为方面具有同样的效力，尤其是行政执法方面，为此，加强对行政性垄断的反垄断执法是应该努力实现的。在一些权力集中的转型经济国家，如乌克兰[②]、匈牙利[③]、俄罗斯[④]等国家的执法机构在对待政府限制竞争行为中的权力规定值得借鉴。我国《反垄断法》实施时间不长，虽然在纠正政府限制竞争方面成绩斐然，一系列行政垄断案件的查处和审理对权力部门的警示作用也相当严厉，防止"滥用行政权力排除限制竞争"的竞争理念开始向权力机构渗透，一定程度上制约着权力行使。

（三）全面规制政府限制竞争行为

以竞争政策为路径，以反垄断法和公平竞争审查制度为双翼，对以行政权力为来源所实施的限制竞争行为进行规制，是完整有效的制度安排。因此，应该建立"以竞争政策作为我国基本经济政策，以市场机制是否受到损害为政府经济权力运行判断的基本标准，以竞争政策的制定和实施为政府经济权力运行的规制路径，建立制约和监督政府经济权力运

---

① 徐士英：《竞争政策：反垄断法实施的政策前提》，载《中国价格监管与反垄断》2014 年第 11 期。

② 1993 年《反垄断委员会法》规定，反垄断委员会所拥有的权力可以广泛深入到行政过程的诸多领域与环节，可以有力地抗衡行政垄断主体的权力。

③ 1990 年《禁止不正当竞争法》规定，行政机构的决议损害了竞争的，竞争监督机构"可在得知违法的三十天内"对该决议向法院提起诉讼，要求审查。

④ 俄罗斯《商品市场竞争与限制垄断活动法》第 4 条第 3 款规定，俄罗斯联邦反垄断局对行政机关违反反垄断法有权建议联邦执行权力机关及地方自治机关：实行取消许可证管理；改变海关关税；实行或取消配额管理；提供税收优惠、优惠贷款及其他的国家支持。

行的制度体系”。[①] 尽管反垄断法在规制行政性垄断方面卓有成效，但是，确立形成的市场壁垒很难消除，即使消除，行政垄断已经造成的后果也难以弥补和恢复。以竞争损害为标准的行政审查制度的实施势在必行。

实施公平竞争审查制度是国际社会广泛应用的规制政府行为的有效制度，与我国市场经济发展阶段相契合，与体制改革节点相呼应。实施竞争性审查评估是直接针对政策制定和立法行为的措施，以是否能够保障和促进市场机制的发展，对政策与法律进行全面的价值校正。不仅获得直接改变国家政策法律的效果，更为深远的意义在于一国经济生活的准则将更加有利于市场经济。[②] 不仅将政府的反竞争行为置于政府经济权力运行规制的整体目标之下，而且还将政府经济权力的运行全面纳入国家竞争政策的制度建设之中，这是从根本上解决政府与市场关系的治本之策。[③] 通过竞争审查，政府将避免决策陷入图一时一地之效益选择发展路径，最终可能与发展目标背道而驰的泥淖。因此，不仅需要对正在审议中的政策法律法规是否符合竞争机制进行增量审查，而且要进一步对现行政策、法律法规是否符合竞争机制进行存量审查，导入定期公平竞争审查机制。[④]

（四）以竞争政策为导向推进垄断行业竞争化改革

垄断行业的政府管制（也称“管制产业”）由来已久，如何划分政府管制和竞争政策作用的边界是改革需要拿出实质性解决方案的关键，也

---

① 参见徐士英：《竞争政策视野下行政性垄断行为规制路径新探》，载《华东政法大学学报》2015 年第 4 期。

② 参见向立力：《竞争推进的理论与制度研究》，华东政法大学 2012 年博士学位论文。

③ 参见徐士英：《国家竞争政策体系基本确立的重要标志——有感于公平竞争审查制度的实施》，载《中国价格监管与反垄断》2016 年第 7 期。

④ 王健：《我国公平竞争审查制度的特点及优化建议》，载王先林主编：《竞争法律与政策评论》（2016 年第 2 卷），上海交通大学出版社 2016 年版。

是竞争政策是否成为基础性经济政策的标志之一。在垄断行业中引入竞争是全球的发展趋势，但我国垄断行业问题汇聚了国有资本影响、政府配置资源等因素，与市场垄断行为相互交织，互为因果，改革的难度可想而知。任何单项改革措施都会因牵一发而动全身导致效率不高甚至改革失利。这就提出了在国家竞争政策基础上进行协同改革。

首先，促进行业政策、国有经济政策、政府投资政策的拟定和实施朝着"竞争政策化"的目标进行，使垄断行业改革、削弱行政垄断和推动国有企业改革三方面的政策朝着同一个方向互动前行。加强对管制政策的竞争性评估（审查），根据澳大利亚的经验，澳大利亚所有政府机构制定的全部各种公共政策，都应当接受管制效果的评估分析，只要该政策可能对企业或非营利行业造成影响。①

其次，以竞争政策为导向推进垄断行业管制改革，实现监管方式和监管豁免的双重转变。② 监管方式的转变是指实现从"反垄断法豁免 + 政府管制"的传统管制模式向"放松行业管制 + 反垄断法规制"的现代管制模式转变。监管豁免的转变是指实现从"行业豁免向行为豁免"、从"一般豁免/例外适用"向"一般适用/例外豁免"转变。

最后，建立反垄断法与行业监管双重管辖制度，合理协调反垄断执法机构与行业监管机构的执法权限。

（五）以竞争政策为目标深化国有企业改革

国有企业的竞争问题备受质疑，一方面，国有企业作为"企业"必然要以营利为目标；另一方面，国有企业常常被赋予促进社会公益的更高目标，与企业的营利目标相抵牾。这就成了竞争政策实施必须要面对的问题。国有企业发挥其公益性职能应当主要是在垄断行业中的垄断性

---

① See Best Practice Regulation Handbook, p. 8, at http://www.finance.gov.au/obpr/proposal/gov-requirements.html, 2017 年 1 月 16 日访问。

② 参见黄勇：《竞争政策实施的法律保障》，载《人民政协报》2017 年 1 月 3 日；于良春：《推进竞争政策在转型新时期加快实施》，载《中国工商管理研究》2014 年第 9 期。

业务中加以实现;在竞争性领域,国有企业的竞争与私营企业的竞争应该一视同仁。特别是,由于与政府的紧密联系和一定的公益属性,国有企业相比于私人企业而言,往往具有政府补贴、税收优惠、信贷融资、人脉联系和政策支持等方面的竞争优势。如若不通过一定的措施消解这种不合理的竞争优势,使竞争的开展在公平合理的基础上得以进行,那么市场竞争的机制将会被破坏,市场经济的发展也将受到阻碍。①

在竞争政策视角下,对国有垄断行为的规制不能仅依靠反垄断法,还需要竞争政策的全面推进。竞争中立政策是深化国有经济体制改革的一个重要政策工具,竞争中立是指任何企业不能因为其所有制或者政府控制的性质而天然地享有竞争优势。政府应该始终在公有企业和私有企业竞争过程中保持中立的态度,人为设置障碍,袒护国有企业,扭曲公平竞争机制。经济合作与发展组织(OECD)指出,当市场中没有经营实体享有过度的竞争优势或竞争劣势时,就达到了竞争中立的状态。

从长期来看,中国需要建立符合自身需求的"国有企业"竞争中立体系。通过"竞争中立"作为竞争政策的重要组成部分,公平对待国有企业和其他所有制的竞争,将国有企业的不合理竞争优势消解到最低。实质上,我国已经在建立中国版的竞争中立体系。中共十八大报告指出,毫不动摇鼓励、支持、引导非公有制经济发展,保证各种所有制经济依法平等使用生产要素;公平参与市场竞争;同等受到法律保护。《国务院关于促进市场公平竞争维护市场正常秩序的若干意见》规定,各类市场主体要权利平等、机会平等、规则平等,政府监管要标准公开、程序公开、结果公开,保障市场主体和社会公众的知情权、参与权、监督权。

(六)以竞争政策融合消费者保护政策

维护竞争本身并不完全等同于促进竞争。促进竞争的目标还要通过其他途径和方法共同作用才能实现,消费者保护政策便是实现促进竞争目标的主要政策工具。消费者的自由选择、自主消费是建设统一开

---

① 徐士英:《竞争政策的基本理解》,载《中国价格监管与反垄断》2015 年第 12 期。

放、竞争有序的市场体系,使市场在资源配置中起决定性作用的重要基础。竞争政策和消费者保护政策从不同角度——供给侧和需求侧力求实现市场有效运行的目标。我们应以竞争政策为导向促进消费者政策的发展。以倡导“消费需求激活供给侧的竞争”理念为重要突破,融合消费者政策与竞争政策,提升消费者保护在市场秩序的监督作用。

将消费者保护政策纳入竞争政策框架是完善竞争政策基础性地位的重要组成部分。消费者的选择权、监督权和评判权是激活供给侧竞争的最好动力。[①] 对消费者合法权益的保护也是国家竞争政策的主要目标,在有些时候可能是最终目标。[②] 将消费者保护政策纳入竞争政策的范畴。以竞争政策为依据支撑并融合消费者保护政策。要强化消费者在竞争法中在地位,当竞争法的多元目标和保护消费者的目标发生冲突时,应当把消费者的利益放在首位,以确保竞争法实施的整体效果是正面的。

从保护消费者权益的角度看,不应局限于仅以消费者为受益方的单向政策设计,一方面要增加消费者在竞争法中的权利,包括选择权利、监督权利、评判权利等,另一方面,要抛弃以往“绝对输赢”的陈旧思想,努力推动形成消费者与经营者共赢的消费者保护模式。在以竞争政策为主导的思路下,建立促进经营者和消费者整体发展的消费者保护政策体系新型理路。[③]

(七)全面开展普及竞争文化

竞争文化可以归结为是“关于市场竞争的一系列思想观念、商业规

---

① See Maureen Brunt AO, The Interface between Consumer Policy and Competition Policy, 2006.

② 参见徐士英:《竞争政策研究——国际比较与中国选择》,法律出版社 2013 年版,第 74 ~ 85 页。

③ 陈兵:《网络购物对消费者知情权的挑战与应对》,载《社会科学战线》2014 年第 5 期。

则和法律制度的总称”。① 根据经济学理论，经济基础决定上层建筑，上层建筑反作用于经济基础。一国的竞争文化对市场经济基础产生着重大的影响和促进作用。那些适用竞争法和竞争政策比较缓慢和困难的原因，除了执法经验和技术不足之外，绝大部分可以归结为缺乏对竞争政策需求的认识，即竞争文化的薄弱。随着《中华人民共和国反不正当竞争法》《反垄断法》等市场经济法律的制定与实施，我国原先淡薄的竞争文化得以迅速发育、生长，渐渐变得浓厚起来。“发展依赖竞争，竞争需要规则”，逐渐成为人们必须接受的理念，并开始得到更广阔更深层的渗透、弘扬。

人类社会的竞争文化是伴随着市场经济发育、发展、走向成熟的漫长历史过程自发形成的，因此，世界上除了少数先发展国家是通过这种内源式过程发展本国竞争文化，更多的国家和地区则是通过政府倡导的模式培育了本国的竞争文化。在世界范围内，政府（主要是竞争主管机构）的作用推动竞争文化发展已经成为普遍做法和发展潮流。② 竞争文化的发育是否良好，可以集中表现为四个方面：政府营造平等竞争环境；经营者开展诚信公平竞争；竞争法律严格有效实施；消费群体抵制损害竞争行为。大力培育和弘扬竞争文化，推进符合我国国情的竞争文化建设，对于确立竞争政策基础性地位具有重要意义。具体来说：

首先，深入开展竞争法律实施的研讨。从相关竞争法律制度入手进行竞争文化的培育是外源式路径的重要方式，制度建设的讨论过程就是民众学习法律精神的过程，也是竞争文化传播与发育的过程。加强对执法和司法的机理研究和案例分析是发展中国家的竞争文化建设与发达国家不同的特有路径，通过竞争执法的方式推广竞争文化更具有

① 徐士英：《竞争文化与和谐社会——论中国反垄断立法的社会基础》，载《江西财经大学学报（哲学社会科学版）》2005 年第 12 期。

② See William J. Kolasky, A Culture of Competition for North America, http://www.usdojgov/atr/public/speeches/11351. pdf, December 24 2015.

现实意义①,可以达到“审理一个案件,教育一批企业,纠正一种传统,改造一个行业”的效果,促进企业和政府认真开展“竞争合规”。事实证明,以符合竞争政策的竞争执法带动竞争合规和竞争文化的发展是最有效路径。②

其次,明确竞争文化建设的重点是公共机构。针对承担制定经济政策(法律法规)的公共机构进行重点竞争推进,这是由我国改革重点所决定的。已经从要素市场的改革转向以转变政府职能,公共机构加强市场竞争意识已经成为当前改革的“深水区”,协调竞争政策与其他经济社会政策关系要求必须事先杜绝和减少影响市场竞争机制的政府立法和决策。我国建立市场经济体制历史不长,在我们的文化中,依赖乃至夸大政府力量和作用的传统多,鼓励或尊重市场竞争的传统少。因此,文化的市场经济体制改革并不缺少对市场机制的谨慎,但对政府力量的警惕和约束往往心力不足。通过竞争文化的推进帮助我们改良文化传统,这对于中国的未来具有特殊意义。

最后,重视竞争主管机构“非执法机制”的宣传。执法机关在努力实施竞争法律的同时,必须高度注重“非执法机制”的实施,即竞争推进工作,以达到从根本上促进竞争的目的。③ 竞争推进(Competition Advocacy)是许多国际组织所认可的构建竞争文化的重要机制,它是指“由竞争主管机构采取非执法机制所实施的,旨在活跃国内经济的目的,而与促进国内竞争环境有关的措施”。“竞争推进所依赖的主要途径是通过协调竞争主管机构与其他政府机构之间的关系,以及不断增进公众

① 参见许昆林:《逐步确立竞争政策的基础性地位》,载《中国价格监督检查》2013年第11期。

② 参见张汉东:《大力实施竞争政策,深入推进供给侧结构性改革——在第五届中国竞争政策论坛上的致辞》,载《中国价格监管与反垄断》2016年第11期。

③ 参见王先林:《竞争政策的基础性地位及其主要实现路径初探》,载《中国价格监管与反垄断》2016年第5期。

对竞争能带来利益的意识”。① 有计划地展开专项竞争文化宣传活动，促进竞争政策和具体制度能够在实践中落实。在设立“竞争政策宣传周(月)”，强化全国范围内的竞争倡导，②同时针对全体社会成员，其具体目标是增进公众对竞争能带来利益的意识，以提高他们对竞争的优势以及竞争政策在促进经济增长、保护竞争方面的作用的意识。所有这些措施最后的落脚点都是构建良好的“竞争文化”的环境。

六、结语

我国现阶段已经基本满足确立竞争政策基础性地位的时机与条件：在顶层设计方面，国家已经确定发展的总体目标；在经济体制改革方面，正在全面改变社会资源的配置方式；从政治体制改革方面，政府权力运行受到严厉约束；在民众意识方面，稳定持续发展形成社会共识。这些标志着我国确立竞争政策基础性地位的时代到了。我们的最终目标是：构建良好竞争环境和整体性的竞争生态；给垄断和企图垄断的行为施加舆论压力；为竞争政策和竞争法实施提供舆论支持；对中国经济持续发展提供持续动力。

① Report prepared by the Advocacy Working Group, ICN's Conference Naples, Italy, 2002, Pi – V.

② 黄勇：《竞争政策的功能与实施路径》，载《中国价格监管与反垄断》2016 年第 6 期。

8

前现代反垄断法研究*

李国海**

摘　要:前现代反垄断法是指世界各国在1890年之前存在的各种反垄断的法律。在英美法系国家,前现代反垄断法以判例法为主,也有少量成文法,在欧洲大陆法系国家,前现代反垄断法主要体现为民法典和刑法典中的零星规定。我国自唐朝《唐律》开始,直到清朝,在综合性的法典中都包含有反垄断的条款。中外前现代反垄断法具有一些共同特征,主要包括:立法技术均较为原始;目标设定均较为含混;规制对象的范围均较为狭窄;制裁手段均较为单一;执行机构设置均较为简单。与此同时,我国与欧美各国的前现代反垄断法也在目标设定、规制对象、执行机构以及制裁手段等方面存在较大的差异。从前现代反垄断法与现代反垄断法的连接关系上看,一方面前现代反垄断法对现代反垄断法发挥了显著的历史铺垫作用,为现代反垄断法提供了观念基础和制度基础;另一方面现代反垄断法又实质性地超越了前现代反垄断法:现代反垄断法更侧重经济目标;现代反垄断法的规制对象范围大为拓宽;现代反垄断法在实施主体方面有了突出的创新;现代反垄断法的制裁手段更为丰富。

---

* 本文原载漆多俊主编:《经济法论丛》(第23卷),法律出版社2012年版。收录于本文集时有改动。

** 李国海,湖南宁远人,法学博士,中南大学法学院教授。

关键词：前现代反垄断法；现代反垄断法；规制对象；实施主体；制裁手段

漆多俊先生在其名著《经济法基础理论》中明确指出，现代意义上的经济法即作为独立法律部门的经济法，只能出现在生产社会化以后的19世纪与20世纪之交。但这并不意味着，在此之前，经济法就是一片空白。国家一出现，在对社会实行全面统治和进行各种管理活动过程中，必然也对社会经济进行一定的管理。其中，就包含有类似现代国家经济调节的那种经济管理。为规范这种国家经济调节性管理，国家制定的有关法律规范即为早期出现的具有某些经济法性质的法律。①

上述论断可由反垄断法的发展历程得以证明。众所周知，现代反垄断法的历史是从1890年美国制定《谢尔曼法》开始的。然而，现代反垄断法的出现并非历史的突然发生，而是有着直接的纵向铺垫。也即在现代反垄断法出现之前，已经存在与现代反垄断法极为近似并以零散法条和判例体现出来的"前现代反垄断法"②。

各国对于自己国家现代史起点的认知与各国公认的世界现代史的起点时间并非全然一致，反映在反垄断法领域，在考察某个具体国家的情形的时候，前现代反垄断法的终点不一定就是1890年。例如，英国人认为，他们的现代竞争法的起点是1948年，那么，英国前现代竞争法的终点就应该是1947年。然而，我们要对世界范围的前现代反垄断法进行较为全面的考察，只能以粗略的视角，假设性地划定整体的一致性，把前现代反垄断法的终点定为1890年。

与现代反垄断法受到学界高度关注不同的是，尽管国内学界的一些著作和教材对前现代反垄断法也有一些零星分散的介绍，但总体而言，

① 漆多俊：《经济法基础理论》（第5版），法律出版社2017年版，第38～39、45页。

② "前现代反垄断法"这个概念借鉴于曹士兵：《反垄断法研究》，法律出版社1996年版，第1页。在这里，"前现代"一词并不具有价值判断属性，仅仅是一种时间上的划分。

前现代反垄断法基本上尚未被纳入国内学界的研究视野。尽管前现代反垄断法的重要性也许并不能与现代反垄断法等量齐观,但从历史的连接性角度理解,前现代反垄断法并非完全没有研究的必要。

本文拟对世界范围内的前现代反垄断法作集中研究,梳理出其基本脉络,归纳前现代反垄断法的基本特质,厘清其与现代反垄断法的核心区别,以佐证漆先生的前述论断。

一、外国前现代反垄断法概览

在欧美国家,前现代反垄断法是一种真实的历史存在,无论是英美法系国家还是大陆法系国家都是如此。不过,由于英美法系和大陆法系在法制发展路轨上存在巨大差异,因此,在两大法系之间,前现代反垄断法的发展沿革和表现形式也存在显著的不同。

(一)英美法系国家的前现代反垄断法

在英美法系国家,前现代反垄断法的肇源地是英国。

在英国现代的法律语境中,"反垄断法"不是一个通用的用词,反垄断法的内容被包含在"竞争法"这个概念中,而且,前者构成后者的核心内容。① 英国中世纪的商业活动较为发达,作为反垄断法规制对象的垄断与限制竞争行为也在较早的历史阶段就已引人注目。在对付这些垄断与限制竞争行为的过程中,普通法逐渐发展出四大规则:

1. 干预市场规则

普通法认同对市场的供应状况进行直接干预,禁止预先买断、囤积及独占等投机行为。预先买断(forestalling)行为主要指行为人在某种商品在上市前买空镇子里的此类东西,是一种提高价格的不合法的企图;囤积(regrating)是指大量购买某种货物,以掌握较高比例的某种货物,然后小额出售,其目的也是抬高价格,赚取高额利润;独占(engrossing),是指在庄稼还没有收割或者在它们准备上市之前购买地里的庄稼。

① 参见李国海:《英国竞争法研究》,法律出版社2008年版,第1页。

2. 贸易限制规则

该种规则规定,法院对于不正当限制他人贸易的协议将不予执行。一旦这项规则被适用,有关主体签订的限制竞争协议将归于无效,至少是相关条款将归于无效。这样将会使得那些限制竞争协议中存在可期待利益的主体不能实现其利益,这种后果将有助于维护公平合理的竞争秩序。

3. 共谋侵权规则

所谓共谋侵权规则是英国普通法中的一种特殊规则,其实质内容是指,如果存在一项共谋,在满足以下两个条件时共谋的受害者可以获得赔偿:第一,共谋对其造成了不法侵害;第二,共谋的主要目的是侵害原告的经营。英国普通法甚至有关于共谋罪的规定,加强了共谋侵权规则的适用力度。①

4. 禁止垄断规则

英国普通法反对垄断,尤其是反对国王授予的垄断。1603 年的达西诉艾伦案是英国普通法禁止垄断规则的典型案例。在这个案例中,伊丽莎白女王授予达西一项垄断的经营权,涵盖了制造和进口扑克牌。法院认为,垄断无效,因为它本身违反了普通法。② 这个案例也反映出英国普通法中的禁止垄断规则的主要目的是限制政府任意阻碍市场进入的权力。

在英国,除了以判例法表现出来的规制反竞争行为的基本规则外,其前现代反垄断法还包括了零星出现的成文立法。1623 年,英国颁布了成文的《垄断法》(Statute of Monopolies),这部立法的条款很少,适用面很窄,它主要针对英国国王创制的法定垄断,也即国王授予的垄断经

① [美]丹尼尔·J. J. 布尔斯廷:《美国人——建国的历程》,谢延光译,上海译文出版社 2009 年版,第 58 页。

② 参见[美]基斯·N. 希尔顿:《反垄断法:经济学原理和普通法演进》,赵玲译,北京大学出版社 2009 年版,第 30 页。

营权。值得注意的是,该法第4条明确提出了三倍损害赔偿这种法律后果:“因垄断的原因或情境而被妨碍、扰乱、打搅,或其货物或动产被以任何方式侵占、扣押、掠夺及扣留”的任何人,“应获得三倍于其所受损失的赔偿”①。此外,英国也为普通法中的共谋侵权规则的适用颁布过一些成文法。至少从1349年英国颁布劳工法开始,英国的法律就曾对要求增加工资和改善劳动条件的集体斗争加以惩处,在1800年,英国议会还通过了一个禁止工人联合的新法令。

英国普通法中的反限制竞争的规则对美国有很大的影响,是美国前现代反垄断法的借鉴对象。比如,贸易限制规则长期被美国的法院适用,只不过美国的法院对私人限制贸易的行为反应不那么强烈,诸如此类的判决也因州而异,只是在固定价格与其他反竞争行为影响居民的基本需求时才予以制止。又比如,共谋侵权规则也直接被引入到美国,在很长一段时期内,该规则被用来反对工会组织通过集体协商向资方要求提高待遇的行为。在美国,从1806年到1842年,在不同的州里至少有十来起案子判定工人犯了联合罪。②

此外,在普通法理念的影响下,随着公司的出现,美国还出现了限制公司合并的普通法规则。“在1+1>2观念的指导下,美国的一些法院宣布以消除竞争为主要目的公司合并无效,以限制公司的规模膨胀,削减大型甚至巨型公司对市场的影响”。③

美国在借鉴英国普通法中的竞争规则的同时,并没有忘记根据北美地区的具体情况对这些规则加以改造。在1840年的“马萨诸塞州对亨特”一案中,马萨诸塞州最高法院首席法官肖开始与英国普通法中限制

---

① See Clifford A. Jones, Private Enforcement of Antitrust Law in the EU, UK and USA, Oxford University Press, 1999, p. 35.

② [美]丹尼尔·J. J. 布尔斯廷:《美国人——建国的历程》,谢延光译,上海译文出版社2009年版,第59页。

③ 吴玉岭:《契约自由的滥用与规制——美国反托拉斯法中的垄断协议》,江苏人民出版社2007年版,第7页。

工人联合的规则拉开距离。他在判决书中指出：在判断工人联合是否非法的时候，恰当的检验标准应是区分这种联合是要“达到某种犯罪或非法的目的，还是以这种手段去完成某种本身并非犯罪或非法的目的”，工会会员的目的是力争使“所有从事同一职业的人都成为会员”，因此，这本身并不是非法的。在此基础上，肖还进一步论证了判断联合行为是否非法的通用标准。他指出，仅仅由于别人可能因某行为而被“搞穷”这一点，并不足以使这种行为成为非法。从某种观点来看，市场上的一切讨价还价都是一种搞穷对方的活动。他还举例说，假如有一伙商人廉价出售产品，以迫使他们的竞争对手停业，这当然不是什么密谋，因此，工人们联合起来对他们的代价和条件提出自己的要求，这种行动同样不能算什么密谋。有时，一种会搞穷他人的竞争，很可能是“值得称赞而有益于公众的行动”，“正是竞争促进了商业和工业的最大利益”。①

在19世纪的晚期，美国某些州已经开始制定成文的反托拉斯法。在联邦层次上，1887年通过了《州际商业法》(Interstate Commerce Act)，禁止超额运费、铁路联营、给大客户回扣以及不等价运输等。根据该法，美国还组建了州际商务委员会，作为该法的执行机构。

作为美国的邻居，同为原英国殖民地的加拿大，也像美国一样，吸收借鉴了英国普通法的基本规则，其中就包括竞争规则。值得一提的是，加拿大于1889年制定了一部成文法——《反对结合法》(The Anti-Combines Act)。这部法律的主要内容是规定不合理的减少竞争的共谋、结合、协议及安排属于非法，既是对普通法竞争规则的成文化总结，也隐含着现代反垄断法破土而出的生命力。该法的制定时间比美国《谢尔曼法》还早一年，不过，该法并非纯正的反垄断法，在全世界的影响也比较小，因此世界各国都没有将该法列为世界上第一部现代意义上的反垄断法。

① ［美］丹尼尔·J. J. 布尔斯廷：《美国人——建国的历程》，谢延光译，上海译文出版社2009年版，第60页。

(二)大陆法系国家的前现代反垄断法

大陆法系国家的法律制度的共同历史渊源是罗马法。在古代罗马,反限制竞争和不正当竞争就是其法律制度中的一项内容。其诚信诉讼与现代竞争法中认定不正当竞争行为的标准有着渊源关系。罗马法中还曾以单行法律来制裁某些不正当的市场竞争行为。例如,公元482年的法律禁止包括价格行为在内的市场垄断。①

在大陆法系国家,以法国为典型,前现代反垄断法首先是存在于民法典中。法国1804年《民法典》第1382条规定,“任何行为致他人受到损害时,因其过错致行为发生之人,应对该他人负赔偿之责任。”限制竞争行为给他人造成损害时,毫无疑问可以适用这条规定,如果使行为人负赔偿责任,也可以产生一定的威慑效果,起到规制限制竞争行为的作用。例如,在法国,1850年法院根据《民法典》第1382条的规定对某些案件所作的判决中,就已出现了“不正当竞争”的概念。法国大革命期间颁布的《沙彼利耶法》(1791年)规定禁止卡特尔,②其作用是“反对组成卡特尔和其他限制竞争措施”。③

在法国,还曾在《刑法》中规定了反对垄断与限制竞争行为的条款,如此将刑事制裁手段引入前现代反垄断法领域。法国1810年制定的原《刑法》第419条第2款规定,“意图获得非自然供给与需求作用之结果的利益,以个人、集团或联盟,对市场为或意图为某种行为,直接或利用他人,使或意图使食品、商品或公私证券价格上涨或下跌者,处二月至二年监禁并科7200至360000法郎罚金。”本条规定的目的,主要是禁止个人或团体为牟取不法利益,妨害市场的自然供需关系,人为操纵市场上的物价。该条文制定实施后,法国法院的相关判例,为数不少。在19世

---

① 王先林:《竞争法学》,中国人民大学出版社2009年版,第55页。

② 王先林:《竞争法学》,中国人民大学出版社2009年版,第55页。

③ [德]爱里克·松尼曼编:《美国和德国的经济与经济法》,南京大学中德经济法研究所译,法律出版社1991年版,第149页。

纪初期《刑法》颁布实施不久，刑事法院即确立该条的适用原则，指出《刑法》第419条适用于“所有之商业自由公平竞争市场上的投机操纵行为”。[①] 法国《刑法》第419条从字面上理解，只是禁止操纵商品、食品及证券价格的行为，但是在现代限制竞争单行法被制定出来之前，它被赋予了规范企业联合的任务。以联合形式出现的反竞争行为也有可能受到刑事制裁。[②]

二、我国前现代反垄断法概览

在我国，对垄断与限制竞争行为的规制历史可以溯源到唐朝。《唐律疏议》规定：“诸卖买不和，而较固取者；及更出开闭，共限一价；若参市，而规自入者，杖八十。已得赃重者，计利，准盗论”。根据我国台湾地区学者的解释，这段话的意思是：市场上如发生强买强卖、强执其市而不准外人交易、买卖双方哄抬或人为压低价格、卖者相互限定价格或者其他扰乱市场而获利的行为，行为人要负担刑责以及返还利益的民事责任。从该条法律可以看出，至少有四种行为被纳入了法律规制的范围：第一，“卖买不和”，即强买强卖；第二，“较固取者”，即强执其市，不许外人买；第三，“更出开闭”，即买卖双方共谋贱买贵卖；第四，“参市”，即“负贩之徒，共相表里，参合贵贱，惑乱外人”。[③] 对《唐律疏议》的这条规定，当代有学者给予其很高的评价，认为它是竞争法制的滥觞。[④]

宋代的商品经济较为繁荣，市场中的垄断与限制竞争行为也因之以较高的频率出现。在反对垄断与限制竞争行为方面，《宋刑统》完全因袭了《唐律疏议》的相关条文。《宋刑统》规定，“买卖不和而较固取者，

---

① 何之迈：《公平交易法专论》，中国政法大学出版社2004年版，第16页。

② 何之迈：《公平交易法专论》，中国政法大学出版社2004年版，第17页。

③ 吴治繁：《试论我国古代的市场管理制度——以简牍文书为中心考察》，载《四川理工学院学报（社会科学版）》2006年第6期。

④ 参见刘绍梁：《从台湾经验看健全竞争法制》，载王晓晔、[日]伊从宽主编：《竞争法与经济发展》，社会科学文献出版社2003年版，第189页。

及更出开闭，共限一价，若参市，而规自入者，杖八十。得赃重者，计利，准盗论”。[①] 可见，《宋刑统》对于垄断与限制竞争行为的规制，无论是在规制对象上还是在规制方法上都直接借鉴了《唐律疏议》的内容。

不过，宋代的商品经济环境毕竟不是与唐朝完全相同，市场之中存在的垄断与限制竞争行为与唐代相比有所创新，相应地，法律也必须有所创新。例如，在宋代，行户成为一个新兴的垄断势力，法令打击垄断的时候，它被纳入其中。宋代对于行户的垄断行为给予严厉打击。宣和七年（1125 年），政府规定，“其四方商旅村户，时暂将物色入市货卖，许与买人从便交易，行户不得障，如违，依‘强市法’科罪”。[②] 虽然我们未曾见“强市法”的具体文字内容，估计与以上《宋刑统》的内容差别不大。又如，为了防止市场中的富商大贾操纵市场，王安石在其变法过程中曾经出台“市易法”：政府设立“市易务”，当市场中的商品价格下跌时，政府出面收购，而当市场中的商品价格上涨时，政府将手中掌握的商品出售，一方面可以起到平抑物价的作用，另一方面也可以发挥打击垄断行为的功效。

明代对市场的管制较为放松，“民间金银、朱麦、布帛等诸物价钱，并依时值，听从民便”。[③] 尽管如此，明代法律中也有少量条文被用于制止垄断与限制竞争行为。《大明律》规定：“若见人有所买卖，在旁高下比价惑乱而取利者，笞四十。”

到了清朝，政府对社会经济的监管力度又有所加强，使得规制垄断与限制竞争行为的法律得以加强。在《大清律》中，关于禁止垄断与限制竞争行为的条文比明朝的规定更详细，基本回复到了唐宋时期的立法状态。《大清律》规定：“凡买卖诸物，两不和同，而把持行市，专取其利；及贩鬻之徒，通同牙行，共为奸计，卖（己之）物以贱为贵，买（人之）物以

① （宋）窦仪：《宋刑统》卷 26《杂律》，中华书局 1984 年版，第 427 页。

② （清）徐松辑：《宋会要辑稿 · 职官》27 之 24。

③ 《大明律 · 户律 · 仓库门 · 钱法》。

贵为贱者，杖八十。若见人有所买卖，在傍（混以己价）高下比价，以相惑乱，而取利者，（虽情非把持），笞四十。若已得利物，计赃重者，准窃盗论，免刺。”①

三、同中有异：中外前现代反垄断法之比较

比较来看，我国与欧美各国的前现代反垄断法既有相同之处，也有较为鲜明的差异。中外国家前现代反垄断法的类同性，在与现代反垄断法进行比较时，这种同与异，既与我国与欧美各国在古代与近代社会整体的同质与异质有联系，也与反垄断法这种独特的事物在东西方的生长历程有牵连。

（一）中外前现代反垄断法的类同性

尽管我国与欧美各国在近代以前的经济、政治及社会制度存在较大差异，但身处其中的前现代反垄断法却并非没有一点交集，事实上，我国的前现代反垄断法与欧美诸国的前现代反垄断法存在诸多的相同之处。

1. 中外前现代反垄断法的立法技术较为原始

无论中外，其前现代反垄断法的立法形式均表现出较为原始的特质。要么是以判例的形式出现，要么仅仅表现为民法典和刑法典中的个别条文，即使有零星的单行立法，也仅仅针对特定的垄断与限制竞争行为，而没有将规制垄断与限制竞争行为作为一个系统任务详加规定。

2. 中外前现代反垄断法的目标指向都是含混的

无论是我国还是欧美各国，前现代反垄断法的目标指向基本上涵盖了政治、社会、经济等多重目标。政治上的目标是维持政权的稳定，避免垄断与限制竞争行为危及政权。社会的目标是维持社会的安定，在利益分配上达到大致的平衡，实现基本的社会公平正义。经济的目标是促进经济的发展，保证商品经济的运作。普通法系与大陆法系中的前现代反

---

① 吴坛：《大清律例通考校注》，马建石、杨育棠主编，中国政法大学出版社1992年版，第532页。

垄断法的目标指向包含了这三种目标,我国从唐朝至清朝的前现代反垄断法也包含这三种目标。在这三种目标中,核心目标并不确定,有时候优先考虑政治因素,有时候优先考虑社会因素,有时候则优先考虑经济因素。

3. 中外前现代反垄断法的规制对象较为狭窄

无论是欧美国家,还是我国,前现代反垄断法的规制对象都较为狭窄,主要以价格领域的限制竞争行为为主,非价格领域的限制竞争行为很少顾及。在与价格有关的限制竞争行为中,前现代反垄断法也没有全盘覆盖,而是限于价格固定协议、强制交易、垄断高价、欺骗性价格等少量行为。"实际上,英国与美国的普通法都没有宣布私人垄断是非法的"。①

4. 在制裁手段上,中外前现代反垄断法都较为单一

无论是欧美国家的前现代反垄断法,还是我国的前现代反垄断法,都以民事制裁和刑事制裁为主要手段,较少采用行政制裁手段,而在刑事制裁具体方式的选择上,往往偏爱监禁,而不是罚金。

5. 中外前现代反垄断法在执行机构设置上都较为简单

世界各国的前现代反垄断法在执行机构设置上较为原始,除了美国为《州际商业法》的实施配置了一个专门机构——州际商业委员会外,没有哪个国家为反垄断法的实施设立了专门机构。在没有设置专门机构的前提下,反垄断法的执行平台主要是司法机构,例如,欧美各国的法院。在我国古代,司法机构和行政机构合二为一,执行反垄断法的机构看似是行政机构,实质上也是司法机构在承担实施反垄断法的职能。

(二)中外前现代反垄断法的差异性

由于社会政治经济背景和文化背景不同,我国前现代反垄断法与欧美诸国的前现代反垄断法之间也存在较为显著的差异性。

① 吴玉岭:《契约自由的滥用与规制——美国反托拉斯法中的垄断协议》,江苏人民出版社2007年版,第6页。

首先,中外前现代反垄断法的目标指向存在差异,我国古代的反垄断法主要以政治性目标为主,社会性目标和经济性目标分量不重,而欧美等国的前现代反垄断法则将社会性目标和经济性目标放在更加重要的位置上。中国古代的统治者把维护统治地位看作是最优先考虑的目标,所有立法首先都服从这一目标,当然也包括反垄断法。加上我国古代社会都奉行"重农抑商"的政策,统治者不会关注商品经济的发展问题,这也决定了经济目标不会成为我国古代反垄断法的目标选项。从唐代到清朝,有关反对垄断和限制竞争的法律条款针对的主要是有可能损害统治秩序的行为,例如,强制交易行为、欺行霸市行为等。西方国家商品经济发展较早,国家奉行"重商主义",对于维护商品交易秩序有较高程度的欲求。另外,欧美国家较早就进入了社会发展的轨道,尤其是思想启蒙运动的促动,平等、公平的理念对社会有较大的控制力,因此,欧美国家的前现代反垄断法较为重视经济目标和社会目标。

其次,中外前现代反垄断法在规制对象上存在差别。我国的古代的反垄断立法反对的行为基本上不包含经济垄断,甚至不包含依靠经济优势地位做出的限制经济行为,而是指向以暴力或者欺诈为基础的限制竞争行为,少数情况下还包含了以公权力为基础的限制竞争行为,如宋代所言"河北官吏市民物,给直不当价"的行为被纳入禁止范围,这种行为实际上就是借助公权力而遂行强买强卖。欧美诸国的前现代反垄断法则较多地关注以经济实力为基础的垄断与限制竞争行为。另外,我国古代的反垄断立法主要关注价格问题,对于价格之外的限制竞争行为,较为忽略。而英国、美国、法国等国的前现代反垄断法则一方面直接关注交易价格的公正问题,另一方面也较为关注交易机会的均衡化问题。例如,英国普通法中的贸易限制规则所追求的就是贸易自由以及交易机会的开放性。

再次,我国与欧美诸国的前现代反垄断法在制裁手段上也存在差别。自唐代以来,我国古代反垄断立法就是以刑事制裁为核心甚至是唯一制裁手段,基本上没有民事责任,完全没有行政制裁。而在欧美诸国,其前现代反垄断法的制裁手段中,民事制裁占有重要地位。在英国1623年《垄断法》中,明确规定有三倍损害赔偿,[①]法国1804年《民法典》可以用于规制限制竞争行为的条款——第1382条也是以损害赔偿为主体内容,英美普通法中还有当事人可以主张限制竞争的协议或协议条款无效的规则,这些实际上都是民事制裁手段。而这样的民事制裁手段在我国古代的反垄断立法中基本上是缺位的。

最后,在实施主体方面,中外前现代反垄断法也存在较大差异。我国前现代反垄断法由于是刑事条款,完全由公共主体实施,私人主体参与空间不大。而欧美诸国的前现代反垄断法由于引入了民事制裁手段,在很大程度上表现为民事法律,因此,私人主体在其中有很大的实施空间。无论是针对垄断与限制竞争行为的损害赔偿之诉,还是协议无效确认之诉,都以私人主体提起诉讼为前提要件,私人主体在其中发挥关键作用。

四、前现代反垄断法与现代反垄断法的连接

现代反垄断法的出现,首先当然是由现代社会经济发展情势所决定,但不可否认的是,前现代反垄断法在其中也起到了较大的铺垫作用,前现代反垄断法与现代反垄断法之间具有十分紧密的关系。

(一)前现代反垄断法:现代反垄断法的历史铺垫

现代反垄断法之所以在19世纪末期开始发端,既有社会经济发展变化的推动,也有法哲学变革提供理念基础。在前一因素上,社会化大生产放大了市场调节缺陷的危害,其中的核心是以垄断和不正当竞争为主要表现形式的市场障碍,为此,催生出了排除市场障碍这种国家调节形式,相应地催生出了市场规制法这一法律类型,而反垄断法

---

① 西方有学者认为这是现代反垄断法三倍损害赔偿制度的鼻祖。See Clifford A. Jones, Private Enforcement of Antitrust Law in the EU, UK and USA, Oxford University Press, 1999, p. 35.

就是其中的主体内容。[①] 同时,法哲学领域发生的变化,尤其是以社会化思潮为基础的正义观念的拓展、社会利益观念的构建和国家职能观念的更新,也为包含现代反垄断法在内的现代经济法的产生提供了观念基础。[②]

然而,世界上没有无源之水、无本之木。现代反垄断法的出现也有其历史基础,前现代反垄断法在几百年上千年的时间跨度上为现代反垄断法提供了历史铺垫。这种铺垫作用主要表现为两个方面:

第一,前现代反垄断法容忍政府出面规制竞争秩序,为现代反垄断法的产生提供了观念支持。前现代反垄断法对于现代反垄断法的这种历史铺垫作用,在美国《谢尔曼法》的制定过程中得到了充分的体现。在美国国会有关《谢尔曼法》的辩论过程中,有部分议员提出"政府介入私人事务是否违宪"的质疑,[③]大多数支持该法案的立法者为了打消反对者的疑虑,向普通法寻求支持,支持者声称,他们寻求的是普通法对于限制交易合同的禁止规则在联邦层面上的实施。[④] 提出该法案的参议员谢尔曼甚至指出法案"并没有宣布一个新的法律原则,而只是适用原有的、被广泛认可的普通法原则"。[⑤]

第二,前现代反垄断法的实践也为现代反垄断法提供了制度支持。前现代反垄断法对现代反垄断法在制度层面上的历史铺垫作用可以归纳为两个主要方面:

---

① 参见漆多俊:《经济法基础理论》(第4版),法律出版社2008年版,第167~168页。

② 李国海:《论现代经济法产生的法哲学基础》,载《法商研究》1997年第6期。

③ 吴玉岭:《契约自由的滥用与规制——美国反托拉斯法中的垄断协议》,江苏人民出版社2007年版,第12页。

④ John C. Peppin, Price-fixing Agreements under the Sherman Anti-trust Law, 28 California Law Review 297,306(1940).

⑤ 参见[美]基斯·N. 希尔顿:《反垄断法:经济学原理和普通法演进》,赵玲译,北京大学出版社2009年版,第25页。

一方面,前现代反垄断法初步确立了规制范围,初步勾画了反垄断法发挥作用的版图。无论是英美普通法的实践,还是法国适用民法典和刑法典个别条文的实践,抑或是中国古代各朝代政府运用综合性法典中的个别条文对付垄断与限制竞争行为的实践,均涉及一些核心的限制竞争行为,如价格卡特尔行为,这为现代反垄断法在确定规制对象提供了借鉴经验。

另一方面,前现代反垄断法对于民事和刑事制裁手段的适用也为现代反垄断法提供了制度指引。英国1623年《垄断法》采用了三倍损害赔偿制度,这成为美国现代反托拉斯法三倍损害赔偿制度的模本。本来,美国《谢尔曼法》最先的草案采纳的是两倍损害赔偿,但参议员豪尔认为,这是不够的,并以英国前现代反垄断法中的三倍损害赔偿制度为参照,主张在美国现代反托拉斯立法中引入三倍损害赔偿制度。① 这种主张得到了其诸多同事的支持,成就了美国现代反托拉斯法中的一大特色。试想,如果英国前现代反垄断法中没有三倍损害赔偿制度的规定,豪尔参议员能够打消其他参议员的疑虑争取到足够的支持吗?此外,英国普通法中对于共谋行为引入刑事制裁,法国将《刑法典》中的条文作为规制限制竞争行为的法律依据,也引入刑事制裁对付垄断与限制竞争行为,这都为后世的反垄断法采用刑事制裁对付垄断与限制竞争行为提供了制度支持。

(二)现代反垄断法对前现代反垄断法的超越

第一,现代反垄断法更侧重于经济目标。正如前文所述,前现代反垄断法的目标较为含混,政治目标、社会目标和经济目标混合在一起,而且侧重于政治目标。现代反垄断法则迥异于此,其目标设定较为清晰,即以经济目标为核心和重心。日本《禁止垄断法》的立法目标能够很好地表征这一点。日本《禁止垄断法》第1条是关于该法立法目标的规定,

---

① See Clifford A. Jones, Private Enforcement of Antitrust Law in the EU, UK and USA, Oxford University Press, 1999, p. 35.

其具体内容为,“本法的目的,是通过禁止私人垄断、不正当的交易限制以及不公正的交易方法,防止事业支配力的过度集中,排除因联合、协议等方法形成的生产、销售、价格、技术等的不正当限制以及其他的对事业活动的不正当约束,促进公平的、自由的竞争,发挥事业人的创造性,繁荣经济,提高工资及国民实际收入水平,以确保一般消费者的利益并促进国民经济民主、健康地发展”。对于这一条规定,日本有学者将其理解为:作为促进公正和自由竞争的手段,通过反垄断法达到发挥事业人创造力,活化事业活动,增加雇佣机会,提高国民收入的标准,最终实现确保一般消费者的利益,国民经济的民主、健全地发展。也就是说,促进国民经济的民主、健全地发展是反垄断法的终极目的。① 除日本以外,其他国家的现代反垄断法也大多强调对经济目标的追求与重视。例如,韩国《垄断规制与公平交易法》第1条规定,“该法以推动自由、公平竞争,鼓励企业创新,保护消费者权益,实现国民经济的均衡发展为目的”。也是将经济目标放在反垄断法立法目标的终极位置上。又如,美国现代反托拉斯法尽管没有以成文法的形式揭示其立法目标,但是,“美国肯定反垄断法的主要目标之一是有效配置资源”。②

当然,我们说现代反垄断法是以社会整体经济的协调和发展作为自身的核心目标,并不意味着武断地将政治内容和社会内容排除在反垄断法的目标范围。现代反垄断法较为强调保护消费者利益,这在一定程度上属于社会目标的范畴。另外,美国、日本等国的反垄断法还有一个隐含的政治目标,那就是通过反垄断法保证经济民主,进而确保政治民主。从这点出发,我们可以认为现代反垄断法的目标设定中是包含有适量的政治内容的。只是,与经济目标相比,社会目标和政治目标在现代反垄

① [日]铃木满:《日本反垄断法解说》,武晋伟、王玉辉译,河南大学出版社2004年版,第43页。

② See H. Hovenkamp, Federal Antitrust Policy, 3rd ed., West Publishing Co., 2005, p. 48.

断法中的地位要逊次得多,无法抢占本属于经济目标的核心地位。

第二,现代反垄断法的规制对象范围大为拓宽。受到各种因素的制约,前现代反垄断法规制对象的范围受到严格限制,局限于少数几种极为突出的垄断与限制竞争行为。与此不同的是,现代反垄断法的规制对象的范围发生了显著的拓展。首先,现代反垄断法的规制对象涵盖了所有的垄断与限制竞争行为,包括垄断协议、滥用市场支配地位与经营者集中这三项所谓“反垄断法的支柱”,而在前现代反垄断法中,几乎所有国家的法律都未涉及对经营者集中的规制;其次,在垄断协议以及滥用市场支配地位的范围内,现代反垄断法囊括了更多的、具体的行为,既包括价格行为也包括非价格行为,既包括以明示手段从事的行为,也包括诸多以默示手段从事的行为;再次,现代反垄断法的规制对象中还包括了垄断状态,这在前现代反垄断法中是不可能发生的;最后,现代反垄断法为配合规制对象的扩张,避免误打那些利大于弊的行为,纳入了适用除外制度,这也是现代反垄断法的创举。

第三,现代反垄断法在实施主体方面有了突出的创新。一方面,现代反垄断法既重视发挥公共主体的作用,也重视私人主体在反垄断法实施中的独特作用,而在前现代反垄断法的实施中,私人主体较不受重视,尤其是我国古代的反垄断法,基本上都是由公共主体负责实施的。另一方面,现代反垄断法的公共实施主体成为了反垄断立法精心设计的对象。现代反垄断法的公共实施主体包括了专门执行机构、非专门执行反垄断法的行政机关、法院、检察机关、顾问咨询机构以及承担反垄断法执行职能的行业监管机构等多种类型的机构,而且对于行政机构普遍强调权威性、独立性、专业性等特殊要求,为此,有的国家还为反垄断法实施机构配置了准立法权和准司法权等特殊权力。[①] 因此,在实施主体方面,现代反垄断法对于前现代反垄断法的超越是显而易见的。

---

① 参见李国海:《反垄断法实施机制研究》,中国方正出版社 2006 年版,第 40 ~ 129 页。

第四，现代反垄断法的制裁手段更为丰富。前现代反垄断法的制裁手段十分单一，基本上只包括损害赔偿、确认限制竞争协议无效、没收非法收入及监禁等少数几种手段，而现代反垄断法的制裁手段则要丰富得多。从大的范围来看，它包括了民事、行政、刑事三大类；从具体内容分析，民事制裁包括了损害赔偿、请求停止违法行为等手段；行政制裁则包括了罚款、责令停止违法行为、没收违法收入、禁止经营者集中、拆分企业等手段；刑事制裁则包括了监禁和罚金等两类具体制裁。[①] 总之，现代反垄断法的制裁手段不仅范围广，手段多，而且适用灵活，引入了宽免制度等新型制度，以更好地实现反垄断法的立法目标。从制裁手段方面看，现代反垄断法对于前现代反垄断法的超越也是十分明显的。

---

① 李国海：《论反垄断法制裁手段及其范围》，载《中南大学学报（社会科学版）》2005年第2期。

9

美国联邦反托拉斯法的百年历史及其经济法意义*

李胜利**

摘　要：美国经济法产生和发展的历史最典型地体现了现代国家经济调节职能和经济法演变的一般规律。联邦反托拉斯法则是美国经济法最早发达的子部门。该法的产生及发展有着深刻的社会背景，从《谢尔曼法》出台时的争论、早期的实施不力到联邦反托拉斯法体系及其实施方法的逐渐完善乃至现代化，是一个法律与经济社会发展成功互动的典型，深刻地体现出现代国家经济调节职能和经济法演变的一般规律。美国经济法特别是其反托拉斯法值得我们深入研究并抽象出经济法的一般原理。

关键词：美国；联邦反托拉斯法；历史；经济法；国家调节说

尽管英美法系并无“经济法”这一概念，但是美国存在经济法现象为我国经济法学界所公认，甚至 1890 年《谢尔曼法》和 1914 年《克莱顿

* 本文系 2014 年度教育部人文社会科学研究规划基金项目“政府采购领域中垄断行为的法律规制研究”（14YJA820016）和 2015 年度教育部哲学社会科学重大课题攻关项目“经济全球化背景下中国反垄断战略研究”（15JZD018）部分成果。

** 李胜利，法学博士，安徽大学法学院副院长，教授、博士生导师，安徽大学经济法制研究中心研究员、副主任。

法》《联邦贸易委员会法》还往往被视为经济法"独立的先声,是现代经济法最早的法律表现形式"。[①] 漆多俊先生指出,"作为各国经济法之中的一个模块,美国经济法是最为典型的一个范式"。[②] "美国经济法产生和发展的历史,最典型地体现了现代国家经济调节职能和经济法演变的一般规律,也最明显和强有力地检验和证明着'国家调节说'这一经济法学科理论。美国的国家经济调节职能和经济法最初和最重要的表现是其反托拉斯法的立法和实施。它体现着现代国家经济职能和经济法的发端。"[③]因此,回顾美国联邦反托拉斯法的百年历史,有助于我们更好地认识经济法这一现代社会现象。

一、美国联邦反托拉斯法的诞生

任何一项影响深远的社会事件的发生,都有其深刻的社会背景。作为现代经济法"独立的先声"的联邦反托拉斯法,其诞生与18世纪中后期美国国内的经济、政治乃至社会思潮等各方面因素密不可分。欲深入理解,就不能不先去尽力把握该法赖以产生的社会背景。

对联邦反托拉斯法的产生具有重大影响的因素有如下四项:

1. 迅猛的工业革命带来的高速经济增长及经济力集中

众所周知,工业革命最早发生于英国,美国的工业革命相对较晚,但发展迅猛。1807年的禁运法案、1812 ~ 1814年的英美战争是美国工业革命开始的契机。淘金热等引发的"西进运动"、横跨北美大陆的东西部铁路大建设等,使美国国内统一市场逐渐成型。由于极为有利的自然条件和经济社会条件,美国的工业革命进展特别迅速,很快超过英国,于

① 漆多俊:《经济法基础理论》(第5版),法律出版社2017年版,第46页。

② 漆多俊:《经济法基础理论》(第5版),法律出版社2017年版,第51页。

③ 漆多俊:《美国:现代国家经济调节职能与经济法产生和发展一般规律之典型代表——李胜利〈美国联邦反托拉斯法百年:历史经验与世界性影响〉书评》,载《河北法学》2016年第1期。

1893 年已跃居为世界头号强国。[①] 1900 年,美国工业总产值约占世界工业总产值的 30%,成为世界上最富有也是最大的工业国。[②]

随着美国工业化进程的高速发展,在自由竞争的国内环境下,资本集中度迅速升高,也产生了各种各样的经济集中的表现。在美国最为有名的就是普尔(联营组织)、信托组织以及控股公司等。这些巨型企业或者巨型企业联合主要通过提高市场占有率以及价格控制等手段来打击竞争者,达到垄断市场的目的,进而影响商业活动的正常开展和正常的市场竞争。[③]

2. 巨型企业滥用垄断力导致的深刻社会矛盾

对于 19 世纪最后二三十年,大多数美国评论家都认为"这是公司的时代",各种公司的数量大大增加,更为重要的是单个公司的规模有了史无前例的增长和随之而来的巨大影响力,以至于一份向 1895 年美国律师协会会议宣读的论文断言:"任何其他国家都不存在如此不受限制的公司权力。"[④]令社会公众更加不满的是,巨大的铁路公司还进一步采用普尔等方式联合起来,形成了更为集中的市场结构。之后由于普尔等组织的固有弱点,致使不适于形成长久而固定的市场力量,约翰 · D. 洛克菲勒的标准石油公司利用普通法中的"信托"方法建立起一个较普尔更为有效的商业组织。[⑤] 通过大规模吞并竞争对手,到 1880 年全国生产出

---

① [美]丹尼尔 · 雷恩:《管理思想的演变》,赵睿等译,中国社会科学出版社 2000 年版,第 107 页。

② 牛文光:《美国社会保障制度的发展》,中国劳动社会保障出版社 2004 年版,第 126 页。

③ See A. D. Neale, The Antitrust Laws of the U. S. A., The Origins and Historical Development of Antitrust, 1960, at 11 – 18.

④ 参见[美]伯纳德 · 施瓦茨:《美国法律史》,王军等译,法律出版社 2007 年版,第 139 ~ 140 页。

⑤ 参见赖源河编审:《公平交易法新论》(第 3 版),台北,元照出版有限公司 2005 年版,第 48 页。

来的石油的95%是由美孚石油公司提炼的。“自从早年英王政府在美洲新大陆上公布垄断事业的情况以来,还从来没有一个企业能够如此彻底地独霸市场”。① 由于标准石油公司的成功,其他行业的大企业便纷纷仿效。到1880年代末,全美形成独占地位的托拉斯遍布石油、铜、橡胶、煤炭、牛肉、玻璃、威士忌、农业机械等数十个行业,致使大批中小企业纷纷被收购或被排挤破产,失业率急剧上升,贫富差距拉大,赤贫人口增多,企业劳资关系紧张。②

经济上取得巨大成功的垄断资本家们为了保护既得利益,开始更加积极地参与到政治活动中去,并逐渐获得了巨大的发言权。在政党分赃制的传统之下,他们开始寻求成为大党的党魁,进行全国性的政治交易。导致贪污腐败盛行,社会公众丧失了对联邦及州政府的信任。③ 以至于1888年纽约参议院委员会将美孚石油公司的托拉斯机构称为“像疾病一样在国家商业体制中蔓延的体制”。④

尽管美国的农民、城镇小商人和小企业主因为自身利益受损而以“格兰奇运动”的形式展开了反对垄断组织的斗争,并在一些州主导通过了名为“格兰奇法”管制铁路的立法,但未能较好地解决垄断以及由此带来的经济政治问题。

3. 美国传统的政治及司法无法有力地解决垄断问题

美国建国后不久就形成了两党轮流执政的格局,但是随着两党领导人越来越保守僵化,对于社会问题缺少有效应对的办法,各种社会运动

---

① [美]彼得·科利尔、戴维·赫罗维兹:《洛克菲勒家族传》,周越、叶晓玲等译,中国时代经济出版社2004年版,第37页。

② 参见漆多俊:《时代潮流与模块互动——“国家调节说”对经济法理论问题的破译》,载漆多俊主编:《经济法论丛》(第13卷),中国方正出版社2007年版,第1~51页。

③ 转引自[美]伯纳德·施瓦茨:《美国法律史》,王军等译,法律出版社2007年版,第144页。

④ 转引自[美]彼得·科利尔、戴维·赫罗维兹:《洛克菲勒家族传》,周越、叶晓玲等译,中国时代经济出版社2004年版,第46页。

风起云涌，到 19 世纪末，汇集成第三党运动，其改革主张，如格兰奇提倡铁路垄断行为的管制立法、联合劳工党和反垄断党的反托拉斯口号等，有力地冲击了两大党的保守政策，产生了极大的政治压力。在 19 世纪末的政治舞台上，为了赢得选举，两大党候选人们不得不纷纷提出自己的反托拉斯政策，结果导致联邦反托拉斯法的出台成为一个必然的趋势。

从早在 1890 年《谢尔曼法》之前，英国和美国普通法中就有不少有关限制性商业行为或者卡特尔、合并和垄断的判例。到了 19 世纪末，美国法院倾向于更严厉地对待卡特尔、合并和垄断。[①] 在联邦立法之前，州普通法已经开始采取措施来对付“联合”和“垄断”了，最常见的补救就是州法院拒绝帮助或强制执行这些不正当的协议安排。[②] 但是普通法上的救济往往是拒绝执行垄断协议，而不是对垄断行为本身进行惩处，所以上述判决的积极意义便被淹没在企业合并的狂潮之中，难以对当时普遍存在的各种限制竞争行为产生有效的遏制作用。

有鉴于此，议会立法便成为必要。托拉斯的强大和不断蔓延，在社会公众中引起了巨大恐慌。于是从 1889 年起，堪萨斯州率先制定反垄断法案，在《谢尔曼法》出台之前，已经有十四个州在州宪法上明文规定取缔垄断或反对限制贸易。但由于这些托拉斯规模庞大、业务跨越数州甚至全美，因此这些反托拉斯行动很少收到效果。

4. 自由主义的传统和国家干预主义思想的兴起

作为英国的前殖民地，美国从英国人那里继承了政治和经济上的自由主义。亚当·斯密从经济学的角度论证了自由放任政策的合理性，在《国富论》一书中提出了“看不见的手”的理论，此后，这一思想逐渐从经济领域被推广到其他领域，由经济理论变成了西方国家公共政策的基本

---

① Thomas D. Morgan, Cases and Materials on Modern Antitrust Law and Its Origins, St. Paul, Minn.: West Group, 1994, p. 20.

② Craft v. Mc Conoughy, 79 ILL. 346 (1875).

指导原则。①

整个19世纪美国国内的经济政策就是以自由放任政策为核心的，反映了19世纪初新兴的工业资产阶级反对重商主义、主张自由贸易的利益和要求。19世纪下半叶以赫伯特·斯宾塞为代表的社会达尔文主义思潮又为这种政策提供了新的支持。斯宾塞用“生存竞争”“优胜劣汰”来解释资本主义经济中弱肉强食的现象，满足了从自由竞争向垄断过渡时期大资本的需要，使放任政策成为那个时代美国社会精英们的一种天经地义的信条。② 例如，当时的共和党领袖曾标榜自己是改革派，但是在谈及大企业时却毫不掩饰：“托拉斯是私人事务……任何人都无权干预。”③

这种政策在19世纪对美国社会产生了两重作用，一方面促进了美国经济的高速发展，造就了史无前例的巨无霸型的企业联合体；另一方面则带来了严重的社会问题，形成了尖锐的社会矛盾。这种情况下，对于托拉斯以及其他一些垄断和限制竞争行为进行必要的约束，成为社会

① 转引自负杰：《有限政府论：思想渊源与现实诉求》，载《政治学研究》2005年第1期。

② 当然，美国的放任政策有其特殊之处，是同贸易保护主义、政府鼓励措施相结合的放任主义，是典型的内外有别。1791年亚历山大·汉密尔顿提交的《制造业报告》中已经完整地提出了这种政策，此后美国长期实施的高关税政策、对铁路建设的巨大支持（如赠予巨额的土地资源）、对本国工业的扶持等，无一不体现了这一政策。当然，该政策最终取得了巨大成功。但是，高关税政策也使美国农业和农民受害颇深，同时促进了美国工业的集中和垄断，因为关税壁垒稳定了国内市场行情，有利于大企业之间建立价格协定、普尔和各种联合体。受高关税保护的工业部门大多较早地形成了垄断。糖业托拉斯总经理哈夫曼承认：“高关税乃托拉斯政策”。具体可参见杨生茂、刘绪贻总主编：《美国通史》（第3卷），人民出版社2002年版，第198～205页；Ha-Joon Chang：《抽掉梯子——自由贸易的“真实历史”》，李胜利译，载《新政治经济学评论》（第3卷），浙江大学出版社2007年版，第52～82页。

③ 转引自杨生茂、刘绪贻总主编：《美国通史》（第3卷），人民出版社2002年版，第202页。

共识。

二、《谢尔曼法》的制定及早期实施状况

(一)《谢尔曼法》的制定

在反托拉斯成为社会主流思潮时,1888 年的总统竞选活动中,所有的候选人都发表声明谴责托拉斯,来自俄亥俄州的约翰·谢尔曼参议员就是其中一位。尽管竞选总统败北,但是作为参议院财政委员会主席,在 1888 年他提交了一份议案,希望通过联邦征税权来控制托拉斯,但当届国会未能通过,于是在 1889 年开始了新一轮的提案。谢尔曼参议员认为,他的法案寻求“仅仅阻止并控制那些阻止竞争的合并,或者限制贸易,或者以损害消费者为代价而提高生产者利润的行为”。他认为他的法案采纳了传统的限制贸易的普通法规则,“并没有宣布一项新的法律原则,仅仅是将那些老的、广为人知的普通法原则授予了我们复杂的州和联邦的司法机关”。此前各州已经多次应用它们自己的立法或者根据普通法来反对这些商业集中,但由于违法的集中现在已经超出了州的界限,“只有联邦政府才能提供救济”。①

对于那些关于这项提案可能会干涉传统的合法商业行为的批评,谢尔曼说,他业已认识到了在美国历史上因为资本和资源的集中而导致的经济大发展,社会个体组织而成的大企业的出现可以降低产出成本,因而应该得到鼓励和保护。②

但是并非所有的参议员都同意谢尔曼的观点,有些参议员表达了对小商人的关切,表达了对整个经济远离大多数人,而被掌握在少数大企业手中的担忧;有些则提出在恶劣的经济条件下生产者的合作问题,认为为了免于破产,竞争者之间的协议安排通常是必要的。他们认为并非所有的竞争都有利于国家,并非所有的价格上涨都有害于国家;有的则

① Cong. Rec. 2456 (1890).

② Cong. Rec. 2462 (1890).

对该法是否将合作型组织如工会、农场主联盟等也纳入其中表示关切。①

另外一项有趣的问题则是反托拉斯立法是否有必要。高关税的存在,导致这些行业的企业缺少来自海外低价商品的竞争,同时有利于它们从事限制竞争的协议安排。乔治参议员在辩论中发言颇有代表性:"(谢尔曼和财政委员会)寻求让两个在智识观念上不一致的甚至是完全相悖的东西和谐相处:一方面用高额保护性关税以排除来自外国的竞争;然后又徒劳地禁止这些受到(高关税)保护方不能从给予它们的好处中得到利益。"②

由于存在上述诸多分歧,因此该草案需要进一步的讨论。1890 年 4 月 8 日,在再次提交谢尔曼法草案,并经参议院司法委员会的修改和重写后,该法在参议院以 51:1 通过;6 月 20 日在众议院以 242:0 通过;1890 年 7 月 2 日哈里森总统签署了该法令。最后通过的法案除了增加 3 倍赔偿的救济方式以及授权司法部长提起禁令诉讼外,其他内容与提交的法案基本相同。③

《谢尔曼法》的全部条款相当概括,甚至可以说过于简单,但仍开创了一个新的时代。此后 100 多年里经过多次修订,成为整个联邦反托拉斯法的基础,甚至是其代名词。该法的重大意义在于它是"联邦政府迈过商业管理世界的另一关键性也是永久性的通道"。④ 正是从这个意义出发,《谢尔曼法》才被学界普遍认为是经济法产生的标志。

与其他现代经济立法相比较,《谢尔曼法》在简洁和语言的宽度方面是独一无二的。它的条款调整实体行为,并因此区别于救济性和程序

---

① Thomas D. Morgan, Cases and Materials on Modern Antitrust Law and Its origins, West Publishing Co., 1994, pp. 25 – 26.

② Cong. Rec., 1768 (1890).

③ 参见孔祥俊:《反垄断法原理》,中国法制出版社 2001 年版,第 63 页。

④ [美]劳伦斯·M. 弗里德曼:《美国法律史》,苏彦新等译,中国社会科学出版社 2007 年版,第 503 页。

性条款。他有两个基本组成部分且半页纸就足已载明。故美国联邦最高法院在概括性方面,将《谢尔曼法》比喻成美国宪法。[①]

(二)《谢尔曼法》早期的实施情况

《谢尔曼法》的实施在初期并不理想,主要原因有:一是缺少专门的执法机构,承担该法执行任务的司法部缺少专门的经费和人员来对抗这些富可敌国的大企业;二是该法语言含糊,难以操作,例如该法第一条禁止任何限制贸易的合同,第二条反对任何人的垄断或者试图垄断的行为,对于"任何限制贸易的合同"和"垄断或者试图垄断"的理解长期存在争议;三是在政治、经济和法律精英中,自由主义、社会达尔文主义思想占据了统治地位,对联邦政府干预经济事务、干预地方经济大多持否定态度,这意味着《谢尔曼法》并非受到普遍欢迎;最后则是大的历史背景决定了从自由资本主义向垄断资本主义的过渡不可避免,严格按照《谢尔曼法》的字面意思去严厉禁止任何垄断组织的产生无异于螳臂当车、逆潮流而动,注定不会有什么结果。

因此《谢尔曼法》通过后的头十年,可以说基本上停留在纸面上。因为"在联邦政府内部,19 世纪末的检察长们并不十分要求托拉斯的解散。他们也没有资金和人员用以摧毁这些集团。"[②]例如第一个上诉到美国联邦最高法院的反托拉斯案件——1895 年美国诉奈特公司案(United States v. E. C. Knight,1895),最高法院以 8∶1 判定政府败诉,主导意见是将企图垄断"制造业"和垄断"商业或贸易"区别开来,认为对制造业的控制不属于《谢尔曼法》的管辖范围,将该法案适用于"制造业"也许会影响各州的自治权。

由于这一判决,导致当时制造业的其他托拉斯也得以免于适用《谢

---

① 参见[美]小杰伊·德雷特勒:*Licensing of Intellectual Property*(英文版),清华大学出版社 2003 年版,第 398 页。

② [美]劳伦斯·M. 弗里德曼:《美国法律史》,苏彦新等译,中国社会科学出版社 2007 年版,第 505 页。

尔曼法》。1890~1900 年的 18 起反托拉斯案件中,没有一起托拉斯遭到解散。① 事实上,该法被用作对付劳工组织的武器倒是非常有效:1890~1897 年,最早的 13 个被认定为违反《谢尔曼法》的案件中,有 12 个是针对劳工组织的。②

因此,关于《谢尔曼法》的一个较为尖刻的说法是,"从某种意义上来说,该法案可以说是一个骗人的东西。即使是它的支持者也认为它只是'实验性的'。而该法案本身,除平息了人们提起反托拉斯之诉讼——任何诉讼——的呼声外,什么事也没有做,什么问题也没有解决"。③ 有美国法律社会学的学者通过对历史事件以及数据的分析,得出结论:1890 年《谢尔曼法》的出台的确意味着大企业及其控制者们的挫败,但是这些企业精英们的利益最终还是在该法的执行过程中得到了体现,因为比起执法机构以及反托拉斯社会运动的变革压力来说,以利润为导向的私人大企业在基本结构上更占优势。④ 这是一个符合现代公共选择理论、特别是其中的利益集团理论的结果。

然而该法案毕竟在美国第一次宣布了联邦政府的反托拉斯政策,迎合并抚慰了社会公众的反托拉斯情绪,遏制了普尔、卡特尔等在以前司空见惯的限制性贸易行为。而且从后世来看,这一法案还有着相当独特的作用:对 19 世纪末 20 世纪初的企业合并浪潮起着立法导向的作用,它虽对普尔、托拉斯这样的横向合并垄断形式有所限制,但对大垄断企

---

① 杨生茂、刘绪贻总主编:《美国通史》(第 3 卷),人民出版社 2002 年版,第 213 页。

② 转引自[美]赫伯特·霍温坎普:《联邦反托拉斯政策——竞争法律及其实践》(第 3 版),许光耀、江山、王晨译,法律出版社 2009 年版,第 60 页。

③ [美]劳伦斯·M. 弗里德曼:《美国法律史》,苏彦新等译,中国社会科学出版社 2007 年版,第 504 页。

④ James William Coleman, Law and Power: the Sherman Antitrust Act and its Enforcement in the Petroleum Industry, Social Problem, Vol. 32, No. 3, Feb., 1985.

业转而采取新的纵向合并垄断形式如控股公司,并不限制。① 因此部分由于《谢尔曼法》的缘故,在世纪之交的时候,美国企业之间掀起了一股合并浪潮,到 1904 年美国共有 318 家大垄断托拉斯,其中 93% 是 1890 年后产生的。而这与同时期欧洲大陆卡特尔盛行的状况形成鲜明对比,也导致此后美国大企业在世界上长期居于统治地位。

不过在 1900 年到第一次世界大战期间迎来了联邦反托拉斯法实施的第一个高潮。经过了最初 10 年的碌碌无为后,新当选美国总统西奥多·罗斯福吹响了反托拉斯的号角——他发起了 44 个针对大企业的法律诉讼,25 起胜诉。其中美国政府调查、控告北方证券公司并胜诉一案成为重要标志。这意味着垄断企业无所限制时代的终结,联邦政府开始建立起监管大公司活动的权威,该案也被称为"20 世纪美国反托拉斯垄断的第一枪"。② 此后,肉类和烟草托拉斯也被打破,老罗斯福因此赢得了"托拉斯摧毁者"的声誉。这也是《谢尔曼法》在其出台后首次较为集中地展现了其威力。

而在老罗斯福的总统任期内提起的另一起更为引人注目的反托拉斯大案——新泽西标准石油公司案,在 1911 年联邦最高法院判定该公司涉嫌垄断,将其肢解成 33 个小的、地方性的石油公司。该案在《谢尔曼法》的适用中引入了合理规则,指出只有那些"不合理地"限制贸易的行为才是违法的,无论第一条还是第二条都是这样。并强调合同自由对

---

① 1889 年,新泽西州修改了一般公司法,允许本州公司以持股或以发行股票购买资产的方式控制外州公司,即组成控股公司。1890 年,糖业托拉斯在新泽西州注册为控股公司。很多大公司也随之迁入。尽管美国国会在 1890 年通过了谢尔曼反托拉斯法,包括美国烟草公司、美孚石油公司、美国炼糖公司和美国皮革公司在内的 280 多家联合大企业到 1894 年都在新泽西州注册成立了公司。

② 参见任东来、孙庆:《第八大案:20 世纪美国反托拉斯垄断的第一枪——北方证券公司诉美国案(1904)》,载任东来、陈伟、白雪峰等:《美国宪政历程:影响美国的 25 个司法大案》,中国法制出版社 2005 年第 2 版,第 133 ~ 146 页。

于反对托拉斯的重要性。① 这也是合理规则在联邦反托拉斯法中正式确立的标志。

三、1914 年国会的后继反托拉斯立法及其实施

(一)1914 年国会的后继反托拉斯立法

鉴于 1890 年《谢尔曼法》在实施中遇到的问题和困难,美国关于加强联邦反托拉斯立法的呼声日渐高涨。在各方的推动下,美国国会终于在 1914 年先后制定了《联邦贸易委员会法》和《克莱顿法》,以加强和完善反托拉斯制度。

《克莱顿法》和《联邦贸易委员会法》的出台源于《谢尔曼法》的实施并未达到人们的预期:第一,美国法院在《谢尔曼法》通过后的各个判例中,对其适用原则做出了各种解释,使得世人无所适从。企业界纷纷要求对构成违反《谢尔曼法》的行为范围做出明确界定,以增强联邦反托拉斯政策的透明度和可预期性。第二,谢尔曼法颁布后,虽然不少个人和公司因此受到处罚,但是未能阻止美国经济的垄断化进程。不仅如此,《谢尔曼法》还被雇主用来对付工人组织,引发了广泛的讨论和不满。第三,《谢尔曼法》并未明文禁止有害于竞争的企业合并和收购行为,因而导致企业开始大量采取谢尔曼法没有禁止的合并方式,结合成规模巨大的企业。

1914 年 9 月国会通过了《联邦贸易委员会法》,决定由跨党派的 5 名人士组成联邦贸易委员会,负责调查私人或企业在贸易竞争中的违法行为,发布禁令,以制止不正当的商业行为。该法第 5 条属于一个内容宽泛的授权性的一般条款,因此通过解释,联邦贸易委员会涉足了几乎所有领域的反托拉斯事务。作为一个“准司法机构”②,该机构不但能像

---

① Standard Oil Co. of New Jersey v. United States, 221 U. S. 1 (1911).

② See A. L. A. SCHECHTER POULTRY CORPORATION v. UNITED STATES, 295 U. S. 495 (1935).

司法部那样开启反托拉斯民事调查，而且可以通过自己的行政法官作出裁决。因此，联邦贸易委员会也是美国所谓的“无头的第四部门”的一个典型，是为了解决越来越复杂的现代经济社会问题而设立的不同于传统行政机构的特殊管制机构。

同时国会认为，法院运用“合理原则”解释《谢尔曼法》缺乏确定性，同时也担心法院自由裁量权过大，于是当年10月又通过了《克莱顿法》，第2条禁止价格歧视、第3条禁止排他性交易和搭售安排、第8条禁止董事兼任。而第7条更加具有意义，禁止那些“可能导致实质上减少竞争，或者趋于创造出垄断的企业兼并与收购”，从而弥补了《谢尔曼法》的不足。该法第4条还扩大了私人诉讼的范围，同时第6条规定不得以此来禁止成立劳工组织和农民组织，因为“人的劳动不是商品或者可交易物品”。其中，《克莱顿法》有关企业合并的规定加强了美国政府对于企业并购的监管，事实上树立起联邦反托拉斯法的又一个支柱。

至此，联邦反托拉斯法的基本框架得以确立，此后的制定法和判例法基本在就在这个大框架内得以逐渐演化，而美国法院，特别是联邦最高法院开始在联邦反托拉斯法的发展中走上前台，逐渐成为最为关键的角色。

（二）从第一次世界大战后到第二次世界大战时期反托拉斯法的实施

第一次世界大战结束后，美国社会进入一个较长时期的繁荣阶段，直到1929年经济危机爆发。在这一阶段，联邦反托拉斯法不是美国社会关注的焦点，其执行比起前一阶段也有所回潮。

1918年的芝加哥贸易协会案成为这一时期的一个典型。在该案中，布兰代斯大法官代表最高法院明确了合理规则适用需要的所有相关因素。① 此后的20年中，合理规则成为反托拉斯案件中的主流规则，该案也成为反托拉斯案件中被最多援引的判例之一。

另一起具有标志性的判例是1927年 United States v. Trenton

① Chicago Board of Trade v. United States, 238 U. S. 231 (1918).

Poteries 案。在该案中最高法院确认竞争者之间固定价格的行为自身违法,①这意味着当被告被指控固定价格时,他们不能根据合理规则去主张该价格的设定是合理的。然而,对于自身违法规则的明确阐述要等到31 年之后的 Northern Pacific Ry 案。②

在这一阶段有若干相对而言不那么引人注目的修正案出台,如1918年《韦伯－波莫林法》(Webb-Pomerene Act),为那些专门为了出口而又未影响美国国内商业和竞争的协议、联合免于适用联邦反托拉斯法,事实上是对没有影响国内竞争秩序的出口卡特尔的豁免;1922 年《卡帕－维尔斯坦德法》(Capper-Volstead Act,CVA),对合作社给予适用反托拉斯法的有限豁免,因而被称为“美国农民合作社立法的基石”③;1932 年《诺里斯－拉瓜迪亚法》(Norris-La Guardia Act)则为劳工组织工会提供反托拉斯豁免。

1929 年开始的“大萧条”(Great Depression)时代影响深远。危机发生后胡佛政府的传统应对策略被证明是失败的,于是富兰克林·德兰诺·罗斯福赢得了大选。1933 年他上台后,开始了现代美国社会的最大一次转型——新政。其内容主要由三个部分组成:银行体系的改革、增强政府对生产的控制、开始建立社会安全网。④ 其中影响最大的是1933 年通过的《国家产业复兴法》(National Industrial Recovery Act)。该法授权总统调节工业、许可卡特尔和垄断,希望以此来刺激经济复苏,并建立起国家公共工作计划。根据该法建立了国家复兴署帮助产业界创制并执行所谓的产业法典,以便在企业之间推行“公平竞争”。罗斯福

---

① United States v. Trenton Poteries,273 U. S. 392 (1927).

② Northern Pacific Ry. v. United States,356 U. S. 1 (1958).

③ Peltier, Jean-Mari, Defending the Cornerstone of Cooperation, Rural Cooperatives, Vol. 72,No. 4.

④ [美]斯坦利·L. 恩格尔曼、罗伯特·E. 高尔曼主编:《剑桥美国经济史》(第3卷:20 世纪),蔡挺、张林、李雅菁译,中国人民大学出版社 2008 年版,第 230 页。

认为这是“阻止不公平的竞争以及灾难性的生产过剩”所必需的。[①] 这一全新的实验为时不久,仅两年不到。从1933年6月16日生效后的一年内共签署了450项规范,到1935年最高法院以过分授权为由宣布该法违宪时[②],全国已经采纳了550项产业法典。[③]

另外一项类似的法令是为了解决农业问题的1933年《农业调整法》(Agricultural Adjustment Act),也于1936年被最高法院否决,[④]不过1938年通过的第二部《农业调整法》尽管包括了限制性的粮食播种面积限制和收入支持规定,却得到了最高法院的支持,之后经过修订后成为美国现代农业政策的基础。同时,在金融证券业、劳工与就业政策、社会保障等方面,也出台了大量显著改变了美国社会经济环境的法令。

今天提起新政一般“将其作为美国的一项伟大现代社会革命”,[⑤]然而对于其中经济政策的评价则颇有不同意见。例如,许多经济学家以及反托拉斯学者认为,新政中的《国家产业复兴法》等政策举措实际上延缓了产业复苏,甚至加深了危机。

曾任奥巴马总统经济顾问委员会主席的Christina Romer对大萧条和国家产业复兴法的影响进行了深入研究,其结论是:“国家产业复兴法的更为重要的影响是降低了物价变动与产量变动之间的相应关系。因为它要对付1930年代中期的通货紧缩的压力,要将经济从产量负偏差的趋势中解救出来,但却阻挠了经济体自我愈合机制发挥作用。从这个意义上来说,我们最好是把国家产业复兴法作为一种阻挠经济复苏的力

---

① [美]斯坦利·L. 恩格尔曼、罗伯特·E. 高尔曼主编:《剑桥美国经济史》(第3卷:20世纪),蔡挺、张林、李雅菁译,中国人民大学出版社2008年版,第707页。

② Schechter Poultry Corp v. U. S. ,295 U. S. 495 (1935).

③ 参见[美]乔纳森·休斯、路易斯·P. 凯恩:《美国经济史》(第7版),邸晓燕、邢露等译,北京大学出版社2011年版,第518页。

④ See Butler v. U. S. ,279,U. S. 1 (1936).

⑤ [美]乔纳森·休斯、路易斯·P. 凯恩:《美国经济史》(第7版),邸晓燕、邢露等译,北京大学出版社2011年版,第518页。

量,而非一种积极的减少产出的工具。”①此后由另外两位学者完成的研究也支持了 Romer 的结论。通过对国家复兴署的公平竞争法规覆盖内外的产业的价格、工资和雇佣情况的比较研究,他们发现国家复兴署是减慢经济复苏的一项重要因素,说明了为什么大萧条时期国民生产总值、消费、投资和工时显著低于以往,即使这时生产力迅速恢复到以前水平,而真实工资则显著高于以往。②

当人们逐渐认识到国家复兴署支持的卡特尔正在产生重大伤害、会延长经济衰退时期,罗斯福在他的第二个总统任期开始之初就重新考虑反对者要求强有力的竞争政策的呼声。1938 年他任命了主张反托拉斯的瑟曼·阿诺德(Thurman Arnold)来领导司法部反托拉斯局。阿诺德宣称:“如果通过反托拉斯法的实施可以重建价格竞争,那么我们就为解决经济衰退中的一个主要难题打开了道路。”在他的领导下,反托拉斯局开启了大量的反托拉斯调查,提起了很多案件。1937 ~ 1939 年反托拉斯局发动的反托拉斯案件跃至 48 件,而在此前的三年期间仅有 15 件。在 1940 ~ 1942 年,反托拉斯局更是提起了 182 件,其中大约 70% 是刑事案件。③

新政时期通过的一部重要的联邦反托拉斯法——1936 年《鲁滨逊 - 帕特曼法》(Robinson Patman Act),修订并加强了《克莱顿法》中有关价格歧视条款,其主要目的是保护中小零售商免受大型连锁商业的伤害——也一直争议不断。从实践来看,司法部从未裁决过《罗宾逊 - 帕

---

① Christina Romer, Why Did Prices Rise During the 1930s? The Journal of Economic History, Volume 59, Issue 01. March 1999, pp. 167 - 199.

② Harold Cole & Lee Ohanian, New Deal Policies and the Persistence of the Great Depression: A General Equilibrium Analysis. Journal of Political Economy, 2004, 112 (4): 779 - 815.

③ Richard Posner, A Statistical Study of Antitrust Enforcement. The Journal of Law and Economics, 13(2): 365 - 419 (1970). See Table 1 and 15, page 366.

特曼法》中规定的价格歧视行为,联邦贸易委员会也极少这么做。[①] 以至于分别有1955年、1969年和1977年的报告先后建议国会废除该法或者作实质性、彻底的检修。美国反托拉斯现代化委员会在其2007年的最终报告中也建议国会废除该法令,因为其"与核心的反托拉斯原则相对立","该法保护竞争者胜过保护竞争,惩罚那些反托拉斯法鼓励的价格折扣和创新的商业方法。而且该法是否真的有效地保护了小企业也不清楚。……通过谢尔曼法的实施使小企业免受真正的反竞争行为的伤害已经足够了"。[②]

1937年通过的《米勒-泰丁斯法》(Miller-Tydings Act)又称公平贸易法,规定任何州际间固定同一商标商品的行为豁免适用于《谢尔曼法》第1条,这使得生产商可以控制零售商的定价。该法本意与《鲁宾逊-帕特曼法》相同,都是为了保护小零售商免受大连锁商业为招揽本地顾客而进行亏本销售的伤害,可以说也是新政思想的产物。该豁免在1952年被《麦克归勒法》(McGuire Act)所拓宽,并于1975年被《消费者商品定价法》(Consumer Goods Pricing Act)所废除。

四、"二战"至20世纪70年代联邦反托拉斯法的演化

在第二次世界大战期间,联邦反托拉斯法的执行并未停止,尽管在这一期间美国经济是战时的统制经济。"二战"后的岁月里,联邦反托拉斯法的实施开始逐渐注意到对经济学的运用,并在哈佛学派"市场结构—市场行为—市场绩效"的反托拉斯分析思路的影响下,开启了差不多历史上最严厉的反托拉斯执法历程,并在多方面大大发展了联邦反托拉斯法。

① [美]赫伯特·霍温坎普:《反垄断事业——原理与执行》,吴绪亮、张兴、刘慷等译,东北财经大学出版社2011年版,第60页。

② Antitrust Modernization Commission, Report and Recommendations, April 2007.

(一)结构主义反托拉斯时代的开始

1945 年结束的 United States v. Alcoa 案可以说代表了一个时代的开始。该案提出并回答了多个联邦反托拉斯法的重大问题,包括联邦反托拉斯法域外适用的效果原则等,当然也不无争议。对于该案的审理结果,许多学者认为这是反托拉斯领域中司法能动主义的典型。汉德法官发表意见中,也体现了结构主义的思想,仅仅通过垄断状态的存在就判定独占行为和意图的存在。① 该案可以视为此后 20 ~ 30 年间法院严厉的反托拉斯态度的先声。

(二)自身违法规则的阐明

1958 年 Northern Pacific Ry 案则对自身违法规则做出了详细的解释。在该案中最高法院对自身违法分析的基本原理做出了清晰的解读:某些协议或者行为由于其对竞争的有害影响、缺少任何弥补上述影响的功效,应最终被推定为不合理的,因而也是违法的,不需要进行详尽的调查去精确地确定危害程度,或者考虑什么商业上的理由。不合理自身违法的不仅使此类被描述为更加关心每一个利益相关者的利益,也是为了避免对涉及产业的全部历史、相关产业等进行极度复杂的、持续很久的经济调查,以决定这些限制是否是不合理的。② 这也是联邦反托拉斯法百年历史中对自身违法规则最权威的解释。

(三)企业并购制度的完善

在企业并购方面,1950 年通过的《凯勒 - 科夫威尔修正案》(Celler-Kefauver Act)加强了《克莱顿法》第 7 条,使企业之间的合并控制也包括了资产收购,并从取得股份和资产外,扩大到一切横向和纵向的、可能带来实质性限制竞争影响的企业并购。

1962 年判决的 Brown Shoe Co. v. United States 一案中,③法院创造

① 黄勇、董灵:《反垄断法经典判例解析》,人民法院出版社 2002 年版,第 149 页。

② Northern Pacific Ry. v. United States,356 U. S. 1 (1958).

③ Brown Shoe Co. v. United States,370 U. S 294 (1962).

了如何决定相关市场的测试方法。1968 年司法部发布了历史上第一个企业合并指南,以澄清其关于企业合并的执行政策,并对企业提供指引。该指南内容涉及横向合并与非横向合并,指南对执法部门可能禁止的合并类型及理由进行了明确说明。由于该指南是根据哈佛学派的结构主义范式制定的,对于企业合并态度十分严厉,导致实践中反对声音不绝于耳,结果在 20 世纪 70 年代该指南未被采用。[①] 无论如何,这一时期对于企业之间的并购态度十分严厉,导致横向并购数量急剧下降,企业开始了较大规模的混合并购,进而导致了大企业的多角化经营。这也是美国的企业集团在"二战"后较长时间内规模居于世界首位的原因之一。

1976 年国会通过的《哈特 - 斯科特 - 罗迪诺反托拉斯改进法》(Hart-Scott-Rodino Antitrust Improvements Act)则在企业并购控制程序上进行改进,建立起合并前通报程序,要求大规模并购行动要向联邦贸易委员会和司法部做事前申报,在规定的等待期结束前或者执法机关结束该等待期之前,企业之间不得合并。

五、20 世纪 70 年代之后联邦反托拉斯法的现代化

(一)促进联邦反托拉斯法现代化的主要因素

20 世纪 70 年代可以视为联邦反托拉斯法历史上的又一重要转折点。"二战"后美国企业的规模和技术领先优势不断被缩小、美国经济逐渐进入低速增长乃至发生滞胀、新政以来确立的管制体制趋于崩溃的情况下,芝加哥学派迅速崛起并逐渐成为联邦反托拉斯执法机构以及联邦法院的行动指针。该学派严重怀疑政府干预市场的动机和能力,支持放松管制;认为市场具有很好的自我纠正机制;指出此前很多被哈佛学派错误地视为反竞争的行为其实并不具有反竞争的效果。其"经济效率至上"的思维主导了此后反托拉斯法的发展,并发展出一系列新的制度

---

① 参见[美]J. E. 克伍卡、L. J. 怀特编著:《反托拉斯革命——经济学、竞争与政策》,林平、臧旭恒等译,经济科学出版社 2007 年版,"导言"。

和执行工具。当然,20 世纪 90 年代以来,又形成了所谓的“后芝加哥学派”,认为芝加哥学派对于市场自我调节的估计过高,许多芝加哥学派认为并无反竞争效果的企业行为是有害的,应该予以干预。后芝加哥学派也逐渐影响联邦反托拉斯法的实践。但是总的说来,在联邦反托拉斯法的最近这三十年间,比起前一历史阶段对于企业行为更为宽容,更加注重对企业行为促进竞争效果和反竞争效果的分析与衡量。

20 世纪 70 年代以后国际经济环境也发生了重大变化:随着欧洲、日本经济的发展,以及东亚“四小龙”、“金砖国家”等发展中国家的崛起,美国的经济霸权逐渐动摇,美国企业在不少领域的国际竞争中处于下风;国际经济一体化使得国际竞争更趋激烈,全球生产、全球销售成为现实,全球市场的出现使企业往往需要在国际市场上进行竞争;而 1990 年代开始的知识经济时代,也使反托拉斯法保护创新的任务日趋重要,并与知识产权法发生了更多的交集。以上宏观经济环境的改变给联邦反托拉斯法提出了更大挑战。

(二)联邦反托拉斯法的若干新发展

合理规则适用范围得到逐步拓展。1977 年 Continental TV, Inc. v. GTE Sylvania Inc. 案可以视为芝加哥学派的反托拉斯思想的一大胜利。最高法院一改此前的严厉态度,认为目前没有证据证明纵向的地域限制已经或者可能对竞争产生破坏性影响,因此不是自身违法,而应运用合理规则进行分析。从这一判决开始,最高法院逐渐缩小适用自身违法规则的适用范围。1979 年的 Broadcast Music, Inc. v. CBS, Inc. 案后,对于横向限制协议的管制也逐渐放宽,合理规则适用空间越来越大。而 2007 年联邦最高法院对 Leegin Creative Leather Prods., Inc. v. PSKS, Inc. 一案的判决结果被普遍认为具有历史意义,最高法院认为维持最低转售价格的行为不再适用之前延续近百年的自身违法规则,①最终的发展是各

① See Leegin Creative Leather Prods., Inc. v. PSKS, Inc., 127 S. Ct. 2705, 2714, 2720 (2007).

级法院认为除了水平的固定价格卡特尔外，其他所有的贸易限制行为都适用合理规则。[①] 2010 年的 Needle 案则进一步巩固了合理规则在反托拉斯法中的统治地位。[②] 目前除了横向价格限制以外，几乎所有的行为都会按照合理规则予以审查，自身违法规则的适用范围几乎处于历史的最低谷。

知识经济时代，联邦反托拉斯法最为重要的任务之一就是通过维持竞争来推动创新。如源于 20 世纪 70 年代的 AT&T 案，经过漫长的程序，1982 年司法部和 AT&T 以"同意判决"的方式结案，导致了该公司在 1984 年被分解为七个从事地方电话业务的小贝尔和一个新的从事长话业务的新 AT&T 和贝尔实验室。[③] 人们普遍认为对于 AT&T 的分解推动了通讯领域的竞争与创新。而号称"世纪大案"的微软案在 2002 年也是以"同意判决"的方式结案。在初审法官的主持下，微软与司法部达成了同意判决，同意排除其限制竞争行为、向第三方公司公开其程序接口，并同意任命一个三人小组以监督其行为符合反托拉斯法。[④] 此后在司法部、联邦贸易委员会的有关执法活动以及法院的反托拉斯判决中，对创新因素越来越重视。

20 世纪 70 年代芝加哥学派兴起"反托拉斯革命"后，1982 年司法部重新发布了合并指南，跟前一个指南相比，更加注重合并对于效率提升的影响，并"极大地增加了横向兼并审查中经济分析的比例和复杂程度"。[⑤] 该

---

① Jason A. Casey, The Rule of Reason After Leegin: Reconsidering the Use of Economic Analysis in the Antitrust Arena, SUFFOLK UNIVERSITY LAW REVIEW, Vol. XLII:919 - 938. (2009).

② See Am. Needle, Inc. v. Nat'l Football League, 555 U. S. 1168, 130 S. Ct. 2216 (2010).

③ United States v. AT&T, 552 F. Supp. 131 (D. D. C. 1982).

④ United States v. Microsoft Corp., 253 F. 3d 34 (D. C. Cir. 2001).

⑤ [美]迈克尔·D. 温斯顿：《反垄断经济学前沿》，张嫚、吴绪亮、章爱民译，东北财经大学出版社 2007 年版，第 58 页。

指南在相关市场界定、合并对市场集中度的影响以及潜在竞争等方面都有开创性进展。[①] 1984 年根据实践情况对该指南进行了微调。1992 年首次由司法部与联邦贸易委员会联合发布指南,以期避免两大执法机构出现不同的合并审查标准。该指南仅涉及横向合并,由于 20 世纪 80 年代以后对于纵向合并和混合合并基本上不加干预,因此该指南事实上反应了美国政府的企业合并政策。该指南分别在 1997 年和 2010 年进行修订,反映了美国在合并控制方面的实践经验,以及反托拉斯经济学的最新进展。[②] 曾任美国司法部首席经济学家的 Carl Shapiro 认为,1992 年到 2010 年,美国合并控制最大的变化就是执法部门对反竞争效果中的单边效应。[③]

本阶段国际经济一体化进程不断加快,导致很多反托拉斯事务及其执法已经无法局限于一国境内,出现了越来越多的国际因素,也导致了反托拉斯执法国际合作的需要。自 1945 年汉德法官在美国铝公司案中提出效果标准后,围绕该标准的含义和适用产生了大量的争论和迷惑,法院也要求国会对此加以澄清,结果就导致了 1982 年《对外贸易反托拉斯改进法》(Foreign Trade Antitrust Improvements Act)。该法首先明确了反托拉斯法的目的是保护美国的经济利益而非外国的,这意味着只有某一行为对美国国内市场或者出口机会产生了"直接的、实质性的和可合理预见的影响"时,才能适用《谢尔曼法》。在此后的多个案件中,联邦法院并未完全按照该法适用法律,或者做了一定限制,如 1993 年的 Hartford 案[④]中,最高法院没有依据《对外贸易反托拉斯改进法》,而是以

---

① 具体可参见丁茂中:《美国现代反托拉斯法发展简史(九)》,载 http://dingmaozhong.bokee.com/6902916.html,2017-05-26。

② 具体可参见韩伟:《美国〈横向合并指南〉的最新修订及启示》,载《现代法学》2011 年第 3 期。

③ Carl Shapiro, The 2010 Horizontal Merger Guidelines: From Hedgehog to Fox in Forty Years, Antitrust law Journal, Vol. 11, 2010: 701-759.

④ See Hartford Fire Insurance v. California, 509 U.S. 764 (1993).

“国际礼让并未阻止(美国法院)行使司法权”为由,确认了对于该案的管辖权。

1994年国会通过了《国际反托拉斯执行协助法》(International Antitrust Enforcement Assistance Act),授权美国加入多边援助协定,允许联邦反托拉斯执法机构与其他司法区的竞争机构分享有关的机密信息,并通过强制性程序从其他司法区的机构那里获得有关证据。[①] 1995年司法部与联邦贸易委员会联合发布了《反托拉斯执行国际操作指南》(Antitrust guide for international operations),之后美国联邦反托拉斯执法机构与外国竞争执法机构之间的正式的和非正式的联系在不断增多,包括:德国、欧共体、加拿大、巴西、日本、俄罗斯、中国等国家和地区。

知识经济的来临,促使反托拉斯法与知识产权法进一步协调。1981年一家联邦巡回法院指出:反托拉斯法与专利法之间的冲突源于它们为了达到彼此相反的目的而设计出的方法。当反托拉斯法禁止对于竞争的限制的时候,专利法却授予发明人以暂时性的垄断,使得他可以阻止其他人竞争性地利用其专利技术。[②] 此后在芝加哥学派的影响下联邦法院和执法机构逐渐更加注重知识产权促进竞争的效果,认为反托拉斯法与知识产权之间拥有共同的目标,是互补的而非冲突的。通过国会1988年《专利滥用改革法》(Patent Misuse Reform Act)和司法部《反托拉斯执行国际操作指南》,认定专利的存在不能认定为市场势力的存在,专利权并不必然导致对相关市场的垄断,不是自身违法。司法部与联邦贸易委员会1995年联合发布的《知识产权许可的反托拉斯指南》(Antitrust Guidelines for the Licensing of Intellectual Property)正式确立了三项基本

---

① Agreement Between the Government of the United States of America and the Government of Australia on Mutual Antitrust Enforcement Assistance, available at http://www.usdoj.gov/atr/public/international/docs/usaus7.htm,2017年6月10日访问。

② SCM Corp. v. Xerox Corp., 645 F.2d 1195, 1203 (2d Cir. 1981).

原则,即在确认是否违反反托拉斯法时将知识产权与其他财产同样对待,不推定知识产权产生反托拉斯意义上的市场力量,承认知识产权许可行为一般是有利于竞争的。[①] 经过10多年的实践后,两家执法机构于2007年发布了一个报告称,指南中确立的各项原则是健康的,并将继续指引它们面对各种涉及知识产权的反托拉斯问题。[②] 在2006年的一份判决中,最高法院也改变了之前的态度,不再推定专利能够带来市场力量。[③]

六、美国联邦反托拉斯法百年历史体现的经济法意义

回顾美国联邦反托拉斯法这120多年的历史,我们可以发现其历程颇为曲折,历经了多次美国社会的整体转型、两次世界大战、大萧条,多次经济周期以及许多相对较小的事件,以及无数争论,包括联邦反托拉斯法的必要性、反托拉斯法的宗旨、基本规则、实施方式、救济措施等方面的激烈纷争,终于成就了今天我们看到的这个体系庞大、理论及实践经验丰富、在国内具有独特地位,并拥有巨大国际影响力的法律体系。

在这120多年的历史中,我们可以发现联邦反托拉斯法对待企业行为的态度存在周期性的宽严变化。这是由当时的政治、经济、社会环境以及学术观点的发展所决定的。其历程有迹可循:作为市场经济体制的产物,以及美国观念的体现,无论对于各种贸易限制态度的宽容或者严厉,都是由当时社会经济发展的大背景所决定的——1890年的立法无法阻止资本主义经济发展到垄断阶段所带来的合并大潮。但是该法却显著地改变了美国企业的行为和组织结构,使美国企业走上了与欧洲大

① 参见王先林:《知识产权与反垄断法——知识产权滥用的反垄断问题研究》,法律出版社2008年第2版,第105~113页。

② U.S. Dep't of Justice & Fed. Trade Comm'n, Antitrust Enforcement and Intellectual Property Rights: Promoting Innovation and Competition (2007).

③ Illinois Tool Works Inc. v. Independent Ink, Inc. 04. 1329 (2006).

陆的同类们不同的道路，历史地看，这一改变是成功的，使美国企业获得了巨大的领先优势。可以认为这是一个法律与经济社会发展成功互动的典型。

联邦反托拉斯法的上述历史过程非常典型地体现了“市场、调节机制与法律的同步演变”①：在美国宏观社会经济环境从自由竞争的资本主义向垄断资本主义转变的过程中，由于托拉斯以及其他垄断行为给传统的自由市场造成了巨大冲击，带来了诸多社会问题，以至于危及作为资本主义社会基础的市场经济体制，国家或者政府作为最有权威、最有力量的一个社会角色，在市场机制自身无法克服、传统的普通法无法解决托拉斯问题的时候，不得不站出来通过立法对这种人为的市场障碍予以排除，以保持市场的竞争性。谢尔曼法的立法及实施极为鲜明地体现了调节机制从一元化到二元化的过程。在富有自由主义传统、崇尚自由竞争的美国，却最早出现了体系化、制度化的国家干预措施，这一看似矛盾的现象其实反映了社会经济历史发展的必然：作为当时全球最大的经济体，其市场经济体制也走在了世界前列，因而也最先遭遇了其他国家所不曾遇到过的严重的垄断和限制竞争问题，这迫使美国人必须采取某些开创性措施予以应对，否则只能以自己的失败为后来者提供一个“此路不通”的指示牌。幸运的是，历史证明这是一条正确的道路，尽管百年历程中荆棘满布。

至于“二战”后美国联邦反托拉斯法域外效力的推行，事实上是对影响一国国内竞争秩序的外部反竞争行为的直接应对。随着经济全球化进展的不断加快，美国开始与越来越多的国家和地区在反垄断领域建立起正式和非正式联系，并在 OECD、ICN 等多个国际组织中积极提倡竞争政策，显然是调节机制从二元走向三元的过渡阶段。

尽管美国仅仅是全球 200 个国家之一，联邦反托拉斯法也仅仅是该

① 参见漆多俊：《市场、调节机制与法律的同步演变——世纪之交的回顾与展望》，载漆多俊主编：《经济法论丛》（第 1 卷），中国方正出版社 1999 年版，第 1 ~ 24 页。

国庞大法律体系中的一小部分,但从其百年历史中,我们可以非常直观地看到随着技术进步(工业革命、信息爆炸等)、社会政治经济发生变迁,逐渐暴露出原有的市场调节机制的弱点和问题,“国家担负起调节社会经济的职能,是国家职能的重大转变,也是国家性质的一种进化”。①开始对被扭曲的市场竞争秩序强行干预和规制。这是国家权力和职能的扩张,必须有法律依据和授权;加之国家调节也有各种风险,甚至发生“政府失灵”,为了对此类国家调节行为予以规范和保障,②才有了1890年《谢尔曼法》和1914年《克莱顿法》和《联邦贸易委员会法》,以及其他大量的立法及判例,也就形成了如今为世人熟知的美国联邦反托拉斯法。至于美国的宏观调控法和国家投资经营法,更晚时候才渐次发展并成熟起来,“只有到了1929~1933年严重经济危机年代,美国的国家经济调节职能和经济法才迅速发达和完备起来。在国家调节‘三方式’和经济法体系‘三构成’基本齐备的同时,反托拉斯法也才得到大力实施。如果说19世纪末20世纪初的《谢尔曼法》等一批反托拉斯法的颁布只是美国国家调节职能和经济法的发端,那么,后来罗斯福新政才标志着美国国家经济调节职能和经济法走向发达和完备阶段”。③

漆多俊先生指出:在世界各国国家经济调节职能和经济法的产生和发展中,美国是最为典型的代表,是一国社会经济、政治和法律基本上按照其自身规律,而较少受诸如战争和意识形态等异常因素影响演变的结果。它让我们最容易看清现代国家经济职能和法律演变的一般规律;反过来,它也最明显和强有力地检验和证明着我们所创立和信奉的“国家

① 漆多俊:《经济法基础理论》(第5版),法律出版社2017年版,第28页。

② 漆多俊:《经济法基础理论》(第5版),法律出版社2017年版,第29~30页。

③ 漆多俊:《美国:现代国家经济调节职能与经济法产生和发展一般规律之典型代表——李胜利〈美国联邦反托拉斯法百年:历史经验与世界性影响〉书评》,载《河北法学》2016年第1期。

调节说”经济法学科理论。[1] 在美国经济法的体系中，联邦反托拉斯法的起源、发展及成熟过程又是最为“自然”的，因为并非直接源于战争或者重大经济危机，而是针对经济发展中出现的市场障碍，由国家出面予以排除。从这个角度说，美国联邦反托拉斯法是自然演化型经济法的一个典型，值得我们更多地对其进行考察，并从中抽象出经济法的一般理论。

① 漆多俊：《美国：现代国家经济调节职能与经济法产生和发展一般规律之典型代表——李胜利〈美国联邦反托拉斯法百年：历史经验与世界性影响〉书评》，载《河北法学》2016 年第 1 期。

10

国企合并反垄断调节的政策意蕴及当前央企集中竞争审查中的挑战与应对*

刘桂清**

摘　要:国有企业合并的反垄断审查,本质上是国家投资经营与通过反垄断强行干预市场两种国家调节方式之间的互动,这其中,虽然反垄断调节居于主导地位,但由于国企合并直接体现政府的国有经济发展政策、产业政策意图,直接为国家重大战略服务,使竞争审查工作极其复杂和具有不确定性。近年来蓬勃展开的新一轮央企合并,就使反垄断主管机构的竞争审查面临着如何协调与政府其他经济政策关系的挑战。为应对挑战,集中审查工作需坚守竞争政策的基础性地位,辩证看待企业规模与国际竞争力的关系,同时通过与当前正在探索的公平竞争审查制度分工合作、竞争执法权与政策协调权分立配置、经营者集中豁免规则完善等,平衡维护市场有效竞争与实现政府产业政策、投资政策及发展战略的关系。

关键词:国有企业合并;反垄断调节;经营者集中审查;政策意蕴;国际竞争力

---

* 本文主要内容原载《法律科学》2017 年第 2 期;收入本书时对题目和内容均做了修改。

** 刘桂清,湖北谷城人,法学博士,中南财经政法大学法学院副教授。

一、国有企业合并反垄断调节的正当性及其政策意蕴

国有企业并购重组关系国有资本结构和布局的重新调整,是国家投资经营活动的重要组成部分。[①] 由于国有企业,尤其是国务院国资委下辖的中央国有企业(以下简称"央企"),规模都很大,相互之间进行合并收购,很容易达到经营者集中反垄断申报的标准,从而会引发反垄断主管机构对国有企业合并的反垄断规制问题。

《中华人民共和国反垄断法》(以下简称《反垄断法》)实施初期,国有企业合并重组是否适用反垄断法,曾有过争论。国资委有关研究人士就明确指出,央企重组是由国务院作出决定,不需要进行反垄断审查。[②] 但在目前看来,反垄断法应平等适用于各种所有制经济主体,已成为学界的共识。[③] 国有企业属于反垄断法所规制的经营者的一部分,如果因为其投资者是国家就使其合并行为不受反垄断法这样的重要法律约束,就明显违背了市场经济条件下各类主体法律地位平等的基本要求。况且1992年中共十四大提出建立社会主义市场经济体制目标后,将国有企业塑造成合格的市场主体,建立产权清晰、权责明确、政企分开、管理科学的现代企业制度的改革取得很大成效,2015年国务院发布的《关于深化国有企业改革的指导意见》又进一步提出完善产权清晰、权责明确、政企分开、管理科学的现代企业制度,促使国有企业真正成为依法自主

① 国家投资经营是指国家直接投资开办国有企业并以合股式、代理式、租赁式等方式参与经营管理的活动。参见漆多俊:《经济法基础理论》(第5版),法律出版社2017年版,第264、290页。

② 佚名:《央企重组不需反垄断审查》,原文载《信息时报》,搜狐财经 http://business.sohu.com 转载,2008年8月6日访问。

③ 相关讨论可参见王先林:《论中国反垄断法的平等适用》,载《法治研究》2007年第5期;方小敏:《论反垄断法对国有经济的适用性——兼论我国〈反垄断法〉第7条的理解和适用》,载《南京大学法律评论》2009年春季卷;张骏:《〈反垄断法〉第7条述评——兼论垄断国企的规制》,载《竞争政策研究》2015年第9期。

经营、自负盈亏、自担风险、自我约束、自我发展的独立市场主体。既然要将国有企业塑造成合格的独立市场主体，就不能因为其投资源于国家或经营管理与政府关联较密切，而免于反垄断法规制，也不能因参与合并的企业同属于一个国资委监管之下而认为它们就是一家，从而不必予以竞争审查。对于国有企业一些明显的、危害较大的财产结合、经营结合和人事结合等方面的市场集中行为，反垄断法应当进行限制。[①]

在本质上，国有企业合并的反垄断审查，不是一种简单的对市场经济力量过度集中的预防机制。国有企业合并重组是国家投资经营的重要组成部分，现代市场经济社会，国家投资经营又是政府基于市场机制的唯利性和局限性对市场运行进行国家调节的一种基本形式；反垄断、反不正当竞争是政府基于市场上垄断和不正当竞争现象的大量存在，为排除市场障碍，让市场机制恢复应有机能，而采用的又一种基本的国家调节形式。[②] 所以，国有企业合并的反垄断规制，表面上看是一种简单的针对经营者集中行为的竞争执法，而背后反映的则是国家投资经营与通过反垄断和不正当竞争强行干预市场两种国家调节方式之间的互动。其中，反垄断调节对国家投资经营调节具有监督制衡作用，国家投资经营活动要受到反垄断法基本原则、精神和制度的制约。理论上讲，在国家投资经营与反垄断的互动中，反垄断调节居于主导地位，有强有力的"市场在资源配置中起决定性作用"和"竞争政策在国家经济政策体系中的基础性地位"做支撑。但现实中，国企合并重组由政府推动，直接体现政府的国有经济发展政策、产业政策意图，直接为重大国家战略服务，这种情况下，竞争审查工作除要考虑市场竞争因素外，不能不考虑政府的国有经济发展政策、产业政策和重大国家战略，这就使国有企业合并的反垄断审查充满了复杂性和不确定性。近年来我国涌现的新一轮央

① 参见漆多俊：《中国反垄断立法问题研究》，载《法学评论》1997 年第 4 期，第 58 页。

② 参见漆多俊：《经济法基础理论》（第 5 版），法律出版社 2017 年版，第 24 页。

企合并重组就呈现出这种情况。

二、当前新一轮央企合并的特点和反垄断审查的总体状况

2003年国务院国资委挂牌成立后即正式展开的央企合并重组，于2014年底，迎来了一轮新的高潮。先是中国华孚集团整体并入中粮集团，接着是国内轨道交通装备市场的两大巨头中国南车与中国北车合并。2015年，国务院先后正式批准了中国电力投资集团与国家核电技术公司、南光集团公司与珠海振戎公司、中国冶金科工集团与中国五矿集团、中国远洋运输集团与中国海运集团以及中国外运长航集团与招商局集团的合并重组。2016年以来，央企合并的步伐进一步加快，中国国旅集团正式整体并入中国港中旅集团，中国中材集团与中国建筑材料集团、宝钢集团与武钢集团等企业的战略重组也已进行。

此轮央企合并重组规模大，且多发生于业务处于竞争领域、主业有相关重叠或优势互补的同行业竞争对手之间。这往往导致行业内竞争态势发生重大变化。如国务院国资委下辖的四家航运央企中，中远集团与中国海运集团、中外运长航集团与招商局集团重组成功，整合为资产规模分别超过5000亿元和7000亿元的两家巨头；①核电建设运营产业中，新成立的国家电力投资集团资产超过7000亿元，②并与另两家央企"三分天下"；中国南车与中国北车的年营业收入均在1000亿元，③合并后我国轨道交通装备市场基本由中国中车独家占有。我国目前的情况是，一些行业虽然也存在其他产权性质企业，但大多规模较小，实力较弱，与央企不在一个当量级别，所以央企的结构分布情况，往往就决定了

---

① 甘琛：《七千亿央企巨无霸起航》，载《中国水运报》2016年1月4日，第001版。

② 李春莲：《央企重组再下一城，中电投和国家核电正式合并》，载《证券日报》2015年6月1日，第A01版。

③ 高江虹：《南北车合并方案落定，轨交巨无霸将诞生》，载《21世纪经济报道》2014年12月31日，第18版。

整个行业的竞争生态。一家企业过于巨大,整个行业有可能出现独占局面,少数几家企业鼎立而足,整个行业也可能出现寡占趋势。毫无疑问,无论是哪种市场类型,出现单边或者协同性反竞争效应的风险较高。因此,我国在加快推进央企合并重组的进程中,也应通过发挥经营者集中审查制度的反垄断调节作用,防范或减少对国内市场竞争以及消费者利益的负面影响。

然而,囿于参与企业的国有经济主体身份,国有企业与政府间存在的天然亲缘关系,经营者集中审查制度对央企合并的有效规制很难一帆风顺。从近年商务部发布的"无条件批准经营者集中案件列表"中可以发现,国有企业并购活动也事实上纳入了商务部的竞争审查范畴,不过就审查过程和结果而言,存在流于形式、过度宽松和不能与其他产权类型企业平等适用审查标准之嫌,以致学界对央企合并是否能真正有助于市场有效竞争和提高经济效率、有助于提升国际竞争力水平、有助于维护消费者利益和社会公共利益仍心存疑虑。①

当前学界已经意识到央企合并反垄断审查的"不如人意",而且隐约认识到问题的根源可能在于央企合并的商业行为与必然伴随着的政府行为的交叉重叠以及由此带来的竞争审查中国有经济政策、产业政策考量与竞争政策考量比重把握的飘忽不定。② 但如何从错综复杂中厘清问题的线索,探索解决问题所必须转变的观念、坚守的理念以及必要

① 参见戴龙:《国企合并的反垄断法视角评析》,载《竞争政策研究》2016年第3期,第83页。

② 如在当前仅有的两篇直接论述央企并购的反垄断法学文献中,戴龙教授指出,国企合并既是商业并购行为,又涉及国有资产和国家产业政策的实施,同时,作为我国经济"走出去"的一支重要力量,又体现着我国国家利益的对外延伸;孙晋教授也提出,对国有企业并购的经营者集中审查,应处理好反垄断规制与产业政策的冲突与协调问题。参见戴龙:《国企合并的反垄断法视角评析》,载《竞争政策研究》2016年第3期,第78~79页;孙晋:《论经营者集中审查制度在国有企业并购中的适用》,载《华东政法大学学报》2015年第4期,第21页。

的制度设计和完善，学界则并没有深入进行。

在本文看来，央企合并反垄断审查中的“不如人意”，与国有企业合并重组作为国家投资经营的一部分需担负“执行国家经济政策，保障国家调节经济”①的历史使命有直接关联。央企重组是国有经济改革的重要组成内容，合并活动确实不完全是企业的自主商业行为，而要接受国务院和国资委的领导与监督。② 这无疑使反垄断审查制度发挥对央企合并的规制作用面临着极大考验。另外，当前形势下，政府推动央企大规模合并不仅着眼于国有经济布局调整、产业结构调整，在国际竞争更趋激烈的时代，提升企业国际竞争力则成为非常重要的核心目标。③ 尤其是随着技术创新能力提高，我国需要以高铁、核电等优势领域为突破口，通过行业内“强强联合”，推动企业“走出去”参与国际市场竞争，同时建筑、钢铁等传统行业也已进入成熟期甚至衰退期，国内需求高峰已过，庞大的过剩产能要向国外转移，也需要加紧并购整合，以增强国际竞争能力。这样，央企合并的提升国际竞争力意图必然进一步加剧竞争审查工作的复杂性。

三、经营者集中反垄断审查制度面临的挑战

（一）央企合并的政府主导性对经营者集中审查制度独立判断能力的挑战

我国的央企合并作为国家投资经营调节行为的重要形式，系行政性合并，多数情况下，企业并不是自由交往、自主“联姻”，而系由政府“撮

① 漆多俊：《对国有企业几个基本问题的再认识》，载《经济学家》1996年第2期，第5页。

② 如中国南车北车合并，就不仅经过了国务院常务会议讨论决定，还有负责国有资产工作的国务委员亲自督办。参见陈岩鹏：《央企合并纵横捭阖》，载《华夏时报》2015年6月15日，第6版。

③ 参见陈怡璇：《新一轮央企合并最大目的是提升国际竞争力——访国务院发展研究中心产业经济部部长赵昌文》，载《上海国资》2015年第6期，第30页。

合”,受政府监管,政府意愿起决定性作用。显然,这类合并是政府产业政策、国有经济发展政策及国家发展战略的需要,同时也为政府政策和战略服务。而经营者集中审查不同于政府基于产权所有者和国有经济管理者身份对企业合并的审批,有自己一套独立的包括审查目标、审查标准、审查内容、审查程序等在内的制度体系,二者间的区别甚为明显。国务院代表国家行使国有资产所有权,国资委根据国务院授权代表政府对央企履行出资人职责,承担着国有资产保值增值,优化国有经济布局和结构,推动国有资本向重要行业和关键领域集中的任务,其在审批央企合并事项时,批准或不批准的标准必然与反垄断主管机构的防止严重损害市场竞争的标准有很大出入,甚至会有冲突。一般而言,前者更看重通过合并短时间内做大做强企业,更注重通过合并增强国有企业的市场影响力和控制力,而后者则要防范经济力量的过度集中,避免出现垄断性市场势力,以保护市场有效竞争不受破坏。这种情况下,当有着独立价值追求和判断标准的经营者集中反垄断审查与政府推进央企合并的意愿相冲突时,反垄断审查是遵从政府决定,还是坚持自己独立的专业判断?如何协调二者间的关系?

2008 年我国《反垄断法》实施伊始,反垄断主管机构对政府主导下的央企合并采取了回避审查的态度。当年,政府决定以发展第三代移动通信为契机,重新配置现有电信网络资源,对中国电信、中国移动、中国联通、中国网通、中国卫通、中国铁通相继进行了改革重组,其中以联通与网通的合并最为引人注目。虽然这项合并超出了经营者集中申报门槛,合并双方的营业收入加起来接近 2000 亿元,但联通公司没有进行反垄断申报。对此,商务部一直保持沉默,既没有责令参与合并的企业提出申报,也没有采取任何其他法律措施。此次事件激发了各界关于反垄断法是否适用于国有企业的讨论。至 2010 年,国务院发布《关于促进企业兼并重组的意见》明确提出,在推进企业兼并重组过程中要维护公平竞争,而且在没有区分企业性质的前提下,一律要求“对达到经营者集中法定申报标准的企业兼并重组,依法进行经营者集中审查。”同年商务部发布《未依法申报经营者集中调查处理暂行办法》，亦未对国有企业做出例外规定。至此已很明确，国有企业合并不需进行反垄断审查的说法并不被官方认可，反垄断审查制度在形式上平等适用于各类产权性质企业已盖棺论定。但与同时，反垄断主管机构的竞争审查在实质上是否遵循相同标准、是否对国有企业例外宽松的疑问，在国内外学界中开始出现。因为到目前为止，被商务部否决的经营者集中，无论是反垄断法实施前的对冲基金 JANA 收购沈机集团、凯雷收购徐工集团，还是反垄断法实施后的可口可乐收购汇源以及马士基等三家国际航运企业合营案，都是涉及外国企业的集中，[①]而对国内企业则给予了特别保护；[②]目前被商务部附加限制条件批准的 20 多项经营者集中，也均全部涉及外国经营者，而备受关注的国企并购重组则无一在其列，均是无条件通过。[③]本轮央企重组，商务部的竞争审查似乎与以往并无二致。已经完成的中国南车与中国北车、中电投与国家核电、中远集团与中国海运集团合并，在很短时间内，商务部发布了无条件审查通过的决定，尽管南北车合并后在国内轨道交通装备市场形成了独占性局面，但并没有附加任何救济措施。显然，商务部的竞争审查尺度非常宽松，对政府主导下的央企合并决定采取了高度遵从的策略。

然而，完全的附和与遵从，将会丧失经营者集中审查的制度价值，也会招来不平等执法、选择性执法的质疑；而如果完全按照反垄断审查制度的本意行事，悖逆政府意愿，则也未必有利于国家利益和社会公共利益。因此，协调政府推进央企合并的政策意愿与反垄断审查制度独立价

---

① 参见孙晋：《论经营者集中审查制度在国有企业并购中的适用》，载《华东政法大学学报》2015 年第 4 期，第 18 页。

② See Yo Sop Choi and Sang Youn Youn, The enforcement of merger control in China: a critical analysis of current decisions by MOFCOM, International Review of Intellectual Property and Competition Law, 44(8), 958(2013), p. 958.

③ 王先林：《理想与现实中的中国反垄断法——写在反垄断法实施五年之际》，载《交大法学》2013 年第 2 期，第 22 页。

值之间的关系,是一项颇具挑战性的工作。

(二)央企合并的国际竞争力追求对集中审查制度回应能力的挑战

政府推进央企合并,一个重要意图是提升企业在国际市场竞争能力。“提升中央大型国有企业的国际竞争力应该是当前与未来一段时间国有企业改革与重组的核心”。① 由于企业国际竞争力决定了产业国际竞争力,进而也决定了一国国家竞争力的强弱,②提升企业国际竞争能力,几乎是所有国家产业政策的一个重要目标。在国际关系中国家利益至上,经济民族主义仍不可避免的背景下,增强本国企业国际竞争能力,从国际市场有效地获取资源并加以合理配置,不仅是政府经济政策目标,甚至可以说是全民共识,具有不言而喻的正当性。我国当前国力增强,为提高在国际社会中的地位,消化传统产业和优势产业过剩产能,政府加大了“走出去”战略的实施力度。“高铁出海”“核电出海”,已经成为当前中国企业走向世界的两张“名片”。而企业要走出去参与国际市场竞争,提升竞争能力,需要政府帮助。政府帮助的一个直接手段就是推动企业合并重组。

问题是,对通过合并提升企业国际竞争能力这个政府产业政策措施,反垄断审查制度如何看待呢?是强化竞争审查抑或弱化审查强度?

理论上讲,严格的反垄断审查通过预防、阻止可能恶化竞争的市场结构的形成,使企业时刻处于激烈竞争压力之下,遭受竞争洗礼的企业才可能不断创新和发展,增强竞争实力。但是,企业在市场竞争中逐步发展壮大,乃至成长为国际性大企业,作为一个自然过程,时间较长,结果有不确定性。而政府的战略规划是有时效约束的,为在较短时间内打造“国际航空母舰”,以促使政策目标尽早实现,政府需要通过直接推动合并来加快这一进程。对那些虽有害于市场竞争,但却有利于提升企业

① 李跃平、赖海榕、张志跃、刘承礼:《当前中央企业改革与重组过程中应该注意的几个问题》,载《经济社会体制比较》2007 年第 6 期,第 11 页。

② 刘文炳:《中央企业国际竞争力研究》,中国经济出版社 2011 年版,第 13 页。

国际竞争力的合并,反垄断审查应否予以特别对待?

从域外来看,企业合并对国际竞争力的影响确实是反垄断审查中关注的焦点。随着经济全球化的日益深化和国际竞争的不断加剧,本国企业的国际竞争能力开始被一些国家,如加拿大、法国、瑞典等,作为并购审查政策的目标。①《南非共和国竞争法》第二节“本法的目的”,明确将“增加南非企业在国际市场的竞争机会”列为立法目的之一,且在第十二节附则1“合并的审议”之(3)规定,基于重大公共利益的考虑确定是否能够证明合并的正当性时,竞争委员会或竞争法庭必须审议合并对国内行业在国际市场竞争的影响。《法国商法典》第四编“定价自由和竞争”第L430-6条规定,竞争委员会在进行合并审查时,应考虑企业在国际竞争中的竞争力。有的国家,如德国,虽然没有关于国际竞争力的明确规定,但在审查实践中,一些成功获得经济部长特批的案件,改善国际竞争力往往是其中的一个重要理由,IBH Holding 并购 WIBAU 案、DAIMLER-BENZ 与 MBB 合并案即是典型,而且随着德国经济的全球化,国际竞争力已经比以往更受重视。② 美国亦一向十分重视合并审查中的国际竞争能力问题。美国企业合并审查制度的一些重大变化,如结构主义政策的放弃、效率抗辩的引入等,都是出于应对经济全球化、增强本国企业国际竞争力考虑。特别是20世纪80年代以来,美国经济相对地位下降,美国企业在世界市场上日益受到欧洲、日本企业越来越激烈的竞争,对此,反垄断主管机构多次修订企业合并指南,放宽市场界定标准,提高市场集中度指标,允许以合并能够获取特有效率为反竞争合并进行抗辩;在实务中,还采取了一种比指南更宽容的态度,反垄断机构对

① Roller, L. H, J. Stennek and F. Verboven (2000), Efficiency gains from mergers, Working paper No. 543, The Research Institute of Industrial Economics, Stockholm. 转引自王彦芳:《开放经济条件下企业并购的反垄断规制》,经济科学出版社2012年版,第115页。

② 参见孙博:《德国企业合并控制中的“公共利益”——对我国反垄断法实施工作的启示》,载《中德法学论坛》(第7辑),南京大学出版社2009年版,第183、193页。

大多数横向和垂直合并不再干预,甚至批准过赫尔芬达尔指数达到5000的合并。[①] 其中,占世界大型民用客机市场份额第一和第三的波音公司与麦道公司的合并,虽然垄断了国内市场,但是为了保持领先于欧洲空中客车公司的竞争地位,反垄断机构毫不犹豫审查通过。

总体而言,企业国际竞争力成为了一个弱化反垄断审查力度的因素,有利于提升本国企业国际竞争力的大企业并购,各国的竞争审查往往表现得较为宽容。有学者认为,我国《反垄断法》第5条"经营者可以通过公平竞争、自愿联合,依法实施集中,扩大经营规模,提高市场竞争能力"的规定,体现了立法者冀望当前中国推进国内企业并购重组,迅速提高本国企业国际竞争力的主流意识。[②] 但我国的经营者集中审查制度,未对国际竞争力有任何明确提及,更没有将国际竞争力因素纳入竞争评估范畴的思维路向、分析规则的任何提示,甚至连提升国际竞争力到底应是经营者集中反垄断审查的立法目标,还是仅为竞争评估中需考量的一个因素,都没有明确态度。显然,我国的反垄断审查制度,在应对央企合并的国际竞争力追求方面,并没有做好准备。

四、经营者集中审查应对挑战需坚守的理念和澄清的认识

目前,商务部对政府主导下的央企合并的反垄断审查较为宽松,尤其是当政府推动企业合并是为贯彻"走出去"战略且有鲜明的提升国际竞争力目标时,这种宽松更为义无反顾。可以说,央企合并的政府政策主导性和提升国际竞争力的政策目标追求,已成为反垄断主管机构放松竞争审查的强有力理由。然而,参与合并主体的央企身份与合并行为的政府主导性质,并不能为放松竞争审查提供足够的正当性,选择性执法、不公平执法的质疑姑且不论,单就为维护竞争,让市场在资源配置中发

---

① 王晓晔:《企业合并中的反垄断问题》,法律出版社1996年版,第70页。

② 孔玲、田军:《浅析非竞争因素在经营者集中反垄断审查中的法律地位》,载《法律适用》2013年第4期,第102页。

挥决定性作用而言，作为政府国有经济发展政策、产业政策和发展战略载体的央企合并，更需要尊重市场规律，接受反垄断审查制度一视同仁的“把关”和监督。至于说有利于提升国际竞争力的经营者集中，放松审查确实具有国际“共性”，但通过合并扩张规模也不能与改善国际竞争力完全画上等号，需要在审查中仔细甄别，慎重对待。

（一）理念坚守

经营者集中反垄断审查，是对市场配置资源过程中，经济力量过度集中的一种事先防范机制，但央企合并主要不是企业自发市场行为，而是政府推动资源在不同产业、企业间的重新组合，是政府出于国有经济结构调整、“国家冠军”企业培养、国家战略需要等直接在产业或企业间配置资源的做法。因而，央企合并反垄断审查，从公共政策角度诠释，本质上具有以竞争政策约束产业政策、国家投资政策等相关政策，防止政府产业政策、投资政策等限制、排斥竞争的功能。长期以来，以产业政策为代表的其他经济政策在我国经济政策体系中占据主要地位，竞争政策十分弱势。不过近年来，特别是党的十八届三中全会深刻指出“要使市场在资源配置中起决定性作用”后，这种现象有很大改观，竞争政策应在经济政策体系中处于基础性地位逐渐成为社会共识，并且在中央文件中有了明确表述。由于市场配置资源的决定性作用只有在竞争推动之下才能够得以实现，而竞争对市场配置资源作用的推动并不总是持续的、一帆风顺的，必须有完备的竞争政策加以保护，所以竞争政策的基础性地位植根于市场在资源配置中的决定性作用，是市场经济内在的本质要求。

坚持竞争政策的基础性地位，不仅意味着个案中要严格竞争执法，着力查处市场主体损害竞争的行为，而且意味着要将竞争政策的理念贯穿于政府其他经济政策，影响和约束其他经济政策的制定和实施。[①] 如

① 徐士英：《竞争政策研究——国际比较与中国选择》，法律出版社 2013 年版，第 8 页。

何影响和约束,中共中央、国务院在多部文件中指出了一条切实有效的重要路径,即要促进竞争政策与产业政策、投资政策等的有效协调,建立对产业政策等的公平竞争审查机制。①

每一项央企合并都是对政府经济政策和发展战略的具体贯彻,从理论上讲,政府基于产权主体身份,有权开办、关闭国有企业,也有权直接干预国有企业间的资源配置。然而,既然选择要把国有企业塑造成为依法自主经营、自负盈亏、自担风险、自我约束、自我发展的独立市场主体,政府对央企合并的推动,就应建立在对市场规律和企业发展规律尊重的基础之上,自觉接受反垄断机构的竞争审查。在国民经济中,国有经济不是孤立的,国有企业间的分分合合也不仅是国有经济内部"自家人"之间的事情,每一个国有企业都是整个市场经济的一分子,国有企业间的合并重组,关乎一个乃至多个产业的有效竞争。因此,在市场配置资源的决定性作用已深入人心、竞争政策的基础性地位已成为社会共识条件下,央企合并的反垄断审查不能再流于形式,而应实实在在地发挥约束产业政策、国家投资政策,维护市场竞争的重要作用。当然,竞争政策的基础性地位并不意味着其具有绝对的优先性,特殊情况下,基于公共利益最大化,反垄断审查制度也对产业政策、投资政策和国家战略予以更多关注,甚至在制度框架内对相关合并予以特别豁免。

(二)认识澄清

此轮央企合并旨在实现行业内大企业的"强强联合",以消除内讧,扩张规模,从而增强在国际市场的竞争能力。通过扩大规模提升企业国际竞争力,或者说企业国际竞争力提升必需要扩大规模,是当前社会的普遍认知。然而,"规模并不等于效率,并非必然带来效益",②二者之间

① 2015年发布的《中共中央国务院关于深化体制机制改革加快实施创新驱动发展战略的若干意见》《国务院批转发改委关于2015年深化经济体制改革重点工作的意见》《中共中央国务院关于推挤价格机制的若干意见》中都有类似表述。

② 漆多俊:《中国反垄断立法问题研究》,载《法学评论》1997年第4期,第54页。

关系需要辩证看待,不是简单的正相关关系。

关于企业国际竞争力,1985年世界经济论坛首次提出这一概念时,将其定义为"一国企业能够提供比国内外竞争对手更优质量和更低成本的产品与服务的能力"。[①] 我国学者将企业国际竞争力表述为"企业在经济全球一体化背景下,在世界市场中有效地获取资源并加以合理配置,在和竞争对手的较量中能够以更少的投入获得更多产出的能力,也是指企业在激烈的市场竞争中通过培育出独特优势而表现出的持久生存能力和发展能力",[②]或者说"一个企业能够比其他企业更有效地向消费者提供产品或者服务,并且能够获得自身可持续发展的能力"。[③] 不论国内外学者如何定义企业国际竞争力,可以发现,其基本内涵都与效率有关,是指企业在投入成本降低和产出收益增加对比中的效率提高,正如有学者指出:"在经济学意义上,无论如何定义企业竞争力,都不会离开效率含义。"[④]可以说,经济效率是企业国际竞争力的核心体现。

就效率角度而言,企业合并扩张规模确实有助于提升竞争能力,其机理在于规模经济和范围经济对效率的突出贡献。规模经济是指,随着企业经营规模扩大,作为一次性投入的沉淀资产会得到充分利用,以及由于内部分工和生产工序专业化,劳动者的熟练程度和学习能力提高,这种情况下,企业的产出增加,但单位产品的长期平均成本却随之递减。范围经济是指,企业规模扩大后,有能力进行多元化经营,多种产品的生产通过共享资源和要素等产生群体协同效应,使企业提供多种产品的单位成本降低,由此会产生成本节约。

规模经济和范围经济原理为企业合并提供了有力的理论支撑,扩大

---

① 王勤:《当代国际竞争力理论与评价体系综述》,载《国外社会科学》2006年第6期,第32页。

② 刘文炳:《中央企业国际竞争力研究》,中国经济出版社2011年版,第12页。

③ 陈坚:《经济全球化进程中的中国企业国际竞争力提升分析》,载《国际商务研究》2010年第3期,第34页。

④ 金碚等:《竞争力经济学》,广东经济出版社2003年版,第29页。

规模因而被推崇为企业提升竞争能力的最重要途径,甚至被认为是企业竞争能力的决定性因素。然而,企业规模扩大并非带来的都是正面效应,也有负面消极性。比如,随着企业规模扩大,企业的管理、协调、监督成本也会上升,甚至高于通过市场交易的成本,同时,企业更加容易固守以往的传统和习惯,出现创新惰性,这些反而会提高生产成本,降低经济效率,不利于企业竞争能力提升。实践中,也不是绝对的企业规模越大越有竞争能力,反而有许多企业因为规模太大而出现衰弱。19 世纪 90 年代末亚洲金融危机中,韩国 30 个大企业集团有半数倒闭,大宇、现代、LG、鲜京、三星等大财团不得不拆解和削减规模,曾经为各方所崇尚的韩国大企业集团发展模式遭受了质疑。① 2008 年国际金融危机,日本丰田汽车公司、美国通用汽车公司的困境也说明,在激烈的国际市场竞争中,企业规模大并不一定就很强。

我国的此轮央企合并,从总资产、营业收入来看,规模增长都极为明显,但在收获规模经济、范围经济正面效应的同时,也要充分估量其负面效应。如果企业间的合并只是简单的行政拼凑,表面看来企业的规模大了,但一级国企下面的二级、三级、四级国企数量增加了,管理的链条也会增加,再加之如果企业间的文化、制度、人事冲突较大,往往会增加运行成本,降低生产效率。尤其是在成长期或刚走向成熟期的产业,由于国内市场空间大,企业合并意愿不强烈,如果硬性强迫并购重组,则往往适得其反,效率损失甚至有可能大于所得。另外,企业规模是决定其国际竞争能力强弱的重要因素,但不是唯一因素,企业的技术优势、品牌优势、国内政策环境等都有很大的影响。所以,在反垄断审查过程中评价企业规模对其国际竞争力提升的效果时,不能简单地认为一切扩大企业规模的合并,一定会带来效率的提升和国际竞争能力的改善,要认识到企业规模与国际竞争力之间关系的复杂性,有些合并不仅不会带来效率

① 李跃平等:《当前中央企业改革与重组过程中应该注意的几个问题》,载《经济社会体制比较》2007 年第 6 期,第 13 页。

提升,反而会带来下降,有些合并虽然带来规模的扩大,但由于其他相关因素的缺乏,预期的效率提升也会大打折扣。

五、经营者集中审查应对挑战的制度完善

(一)基本思路

在竞争政策的基础性地位逐渐被社会接受的背景下,央企合并不接受经营者集中审查,或者仅因国有主体身份及承载了国有经济发展政策、产业政策和发展战略任务就给予“特殊优待”,法理依据难谓充分。央企合并与其他性质市场主体并购一样,反垄断审查的宽松或严格,依据不在于表面上的身份地位或政府主导程度的高低,而仍然在于合并对市场竞争以及其他社会公共利益的客观效果。所以,面对央企间的合并重组,一方面要通过对个案的有效审查,乃至对指导个案的抽象政策文件的审查,维护竞争政策的基础性地位,避免政府经济政策和发展战略限制、排斥市场竞争;另一方面当主导合并的国有经济发展政策、产业政策和发展战略具有维护国家利益、社会公共利益的正当性,而企业合并又显然具有迎合这种利益追求的客观效果时,反垄断审查需要协调与政府国有经济发展政策、产业政策和发展战略的关系,并从制度上体现出一定的谦抑性。经济全球化时代,企业合并有利于增强国际竞争力就是一种被普遍认同的社会公共利益表现。

总之,我国的央企合并审查,需在严格与宽松间保持平衡,在维护竞争政策的基础性地位、国内市场有效竞争与维护国家利益、社会公共利益之间保持平衡。法治社会,二者间的平衡协调不是主管机构和执法人员的完全自由裁量,必须建立在相应的制度框架之下。

(二)制度完善措施

1. 全面实施公平竞争审查制度,将央企合并重组政策措施纳入审查范围

2015 年《中共中央国务院关于深化体制机制改革加快实施创新驱动发展战略的若干意见》《国务院批转发改委关于 2015 年深化经济体制

改革重点工作的意见》和《中共中央国务院关于推进价格机制改革的若干意见》都提出，要加快建立竞争政策与其他公共政策的协调机制，探索、实施公平竞争审查制度。2016 年 6 月，《国务院关于在市场体系建设中建立公平竞争审查制度的意见》（以下简称《意见》）发布，公平竞争审查制度正式建立。从这些文件的文字表述和制定意图来看，公平竞争审查制度不同于针对具体企业合并行为的经营者集中审查，其主要是对抽象的政府公共政策的事前审查机制，旨在防止政府政策不合理地限制市场竞争，破坏市场机制的正常运行。[①]

公平竞争审查，学界也称为竞争评估。从韩国、澳大利亚、新加坡的经验来看，该制度审查的对象主要是政府出台的公共政策，同时也包括国家的法律法规。[②] 在我国，政府政策中的不合理限制准入、非普惠性补贴与优惠、制定减损市场主体合法权益或者增加其义务的措施等损害竞争现象较为突出，而现行反垄断法仅规制政府部门“滥用行政权力”损害竞争的行为，难以认定为滥用权力的行为，即使对市场竞争有严重损害后果，也鞭长莫及，从而留下巨大的制度罅隙。所以，我国的公平竞争审查制度，当务之急是对行政垄断规制制度形成有效拓补，正因如此，《意见》规定的审查对象除地方性法规外，主要就是各级政府及其部门的行政法规、规章、规范性文件和其他政策措施。《意见》同时还明确，审查对象应是关于市场准入、产业发展、招商引资、招标投标、政府采购、经营行为规范、资质标准等涉及市场主体经济活动的行政法规、规章、地方性法规、规范性文件和其他政策措施。在国有企业改革方面，国务院、各部委以及地方政府发布推进企业合并重组、做大做强的政策措施，多采用规范性文件形式，其内容与特定企业的市场准入和退出、特定产业

① 朱凯：《对建立我国公平竞争审查制度的框架性思考》，载《中国物价》2015 年第 8 期，第 26 页。

② 参见张占江：《中国法律竞争评估制度的建构》，载《法学》2015 年第 4 期，第 87 页。

的市场结构变动和行业发展有极大关联，无疑应属于公平竞争审查对象范畴。实践中，此类政策措施的制定部门囿于产权主体（或其代表）角色十分注重国有经济的影响力、控制力以及国有企业的发展壮大，而会忽视基于市场秩序维护者身份对竞争公平自由的关注。如2009年国家发改委《钢铁产业调整和振兴规划》提出要以鞍本集团、宝钢集团和武钢集团为中心，兼并其他若干具体企业，形成年产能在5000万吨的特大型企业，实际上就是政府权力对市场竞争优胜者的主观挑选；当年山东省政府发布《关于进一步加快钢铁工业结构调整的意见》，指定国有山东钢铁公司收购民营日照钢铁公司，更是政府“有形之手”对市场机制的完全替代。这些情况下，对政府政策措施进行公平竞争审查以防止严重损害竞争的并购活动的实际发生是十分必要的。

但在《意见》确立的制度框架下，各地制定的国企合并重组政策措施是否会真正进入公平竞争审查程序以及审查的客观性、公正性和有效性如何，有待于将来的进一步观察。这是因为：其一，《意见》详细罗列的公平竞争审查标准，包括“市场进入和退出、商品和要素自由流动、影响生产经营成本、影响生产经营行为”四大方面的18项具体标准，其中都不涉及企业并购重组政策，换言之，企业并购重组政策的公平竞争审查尚无指导标准，有些地方很可能会以此为理由认为国企合并重组政策不应施加公平竞争审查；其二，《意见》确立的公平竞争审查方式是政策制定机关的自我审查，这本质上是政府对自身权力的自我限制和规范，但自我监督在任何时候都不是一件容易的事情，尽管《意见》同时规定，对未进行公平竞争审查或者违反公平竞争审查标准出台政策措施的要追究责任，但谁来追究？如何追究？追究什么责任？这些都存在极大的模糊性。

看来，要发挥公平竞争审查制度对国企合并重组政策措施的约束作用，既需要政府部门的主动和自律，也需要进一步健全相关制度规定。

2. 改革经营者集中审查体制，竞争执法权与政策协调权分立配置

反垄断主管机构审查企业合并，既要测度和分析经营者的市场份

额、相关市场的集中程度、进入障碍、潜在竞争这些直接影响市场竞争的因素(统称竞争性因素),同时按照《反垄断法》第27条的规定,还要考量合并对技术进步的影响,对国民经济发展的影响,以及执法机构认为应当考虑的其他因素。后者超出了竞争效应分析的范畴,是考察企业合并能否带来竞争效应之外的其他非竞争性公共利益。案件分析中,思路上可以分成两步:首先,主管机构对竞争性因素进行分析,据此判断企业合并是否具有排除、限制竞争效果,以及合并所产生的特有效率能否抵销反竞争效果;然后,如果认定合并将产生显著的反竞争效应,而且难以进行效率抵销时,再对其他相关非竞争性因素展开分析,判断合并所产生的公共利益,即对产业技术进步、国际竞争力、环境资源保护等的有益之处,在价值上是否比相关市场竞争更具重要性,以此决定是否对此项合并予以特别豁免。[①] 这两个不同阶段,分别代表了反垄断执法中两种不同性质权力的运用,在第一阶段,主管机构在竞争政策框架内依法办事,不受竞争政策之外其他因素的干扰,是一种纯粹的竞争执法权;在第二阶段,相关机构超出竞争政策范畴,在更广阔范围内与国家投资政策、产业政策、贸易政策等进行权衡协调,当企业合并有利于实现这些公共政策所追求的非竞争性公共利益时,在竞争机制与这些利益之间进行抉择,显然,这是政策协调权的运用。

企业合并审查中的竞争执法权与政策协调权的配置有集权模式和分权模式之分。德国、法国、英国、葡萄牙等西欧国家采分权模式,反垄断主管机构代表竞争政策,严格适用竞争审查的相关标准,经济部长或其他政府大臣则可以超出竞争政策的约束,从产业政策、投资政策等其他公共政策角度衡量合并的公共利益价值,并决定是否予以特别豁免。日本、韩国及我国在内的亚洲国家则采用集权模式,反垄断主管机构统一考量一切相关因素并做出最终结论。集权模式效率高,程序简单,但

---

① 参见刘桂清:《反垄断法如何兼容产业政策》,载《学术论坛》2010年第3期,第145页。

透明度差，主管机构裁量权过大，对一项企业合并，不论是希望禁止还是打算批准，都能找到需要的理由，会导致主管机构在禁止或批准的问题上，是以竞争政策为导向还是以其他经济政策为导向产生混乱和不明确。①

分权模式的最大优点是透明度高，说理性强，行使政策协调权的机构如果希望特批一项损害竞争的企业合并，必须充分论证并公开其理由，这种情况下，竞争审查如何受其他经济社会政策影响以及影响程度大小均显示在透明状态下，最终结论也能够得到社会公众的充分理解。我国的央企合并审查，从最初的直接回避，到后来的流于形式，与缺少正式化的协调竞争政策与其他公共政策冲突的法律机制有关。主管机构若严格竞争审查，则担心与政府经济政策和发展战略相悖，若形式化走过场则会引起社会非议。商务部必然陷入尴尬境地。而若采用分权体制，商务部执掌竞争执法权，只考察竞争问题，国务院反垄断委员会执掌政策协调权，对虽然有损市场竞争但具有显著的提升国际竞争能力、推进国家战略实现、改善环境资源利用等公共利益的，可决定是否例外豁免。这样，央企合并反垄断审查，最终结果不论是批准还是禁止，都会有充足的理由说明，民众也会高度信服和接纳。

3. 明确规定反垄断审查中应考虑国际竞争力因素，根据产业特点和经济发展形势适度放宽审查标准

一般而言，企业竞争力高低与企业所在市场竞争激烈程度成正比。市场竞争越激烈，企业越能得到锤炼，竞争能力越强；反之，市场竞争微弱，企业的竞争能力则会逐步退化。这样，经营者集中审查制度的维护市场有效竞争的目标，实际上与提升企业竞争能力是一致的，所以当我国《反垄断法》第1条明确规定了“保护市场公平竞争”的立法目标时，就没有必要再将提升企业国际竞争力重复规定为反垄断法的立法目标。

① 参见王晓晔：《〈中华人民共和国反垄断法〉中经营者集中的评析》，载《法学杂志》2008年第1期，第5页。

而南非等国明确将国际竞争力作为集中审查的立法目标之一，目的并不是希望通过严格执法构建充分竞争的市场环境，通过让企业遭受竞争洗礼以改善国际竞争能力；恰恰相反，是希望在国际竞争力目标指引下，不惜牺牲市场竞争也要优先批准和保护那些能在短期内促进企业竞争力提升的超大企业并购。这种为特定大型企业合并开绿灯，以便培养参与国际竞争的“国家冠军”（national champion）的做法，被国外学者评论为，是将竞争法沦为实现政府其他经济和社会政策目标的一个工具，而没能真正发挥维护市场竞争机制的作用。①

虽然我国不宜将国际竞争力明确规定为经营者集中审查制度的立法目标，但有必要在《反垄断法》第 27 条中将其列为竞争审查应当考虑的一个因素，这样可使主管机构在审查中既能适当关注国际竞争力的增强问题，使那些全球性产业中发生的真正能够增强竞争力的并购获得通过，又不至于使国际竞争力成为损害竞争的合并获得批准的“尚方宝剑”。

尽管西方学者对发展中国家产业政策上倾力培养“国家冠军”，竞争政策上尽力大开方便之门的做法，颇有微词，常常批评其为经济民族主义或贸易保护主义，②但事实上，在国际竞争异常激烈的当下，在任何一国看来，国家利益都具有至高无上的地位。当前国际贸易自由化势不可挡，WTO 及其他多边、双边国际贸易与投资协定对国家之间“以邻为壑”的自身利益最大化行为约束加强，这种形势下，将反垄断法作为国际贸易和国际投资中保护本国利益的替代性武器开始有所抬头。表现在企业合并领域，各国多对外国企业参与的合并抱以警惕态度，防止外国

① See Diane R. Hazel, Competition in Context: The Limitations of Using Competition Law as a Vehicle for Social Policy in the Developing World, 37 Houston Journal of International Law, Spring 2015, p. 277.

② 参见［日］滝川敏明：《合并规制中的经济民族主义与趋同性》，王先林、唐星芝译，《上海交通大学学报（哲学社会版）》2007 年第 3 期，第 23 页。

企业对本国经济的控制，而对本国企业参与的合并则尽可能宽松，目的不外乎通过获取规模经济和范围经济效益增强企业在国际竞争中销售产品、争夺市场的能力。美国自20世纪80年代以来多次修订《企业合并指南》，大幅放宽对企业合并的限制，欧盟在波音与麦道、通用电气与霍尼韦尔合并等案中与美方据理力争，倾力维护境内企业利益，[①]实际上与发展中国家并无二致，都希望在不违背国际交往基本规则和本国法律基本规定的前提下，为本国企业和民众争取更多经济利益。由此可见，出于增强国际竞争力考虑，各国经营者集中反垄断审查制度对本国企业合并的审查一定程度上出现了宽松化趋势。我国也应在对所有不同性质企业严重损害竞争的合并予以严格审查、仔细甄别的同时，对不论企业身份地位和所有制性质，只要是有利于我国国际竞争力提升的合并，适度放宽审查标准。具体可从以下几方面入手：首先，在国际化程度高，企业参与国际竞争较为频繁的产业中，适当降低因主权管辖而形成的市场壁垒对相关地域市场界定的影响，超越一国主权范围合理界定企业参与竞争的地域市场，在更大空间范围内正确评价企业的市场势力。其次，随着经济形势发展，市场容量在扩大，企业规模在增加，反垄断主管机构要根据市场变化动态调整衡量市场集中度的HHI指数和CRn指数(市场前N家企业联合市场份额)。美国2010年修改《企业合并指南》，就将低度集中市场的HHI指数从1000点以下提升到1500点以下，中度集中市场从1000~1800点提升到1500~2500点，高度集中市场从1800点以上调整至2500点以上，并且将高度集中市场上可能影响竞争的合并前后的增量指标从50点调整至100点。HHI指数标准的提高，意味着同样情况下的企业合并被责难的门槛增加了，这种随着经济形势

① See Jason Thompson, Aerospace and Antitrust: How the European Union Supports It's Interests to the Detriment of United States' Companies, 14 University of Miami International and Comparative Law Review, Fall, 2006, pp. 324 - 329.

发展适时调整评估竞争所使用的关键数值的做法值得我国借鉴。① 再者,在相关行政规章中明确引进效率抗辩制度。企业合并既可能由于规模经济和范围经济带来生产效率的提升,也可能由于研发资源的重新组合而导致技术创新和进步,出现动态效率的提升。效率抗辩制度允许企业合并的特有效率在一定程度上抵销合并所带来的不利后果,从而增加了合并通过的可能性。最后,善用多样化的企业合并救济手段。如果附加结构性或行为性限制条件,或者综合使用多种限制性条件能够消除合并所造成的反竞争效应的,则应考虑案件附条件审查通过。

4. 完善公共利益豁免制度,约束经营者集中的例外特批

企业合并存在显著的单边或协同性反竞争效果,而合并特有的效率不足以抵销此效果,且附加限制性条件也难以救济时,如果该项合并有利于公共利益的,还可以寻求例外豁免。我国《反垄断法》第 28 条规定:"经营者集中具有或者可能具有排除、限制竞争效果的,国务院反垄断执法机构应当作出禁止经营者集中的决定。但是,经营者能够证明该集中对竞争产生的有利影响明显大于不利影响,或者符合社会公共利益的,国务院反垄断执法机构可以作出对经营者集中不予禁止的决定。"至于何为经营者集中所符合的社会公共利益,逻辑解释而言,显然是指那些特定情况下比市场竞争机制更具重要性,而宁愿牺牲市场竞争也要在个案中优先保护的利益。这其中,提升国际竞争力是重要体现。在德国,试图以公共利益为由寻求例外豁免的案件中,就包括了改善国际竞争力以及能源供应安全、环境及气候保护、保留工作岗位、生产合理化等内容。② 在法国、西班牙、南非、波兰等国的法律实施中,需要特别保护的公共利益,也是指国际竞争力提高以及国家安全、金融稳定、劳工就业、

① 参见丁茂中:《反垄断法促进企业规模化经营的实现路径》,载《法商研究》2011 年第 6 期,第 48 页。

② 参见孙博:《德国企业合并控制中的"公共利益"——对我国反垄断法实施工作的启示》,载《中德法学论坛》(第 7 辑),南京大学出版社 2009 年版,第 177 页。

技术和经济进步、促进特定产业和地区发展、环境保护等。[①] 从公共政策角度看,这些例外情况下需要特别保护的公共利益,乃政府产业政策、投资政策、贸易政策、环境政策等所追求的利益目标。所以实质而言,反竞争企业合并的公共利益豁免,就是个案中竞争政策向产业政策、国家投资政策等其他社会经济政策的妥协与让步。

我国反垄断主管机构的独立性程度不高,审查工作易受政府政策牵制,受相关利益团体影响,而且社会公共利益是典型的不确定性概念,具体内容相当宽泛,这种情况下,如果主管机构的豁免裁量权过大,很容易出现不合理使用甚至滥用,致使反垄断审查偏离维护市场竞争机制的价值核心。因此,应从制度上约束反垄断机构的裁量权力,这主要从两方面展开:其一,如上文所述,将竞争执法权与政策协调权分立配置。公共利益豁免本质上是竞争政策与其他社会经济政策的平衡与协调,决定权可考虑由国务院反垄断委员会掌握,而商务部只在法律框架下依竞争政策审查案件,商务部认为严重竞争损害应该禁止的案件,反垄断委员会认定有改善国际竞争力及其他公共利益的,才可决定例外豁免。其二,完善豁免的程序规则,主要包括异议表达规则和说明理由规则。反垄断委员会做出决定前,应将案件向社会公开,允许利害关系人及其组织(主要是上下游经营者及消费者组织)在一定时期内表达异议;反垄断委员会最终决定豁免的,应向社会公开并充分说明理由。而目前我国反垄断法不要求公告包括因有利于公共利益而被豁免在内的无条件批准的企业合并案件,虽然近年来商务部每季度公布一次无条件批准案件列表,但仅限于案件名称、企业名称和结案时间,以致像南北车合并这种缔造出独占性市场结构的案件无条件通过审查后,背后的理论和法律依据如何理解,公众一直不得而知。显然,这种状况应该改变。

---

① See Dr Mateusz Blachucki, Public Interest Consideration in Merger Control Assessment, European Competition Law Review, 2014, 35(8), p. 384.

六、结语

当前,我国新一轮央企合并重组正在如火如荼地展开,商务部的经营者集中审查作为合并程序中的重要一环,一方面要维护竞争政策的基础性地位,确保市场配置资源决定性作用的发挥,不能简单地仅凭参与合并主体的央企身份和重组活动承载政府意愿就对政府的批准决定无条件遵从,另一方面又要为维护国家利益和社会公共利益而保持必要的灵活性和宽松度,以增强企业国际竞争能力和促进国家经济政策与发展战略的有效实现。协调平衡二者关系,既需要主管机构发挥裁量能动性,也需要从经营者集中反垄断审查制度与当前正在探索实施的公平竞争审查制度分工合作、竞争执法权与政策协调权分立配置、经营者集中豁免规则构建等方面创新和完善具体制度路径。

11

竞争性国企市场支配地位取得与滥用及其法律规制的特殊性*

孙　晋**

摘　要：对国有企业垄断行为的规制一直是我国反垄断法的法益目标和题中应有之意。竞争性国企作为具有市场优势的经营者，在激烈的市场竞争环境中，极易滥用其市场支配地位，给市场竞争造成严重抑制和破坏，损害消费者、其他市场竞争者的合法权益。因此，对于竞争性国企滥用市场支配地位的规制，成为当下反垄断法学研究的重要课题以及反垄断法执法的重要任务。竞争性国企市场支配地位的取得及其滥用的特殊性决定了法律规制也有其特殊性，为了使其滥用市场支配地位行为得到更有效、更科学的规制，需要对其市场支配地位的取得、滥用及其法律规制的特殊性进行详细梳理和深入研究，为合理规制竞争性国企滥用市场支配地位的反垄断执法实践提供有针对性的理论支持。

关键词：竞争性国企；市场支配地位；滥用；规制；特殊性

---

* 本文原载《法学评论》2016年第1期；《经济法学、劳动法学》2016年第6期全文转载。本文系2012年度国家社科基金项目《竞争性国有企业改革路径的法律困境和出路》（批准号12BFX088）部分研究成果，国家2011年计划司法文明协同创新部分研究成果。

** 孙晋，安徽六安人，法学博士，武汉大学法学院教授、博士生导师，武汉大学竞争法与竞争政策研究中心主任。

一、竞争性国企的最大现实问题是容易滥用其市场支配地位

我国国家投资和国有企业的现实问题依然是在国民经济中比重过大,从总体上制约市场机制的调节作用。[①] 政府的归政府,市场的归市场;公益的归政府,竞争的归市场。所以,竞争性国有企业(以下简称国企)与公益型国有企业二元分置与分类监管是新时期国企改革的方向,是国企改革的阶段性产物与过渡性制度安排。[②] 回顾三十多年的国企改革历程可以发现,我国国企改革具有探索性和渐进性,在原有的社会制度基础上,分阶段、不冒进、一步步稳扎稳打地逐步深化,国有企业渐进式改革路径是以前更是将来国企改革应该遵从的路径选择。[③] 随着我国步入"十二五"时期,国企改革进入新的阶段,2013 年 11 月 12 日中国共产党十八届三中全会通过的《关于全面深化改革若干重大问题的决定》强调,"准确界定不同国有企业功能",体现出从企业的实际出发分类推动改革的理念,一类是具有公益性质的国有企业,另一类则是竞争性国有企业。[④] 国企退出竞争性领域和环节(以下简称为竞争性领域)是符合国企存在价值和发展方向的,但必须遵循循序渐进的原则。国企在竞争性领域阶段性的存在有利于行业发展和经济发展的实际,可以带动竞争性领域的全面发展,当竞争性领域发展到市场成熟阶段,国企再

---

① 参见漆多俊:《经济法基础理论》(第 5 版),法律出版社 2017 年版,第 297 页。

② 参见孙晋:《中国企业法律制度的演进与变革》,中国社会科学出版社 2011 年版,第 280 ~ 282 页。

③ 参见张卓元、郑海航:《中国国有企业改革 30 年回顾与展望》,人民出版社 2008 年版,第 57 页。

④ 2015 年 9 月,中共中央、国务院《关于深化国有企业改革的指导意见》将国有企业分为商业类和公益类,以"商业类国企"的称谓代替之前的"竞争性国企"。本人认为,商业是与工业、农业并列的对应概念,与公益概念缺乏对应性。准确地讲,与公益对应的是私益,私益的实现主要通过以营利为目的的经营活动完成,营利又主要通过竞争予以实现,所以,把营利型企业称作竞争性企业,其内涵基本是一致的。故本文继续沿用"竞争性国企"这一概念。

退出竞争性领域,既不造成经济社会的动荡又保证国有资产保值。[①] 国企最终完全退出竞争性领域是市场经济发展的目标、市场决定资源配置的应有之义和市场经济成熟的标志,但这必将经历一个长期的过渡时期,在过渡期,竞争性国企与公益性国企两个方向定位的国企分类改革是最佳路径选择。对竞争性国企的定位是国企改革新方向制定的重要前提,也是竞争性国企在市场竞争中公平竞争、接受竞争法规制的首要之义。

一般认为,竞争性国有企业是指在竞争性领域存在并以平等竞争者身份与其他所有制企业开展竞争的国有企业。除了资产的国有属性,它最重要以及最突出的属性即它的可竞争性,作为同民营企业具有平等法律地位的市场主体,平等地参与市场竞争,公平地受到监管部门的监管。与它相对的是公益性国有企业,即具有自然垄断性、涉及国家安全以及提供重要的公共产品和服务的国有企业,只具有公益性或者以公益性为其主要经营目的,根据国家调配提供公共产品和服务。笔者认为竞争性领域与公益性领域的区分应从自然垄断属性的有无与民营经济的进入与否来界定。自然垄断属性是指基于市场的自然条件而产生的垄断,经营这些部门如果进行竞争,则可能导致社会资源的浪费或者市场秩序的混乱。[②] 有自然垄断属性的领域提供的多是人们日常生活必需的公共产品和公共服务,加上自然垄断属性的效率限制和网络、基础设施的限制,利益最大化的民营经济没有能力或不愿意进入这些领域,这就需要公益性国企进入,不以盈利为目的地为国家和公众提供这种稀缺性公共产品和服务,这是政府有形之手弥补市场失灵的主要载体和表现,也是政府投资和经营职责所在。

---

① 参见闫长乐、张永泽:《国有企业改革与发展研究》,中国经济出版社 2012 年版,第 25 页。

② 参见闫长乐、张永泽:《国有企业改革与发展研究》,中国经济出版社 2012 年版,第 4 页。

此外,厘清竞争性国企与公用企业的关系对于准确定位竞争性国企也至关重要。公用企业是指为公众提供日常生活所必需的产品和服务的企业。① 传统的观点是,公用企业是具有自然垄断属性领域的企业,但是一个领域中的自然垄断属性不是绝对的,随着经济的发展和科技的进步,一个领域的自然垄断属性会随之减弱直至消失,当经济发展科技进步到一定阶段,展开公平竞争成了这个公共领域最有经济效率以及有利于公众得到优质产品和服务的最佳运作方式。② 这就决定了公用企业是与竞争性国企、公益性国企都存在交集的概念。当一个公用领域的自然垄断属性不再存在,民营经济有能力并且有意愿进入该领域市场,这个领域中原有的以国企面貌存在的公用企业就演变为竞争性国企,与其他市场主体展开公平竞争。因此,竞争性国企中有公用企业也有非公用企业,其与公用企业是互有交集而互不包含的交叉概念。

我国经济转轨和市场经济体制最终确立的长期性,决定了国有企业改革的持久性,从而决定了竞争性国企将在竞争性领域(行业)长期存在的客观性。③ 竞争性国企布局及运营于竞争性领域的最大现实法律问题就是垄断与限制竞争问题,尤以滥用市场支配地位行为为甚。市场支配地位亦可称为市场优势、垄断力量,一般是指企业在市场上因取得诸如市场份额、技术、资源、资金等优势而不受其他企业竞争的影响与威胁,并能在竞争中不依赖于任何其他企业操纵市场产品的价格与供应的市场地位。④ 国有企业尤其中央企业具有市场支配地位毋庸置疑,电信、银行、石油、铁路等中央企业近年来滥用市场支配地位限制竞争的做

① 参见郑艳馨:《我国公用企业垄断力滥用之法律规制》,法律出版社 2012 年版,第 12~14 页。

② 参见孙晋:《自然垄断的规制改革与反垄断法适用除外的科学构建》,载《武汉大学学报》(社会科学版)2003 年第 5 期。

③ 漆多俊:《经济法基础理论》(第 5 版),法律出版社 2017 年版,第 289 页。

④ 参见李小明:《滥用市场支配地位法律规制研究》,知识产权出版社 2008 年版,第 14 页。

法屡见不鲜，对市场竞争造成损害，限制了民营企业的发展空间，并最终损害了广大消费者的权益。① 所以，在过渡阶段竞争性国企最终退出竞争性领域即退出市场之前，利用反垄断法规范其经营行为，防止、制止其滥用市场支配地位限制竞争，成为当务之急。竞争性国企毕竟不同于一般的市场主体(经营者)，它的市场支配地位之取得、市场支配地位之滥用都有其特殊性，这就必然要求反垄断法在识别判定竞争性国企市场支配地位以及规制其滥用市场支配地位时也要对症下药。易言之，为了有效规制竞争性国企市场支配地位滥用，需要对其市场支配地位之取得、滥用以及法律规制的特殊性进行专门研究和详细梳理，使规制竞争性国企滥用市场支配地位的反垄断实践更具针对性。

二、竞争性国企取得市场支配地位之特殊性

(一)竞争性国企取得市场支配地位具有非市场性

1. 竞争性国企取得市场支配地位具有非市场性偏好

在市场竞争机制固有的调节机能下，市场调节的结果应该是优胜劣汰，这种状态下市场主体凭借着成立后的运作经营，通过经济积累、结构调整等方式使自身财力、经营规模、市场占有率等步步提升，最终在相关市场中取得了市场支配地位。② 对于形成和获取市场支配地位的形式来说，取得市场支配地位的市场性方式如合并、创新、积累等，是市场主体在市场竞争中经济实力、规模、产品在市场的占有率从无到有、从弱到强的循序渐进的过程，并且这个过程以市场准入为起点。

市场支配地位的市场性获取方式是在市场竞争中逐步通过市场对资源优胜劣汰的配置而取得的。但是竞争性国企却常常通过非市场性的方式直接取得市场支配地位，不需要经营过程中的经济积累过程，竞

① 近年来最为典型的莫过于石油企业对民营加油站的“断油事件”和中国电信中国联通的“断网事件”。

② 参见孙晋主编：《现代经济法学》，武汉大学出版社2014年版，第147页。

争性国企取得市场支配地位的非市场性方式主要有：通过国家投资直接获取，即国家直接投入雄厚的资金，便直接获取市场支配地位；通过国家政策直接获取，即国家政策直接设置规制权力、市场进入壁垒等内容阻隔其他市场主体进入相关产业，给予竞争性国企政策偏向，直接划予竞争性国企关键基础设施的掌控权；通过特许经营权直接获取，即直接关系社会公共利益和涉及有限公共资源配置的行业，国企根据法律法规获得政府行政主管机关的许可，①获得了网络和基础设施的独家使用权，主导需要依靠该网络与基础设施经营的下游行业市场。②

2. 竞争性国企取得市场支配地位具有非市场性

按照竞争性国企涉及的经营行业是始终属于竞争性领域，还是由于科学技术的发展使该领域的自然垄断属性减弱直至消失从而使该领域具有竞争性这个标准，笔者把竞争性国企大致分为两类：前一类是先天竞争性国企，后一类属后天竞争性国企。竞争性国企的设立是国家投资行为的一种，先天竞争性国企从企业成立之初便处于竞争性领域，同领域中竞争者较多，其他企业在该领域已有立足和发展，使竞争性国企在该领域中一经成立即取得市场支配地位的可能性较小，竞争性国企想取得市场支配地位必须经过经营发展和逐步积累，采用的方式同其他市场主体欲获得市场支配地位的方式相同。然而由于我国经济体制改革以及政府职能的转变，先天竞争性国企的数量只会越来越少，国家直接参与市场的手会抽出来，③现阶段已有较强竞争性以及良性竞争环境的领域即市场较为成熟领域，国家不应该投资于其中，而是让市场自主发挥其资源配置和优胜劣汰的作用。再者，我国大部分国企产生于我国经济实力薄弱、大力发展经济生产的困难时期，该时期所设立的国企大多数

① 参见赵豫新、刘文献：《市场支配地位的类型化分析》，载《理论界》2006 年第 7 期。

② Richard Whish, Competition Law, Butterworths, London, 2001, Chapter 17, p. 611.

③ 参见王晓晔主编：《反垄断法实施中的重大问题》，社会科学文献出版社 2010 年版，第 323 页。

存在于关乎国家经济命脉的行业以及提供公共基础设施的领域当中，国家于此集中投资，很少会设立先天竞争性国企。由此可知，竞争性国企中，更多的以及更容易获得市场支配地位的企业是后天竞争性国企，因此，在此主要探讨后天竞争性国企市场支配地位的获取方式。

后天竞争性国企所处的领域在其成立之初具有浓厚的自然垄断属性，在科技和经济不发达时期，由于技术障碍、资金门槛高以及盈利周期性过长等原因导致普通经济主体如民营企业没有能力也没有意愿进入，在当时只有凭借国家的投资和经营才能保证该行业的公共产品和服务供给以满足社会发展和人民生活需要。但是随着科学技术迅猛发展，国民经济实力显著增强，后天竞争性国企所处行业的技术性进入壁垒以及资金进入壁垒逐渐消失，①该领域内不再只限于国企这种市场主体，民营企业也开始进入这些领域，竞争性国企之间、民营企业之间、竞争性国企与民营企业之间都展开较为全面的竞争，如现阶段的基础电信运营行业中的宽带运营领域，已经不再是只有中国联通和中国电信两家国企经营，中国移动、铁通等国企也涉入竞争，鹏博士、盛大等民营宽带企业也在竞争中求发展，该领域的自然垄断属性已完全消弭，激烈竞争性凸显。② 在这些领域中，后天竞争性国企与其他市场主体展开竞争，但是国企往往已然具有了市场支配地位，可能导致其为了经济效益最大化以及在竞争中取得优胜，在主观和客观上易于滥用这种支配地位限制竞争对手与其展开竞争。

后天竞争性国企市场支配地位的取得方式与其他市场主体获取市场支配地位的方式相比，一个很特殊的方面是后天竞争性国企市场支配地位不是通过企业经营发展逐渐壮大而取得，而是在其一产生便具有。因为后天竞争性国企在成立时该领域不具有竞争性，通过国家大量资金投入以及政府的授权、国家政策的持续偏向，后天竞争性国企一诞生便

① 参见漆多俊：《经济法基础理论》（第 4 版），法律出版社 2008 年版，第 203 页。

② 参见孙晋、李胜利：《竞争法原论》，武汉大学出版社 2011 年版，第 107 页。

掌握着该领域的关键性、基础性设施以及网络,并且拥有雄厚的资金和庞大的规模,在经营过程中,仅有其本身或者行政计划划定的其他地域内的少数几个国企在进行该领域的生产经营活动,市场即处于完全垄断或者寡头垄断状态。而在一段时期后,该领域的自然垄断属性因科技进步和经济发展而破除,其他市场主体进入该领域与后天竞争性国企共同开展生产经营活动,这时,后天竞争性国企虽然不再是寡头垄断,但是由于其仍然掌握着该领域的关键性、基础性设施,并且从诞生之初即有的雄厚经济实力,再经过长时间的运营,经济实力与企业规模只会有更大的提升。则此时,尽管其他市场主体进入该领域与后天竞争性国企同台竞争,但是其经济实力和企业规模与之相比不可同日而语。后天竞争性国企当其经营领域与之竞争的企业所有制种类丰富以及数量增多时,其市场支配地位也会随之平移到该领域具有竞争性时期,且不会轻易消失,这也就从侧面决定了其他市场主体进入该领域市场后具有受到后天竞争性国企市场支配地位滥用和竞争压制的可能性,近些年我国民营企业在进入后天竞争性国企所主导的领域或行业时屡遭"玻璃门""弹簧门"和"旋转门"现象,即为例证。

(二)竞争性国企取得市场支配地位具有行政性

如上文所分析的那样,竞争性国企市场支配地位的获取往往具有非市场性,较多依靠行政资源支持,即实现这种无须长期经济积累即具有市场支配地位的本质是行政性的。不论是先天竞争性国企还是后天竞争性国企,由国家投资设立,本与政府有着千丝万缕的利益勾连。真正依靠自身生产经营优势获得市场支配地位的竞争性国企为数不多,在社会主义公有制条件下和计划经济思维影响下,诸多国企凭借着行政权力的安排和干预轻易获得了市场支配地位,因此行政性垄断显然是我国国企市场支配地位最主要的成因。① 很多后天竞争性国企在计划经济时代即已成立,那时其所在行业的自然垄断属性仍没有破除,按照政府经

① 参见孙晋:《反垄断法:制度与原理》,武汉大学出版社2010年版,第90页。

济计划，由政府运用行政命令、行政许可等行政方式直接授予后天竞争性国企在该领域的垄断经营权利以及对该领域核心设施和网络的独家使用权利，①并且政府主管机关运用行政权力保障这些企业的垄断经营以及对核心设施和网络的独家掌控，凭借着行政权力授权以及行政权力维护，企业当然地获得了市场支配地位。而当该行业的自然垄断属性破除后，民营企业进入该行业市场，对于核心设施和网络的掌控权并不会随自然垄断属性的破除而即时破除，对于核心设施和网络的使用许可，相关行政主管部门对于符合条件的其他经济主体可以在完成行政程序后对其发放，但是面对审查前置门槛，大多数经济主体无法达到申请行政许可的标准。竞争性国企当初便获得了许可，亦不可能会因为该领域自然垄断属性的消失而将所有行政许可收回，重新按法律程序申请许可。相反，竞争性国企因与行业主管部门存在或曾经本是一家或仍没有完全分离的关系，依据"管制俘虏理论"，利益相关性使行业主管部门在行业各种经济主体并存时，从部门利益出发，国企大量地"租用"行政权力为经营活动服务，②在行使行政职能的外表下对竞争性国企核心设施以及网络的支配力加以巩固，或者用增加繁杂的申请审批程序等方式变相增加核心设施以及网络使用许可的申请成本，使可以与竞争性国企共同使用核心设施以及网络与其站在同一竞争起跑线上的其他市场主体少之又少。加之，竞争性国企往往存在获得土地使用权以及融资上更为便利的条件，行业主管部门在进行行政管理时给竞争性国企各种优越政策和条件，根据"马太效应"，③强者越强，轻易地便使竞争性国企获得市场支配地位并得以维持这种市场优势。

---

① 参见王晓晔：《滥用市场支配地位问题研究》，社会科学文献出版社 2010 年版，第 191 页。

② 参见陶晴：《中国国有企业利益整合》，中共中央党校出版社 2005 年版，第 117 页。

③ 马太效应（Matthew Effect），指强者越强、弱者越弱的现象，广泛应用于社会心理学、教育、金融以及科学等众多领域。其名字来自圣经《新约·马太福音》中的一则寓言："凡有的，还要加给他叫他多余；没有的，连他所有的也要夺过来"。

此外，在应然层面，竞争性国企应该在成立后与其他市场主体站在相同的起跑线上，但实然层面却是，当下我国国家投资制度的不完善加之国企治理结构没有完全改革到位，①仍在不同程度上存在政企不分现象，竞争性国企的经营很容易让政府借国家作为股东之名进行干预，各种利益纽带的连接以及追求部门利益、行业利益、集团利益乃至政绩的驱使，②政府常常利用行政权力随意大量增加对竞争性国企的投资以及任意提供其他有利于企业发展的条件，这就使竞争性国企的综合实力不必然与企业经营管理的成功与否相联系，只是通过政府的行为便使企业做大做强，政府“有形之手”在资源配置中的决定性和任意性（长官意志），压制或剥夺了其他市场主体的发展空间和竞争机会，很难在市场竞争中与竞争性国企平等竞争，竞争性国企的市场支配地位也就随着竞争者落败以及政府继续支持而逐步巩固和扩大。

（三）竞争性国企取得市场支配地位具有传导扩张性

竞争性国企分为先天竞争性国企以及后天竞争性国企，这种分类是按照领域而不是按照行业来划分的。由于科学技术的高速发展以及经济实力的增强，专业化程度提高，社会分工越来越细，很多时候一个行业内多个环节多个领域会呈现出不同的属性，比如铁路运输行业，铁道等基础设施、铁路网络的建设领域因为要避免其重复规划重复建设以及本身存在高技术性和高投资性而具有自然垄断属性，应该实行垄断经营；火车的客货运营以及火车票的销售环节却不具有自然垄断属性，③民间资本完全有能力也有强烈意愿进入，并且市场竞争的开展会带来资源优

---

① 参见漆多俊：《经济法基础理论》（第5版），法律出版社2017年版，第293～295页。

② 参见陶晴：《中国国有企业利益整合》，中共中央党校出版社2005年版，第39页。

③ 参见李晓蓉：《市场界定与反托拉斯政策研究》，南京大学出版社2010年版，第179页。

化配置、增加消费者福利等正效应。[①] 也就是说，一个行业中有的环节（领域）会具有自然垄断属性而有的环节（领域）却不具有自然垄断属性而应该开展竞争。由于过去专业区分度不强，很多国企囊括了整个行业各个领域的经营活动，出现了一个国企既经营行业内具有自然垄断性质的领域又经营具有竞争性的领域，根据十八届三中全会关于国企改革的精神以及对国企改革新方向的指引，国企将向竞争性和公益性两种定位改革，势必通过对这类国企进行纵向分拆等方式，[②]将其分拆成经营自然垄断性领域的公益性国企和经营竞争性领域的竞争性国企。该方式确实将竞争性国企完全置于竞争性领域，但是其与自然垄断性领域的公益性国企本为一家，公益性国企在自然垄断性领域的垄断地位很容易传导到竞争性领域的竞争性国企身上，公益性国企往往处于其上游领域，会给处于下游经营的竞争性国企带来优于其他经营者的种种便利与优惠，易使竞争性国企在竞争性领域内受到市场支配力的传导快速获得市场支配地位。

三、竞争性国企市场支配地位滥用行为之特殊性

拥有权力的主体如果没有受到相应的制约，这个主体就会滥用权力。[③] 竞争性国企当它拥有市场权力即市场支配力时，也会发生滥用问题。竞争性国企因其性质、产生方式、经营发展、市场支配地位的取得等方面与其他市场主体不尽相同，为了维持和扩大其市场支配地位，排挤和限制竞争对手，破坏市场有序合理的竞争，竞争性国企市场支配地位滥用就显现出与其他市场主体相比较为突出的特殊性，这些特殊性具体

① 参见[德]路德维希·艾哈德：《来自竞争的繁荣》，祝世康、穆家骥译，商务印书馆1983年版，第20～21页。

② 参见张卓元、郑海航：《中国国有企业改革30年回顾与展望》，人民出版社2008年版，第170页。

③ 漆多俊：《论权力》，载《法学研究》2001年第1期。

表现如下：

（一）滥用行为易具有协同性

竞争性国企市场支配地位滥用行为易具有协同性，是指竞争性国企市场支配地位的滥用容易采取经过统一协调后一致的滥用市场支配地位行为，共同滥用市场支配地位以达到排斥竞争、获取垄断利润的共同目的。[①] 竞争性国企应该是相关市场竞争中的平等市场主体，在市场中与所有竞争对手展开公平竞争。但是由于竞争性国企是国家投资产生的，新时期在向竞争性国企和公益性国企分类改革过程中，为了在应该引入竞争的垄断行业中引入竞争机制，政府一般偏向采取拆分重组原有垄断国企的方法，将企业进行横向拆分或者纵向拆分。[②] 很多竞争性国企即是拆分的产物。拆分后在同一个经营领域中以及在同一行业经营不同业务的不同领域中，存在了多个竞争性国企，这些竞争性国企具有相同的前身或背景相同，存在很多的共通性，管理层之间可能以前即为共事关系，这些条件使他们很容易达成共识和信任，在经营决策活动中易于进行协同。竞争性国企其前身的雄厚垄断实力，虽然分散到多个竞争性国企上，但是其分散后的实力仍然强过很多民营企业，几个竞争性国企仍然掌握着较多的市场份额、关键设施和网络的使用，这些国企可能单独或者共同拥有市场支配地位。在激烈的市场竞争中，竞争性国企由于都具有在竞争中取得优胜、获取垄断利润这些相同的内在动因，[③] 加之竞争性国企之前相同的背景以及因过去的密切关系而产生的信任感，它们常会"站在同一战线"，采用共同滥用市场支配地位的协同行为滥用市场支配地位。这样一来，竞争性国企的滥用市场支配地位行为做

① 参见戴龙：《滥用市场支配地位的规制研究》，中国人民大学出版社 2012 年版，第 126 页。

② 参见张卓元、郑海航：《中国国有企业改革 30 年回顾与展望》，人民出版社 2008 年版，第 171 页。

③ 参见孙晋：《反垄断法：制度与原理》，武汉大学出版社 2010 年版，第 6 页。

出后会在相关市场中起到更大、更显著的排斥和挤压其他市场主体的作用,也可能会一同对行业主管部门施加压力,使行业主管部门实施利于竞争性国企而不利于其他市场主体的管制政策。

另外,不止竞争性国企之间会自发地采取协同滥用市场支配地位的行为,政府相关部门由于部门利益、地方利益的驱使,也会推动竞争性国企协同滥用行为的实施。虽然政企分开使政府部门没有干预竞争性国企经营决策的权力,但是作为国有企业,其与政府有着千丝万缕的联系,政府部门在管理活动中予以竞争性国企的优惠与庇护,是竞争性国企市场竞争中的优势。政府部门可能为了相关领域效益的提高、地方经济的发展以及积累政绩等原因,以建议等非直接参与管理的方式推动或者促使具有市场支配地位的竞争性国企采取协同滥用的行为,达到其追求的效果。

因此,竞争性国企市场支配地位的滥用出于对相同背景的认同以及政府的推动,容易采取具有协同性的共同滥用市场支配地位的行为以达到排斥竞争、获取垄断利润的共同目的。

(二)滥用行为因行为对象性质易具有倾向性

不论是剥削性滥用行为中的拒绝交易行为、歧视行为、强制交易行为还是排他性滥用行为中的独家交易行为、附条件交易行为、拒绝使用关键设施的行为,具有市场支配地位的竞争性国企在实施这些行为时,都可能根据行为对象企业为何种所有制性质的因素,来决定是否对这个竞争者或者交易相对人实施拒绝交易、歧视、强制交易、独家交易、附条件交易,以及拒绝使用关键设施的滥用市场支配地位的行为。这种倾向性多表现为倾向于对非国企竞争者或者交易相对人采取上述行为。也就是说,竞争性国企市场支配地位的滥用行为常常会因行为对象性质的不同而具有倾向性,更多地倾向于打压民营企业、凭借其市场支配地位给民营企业制造市场障碍。

虽然市场主体之间关系的理想状况是无差别地相互对待,但是所有制形式的不同不可避免划分了不同的企业阵营——国企阵营与非国企阵营,这会成为竞争性国企是否滥用市场支配地位行为的一个前置考虑因素。竞争性国企之间、竞争性国企与公益性国企之间有着相同的所有制形式,都是国家投资产生,又都有着使国家资产保值增值的共同经济目标,这些都夯实了国企阵营链,使他们有“家人”情节而选择对外排斥挤压。其他非国有阵营的企业则会更多地成为竞争性国企滥用市场支配地位行为的实施对象,遭到具有市场支配地位的竞争性国企旨在迫使其退出市场的排斥和打压。加之,国企运营国有资产,其企业效益比之非国企与地方财政、区域经济的关联性更强,政府、行业主管部门为了自身的部门利益、①地区利益也可能变相鼓励国企之间“和谐竞争”,保证国企整体竞争力,而对非国企经营者则进行高强度的打压,以提高国企经济实力和市场支配力。

所以,竞争性国企市场支配地位的滥用常会根据国企阵营与非国企阵营的划分,存在对国企不实施滥用市场支配地位行为而对非国企实施滥用市场支配地位行为欲使其退出市场的倾向性。

(三)滥用行为易具有合法表现性

竞争性国企市场支配地位的滥用可能以合法的外在表现来实施,具有较强的隐蔽性,不易察觉与规制。短期内,由于体制上与历史上的原因,以及改革不彻底,竞争性国企客观上会存在没有完全切断与行政部门利益链条的问题,部分竞争性国企可能还会承担着实施国家产业政策等行政功能,②这些问题的解决不是一蹴而就的,而需要通过长期综合的体制改革来实现,这也就肯定了竞争性国企去行政化还需要更多更久的努力。③

---

① 参见陶晴:《中国国有企业利益整合》,中共中央党校出版社2005年版,第118页。

② 参见宾雪花:《产业政策法与反垄断法之协调制度研究》,中南大学2011年博士学位论文,第121页。

③ 参见戴龙:《滥用市场支配地位的规制研究》,中国人民大学出版社2012年版,第203页。

现阶段,竞争性国企为了其自身的发展以及经济利益的追逐,仍会利用与行政部门的利益链条来为其谋得及维持市场支配地位,更甚者,竞争性国企市场支配地位滥用行为会更多地隐蔽在国家政策、行政命令等合法形式之后,其会利用对于行政部门的影响力以及政府部门对于部门利益、地区利益的追逐,促使行政部门做出有利于竞争性国企滥用市场支配地位的规定和命令,使其滥用行为隐藏在合法的行政管理形式之后。

另外,在竞争性国企掌握市场支配地位的领域多是存在行业主管部门监管的领域,行业监管部门在行业利益驱使下,为了行业的壮大,会帮助竞争性国企滥用市场支配地位抑制相关市场内的竞争以取得短期内行业效益提高以及行业经济发展,在行业监管部门的庇护下,竞争性国企的滥用行为会不易察觉或者呈现出合法状态,对受害相对人合法权益的维护造成巨大的障碍。例如,2013 年以来沸沸扬扬的"腾讯将被工信部责令对微信收费"事件,可能是迫于舆论等各方面的压力最终没有收费,但是,背后隐藏着的是中国移动、中国联通、中国电信三大电信运营商对于工信部决策的重大影响力,只因微信对移动运营商短信、语音业务垄断状况的巨大冲击,即对相关行政部门施加压力以责令微信收费来打压竞争对手,若是成功,必将挫败微信的竞争力,稳定三大运营商的市场支配地位,这也就会成为合法行政外衣下竞争性国企滥用市场支配地位的典型案例。

(四)滥用行为的形式易具有偏好性

在众多的市场支配地位滥用行为形式中,竞争性国企对于滥用行为形式的使用有一定的偏好,竞争性国企更多地偏好采用价格垄断、拒绝交易以及拒绝使用关键设施行为。

在我国现实生活中,某些公用领域引入了民营资本,市场需要靠公平竞争进行资源配置,存在很多竞争性国企,价格垄断行为在竞争性国企市场支配地位的滥用中最为常见,其价格垄断行为主要表现为超高定价,直接损害交易相对人利益的行为。尽管公用领域竞争性国企提供的产品和服务在价格上受到政府的监督甚至由政府直接定价，但是出于近些年来企业不断膨胀的盈利冲动，它们仍然会借助各种机会，在不受政府价格管制或政府价格管制不是很严或者疏于管制的领域，设法为自己牟取不正当的经济利益，如我国电信领域的收费以及民航业的收费与其他国家相比偏高即多少有此因素存在。① 因此竞争性国企对于价格垄断行为有行为偏好。

竞争性国企亦偏好于采取拒绝交易以及拒绝使用关键设施的行为。竞争性国企为了维持市场支配地位，排挤竞争对手，为潜在竞争者设置市场进入障碍，往往会偏向于拒绝向买方供应它在生产某种产品时所需要的某种生产原料，也会拒绝新的或者潜在的买方的供货请求，或者为了将自己的支配地位从原装设备市场扩张到零部件或服务市场等。② 具有市场支配地位的竞争性国企为了排斥在上、下游与其竞争的竞争对手，不向其提供相关原材料或者封锁销售网络，排除或者限制上、下游竞争企业的经营活动。并且竞争性国企其自身经济实力以及科技实力的强大以及有政府和国家的投资融资的优先支持，常常掌握着其他企业已经产生依赖性关系的必要产品技术以及信息，为其排挤竞争对手以及潜在竞争对手提供便利。竞争性国企由于历史的、政策性的原因，掌握着相关领域中的关键设施，从而凭借这些优势不与其竞争对手进行网络共享，在基础设施和网络设施的使用和建设方面对新进入市场的竞争者多方刁难，设置各种限制条件，抬高使用成本，对竞争者造成毁灭性打击。

（五）滥用行为因企业规模一般较大故更具破坏性

竞争性国企由于国家投资拥有雄厚的经济实力，加之对相关领域关键设施的掌握以及体制、政策上取得的优势地位，其实力和规模往往较

① 参见王晓晔：《公用企业滥用优势地位行为的法律管制》，载《法学杂志》2005 年第 1 期，第 29 页。

② 参见王晓晔：《中华人民共和国反垄断法详解》，知识产权出版社 2008 年版，第 144 页。

为强大,并且在竞争性国企没有彻底去行政化的情况下,竞争性国企的势力依然壮大,常常以“管理者”身份压制竞争,对资源具有绝对支配权力,谋求自身利益最大化。在市场竞争中,竞争性国企利用其市场支配地位力求一家独大,这就必然导致其滥用行为针对的市场竞争者众多、涉及的范围较广,滥用行为也就具有较大的侵害规模,导致其行为严重损害其他市场竞争者的利益,对消费者的合法权益具有较大的破坏性。无论是2011年中国电信中国联通对带宽和专线接入进行价格垄断以及“斩断流量”清理的行为还是2013年中石油陕西销售分公司打压众多第三方民营运输公司的行为,都是竞争性国企大规模实施滥用市场支配地位的行为、严重破坏竞争秩序并损害竞争者和广大消费者权益的有力证例。① 综上可以看出,竞争性国企滥用市场支配地位行为因行为的规模和范围一般较大,对市场竞争秩序、对竞争者和消费者的利益产生极大的破坏,既不利于相关领域技术创新和提升该产业国际竞争力,也影响了国家整体经济的稳健发展。

四、竞争性国企市场支配地位滥用法律判断之特殊性

竞争性国企市场支配地位滥用的法律判断,一般按照法律规定的四个条件因素逐一进行判断,但在判断中仍然具有其特殊性。

(一)相关市场判断的特殊性

企业经营活动总是在一定的市场范围内进行,经营者从事的各种各样的竞争行为也总是在一定市场内针对特定经营者或者消费者而实施的。脱离一定的市场范围,经营者的竞争行为以及其行为效果都无法予

① 中国电信中国联通“斩断流量”行为使得众多民营竞争者缺失了赖以生存的关键设施陷入用户大量退网的经营困境,经济实力遭到重创,亦使得上万网络用户没法正常使用网络,严重侵害消费者的合法权益。中石油陕西销售分公司打压众多第三方民营运输公司实施41倍之差的差别定价导致众多民营车运营者利润极低,生存空间被严重挤压,尽管2013年11月底300辆油罐车出现了罢工,数百名为其服务的成品油运输槽罐车民营车主要求取消内外有别的歧视性政策,至今仍没有恢复其平等竞争的权利。

以评价。相关市场是滥用市场支配行为的认定基准,在判定企业行为是否是市场支配地位滥用行为之前,即应首先确定是否有可能发生滥用行为的相关市场存在。①

在所有判定市场支配地位的滥用行为时,相关市场的界定都有同样重要的地位,它是判定竞争性国企市场支配力的影响范围的重要考查依据,易言之,是竞争性国企市场支配力大小的重要判定前提。在具有市场支配地位的竞争性国企中,大多数是处于公用竞争性领域的国企,往往掌握了广泛的销售和服务网络,对基础设施和网络长期使用更是加大了其市场支配地位存在的可能性。因此对于竞争性国企相关市场的认定也因为其多出现在公用领域而侧重于相关地域市场认定。早期存在的这些竞争性国企所在的公用领域因自然垄断性的存在,基于基础设施和网络建设的限制,一般在一个地区内国家只投资成立一家国企垄断该区域内的经营,通过划分地域市场的方式避免和减少因公用企业相互竞争而导致的成本增加和效益低下。由于这个历史的原因,这些公用领域自然垄断属性破除后,民营企业进入市场,竞争性国企与之展开竞争,多个竞争性国企仍然处于分割地域市场的状况,处于市场支配地位的竞争性国企由于其一系列优势会在原先划定的地域市场内实施反竞争的滥用行为。因此,对竞争性国企市场支配地位滥用的相关市场的法律判断上面更依赖对相关地域市场的判定。

(二)市场支配地位判断的特殊性

虽然我国《中华人民共和国反垄断法》(以下简称《反垄断法》)第17条第2款对市场支配地位做了规定,但判断经营者是否具有市场支配地位仍然是一个非常复杂的问题,各国立法和司法实践都将市场份额作为判断市场支配地位的主要依据。我国同样确立了以市场份额为主要依据的对市场支配地位的推定方法,加之其他因素如相关市场的竞争状

---

① 参见[美]赫伯特·霍温坎普:《联邦反托拉斯政策:竞争法律及其实践》,许光耀、江山等译,法律出版社2009年版,第87页。

况、行为实施者控制销售市场或者原材料采购市场的能力、行为实施者的财力和技术条件、其他经营者对行为实施者在交易上的依赖程度、其他经营者进入相关市场的难易程度等,来综合判断行为实施者市场支配地位是否存在。而对竞争性国企市场支配地位的判定方面,在认定市场份额后,更应重在对竞争性国企在相关市场较之其他经营者优势地位的考察。所谓优势地位,重在强调竞争性国企那些由于体制原因、历史遗留、改革不完善等种种原因而给竞争性国企提供的优于其他经营者的地位。① 比如竞争性国企改革不完善,政企分离中去行政化不够彻底,与行业主管部门有密切利益链接,竞争性国企与其他经营者在接受同样的管理时会有各种优惠待遇,对于一些特别许可审批或者审查会比其他经营者有较为宽松的标准,这些都是竞争性国企的优势地位。还有如竞争性国企对地方政府主管部门、行业监管部门决策的影响力,也是分析竞争性国企优势地位时不应该忽略的因素。

(三)市场支配地位滥用行为判断的特殊性

要断定某个经营者是否存在滥用市场支配地位行为,该经营者必须在现实中确实实施了滥用市场支配地位的行为,支配地位与滥用行为之间存在因果关系。

对竞争性国企滥用市场支配地位行为的判断上,与一般的滥用市场支配地位行为法律判断不同的是,应该首先将其行为性质认定清楚,因为竞争性国企滥用市场支配地位的行为可能本质是行政性垄断行为,若是行政垄断行为则应该按照行政垄断行为的规制制度对该行为进行规制。判定中分析,如果具有市场支配地位的竞争性国企从事滥用市场支配地位行为并不是由其自身的意志决定,而是受到相关政府部门的指示,或者是履行相关政府部门的政策和决策,那么其滥用行为的性质就

① 参见郑艳馨:《我国公用企业垄断力滥用之法律规制》,法律出版社 2012 年版,第 48 页。

转化为政府实施的行政性的限制竞争行为；[①]相反，如果具有市场支配地位的竞争性国企并没有受到相关政府部门的授权或者指示，纯粹是为了自身经济利益，利用市场支配地位从事限制、排除竞争行为的话，应当认定为滥用该市场支配地位的行为。这个判断在竞争性国企市场支配地位滥用行为判断中具有先行地位。

此外，竞争性国企滥用市场支配地位的行为可能通过对相关政府部门施加影响力，将滥用行为掩盖在合法的行政命令、行政政策之下，使滥用行为具有合法外衣极具隐蔽性，由此可知在判断竞争性国企滥用市场支配地位行为时还必须剥开这层合法外衣，判定掩盖这种行为的行政命令和行政政策是否以合法正当的理由和方式存在以及竞争性国企是否有利用影响力推动其产生和存在的情况。

（四）滥用行为目的及后果判断的特殊性

在判定经营者是否实施了市场支配地位滥用行为时，行为实施者实施滥用市场支配地位行为的主观目的和实际产生的后果也是必须考量的重要因素。对滥用市场支配地位行为合理性的排查，是反向证明行为实施者具有破坏竞争的目的存在的不可或缺的方式。

对竞争性国企滥用市场支配地位行为进行判断时，应该综合考虑：其滥用行为是否减少了本应存在的竞争；其滥用行为是否对其他经营者的公平交易权与自主交易权造成了损害；是否损害了用户或者消费者自主选择权、知悉真情权和交易公平权这些合法权益。因为竞争性国企极可能仗着经济实力雄厚、掌握着基础性决定性的资源和设施以及政府的庇护而不顾消费者权益肆意开展滥用市场支配地位的行为，而消费者与竞争性国企力量对比悬殊，常常在权益遭受侵害后投诉无门无法使合法诉求得以满足，并且侵害结果极易被掩盖，因此对于消费者合法权益侵害后果的判定对于竞争性国企滥用市场支配地位行为的判断尤为重要。

---

① 参见戴龙：《滥用市场支配地位的规制研究》，中国人民大学出版社 2012 年版，第 55 页。

此外,由于其行为具有很强的隐蔽性,并且作为主观性的判断,不易得出具体证据。但是竞争性国企作为国有企业,与其他经营者不同的是,它把部分利润(一般是10%左右)上交国家,竞争性国企会利用这个旗号,对外打着依法经营服务国家和社会大众的口号,给外界造成其没有因滥用行为获得高额垄断利润目的的假象,这就给目的的判定增加了难度。实际上,它将大部分垄断利润留下来,一部分作为公共积累,私分的也不在少数。因此,在判断竞争性国企是否具有通过市场支配地位滥用行为获取高额垄断利润的行为时,不能单纯看其财务报表所显示的盈利率的多寡,①还应该对其内部利润分配制度是否合理进行考查,生产成本与劳动力成本比值的合理性以及其对社会生产、效益的实际贡献与其所获得的利润比值的合理性这些因素进行考量。

五、竞争性国企市场支配地位滥用法律规制之特殊性

(一)规制主体的特殊性问题

我国《反垄断法》形成了由国家发改委和工商总局共同承担垄断协议、滥用市场支配地位以及行政性限制竞争行为规制的执法模式。对竞争性国企市场支配地位滥用的规制,人为地将其滥用市场支配地位的行为拆分为价格垄断行为和非价格垄断行为,分别由发改委和工商总局负责执法,因此将不可避免地引发针对某一个滥用行为必须先决定由哪个部门执法的问题。尤其是竞争性国企市场支配地位滥用行为,往往混合采用价格手段和非价格手段,这种执法分工体制和执法方式,不具备执法效率或者效果上的合理性,并且增加了对竞争性国企滥用市场支配地位执法的复杂性和不确定性,②加之竞争性国企自身的复杂性、与行政

① 参见郑艳馨:《我国公用企业垄断力滥用之法律规制》,法律出版社2012年版,第54页。

② 参见戴龙:《滥用市场支配地位的规制研究》,中国人民大学出版社2012年版,第187页。

机构利益的关联性，很容易带来两大执法机构围绕对其滥用市场支配地位执法产生争夺执法权限或者互相推诿执法责任、形成执法套利等诸多严重结果。此外，两个执法机构执法方式不同，受理执法的速度也不同，工商总局实行个案授权，省级以下工商行政管理部门没有直接处理自己辖区滥用市场支配地位案件，而省级政府价格部门对于辖区内滥用市场支配地位可以直接进行执法，不利于执法工作的协调与合作。

另外，竞争性国企掌握市场支配地位的领域多为公用领域，存在行业监管部门的管制，这样对于市场支配地位滥用的发生，则会存在行业监管部门以及反垄断执法部门的双重管制，协调不佳容易造成执法效率的低下、执法空白以及重复执法等问题，这样就需要行业监管部门发挥其熟悉行业内市场状况的优势，配合反垄断执法部门的执法工作，从旁协助配合，要求机构之间的信息交流与行动配合，[①]形成以反垄断执法机构执法为主，行业监管部门配合协助的执法模式，提高对竞争性国企滥用市场支配地位规制的执法效率以及进行公正合法的执法程序。

（二）法律责任的特殊性问题

根据《反垄断法》第七章第 47 条和第 50 条的规定，市场支配地位滥用的行为人需承担民事责任和行政责任。对于民事责任的追究，《反垄断法》仅在第 50 条规定"经营者实施垄断行为，给他人造成损失的，依法承担民事责任"。该规定高度抽象和概括，追究违反《反垄断法》民事责任有赖于最高人民法院 2012 年出台的相关司法解释。由于竞争性国企往往实力强大，并且与政府行政部门因为利益纠葛而有着千丝万缕的联系，使得竞争性国企对于消费者往往是肆意傲慢的态度，权益受到侵害的消费者、其他竞争者较难获得有效的救济。以行政责任为主的责任追究制度，不利于权益受损相对人得到应得的损害赔偿，竞争性国企市场支配地位滥用的法律责任制度设计上，需要将民事责任的追究摆在更为重要的位置，而且考虑到竞争性国企市场支配地位滥用往往与行政权力

---

① 参见史际春：《反垄断法理解与适用》，中国法制出版社 2007 年版，第 300 页。

的不当行使有着千丝万缕的关联，还应该在民事责任主体上增加行政垄断主体，明确共同实施滥用市场支配地位行为的行政主体承担民事赔偿责任，规定相应的国家赔偿制度。[①]

在民事责任的追究制度上，由于竞争性国企市场支配地位滥用的行为更多的具有隐蔽性以及协同性，被诉的垄断行为人和受害者常常存在信息不对称，要求一般民众对于相关市场进行界定，对竞争性国企具有市场支配地位进行举证往往非常困难，因此在竞争性国企滥用市场支配地位的民事诉讼中，人民法院应该根据市场结构和竞争状况对竞争性国企在相关市场内具有支配地位进行认定，给予被告提出相反证据推翻的权利，举证责任倒置，[②]以保障合法权利受损的消费者与其他竞争者得到有效的公力救济。另外，将民事责任与行政责任并重，可以弥补反垄断行政执法机构执法的滞后与纰漏，提起民事诉讼的方式可以使滥用行为更及时地得以发现和规制，私人诉讼与公共实施并行发展才能产生很大的威慑力，[③]防止因竞争性国企的国企身份而对其滥用行为网开一面的情况发生。此外，竞争性国企市场支配地位滥用行为作为隐蔽性垄断行为其造成的社会损失有明显的“涟漪效应”，[④]造成的社会损失不易确定，单一的实际损害赔偿并不能激发受害者特别是广大消费者对滥用行为的揭发与穷追不舍，[⑤]在我国反垄断民事责任制度中导入惩罚性损害赔偿对于竞争性国企市场支配地位滥用行为的规制有很强的必要性。

---

① 参见孙晋：《我国〈反垄断法〉法律责任制度的缺失及其完善》，载《法律适用》2009年第11期。

② 参见蒋岩波、喻玲：《反垄断司法制度》，商务印书馆2012年版，第222页。

③ 参见方小敏：《竞争法视野中的欧洲法律统一》，中国大百科全书出版社2010年版，第250页。

④ 参见郑鹏程：《反垄断法私人实施之难题及其克服：一个前瞻性探讨》，载《法学家》2010年第3期。

⑤ 参见丁国锋：《反垄断法律责任制度研究》，法律出版社2012年版，第367页。

考虑适度执法与最具威慑力的平衡,[①]可引进美国的胜诉酬金制度、集体诉讼制度等激励机制来完善。[②]

就滥用市场支配地位行政责任的追究,我国《反垄断法》规定了较为严厉的行政处罚标准,“责令停止违法行为,没收违法所得,并处上一年度销售额1%以上10%以下的罚款”,罚款数额看似比欧盟竞争法的罚款更为严厉。但是存在实际操作与理论的差别,实际中要清晰地界定违法期间并计算其违法所得,尤其是对于复杂而隐蔽的竞争性国企的滥用市场支配地位的行为。因此在对于竞争性国企滥用市场支配地位的行政处罚中,可以如欧盟委员会,直接根据其年度销售额进行罚款更有利于反垄断执法机构执法效率的提高以及对行为人的处罚和震慑。这种威慑性的经济利益调节方法对于势力强大的竞争性国企既合理又符合正义,它会使滥用市场支配地位的竞争性国企得不偿失,人类的理性选择和正义的法律责任设置迫使其不再从事违法行为。[③]

① 参见李俊峰:《垄断损害赔偿倍率问题研究——简论我国反垄断法草案的相关制度选择》,载《比较法研究》2007年第4期。

② 参见丁国锋:《反垄断法律责任制度研究》,法律出版社2012年版,第370页。

③ 参见李国海:《反垄断法实施机制研究》,中国方正出版社2006年版,第196页。

12

剔除附庸性:经济学之宏观调控的经济法改造*

——兼论国家投资经营法与宏观调控法的区别

漆思剑**

摘　要:经济法之宏观调控源于经济学之宏观调控。我国经济法学界之所以对宏观调控法的内涵和体系有不同的理解,关键在于有些学者全盘移植经济学的概念。由于学科特质不同,经济学之宏观调控具有与经济法之宏观调控不同的内涵。经济学之宏观调控原本是一种宏观政策工具,等同于国家干预经济;而经济法之宏观调控只是国家调节社会经济关系的一种方式;经济学之宏观调控的主旨是实现四个宏观经济目标,而经济法之宏观调控则立足于社会经济总体效率与社会经济总体公平。为了促进经济法学科健康发展,我们必须对诸如宏观调控之类的经济学概念进行相应的法学改造。

关键词:宏观调控;经济学之宏观调控;经济法之宏观调控

经过三十年的发展,我国经济法学的研究已经在很多方面取得了共识。比如,关于经济法的本质,逐步认同了经济法是国家管理经济之法、经济法体现了政府与市场之间的关系。在经济法的体系方面,从形式上

---

* 本文原载《政治与法律》2009 年第 3 期;《经济法学、劳动法学》2009 年第 6 期全文转载。

** 漆思剑,江西吉安人,博士,江西师范大学法学院副教授。

来看,对宏观调控法和市场规制法的性质与地位,已经取得了比较一致的认可,但对国家投资经营法或国有企业法的归属还有些争论。很多学者认为国家投资经营法不能作为经济法的独立组成部分,而应归属于宏观调控法之中。①

但是,倘若去除认同之下的面纱,我们发现,基本认同之下其实存在许多相左的观点。比如,就市场规制法而言,大体认同属于经济法独立组成部分;但对市场规制法的内部构造有不同看法。② 较之市场规制法而言,学者们对宏观调控法的理解存在更大差异,体现在对宏观调控法的内涵和体系的把握等多个方面。这些观点差别的存在,在一定程度上影响了经济法学科体系的发展和完善。

为此,本文从宏观调控的词源开始,分析了宏观调控法的内涵,指出我国经济法学界在宏观调控法概念使用上的某些混乱;对宏观调控法和国家投资经营法之间关系进行较为详尽比较;在此基础上论证了经济法体系组成部分之间的关系。

一、中国经济法诸学说宏观调控法内涵及构建之比较

在经济法学界,虽然大都认同宏观调控这一概念,也认同宏观调控法是经济法的组成部分。但由于宏观调控源于经济学,经济法学界对宏观调控法的界定就难免产生分歧。

因此,同样是宏观调控法,我国经济法学界对其内涵和内部体系的理解大不相同。有学者将宏观调控法定义为"国家对经济运行实施宏观

---

① 在我国经济法学界,这种观点相当普遍。相关观点可以参见潘静成、刘文华主编:《中国经济法教程》(第3版),中国人民大学出版社1999年版,第121~163页;单飞跃:《经济法观念论》,载《湘江法律评论》(第1卷),湖南出版社1996年版;王保树:《经济法原理》,社会科学文献出版社1999年版;王全兴、管斌:《经济法学研究框架初探》,载《中国法学》2001年第6期,第39~49页。

② 漆多俊教授认为,市场培育法也是市场规制法的内容。参见漆多俊:《经济法基础理论》(第4版),法律出版社2008年版,第4页。

调控过程中发生的经济关系”。[1]“需要国家干预说”认为,宏观经济调控是指国家从经济运行的全局出发,运用各种宏观经济手段,对国民经济总体的供求关系进行调节和控制。宏观调控法是调整宏观经济调控之法。该观点将宏观调控法律体系分为两大类:其一,规范指导性宏观调控关系的法律和法规,如产业调节法、计划法;其二,规范调节性宏观调控关系的法律、法规,如金融法、国有资产管理法、环境法、自然资源法、能源法等。[2]“国家协调说”认为宏观调控是指国家为了实现经济总量的基本平衡,促进经济结构的优化,推动国民经济的发展,对国民经济总体活动进行调节和控制。宏观调控法是调整在宏观调控过程中发生的经济关系的法律规范的总称。该观点将宏观调控法律体系分为计划法、投资法、预算法、税法、中国人民银行法、价格法等构成。[3]“经济管理与市场运行关系说”认为宏观调控法包括财政税收法、金融法、自然资源和能源法、环境保护法。[4]“国家调节说”认为,宏观调控法是调整国家对社会经济宏观调控中发生的各种社会关系的法律规范的总称;它对国家经济调节的方式主要是大量采用引导促进方式,对社会经济活动给予指导、鼓励、提供帮助和服务,引导和促进其按照国家所希望的方向和途径运行。[5]其功能和任务是规范国家宏观调控中各有关主体的行为,维护宏观调控秩序,保障国家宏观调控顺利进行和目标实现。该观点把

---

① 徐孟洲:《经济法的对象、根据和体系结构研究》,载徐杰主编:《经济法论丛》(第2卷),法律出版社2001年版。

② 李昌麟主编:《经济法学》,中国政法大学出版社2002年版,第400~405页。

③ 杨紫烜主编:《经济法学》,北京大学出版社2001年版,第7~22页。

④ 该观点有一个特别之处,就是经济法的调整对象与经济法体系的划分不一致。该观点把经济法调整对象界定为经济管理关系、经营协调关系、组织内部经济关系和涉外经济关系四部分;而经济法体系则包括经济组织法、宏观调控法、市场运行法和经济监督法四部分。可参见潘静成、刘文华主编:《中国经济法教程》,中国人民大学出版社1999年版,第26~40页、第305~439页。

⑤ 漆多俊:《经济法基础理论》(第3版),武汉大学出版社2000年版,第350页。

宏观调控法体系分为计划法、财政法、税法、金融法、价格法和产业政策法等组成。

上述对宏观调控的理解存在区别,不同定义之下宏观调控的内涵与外延不尽一致。究其原因,主要是经济法之宏观调控渊源于经济学之宏观调控所致。因此,厘清经济法宏观调控之内涵、对经济学之宏观调控进行法学改造是宏观调控法健全发展的关键所在。

二、经济学之宏观调控的经济法改造

经济法上的宏观调控原本是一个经济学概念。有不少学者把国家投资经营法归属于宏观调控法,在很大程度上就是因为对经济学和经济法之宏观调控没有进行必要的区分。①

我国经济法体系中的宏观调控源于西方宏观经济学,但宏观调控和宏观调控法的称谓却是我国特产。宏观调控一词最早出现于1984年《中共中央关于经济体制改革的决定》之中。1992年我国正式确立社会主义市场经济为改革的目标模式,为宏观调控的大规模使用提供了土壤。1993年的《中华人民共和国宪法修正案》作出“完善宏观调控”的明文规定后,宏观调控成为使用频率越来越高的概念。

经济法之宏观调控的界定离不开经济学中宏观调控的界定;但同时

① 在经济法学界,不少学者混淆了经济学与经济法之区别。比如,有学者认为,“经济法作为对经济关系的‘翻译’,其‘翻译’质量在很大程度上取决于对经济规律的认识,这就要依赖于作为探索经济规律之科学的经济学。是故,经济学对经济法和经济法学来说处于本源地位”。有学者以资源配置的帕累托最优原则作为经济法基本原则。而对于经济法具体制度的研究,经济学的渗透更为普遍,如直接搬用经济学概念,以经济理论论证经济法律制度的建立、变迁与合理性,运用经济理论评价经济法律制度的运行绩效。关于经济法体系的研究,也受到经济学体系的影响。比如,有学者把经济法体系分为宏观经济法和微观经济法,移植经济学术语来划分经济法体系。相关观点可以参见王全兴、管斌:《经济法学研究框架初探》,载《中国法学》2001年第6期;刘水林:《经济法基本原则的经济学与法哲学解释》,载《法学研究》1998年第5期;卢炯星:《宏观、微观经济法理论及体系完善》,载《现代法学》2006年第5期。

必须体现法学的内涵,不能把经济学中的概念搬到法学中来。准确来说,西方经济学中没有出现宏观调控一词,而只有"宏观政策工具"之说。① 在20世纪30年代,凯恩斯在理论上论证了国家干预经济的必要性,创立了宏观经济学。此后,宏观经济学成为了西方经济学的重要组成部分,也是国家干预经济的主要学说。在现代西方经济学中,宏观也成为与微观相对立的一个领域,具有明确的界定。一般而言,宏观专指一个国家,一个地区经济生活中总量方面的问题,包括国民生产总值、国内生产总值和国民收入之类的总量;社会商品,服务的总供给与总需求;劳动力的供给与需求;货币的供给与需求;国家预算的收入与支出,结余与赤字;对外贸易的出口与进口,外汇收支的顺差、资本的流出与流入之类的总量及其对比关系;相应的经济增长率,物价水平和通货膨胀率、工资率和就业率,利息率和汇率之类的总量及其对比存在相互决定关系的比率等。②

其实,西方经济学的宏观和微观不是一对范畴。微观经济学的基础是单个消费者、厂商和生产要素价格;而宏观是研究经济总量,是用不同标准进行的划分。正如斯蒂格利茨所说:"事实上,这就存在关于经济的两种不同的体制。在一种体制下,当经济系统的资源没有得到充分利用时,应用宏观经济学原理;在另一种体制下,当经济系统的资源得到充分利用时,就应用微观经济学原理。这两种不同的、几乎没有联系的体制反映在如何写教材和讲课上,无论先讲微观经济学还是先讲宏观经济学都没有差别……经济学界已经逐渐认识到宏观经济行为必须与其背后的微观经济学原理联系在一起;只有一套经济学原理,而不是

① 笔者查阅了我国和西方国家的经济学流行教材,如[美]斯蒂格利茨:《经济学》(第2版),梁小民、黄险峰译,中国人民大学出版社2000年版;[美]保罗·萨缪尔森、威廉·诺德豪斯:《经济学》(第17版),萧琛等译,人民邮电出版社2004年版;高鸿业主编:《西方经济学》(第2版),中国人民大学出版社2000年版;等目前非常流行的经济学教材,都没有找到宏观调控一词,只有宏观政策工具一说。

② 黄达:《宏观调控与货币供给》,中国人民大学出版社1997年版,第2页。

两套。”①斯蒂格利茨的经济学教材就没有把经济学截然分为微观经济学和宏观经济学两部分。

为了实现所谓的宏观性经济目标,必须采取必要的经济政策。在斯蒂格利茨和萨缪尔森等西方著名经济学家看来,宏观调控相当于宏观经济政策的运用。② 这些经济政策不仅包括计划、财政、税收、金融、价格、产业政策等经济杠杆,也包括反垄断和国有化等政策。可见,在西方经济学中,宏观政策工具(调控)几乎可与国家干预通用;国家为弥补市场缺陷对国民经济进行调节和控制的各种措施都可归纳为宏观政策工具,包括反垄断、国家投资、各种宏观经济手段。所以,在西方经济学中,市场规制和国家投资经营(国有化)也是西方经济学所谓的宏观政策工具。目前非常流行的西方经济学的经典教材除了涉及到财政、税收、金融、价格、产业政策等宏观政策工具外,对反垄断、国有化和私有化也都涉及。③

因此,经济学之宏观调控明显不同于经济法之宏观调控。经济学的宏观政策是从广义上理解的,其前提是自由经济。因此,大凡国家对经济的干预都是宏观经济政策。对应经济法领域,不仅包括宏观调控法,还包括国家投资经营法,也包括市场规制法。如果把经济学概念照搬到经济法学领域,那经济法也应更名为宏观调控法了。这一点,经济法学界是不可能接受的。而在经济法学看来,宏观调控只是国家调节社会经济关系的一种方式,是与市场规制和国家投资经营具有同等地位的概念,是从狭义上理

---

① [美]斯蒂格利茨:《经济学》(第2版),梁小民、黄险峰译,中国人民大学出版社2000年版,第7页。

② [美]斯蒂格利茨:《经济学》(第2版),梁小民、黄险峰译,中国人民大学出版社2000年版,第17页;[美]保罗·萨缪尔森、威廉·诺德豪斯:《经济学》(第17版),萧琛等译,人民邮电出版社2004年版,第336页。

③ [美]斯蒂格利茨:《经济学》(第2版),梁小民、黄险峰译,中国人民大学出版社2000年版,第305~325、365、872页;[美]保罗·萨缪尔森、威廉·诺德豪斯著:《经济学》(第17版),萧琛等译,人民邮电出版社2004年版,第134~166页。

解的。再者,经济法之宏观经济政策着眼于提高经济总量,而经济法之宏观调控不仅要提高经济总量,还要促进国民经济整体(包括区域之间、行业之间)协调、健康发展;经济法之宏观经济政策立足于充分就业、价格稳定、经济增长和国际收支平衡四个目标,而经济法之宏观调控融入了价值判断,引入了社会经济公平,立足于社会经济总体效率和社会经济总体公平。这些差异,是经济法和经济法学之宏观非常显著的区别。

故此,经济法中的宏观调控的内涵比经济学中的宏观调控要小得多。相形之下,“国家调节说”对经济法之宏观调控的理解比较科学。“国家调节说”认为,宏观调控法是调整国家对社会经济宏观调控中发生的各种社会关系的法律规范的总称;它对国家经济调节的方式主要是大量采用引导促进方式,对社会经济活动给予指导、鼓励、提供帮助和服务,引导和促进其按照国家所希望的方向和途径运行。① 宏观调控法涉及社会经济生活的宏观和总体,是在其宏观和总体的某些关键和必要部位实行国家调节的法律,是一种更自觉主动的调节,是现代国家高度主观能动性的体现。② 其功能和任务是规范国家宏观调控中各有关主体的行为,维护宏观调控秩序,保障国家宏观调控顺利进行和目标实现。该观点把宏观调控法体系分为计划法、财政法、税法、金融法、价格法和产业政策法等组成。其实,西方国家对经济进行宏观干预主要措施就是财政政策与金融政策,这一点与国家调节说的宏观调控外延有较大相同之处。国家调节说从法律调整的社会关系、调整对象和调整方式入手,对经济学中的宏观调控进行了法学改造,很好地把经济学中的宏观调控和经济法中的宏观调控区别开来。

因此,仅仅从国民经济总量角度难以把握宏观调控内涵。追根溯源,在凯恩斯之前,没有宏观调控这一概念;宏观调控的出现当是西方国家干预经济的结果。如果把经济学的概念照搬到法学领域,那就没有民

① 漆多俊:《经济法基础理论》(第3版),武汉大学出版社2000年版,第350页。

② 漆多俊:《论经济法的本质、体系与核心》,第五届全国经济法理论研讨会论文。

法和商法,而应合并为微观经济法了。如果变换角度,我们发现从国家调节社会经济的方式入手来理解宏观调控更为确切,因为法律本身就是为解决新的社会经济关系而产生的。所以,严格说来,宏观调控法应该正名为宏观促导法更为合适。在经济法中,只有国家从国民经济协调发展角度而运用财政、税收、价格等经济杠杆来引导经济时才是宏观调控。国家在运用这些政策工具时,只起促导作用。所谓促导,就是国家为调节社会经济,使其协调、稳定和发展,而对社会经济生活各主体及其行为予以引导、促进、帮助和提供各种必要服务。虽然国家凭借公权力进行宏观调控,但市场主体自由决定是否接受国家调控,国家不能强制其遵守。另外,"促导"也很好地与参与和强制区分开来。国家在"参与"时处于其中,"强制"时居于其上,而"促导"时处于其外,在其前面引、后面促、旁边左右帮。① 国家在运用这些调节方式时,其身份与态度是不同的。国家通过综合运用这些调节手段,促进国民经济协调发展,达到国家调节经济之目的。

经济法学概念与经济学概念的区别,不仅体现在宏观调控方面,在反垄断方面也如此。经济学意义上的垄断,主要是一种对事实状态的客观描述,无是非判断的主观认识;而法律意义上的垄断往往要区分合法垄断与非法垄断,并由此对非法垄断作出否定性评价。经济学对垄断的研究主要集中在市场结构上,对市场行为关注较少;而法律意义上的垄断研究则在考虑市场结构的基础上,重点关注垄断行为。在西方发达国家,经济学在研究垄断问题时,主要考虑市场集中程度,较少区分为国家垄断和私人垄断;而其反垄断法在区分国家垄断和私人垄断的基础上,主要规制私人垄断。② 这一点,日本经济法学界也意识到了。比如,金泽良雄认为,在反垄断方面,经济学中有效竞争标准,并不能直接照搬成为《禁止垄断法》运用的标准。因为,经济学上的理论仅仅是确立了一

---

① 漆多俊:《经济法基础理论》(第2版),武汉大学出版社1996年版,第30~31页。

② 相关观点可参见种明钊主编:《竞争法》,法律出版社2005年版,第204~205页。

般抽象的某些经济法则；对之，法律的运用只是为了解决个别具体的案件。[①] 法律是调整特定关系的规范，经济学中涉及的经济关系，经济法只能调整其中的一小部分。如果经济法学一定要与经济学相对应，那又会走上大经济法的老路。

由此发现，虽然经济法中的宏观调控概念有赖于经济学中的宏观调控，但两者差别甚大。[②] 如何把经济学名词改造成经济法学名词，值得我们深入研究。[③] 在对宏观调控法的改造过程中，必须明确其本质和任务、调整对象和调整方法、调控主体的权利与义务、调控原则、法律责任，引入价值评价标准，等等。这也是我国经济法学界今后的一个重大课题。

三、本质和任务、调整对象和调整方式的差异性——宏观调控法缘何不能包纳国家投资经营法

在经济学理论中，不少学者把国家投资经营法归属于宏观调

① [日]金泽良雄：《经济法概论》，满达人译，中国法制出版社2005年版，第207页。

② 在我国法学学科的研究中，政策附庸性是一种比较普遍的现象。这一点，在经济法之外也存在。比如，我国的行政法学有三种主要流派：最初是管理论学派，主张行政法是管理法，曾在我国计划经济体制时代以及原苏联、东欧国家流行。20世纪90年代后，因为《行政诉讼法》《行政复议条例》《国家赔偿法》《行政处罚法》等法律颁布，根本上否定了行政法是管理法的观点。管理论向平衡论演变，认为行政法应着眼于建立和维护民主和效率有机统一和协调发展的法的秩序，行政法应该是平衡法。在法治大背景下，许多学者不赞成平衡论，主张控权论。主张行政法是控制政府滥用行政权力的法。这种转变，反映了一个问题，就是我国行政法的研究在某种程度上也成为国家行政政策的附庸，正如经济法成为经济政策附庸一样。法律附庸于经济和政策是我国法学研究的一个主要特点。反映了我国的法学研究还没有把握法学的一般规律。相关观点可参见姜明安主编：《行政法与行政诉讼法》(第2版)，北京大学出版社、高等教育出版社2005年版，第98～102页。

③ 学科之间相互借鉴也是正常现象。法律的许多术语来自道德和政治范畴。比如，权利、义务、责任等来自道德范畴；自由来自于政治领域。但这些概念在不同学科的具体内涵不尽一致。虽然经济法与经济学存在某种天然关系，但经济法也必须对经济学领域的概念进行法学改造。

控法。[1] 这种观点造成了较大的负面影响，教育部1998年的法律专业调整方案的课程设置也采纳了这一观点。[2]

为什么宏观调控法不能包纳国家投资经营法？因为它们具有不同本质和任务、不同的调整对象和调整方法。

这一问题，其实涉及法律部门的划分标准。法律部门的划分标准经历了几次变化。最初的部门法标准是古罗马的私法与公法的划分。罗马法认为，公法涉及罗马帝国的政体，私法则涉及个人利益。[3] 这种标准与当时罗马政治社会与市民社会的二元对立的政治体制是分不开的。因此，它是兼具政治和法律双重性质的划分标准。中世纪则实行双重划分标准，按照社会集团的不同而把法律划分为领主法、农奴法、商人法等；按照区域把法律分为庄园法、城市法等。资本主义革命之后，西方国家逐步建立和完善了法律体系，比如出现了《五法全书》《六法全书》等法典编纂运动，必然要考虑划分法律部门。可是，它们并没有对划分部门法的标准进行系统理论论证，而是“做而不述”。但从把法律划分为五法或六法来看，大抵与调整的社会经济关系有关。

相对而言，日本、苏联在这方面作过不少论证。经过多次论证，把调

---

① 李昌麟主编：《经济法学》，中国政法大学出版社2002年版，第400~405页；潘静成、刘文华主编：《中国经济法教程》（第3版），中国人民大学出版社1999年版，第121~163页；单飞跃：《经济法观念论》，载《湘江法律评论》（第1卷），湖南出版社1996年版。

② 1998年，教育部调整专业与学科，实行大法学格局，取消了大学本科经济法专业设置。原来属于经济法学教学与研究范畴的公司法、破产法、票据法、保险法、证券法被归属于商法学范畴；工业产权法被归属于知识产权法学范畴；经济合同法则归属于民法学范畴。经济法学则作为法学专业的十四门核心课之一，主要研究对象被定位于宏观调控法与市场规制法领域；而国家投资经营法被归属宏观调控法。当然，这次调整有它的积极意义，它宣告了大经济法观点的彻底破产；但把经济法研究对象定位于市场规制法和宏观调控法、国家投资经营法归属于宏观调控法的观点，也给我国的经济法研究带来了某些不良后果。

③ 参见［罗马］查士丁尼：《法学总论》，张企泰译，商务印书馆1997年版，第5~6页。

整对象和调整方法综合起来,作为部门法划分标准。这一标准也得到了我国法理学界和经济法学界的广泛认同。① 虽然有不少学者对这一标准持不同看法,②但目前没有任何一个具有说服力划分标准。把调整对象、调整方法等作为标准,大致可以界定各部门法之间关系,也可以在一定程度上反映各部门法产生的原因及其主要目的所在。③

当然,把调整对象、调整方法作为划分标准也存在很多缺陷,④目前很多部门法不是按照调整对象和调整方法,或者不是按照单一的调整对象和调整方法建立的。⑤ 因此,仅靠这一标准难以对全部的部门法进行划分,本文在这一标准之上加上了部门法的任务与本质,进行综合考虑。也就是说,本文把部门法的本质与任务、调整对象与调整方法综合起来,

① 法理学界的观点可参见张文显:《法理学》,法律出版社 1997 年版,第 100 页;李龙:《法理学》,武汉大学出版社 1996 年版,第 328 页;佟柔:《佟柔文集》,中国政法大学出版社 1996 年版,第 156 页。经济法学界的观点可参见杨紫烜、徐杰主编:《经济法学》(第 3 版),北京大学出版社 2001 年版,第 27 页;李昌麒:《经济法——国家干预经济的法律形式》,四川人民出版社 1995 年版,第 208 页;刘文华主编:《新编经济法学》,高等教育出版社 1993 年版,第 35 页。经济法学界的观点还可以参考肖江平:《中国经济法学史研究》,人民法院出版社 2002 年版,第 183 ~ 185 页。

② 史际春:《探究经济与法互动的真谛》,法律出版社 2002 年版,第 18 页;黄建水、粟丽:《经济法基本理论构建历程之反思》,载《河南大学学报》(社会科学版)2004 年第 3 期。

③ 有学者认为,根据调整对象和方法是很荒唐的事情,认为法律部门的形成在于法律的精神和理念。我们认为,调整对象和调整方法等也体现法律的精神,因为能说明法律产生的原因和目的。但是,精神和理念之类的客观精神(非客观实在)作为划分法律部门的标准也没有足够的说服力。相关观点可参见邓峰:《组织、市场与政府的协调与调整——经济法的回顾与展望》,载《清华法治论坛》(第 6 辑),第 117 ~ 146 页。

④ 比如说,民法调整平等主体间的财产关系和人身关系,但这些关系并非全部由民法调整,也可以由商法、刑法等部门法来调整。

⑤ 比如,农业法、林业法等是按照行业而制定的法律部门;教师法、公务员法、残疾人保护法是按照法律主体而制定的法律部门。

作为法律部门的划分标准。[1] 但就亚部门法而言,本文认为完全可以按照调整对象和调整方法的标准来划分,因为是在既定的社会经济关系之下进行再划分。[2]

宏观调控法调整国家在对社会经济活动中实行引导、促进过程中所发生的社会关系。主要包括国家规划制定和实施过程中国家机关、国家机关同企业、事业单位和其他社会组织之间的关系;国家各项经济政策制定和实施中有关各方之间的关系;国家在运用各种调节手段过程中有关各方的关系。[3] 在宏观调控过程中,国家主要运用价格、税率、利率、汇率等经济杠杆进行促导性调节。而国家投资经营法主要调整国家投资经营过程中有关各方主体间的社会关系;主要是运用国家直接参与的方法对经济进行调节。[4] 由于宏观调控法和国家投资经营法具有不同的调整对象和调整方法,因此它们的地位等同,都是经济法体系的独立组成部分。在国外,宏观调控法与国家投资经营也严格区分,比如德国,从来没有将国有企业(公有企业)作为宏观调控工具。[5]

两者调整对象和调整方法的不同,也引发了另外一个重要区别,那就是国家在调节经济时的身份不同。在宏观调控法中,国家不直接参与,而是完全以国家经济管理者的身份出现,身份是单一的。而在国家投资经营法中,国家直接参与,具有管理者和经营者的双重身份。也就

---

① 如果这样,是否会犯“多种标准交叉划分”的逻辑错误?应当不会,因为所有法律部门相加,会超过任何一个划分标准之下的外延。换言之,现在的部门法本身就是按照多重标准制定的。因此,只能用多重标准。

② 亚部门法是在部门法这一前提下划分的。因为部门法都是调整一定的社会关系,因此,在一定的社会关系之下,再运用调整对象和调整方法标准,能够较好地对部门法之下的亚部门法进行区分。比如,在民法之下,运用调整对象和调整方法标准,能够把物权法、债权法、知识产权法、人身权法等亚部门法区分开来。

③ 漆多俊:《经济法基础理论》(第3版),武汉大学出版社2000年版,第109页。

④ 漆多俊:《经济法基础理论》(第3版),武汉大学出版社2000年版,第313页。

⑤ 朱秋霞:《德国国有企业私有化的原则、方法及对我国的启示》,载《开放导报》2005年第2期。

是说,国家在进行宏观调控时,仅仅是以局外人的身份进行;而国家在投资经营时,则具有局外人和局内人的双重身份进行。① 国家这种双重身份,也是国有企业与民间企业存在较大差异的主要原因之一。国家身份的这种特别之处,也决定了调整方法等辅助性标准在认识经济法本质和体系时的重要性。②

宏观调控法与国家投资经营法的区别,我们也可以从另一个角度进行论证,那就是从体制角度来理解。在宏观调控中,国家对社会经济引导促进,形成了"国家计划(规划)——经济政策——调节手段"为轴线的宏观调控体系。为了完善宏观调控,国家进行了政治体制改革,涉及的是政府职能问题,中心内容是把国家经济调节权从行政管理权之中分离出去。比如,为了强化金融调控,中国人民银行从隶属于财政部的旧体制中独立出来,加强了宏观调控职能;之后,银监会也分离出来,具体负责行政管理;而中国人民银行专事宏观调控。宏观调控很多问题属于政治体制问题,涉及的主要是国家行政权和经济调节权相分离等方面。

而国家投资经营的完善不仅涉及政治体制,也涉及经济体制,与我国的国有企业改革相联系。我国国有企业制度既是政治体制问题,也是经济体制问题。因此,较之宏观调控,国家投资经营涉及的问题要复杂得多。就国家方面,涉及国家的行政管理权、经济管理权、国有所有权、国家经营权;企业方面涉及企业财产权、企业经营权等问题。在所有权能中,国家行政权和所有权是国有企业改革中最为关键的问题,因为行政权是一项公权力,而所有权是一项至高的权力。另外,在国有企业改

① 陈云良:《局外人还是参与者——区分国家干预市场时的双重身份》,载《湖南省政法管理干部学院学报》1999 年第 6 期。

② 漆多俊教授认为部门法划分标准是以调整对象为主,同时兼顾调整方法、基本功能、调整任务等方面,主张通过调整对象和辅助标准相结合全面揭示部门法特征。法理学界也有类似观点。参见漆多俊主编:《经济法学》,武汉大学出版社 1998 年版,第 63 页;沈宗灵:《法理学》,高等教育出版社 1994 年版,第 326 ~ 330 页。

革中,除了涉及行政权和所有权外,还涉及国家经济调节权问题,那就是如何正确界定和行使国家经济调节权,以促进国民经济协调、稳定发展。① 国有企业是国家投资经营主要形式,而国家的多种身份和多项权能纠缠在一起,国有企业改革问题也因此错综复杂,成为世界经济发展的哥德巴赫式的难题。

四、服从与从属关系:国家投资经营法服从而不从属宏观调控法

也有学者认为,国家投资经营要服从国家的宏观调控,基本上属于国家宏观调控范畴;因此,国家投资经营法也属于宏观调控法。这种观点值得商榷。

国家在进行投资经营时,确实要服从国家的宏观调控政策。国家要根据国民经济全局来决定投资的规模、方向、重点,选择进退时机,与国家宏观调控政策尽可能保持一致。但这不能说明国家投资经营法从属于宏观调控法,因为这是由国家投资经营法和宏观调控法在调节经济时的特点决定的。国家投资经营是对市场唯利性的弥补,主要从局部入手;而宏观调控则比较具有全局性。这也是宏观调控能成为最重要的调节经济手段、宏观调控法已经或正在成为经济法体系核心的主要原因。

这种服从而非从属关系在经济法组成部分之间比较普遍。比如,市场规制法也服从宏观调控法,如对中小企业卡特尔的联合限制竞争行为的豁免,以及对维护整体经济和社会公共利益的企业集中规制的豁免等,都服从宏观调控法。但我们不能据此认为市场规制法从属于宏观调

---

① 刘文华教授认为,在市场经济中,国家具有三重身份(行政管理者、经济管理者、国有资产所有者),行使三种职能(行政管理职能、经济管理职能、国有资产所有者职能),实现三次权利分离(行政管理权与经济管理权相分离、经济管理权与国有资产管理权分离、国有资产所有权与经营权或法人财产权相分离。可参见刘文华:《中国经济法的基本理论纲要》,载《江西财经大学学报》2001 年第 2 期。

控法。我们可以美国为例来说明。美国对企业合并限制较严格，五项反托拉斯法律中有三项与企业合并有关，即《谢尔曼法》、《克莱顿法》和《塞勒—凯弗维尔法》。可是，美国历史上发生过五次企业合并浪潮。第一次发生在1890～1904年，称为垄断性合并，诞生了像通用电器、杜邦、柯达等世界著名的大公司。第二次企业合并浪潮1916～1929年，称为寡头性合并。这两次合并没有受到反垄断法的非难，主要是认为限制合并与美国自由竞争传统不符。罗斯福新政期间的《国家工业复兴法》被罗斯福视为第一个“百日”的辉煌成就。《国家工业复兴法》的第一部分“工业复兴”中止了反托拉斯法，允许企业家团体制定自己的竞争、生产和销售的准则，即“公平竞争法规”。20世纪五六十年代，美国追求经济霸主地位，反垄断法作用甚微，第三次合并浪潮便发生在这期间。进入20世纪70年代，美国在经济的很多领域失去了绝对优势地位，许多人认为严厉的反托拉斯法的实施是其主要原因之一。为了提高美国企业在国际市场上的竞争能力，联邦政府在里根和布什当政期间，对反托拉斯法的实施采取了比以前大为缓和的做法。在里根政府时期，推行供应学派主张，放宽政府对私人生活的某些控制。美国企业第四次合并浪潮便发生在这一时期。20世纪90年代，为了适应世界经济结构调整和全球经济一体化进程，大企业的合并又掀起了一次新的浪潮，产生了像在线和时代华纳之类的合并。① 克林顿政府时期，对反垄断法的执行比较宽松，对大公司的合并大开绿灯，使美国掀起了一股新的合并浪潮。可见，在后三次合并中，反垄断法服从宏观调控政策，以更好地促进经济发展。

国家投资经营法有时还要服从市场规制法。国家投资经营后，国有企业成为重要的市场主体，但它通常也要受制于市场规制法，以便更好维护公平竞争的市场环境。除了执行国家的产业政策外，国家投资经营

① 朱汉民：《垄断、竞争与市场规制——美国的经验与中国的实践》，载《中南财经大学学报》2001年第2期。

之后,也和其他主体地位平等,进行公平竞争。国家所为的经济性垄断和行政性垄断,都应该在反对之列。我们能否说国家投资经营法也属于市场规制法呢?

故此,由于宏观调控法调节经济时具有全局性特点,是目前或今后最为重要的国家调节经济的法律。因而不仅国家投资经营法服从宏观调控法,市场规制法也要服从于宏观调控法。[①]

可见,由于调整方式的差异性,国家投资法和反垄断法都要服从宏观调控法,但这不等于说宏观调控法包括反垄断法,也不能说宏观调控法包括国家投资经营法。服从与从属之间存在本质区别。

从以上分析可以发现,在我国经济法学界普遍性存在的宏观调控法包含国家投资经营法的观点,在很大程度上是受到了西方经济学的影响,没有对西方经济学的一些概念,特别是没有对宏观调控(宏观经济政策)进行必要的法学改造。笔者在前文已经就此进行了分析和评价,在此不再赘述。

五、我国经济法体系之构建及相互关系

可见,宏观调控法和国家投资经营法是地位平等的亚部门法,都是经济法体系的独立组成部分。如果从国家调节社会经济关系的方式入手,我国经济法体系大致可以分为市场规制法、宏观调控法、国家投资经营法三部分。三者之间分工合作,共同构成完整的经济法体系。

由于本质和任务、调整对象和调整方法的不同,经济法的三个基本构成在经济法体系中有具体分工。市场规制法是为了排除垄断和由其产生的限制竞争行为,以及各种不正当竞争行为对自由竞争的妨害和对价值规律的扭曲,促进社会经济本身固有的调节机制即市场调节充分发

---

① 邱本教授认为,宏观调控法以市场竞争法为依归,即宏观调控法服从市场规制法,认为这是由市场经济的竞争本质所决定的。参见邱本:《经济法总论》,法律出版社 2007 年版,第 212 页。

挥作用。国家投资经营法调整的是国家投资经营关系,它是国家从社会经济的全局和长远发展着想,以国家财力的直接投入和运营,达到调节经济的目的。它是国家的一种主动调节。宏观调控法则是国家在洞悉社会经济的现状及其发展规律的基础上,通过经济计划和经济政策中介,运用各种经济调节手段,引导和促进社会各经济主体的经济行为,实现国家调节的预定目的。这是更进一步更自觉的国家调节,是国家经济职能高度主观能动性的体现。

由于都是围绕国家调节经济而展开,经济法三构成之间往往又互相配合、综合运用。[①] 国家在反对某些垄断和限制竞争行为的同时,对于另外某些垄断和兼并却容忍,甚至鼓励和扶助;在反对私人垄断的同时,国家却通过投资开办国有企业等方式直接参与进行国家垄断,实行国家投资经营;即使在反垄断过程中,国家在采取强制性措施的同时,也往往运用有关经济政策和经济杠杆,引导和促进垄断企业的行为转向;或者扶助中小企业的发展,以抵御垄断企业的排挤和侵害。

国家在参与投资经营活动的同时,要注意避免国家垄断的滥用,也随时关注私人垄断和某些国有企业垄断对于社会经济的影响,并随时予以限制和禁止;国家重视根据国家宏观经济计划和经济政策,从宏观调控总体角度来规划和安排国家投资活动,确定国家投资的规模、方向和重点,并运用各有关经济政策和经济杠杆引导和促进国家投资和国有企业的发展。

国家在进行宏观调控时,往往把市场规制和国家投资经营二者也纳入加以统筹规划。国家在运用经济计划(规划)、经济政策和经济杠杆对社会经济进行宏观调控时,不排除采用某些强制作法,不放弃继续贯彻国家的垄断和竞争政策;也不放弃采用国家参与的作法,而继续进行某些必要的投资经营活动;国家在投资建设和完善各种公共设施的同时,又为广大企业提供了必要的经济活动环境和条件,因而又是一种国

① 漆多俊:《经济法基础理论》(第4版),法律出版社2008年版,第21页。

家经济促导方式。

因此,宏观调控法、国家投资经营法和市场规制法三者之间不是绝然对立,而是相互配合的。有时,表面上看起来很矛盾,其实具有内在一致性。这一点,在各国都如此。比如,金泽良雄认为,在当前的日本经济法领域,最基本的矛盾是禁止垄断的政策和促进垄断的政策相互并存。"二战"后迄至昭和二七年(1952 年)不仅承认垄断,甚至还向促进方向发展。并认为产业政策就是一个典型。① 三者之间具有内在一致性,它们之间的关系是围绕国家调节经济之目的而展开。

随着社会化和全球化发展,宏观调控法已经或正在逐步成为各国经济法体系核心。因此,国家在进行宏观调控时,往往把反垄断和限制竞争、国家投资经营纳入其中,统筹规划。宏观调控法、国家投资经营法和市场规制法三者之间的关系更加密切了。

① [日]金泽良雄:《经济法概论》,满达人译,中国法制出版社 2005 年版,第 189 页。

13

国有企业法是经济法体系不可或缺的部分
——“三三理论”对经济法的重大贡献

孙光焰*

摘　要：市场固存唯利性的缺陷，因此，需要国家投资经营法对其进行调节。国家投资经营法、市场规制法和宏观调控法是经济法体系重要的三构成，是经济法不可或缺的组成部分。三者在国家调节经济过程中相互协调，经济法体系才能完整。但大多数经济法教材都不将国有企业法纳入经济法体系之中，因此很有必要加大对国有企业法研究的力度。国有企业是国家参与投资经营活动的主要方式之一，因此，关于国有企业的组织和经营管理的法律——国有企业法，作为国家投资经营法的一个重要组成部分，在经济法中具有重要地位，应该纳入经济法的体系之中。国有企业法目前乃至今后较长一段时间内依然会是经济法的重中之重。研究和完善国有企业法关系到经济法体系的完善和国有企业改革的成效。

关键词：国有企业；国有企业法；国家投资经营法；经济法体系

一、现状分析：对国有企业法地位的认识及其缺陷

国家投资经营，是指国家以其所拥有的资产投资参与生产经营活

* 孙光焰，湖北汉川人，博士，中南民族大学法学院教授、副院长。

动。[1] 国家直接投资开办企业——国有企业,是国家参与投资经营活动的主要方式之一。但是关于国有企业法的具体归属,经济法学界有相异的观点。诸多学派将国有企业中的问题分化不同的部分分别归入经济法不同的构成部分之中。这明显是失当的,且不利于国有企业的发展。

国有企业法是经济法中国家投资经营法的核心组成部分。不能归入宏观调控法和市场经济法的体系之中,更不能将其置于经济法的体系之外。国家的投资与经营都是国家直接参与调整国家投资经营过程中有关各方主体间社会关系,克服市场唯利性的活动,是一个连贯性的活动,二者具有不可分割的共性。同时不能忽视国有企业所具有的特性,才能准确把握国有企业法在经济法中的地位。但在经济法学界诸多学说往往将投资与经营割裂,忽视国有企业法兼具公法性和私法性双重属性,以至于经济法体系混乱,国有企业法地位尴尬,甚至是被忽视。在1992 年中央决定建立社会主义市场经济体制以前,我国实行有计划的商品经济时期,经济法的独立地位还存在争议,与民法、行政法的关系还没完全厘清,这个时期对国有企业法的重视还不够,只是粗略的提及,甚至对经济法的体系内容都还十分模糊。如王家福教授出版的经济法书中就将经济法的体系分为经济民事法律、经济行政法律和经济劳动法律;[2]李昌麒教授早期观点也经济法体系划分为包括计划法、财税法和经济合同法。[3] 这个时期的诸多学说具有鲜明的时代特征,同时也具有时代局限性。诸多观点已经更新或被淘汰,关于国有企业方面的法律制度也不符合现今的发展趋势。

1992 年我国开始建立市场经济至今,诸多关于经济法的学说百家争鸣,关于国有企业法律规制方面的观点也纷繁复杂。如早期刘隆亨教授将经济法体系划分为市场经济主体法、市场经济运行法、宏观调控与

---

① 漆多俊:《经济法基础理论》(第 4 版),法律出版社 2008 年版,第 215 页。

② 相关观点参见王家福:《经济法要义》,中国财经出版社 1988 年版。

③ 相关观点参见李昌麒:《经济法基础理论》,法律出版社 1986 年版。

经济监督法、资源分配与保护法、社会经济保障法、对外经济关系法。将国家投资经营法纳入市场经济主体法和宏观调控与经济监督法中。[①]这就导致国家投资经营法在经济法中不具有独立的地位,国有企业法在经济法体系中的地位也十分模糊和混乱。“社会公共性说”的代表人王保树教授认为经济组织法(或企业管理组织法)是调整平等主体之间的商事关系的法律规范,虽然其中带有某些公法的性质,但是不属于调整社会公共经济管理关系[②]的领域,而且与政府适度干预经济无关,因此不属于经济法的范畴,应该划入商法的范围。[③] 将国有企业的相关内容简单的纳入产业法范围,归纳为产业政策法。该观点存在以下缺陷:第一,忽视了国有企业兼具营利法人和公益法人的双重性质,具有公法和私法的特性,忽略了国有企业与国家之间的紧密关系,由此导致在此学说中忽视了国有企业法的作用;第二,将国有企业法简单归为宏观经济管理法中产业法的部分,对国有企业仅从国家宏观层面进行管理,忽视了国有企业内部经营管理的部分,现实中无法实现国有企业应具的职能,也会对现如今混合所有制改革造成阻碍,降低国有企业的引导力和影响力。潘静成、刘文华主张的“管理经营说”将经济法体系分为经济组织法、经济管理法和经济活动法。国有企业法是经济组织法的主要部分。[④] 该观点也有值得商榷之处:第一,国有企业私法性特征和营利性功能被忽视,无法完整体现国有企业的特性,国有企业功能发挥空间有欠缺;第二,国有企业主要强调公有制企业,偏重强调其公法性质,不符合当前混合所有制改革的趋势的和要求。同样的缺陷也出现在以李昌麒为代表的“需要国家干预说”上,该学说把国有资产管理法律制度和

---

① 刘隆亨:《经济法简论》(第5版),北京大学出版社2001年版,第13~17页。

② 王保树将经济法调整的对象归纳为以社会公共性为根本特征的经济管理关系。

③ 相关观点参见王保树:《经济法原理》,社会科学文献出版社2004年版,第71~72页。

④ 相关观点参见潘静成、刘文华:《经济法》,中国人民大学出版社1999年版,第94、143页。

企业法律制度分别纳入宏观调控法和市场主体法中。[①] 第一,分离了国有资产与国有企业的共性;第二,企业法律制度的内容多为商法内容,不具有经济法的属性。简单归为企业法律制度,不能完整体现国有企业的特性。"国家协调说"将国有企业组成部分割裂为全民所有制工业企业法和国有资产管理法律制度,且将二者分开归入经济组织法和宏观调控法。[②] 这种划分值得商榷:第一,国有资产的投资和经营是一个连贯性的不可分割的过程,国有企业的经营管理是以国有资产为基础,如此划分会影响国有资产运行的效率和国有企业经营管理的效率。第二,该划分中全民所有制工业企业法律制度主要阐述的是商法和行政法的内容,内容只简单涉及国有企业设立、变更和终止、政府与国有企业的关系、企业内部经营管理等,却没有涉及国有企业设立目的、国有企业与国家经济体制改革的关系、国有企业与民营企业之间的区别等方面的内容,基本是没有涉及经济法的属性。

以上缺陷的存在,追根溯源是逻辑起点的混淆,而"三三理论"就严谨论证,对经济法体系构成作了合理的构建。不论是国有资产的投资还是国有企业的经营都主要是国家为了弥补市场唯利性的缺陷直接参与市场经济的活动,二者具有不可分割的共性。国家投资经营法的基本内容和体系要通过相应的法律制度加以体现和得以实施。按照国家投资经营全过程的各环节及其立法,国家投资经营基本法律制度主要包括国有资产管理制度、国家投资管理制度、国有企业经营管理制度、国家投资与国有企业的调整改革制度。鉴于这些管理体制密切关联、相互衔接,形成一个完整的有机体系,对于其中任何一个环节,如果撇开其他环节,

---

① 相关观点参见李昌麒:《经济法学》,中国政法大学出版社 2002 年版,第 439 ~ 453 页。

② 相关观点参见杨紫烜、徐杰主编:《经济法学》(第 3 版),北京大学出版社 2001 年版,第 292 ~ 324 页。

就难以说得清楚,如果要说清楚,则必然重复累赘。①

二、追根溯源:国有企业法纳入经济法体系的依据

(一)逻辑起点——市场的唯利性是国有企业法生存的根源

逻辑起点是国有企业法纳入经济法体系的理论基础。现代国家干预经济的理论基础是市场缺陷理论。② 从经济法的产生历程来看,市场缺陷理论是经济法产生的根本原因。国家调节乃是针对市场缺陷引起的市场失灵而采取的救济措施。③ 市场存在市场障碍、市场唯利性及市场调节的被动性和滞后性三个固有的缺陷,因此,国家有针对性地采取国家干预、国家直接投资经营及引导调控的方式恢复市场的调节功能,由此构成市场规制法、国家投资经营法及宏观调控法的经济法三构成。国有企业法作为国有投资经营法的核心部分,其在经济法体系中的独特地位也是以市场缺陷为逻辑起点,经得起实践检验。

漆多俊教授的"三三理论"是经得起考验的理论。总结中外经济法的产生和发展历程,经济法体系构成的逻辑起点即是市场缺陷。1980年美国颁布《谢尔曼法》就是第一个旨在排除市场障碍而授权联邦政府干预市场经济的法案。之后的罗斯福新政,国家更加全面干预经济,出现了国家投资经营法和宏观调控法,主要就是运用以上三种方式调节国家经济。德国的经济法的构建也是基于市场缺陷理论,国家调节经济的方式也主要是国家干预、国家直接投资经营及引导调控三种方式,即使

① 相关观点参见漆多俊:《经济法基础理论》(第4版),法律出版社2008年版,第227页。

② 不少学者认为,我国等转型国家经济法是源于国家统制经济,不同于西方国家的市场经济,认为我国经济法不适用市场缺陷理论。但我国的经济法虽然起源于国家统制经济,然而我国实行依然是市场经济体制,因此,必然会出现市场缺陷,不可否认需要法律来进行调节。所以,不能以此否认市场缺陷的逻辑起点地位。

③ 相关观点参见漆多俊:《经济法基础理论》(第4版),法律出版社2008年版,第24~25页。

是出于战争需要,但是国家较全面统制的经济中所采取也主要还是国家直接干预的方式。总结中国经济法的构成也主要采取以上三种方式,经济法体系也符合“三三理论”的构成。

经济法逻辑起点的定位偏失必然导致经济法体系的混乱。这也是目前经济法学派林立,经济法体系难以统一的重要原因。市场缺陷的研究源于经济学,但是经济学市场缺陷的研究始于市场失灵,力求从政府方面采取措施克服市场失灵。由于经济法与经济学的紧密关系,许多经济法学者也遵循此基点来研究经济法。

市场缺陷与市场失灵是两个相关联的独立概念。二者体现的是现象与本质关系,不可混为一谈。正是由于市场不是万能的,存在固有缺陷,才导致市场失灵这一现象的产生,因此市场失灵只是市场缺陷的结果,是市场缺陷的外在表现形式,追根溯源,逻辑起点应该是市场三缺陷,而不是其外在表现形式市场失灵。但不少经济法学者没有严格区分市场缺陷与市场失灵,将经济法体系构成的逻辑起点定位于市场失灵,并由此判断国家调节的方式,以此决定经济法的体系必然导致偏颇和失当。“国家调节说”在严格区分市场失灵和市场缺陷的基础上,以及在对市场机制深入地研究的基础上,对市场缺陷进行科学的总结和划分,创造性的提出国家调节乃是针对市场缺陷引起的市场失灵而采取的救济措施。

由此可总结出,经济法的产生根源于市场缺陷的存在。国家针对性地采用三种调节方式克服市场固有的三种缺陷,为了有效规制国家调节经济的活动,进而产生经济法的三构成。而市场唯利性是市场三缺陷之一。为了克服市场唯利性的缺陷,国家通过国家参与直接投资经营方式进行救济,国家投资经营法应运而生。国有企业法作为国家投资经营法的核心,是经济法体系中不可或缺的一部分,是国家投资经营法中独立的部分,尤其是在国有企业改革的风口浪尖,国有企业法的地位更加地凸显了出来,发挥它的作用,否则经济法的体系就会不完整。

（二）特性考察——国有企业法的性质和特征

国有企业法是国家投资经营法的核心，是经济法体系中不可或缺的组成部分。国有企业改革没有间断过，追根溯源，原因在于市场唯利性的缺陷一直存在。同时，国有企业兼具营利性和公益性、公法性和私法性等特殊的属性，导致国有企业于国家存在密切的关系，是国家直接参与投资经营调节经济的重要方式。国有企业在国民经济中的作用不言而喻。因此对国有企业组织和行为的规范必然是重中之重。

从大的方面，国有企业法从属于国家投资经营法，故国有企业法是针对市场唯利性的法律，有其特殊的调整对象和调整方式。有区别于其他法律部门的特性。国有企业一直是我国经济体制改革的中心环节，国有企业改革必将经历较长时期，在当前及今后一段时间内，关于国有企业，特别是关于它的改革的立法，仍将主导我国的整个经济方面的立法，仍将在经济法体系中占据重要地位。①

国有企业具有一般企业的基本特征，同时作为一种特殊企业，有其特殊性，有必要立法对其进行特别规制。

第一，国有企业与国家有密切关系。国有企业是国家直接参与经济活动的重要手段，在国民经济中有着举足轻重的作用。在我国国有企业成立初期，其资本构成全部或最主要来自国家投资。国家以归其所有的资产（国有资产）出资，投入企业运营。国家实际对国有企业享有所有者权利。由于国家出资在企业总出资占据绝对优势，国家实际控制了该企业的经营决策。虽然后来国有企业推行股份制改革，但是国家作为出资人的地位并没有改变，国家在推进国有企业改革中仍起着重要作用。第二，国有企业兼具营利法人与公益法人的特点。国有企业一般有营利的目的，但往往不以营利为其唯一目的，一些国有企业成立之初的宗旨就是为了实现国家的经济政策，为了国民经济的总体和长远发展或者其

---

① 漆思剑：《论国有投资经营法在经济法中的地位》，载漆多俊主编：《经济法论丛》（第17卷），中国方正出版社2009年版。

他方面的国家或社会利益的实现,达到国家调节经济的目的。① 第三,国有企业兼具私法人与公法人的特点,国有企业分担一定的国家职能,但主要又从事生产经营活动,在对国有企业严格管理的同时又赋予其相当的自主权。它的组织与活动所使用的法律具有公法性,但又有许多适用其他一般企业法的具有私法性质的条款。第四,国有企业所依据和适用的法律有特殊性。国有企业同其他企业一样都必须依法设立,也适用一般企业法的许多一般性规定,但在企业的宗旨、企业设立程序、企业的权利义务、国家对企业的管理关系等方面相比较一般企业而言,又有很大区别:一是在宗旨上具有营利性和公益性;二是在设立程序上更为严格和复杂;三是国有企业往往享有许多政策性优惠和某些特权,同时也受到诸多政策性的限制;四是在国家对企业管理上,国有企业受到国家以政权和所有者双重身份的支配和管理。

由于生产社会化使分工越来越细化,提高生产效率的需要,以及在社会公共产品供给中存在商业类投入和公益类投入的失衡,再加上生产效率和市场有效资源的缘由,这成为对国有企业进行分类监管的逻辑起点和原因。虽然我国国有资产管理体制改革取得了重大进步,但是在现阶段还存在多头管理,权责不清;国资委角色尴尬,政企不分;国有企业分类粗糙,不够细化等制度困境。针对这些问题,中央为国有资产管理设定了"管资本"的终极目标。② 但是管理主体的混乱,导致权利的分配存在冲突和权利的制衡难以实现,导致对代理人的监督和激励的缺失。再加上管理主体的政企难分,因行政权力的扩张而导致过度干预。致使以"管资本"目标的实现仍存在很大的困难。资本不同于资产,资本以股东的角度强调对所有者的投资和应享有的权利的保护,而资产更多的

① 相关观点参见漆多俊:《经济法基础理论》(第4版),法律出版社2008年版,第235页。

② 罗华伟、干胜道:《顶层设计:"管资本"——国有资产管理体制构建之路》,载《经济体制改革》2014年第6期。

是以企业的角度保护法人的财产权。二者的区分是实现所有权与经营权的基础,当所有者不直接从事企业具体经营管理时,就会委托专门的经理人。这就形成所有者管资本,经营者管资产的结构。在理想的架构之下,首先,应保障所有者的权利,包括收益权、监督权和运作权①等资本权利,同时也应保障经营者的经营自主权的管资产的权利。其次,严格区分管资本和管资产的界限,所有者行使权利不能干预经营者的经营自主权,即严格所有权与经营权的分离。同时形成权利之间的制衡。推进国有资产管理架构的优化和升级,由以前两级架构升级为三级架构,由国资监管机构、国有资本投资运营公司和国有企业分层各司其责,逐步解决政企不分的历史痼疾问题,使政府和企业界限明确,以产权管理为纽带,突出国有资本运作。同时,在国有企业内部实行完善的公司法人治理结构,两者有效结合,最终实现国资委从"管资产"向"管资本"转变。

三、地位审视:国有企业法在经济法中应有的地位

依据漆多俊教授的"三三理论",市场存在唯利性的固有缺陷,因此需要国家参与直接投资经营的方式进行克服,由此需要国家投资经营法进行规制。国有企业作为国家投资经营法中的核心,也是国家以克服市场唯利性为逻辑起点参与市场经济活动的一种重要方式,在我国市场经济体制改革中有着举足轻重的作用。

(一)国有企业既是国有投资的主体又是国有投资的客体

国有企业在国家投资中扮演着双重角色,既是国有投资的主体又是国有投资的客体。

国有企业运用国有资产进行投资、经营管理,以实现国有资产"保值增值"的经济效益和特定的社会效益。从这一角度来看,作为国有资产

---

① 运作权,是指涉及产权变更或可能导致产权变更的重大事项的决策权,如企业解散、合并、分立、上市、申请破产以及重大投资等。除之外则应为企业自主经营权范畴。

具体的投资经营者,为实现国有资产的商业目的和公益目的,国有企业是国有投资的主体,是国有资产实际的投资经营者。国有资产效益的实现无疑依赖于国有企业的经营管理。如果国有企业能够正确处理企业内部的关系,优化公司治理结构,而且正确利用外部环境进行投资经营。那么国有企业就具有很强的竞争力和活力,国有资产也就更有效地发挥它应有的功效。同时国有企业是国家运用国有资产进行投资的客体,国家是国有企业主要的投资人,国有企业是国有投资的主体(具体投资经营者),又是国有投资的客体(国家运用国有资产投资的对象)。在此基础上力求国有资产管理和监督的功效,对商业类和公益类国有资产实行分类分部门监管,以及实行不同考核标准。综合分析各类国有资产的特点,建立新型国有资产监管组织体系。国资部门("老板",负责"挣钱",国资保值增值)和财政部门("老板娘",负责"持家",提供公共产品和服务)是国有资产监管机构和国有资本运营和投资公司的出资人代表,国有资本运营和投资公司是国有股权的实际出资人和持股人,国资企业则负责具体生产经营活动。① 实行在国务院总体领导之下"财政部/国资委——国资运营、投资公司——国有企业"三层监管架构。其中,组建和完善国有资本投资、运营公司是国有资产管理的重要环节。2016 年 7 月,国企改革中选择神华集团、宝钢、武钢(现已合并为宝武钢铁)、中国五矿、招商局集团、中交集团、保利集团 7 家企业开展国有资本投资公司试点。虽然试点已经在进行探索,但在探索中应该注重以下三个要点:第一,探索国有资本专业化运营的有效路径和管理经营模式;第二,明确国资委与国企间的关系,提高国有资本的监管效率;第三,加强国有资本投资、运营公司内部的管理模式改革,实行市场化的企业经营机制。总之,不论国有企业是国有投资的主体还是国有投资的客体,都共同证明国有企业在经济中的重要地位,不可忽视。

---

① 国家发改委经济体制与管理研究所课题组:《以管资本为主加强国资监管的总体思路》,http://www.china-reform.org/? content_595.html,2017 年 1 月 7 日访问。

（二）国有企业改革法在我国经济体制改革中处于至关重要的地位

我国实行生产资料社会主义公有制，国有经济长期居于领导地位，并成为国民经济的主要成分，特别是众多的国有大中型企业掌握着国家的经济命脉，控制着各种重要的生产和流通。以至于关于这方面的立法在整个国家经济立法中占据重要的地位，国有投资经营法目前在经济法体系中有着重要的地位，作为国有投资经营法中的核心部分，国有企业法仍将主导我国整个经济体制改革方面的立法，其仍将在经济法体系中占据重要地位。[①] 甚至可以说，国有企业改革法就是一部浓缩的经济体制改革法。

从20世纪70年代末开始，中国开始进行经济体制改革，总结改革的历程，国有企业改革一直备受关注，是改革的核心部分。我国经济体制改革其中一个至关重要的环节就是国有企业改革。虽然国有企业改革已经取得了不错的成果，但是仍有许多需要改善的地方。为了推进经济体制改革，推进国有企业改革的步伐从未停止，国家不断地颁布和修订关于国有企业改革的法律、法规。这也使关于国有企业方面的立法在整个经济法立法中的地位越来越重要。

我国的国有企业兼具营利性和公益性的特点，不简单体现一种经济关系，还有政治关系的因素。我国经济体制改革与国有企业改革的紧密关系也决定国有企业法在相当长的时间内仍将是我国经济体制改革的中心，国有企业法依然是经济法体系中的核心组成部分。

目前，我国国有企业正在进行混合所有制改革，我国经济体制改革正在一步步深化，国有企业经营管理也越来越复杂和多样化。在以公有制为主体、多种所有制经济共同发展前提下，协调国有企业内部关系以及协调不同利益主体间的关系，是改革中必须面对的巨大挑战。十八届三中全会以后，国有企业改革进入混合所有制改革的继续深化阶段，突破的同时也为国有企业在这种模式下的公司经营管理提出新的要求和

① 漆多俊：《经济法基础理论》（第4版），法律出版社2008年版，第226页。

挑战。如何明确混合所有制中国有资本和非公有资本的股权结构？如何完善公司的治理结构？都是当前的急需探索并解决的问题。

国有企业混合所有制改革有其特有的历史使命。之所以推进混合所有制改革，是因为混合所有制有利于协调不同利益主体之间的关系，缓解各主体之间的矛盾，促进经济社会和谐有效的发展；有助于更好发挥国有企业在市场经济中的主导作用，进一步增强国有企业的活力和影响力；有益于为相关行业注入活力，对非公有制经济健康发展有引导和激励作用。虽然改革取得一定成果，但是在完善其公司治理结构方面仍存在不小的压力，仍有较多问题需要解决。国有企业改革中还存在一系列问题亟待解决，国有企业改革推进成效关乎着整个经济体制改革的推进成效。虽然国有企业改革循序渐进地取得了斐然的成效，但是不能忽视存在的问题。探究混合所有制改革下国有企业的公司经营管理模式，优化国有企业的公司治理结构，协调公有制与非公有制的关系并促进双方和谐发展，是我国国有企业继续深化改革的重要探索，对缓解社会矛盾，促进经济协调健康发展具有重要意义。国有企业混合所有制改革是推动国家产业升级、优化产业结构、提高国有企业竞争力和民营企业活力的重要手段，也是实现经济社会协调发展的重要途径。①

认清国有企业的上述重要特性对推动国有企业改革具有重要意义。国家可以从把握国有企业的重要性为基础来正确处理政府与企业的恰当关系，以此制定和完善合适的国有企业法。同时在现阶段提倡对国有企业分类监管的视角下，对公益类的负担较多政策任务的企业，加强其公益性的功能，进行必要适当的控制和管理；对商业类的以营利为主要目的的国有企业，则应该强化其营利性，更多地以保值增值为目标。两类国有企业分开监管，增强各自的功能性。

---

① 杨红英、童露：《论混合所有制改革下的国有企业公司治理》，载《宏观经济研究》2015 年第 1 期。

国有企业在我国经济体制改革中一直是关注的重点，虽然目前淡化了国有企业成立之初的革命性目的，强调其调节经济的功能，但是不能否定其在国民经济中的地位。国有企业在今后很长时期仍然会是改革的核心。

（三）完善国有企业法仍有较长的路要走

我国国有企业的产生不同于西方国有企业产生之初就主要承担调节经济职能，我国国有企业一开始带有强烈的政治色彩，经济调节功能被弱化，之后才慢慢被重视。不同于许多西方国家，国有企业改革之前都会先出台法律。我国国有企业改革主要是国家的政策推动，然后出台法律进行规制。关于规制国有企业方面的法律还存在诸多缺失。而关于国有企业的治理模式可谓一直在探索中，并没有成型。那么国有企业法的地位就变得尤为重要，完善国有企业法是时代形势赋予其的历史使命，国有企业法必定会推动我国国民经济的快速发展，对我国经济体制改革产生巨大的推动作用。经过多年的努力，我国经济法学界关于经济法体系已经达成诸多共识，比如市场规制法和宏观调控法是经济法体系中不可缺少的部分。但是关于国家投资经营法中国有企业方面的法律规制还十分欠缺。现如今，我国正在对国有资产管理体制进行全面而重大的改革，由“管资产”向“管资本”转变；国有企业已在推进国有大型企业股份制改革取得重大成就，目前正在推进混合所有制改革，完善公司治理结构，建立健全公司法人治理结构。这无疑将是一个长期的艰巨的任务。

国有企业是在国家直接参与投资经营的基础上的一种克服市场缺陷的方式，以国有企业为中心管理国有资产是完善国有企业法的重要内容。现阶段国有资产管理体制仍然存在不少问题。国有企业改革一直是进行时，一直在路上。改革开放至今，国有企业改革在不断探索和推进，国有资产管理体制也在不断改善，取得进步。我国是社会主义公有制国家，公有经济的主体地位是社会主义经济基础制度，不可动摇。国有经济是公有制经济的重要构成部分，是其他部分不能替代的。国有企业作为国有经济投资运营的重要主体,是国有资产的主要表现形式,特别是经营类国有资产集中于国有企业中。不同类型的国有企业有不同的特质,存在不同的职能定位,以前不加以区分的“一刀切”造成职能的混乱和经营效率的低下,在公益上甚至相互推诿和“搭便车”现象,一概而论既不科学,也不合理。因此对不同类型的国有企业的国有资产进行甄别和分类监管是国企改革应有之义和可行之道,符合生产力发展规律和国企改革方向。现阶段对不同职能的国有企业进行不同的监管模式的改革思路形成不久,还在初期探索阶段,理论研究和实践操作都还不成熟。总体而言,我国国有资产管理方式在不断优化,由直接管理向间接管理转变,多头管理向专业集中管理转变,行政化管理向市场导向转变。但是这不是一个一蹴而就的过程,需要很长的路要走。

从经济体制改革的维度,国有企业改革的成效是判断社会主义市场经济是否完善的重要指标。市场经济体制改革成效与国有企业改革的成效密切相关,如果国有企业在克服市场缺陷的功能没有实现,那么国家调节经济的职能就不能有效实现,市场经济体制就很难完善。国有企业法无疑贯彻我国国有企业改革的全过程,会贯彻到我国市场经济完善的全过程。

14

我国宏观调控概念法律属性之探讨

吴伟达[*]

摘　要:造成我国宏观调控理念和模式落后的原因是多方面的。但作为宏观调控概念中法律属性的缺失无疑是众多原因中一个重要的,也是长期被人们忽视的原因。宏观调控法律属性的缺失给宏观调控法发展形成阻碍。因此,科学界定宏观调控概念的法律属性和内涵,尽快制定基本法层次的宏观调控法,是解决宏观调控概念法律属性缺失的路径。

关键词:法律概念;法律属性;宏观调控

改革开放近四十年来,与市场经济相伴而生的宏观调控得到了长足的发展,且大有常态化和泛化的趋势。然而,宏观调控的常态化并没有推进中国宏观调控法治化的进程,政府宏观调控行为大多仍以行政命令或行政决策等非法治的方式进行。显然,这一现状是与十八届三中全会提出推进国家治理体系和治理能力现代化目标精神不相吻合的。因为《中共中央关于全面深化改革若干重大问题的决定》明确指出,“推进社会领域制度创新,加快形成科学有效的社会治理体制”。①“科学的宏观

---

* 吴伟达,浙江诸暨人,博士,浙江财经大学法学院教授。

① 《中共中央关于全面深化改革若干重大问题的决定》(2013 年 11 月 12 日中国共产党第十八届中央委员会第三次全体会议通过),载《求是》2013 年第 11 期,第 18 页。

调控,有效的政府治理”,是发挥社会主义市场经济体制优势的内在要求。笔者认为,造成我国宏观调控理念和模式落后的原因是多方面的。但其中一个很重要的原因在于,宏观调控法体系中一个最基本的法律概念——宏观调控——之法律属性的缺失。由于我国至今没有通过立法赋予宏观调控概念法律属性或法律特质内涵,致使人们在政务活动或日常生活中,更多地从政治学、经济学或社会学的角度去解读“宏观调控”。正如漆多俊先生指出,“‘宏观调控’,如今在中国这是使用频率最高的词语之一,可谓妇孺皆知有这么一个词儿。但社会各界所理解的含义颇不一致。经济法学界也普遍使用它,认为经济法立法体系中有一个重要组成部分便是‘宏观调控法’。但即使在经济法学界内部,对于‘宏观调控’和‘宏观调控法’的内涵和外延的理解也并不十分明确和一致”。①

因此,从这个意义上来说,宏观调控概念法律属性缺失已成了中国宏观调控法治化的障碍。而要解决这一问题,就必须对造成宏观调控概念法律属性之缺失的成因进行分析和研究,以寻求解决的途径。

一、宏观调控概念的多维解读

基于历史原因,“宏观调控”一词在中国已被人们赋予多重的内涵或属性。因此,处于不同社会阶层的人们,对“宏观调控”解读的视角自然是不同的。

1. 作为政治概念的宏观调控

在中国,“宏观调控”是一个充满政治色彩的概念,往往与执行党的执政方针、执政路线和治国方略密不可分。1984 年《中共中央关于经济

① 参见漆多俊教授为《宏观调控法律责任研究》(张德峰著,中国方正出版社 2009 年版)一书所作的序。

体制改革的决定》中首先使用了“宏观调节”这一概念，①其含义跟现在的“宏观调控”基本上是一致的。1989 年 11 月，中共中央十三届五中全会的决议指出：“进一步完善各项改革措施，逐步建立符合计划经济与市场调节相结合原则的经济、行政、法律手段综合运用的宏观调控体系。”②之后，这一概念被广泛使用于中共中央和国务院的有关文件中。③可以说，所有的宏观调控政策都是依据党中央的会议精神制定的。国务院和国务院各部门的具体宏观调控政策或法规其实就是党中央治国方略的具体化。各级党委和政府既是宏观调控政策的制定者又是执行者，能否很好执行宏观调控政策往往成为考核地方政府和党委政绩的一个重要指标。④ 就连在一般人看来，置身于宏观调控事外的最高法院，也基于政治上的考虑，通过颁布司法解释、司法政策以及审判会议纪要的方式，多次介入宏观调控，以期“有效地契合当时政治经济生活的需要”。⑤

2. 作为经济概念的宏观调控

早在 20 世纪 90 年代，我国经济学界就有学者从经济学角度对宏观调控展开研究。如高鸿业主编的《西方经济学（下册）》（中国经济出版社 1996 年版），佟福全、李玉平合著的《当代资本主义宏观经济调节》

---

① 《中共中央关于经济体制改革的决定》（1984 年 10 月 20 日，中共中央十二届三中全会通过）。

② 《中共中央关于进一步治理整顿与深化改革的决定》（1989 年 11 月 9 日，中共中央十三届五中全会通过）。

③ 黄挽澜：《宏观调控行为法治化的反思与重构》，载《南通大学学报》（社会科学版）2010 年第 2 期，第 44 页。

④ 根据《关于切实稳定住房价格的通知》（国办发明电〔2005〕8 号）、即“老国八条”第 2 条，“省级人民政府对本地区稳定住房价格工作负总责，同时要落实市、县人民政府的责任……对住房价格上涨过快，控制措施不力，造成当地房地产市场大起大落，影响经济稳定运行和社会发展的地区，要追究有关负责人的责任。”

⑤ 鲁篱：《论最高法院在宏观调控中的角色定位》，载《现代法学》2006 年第 6 期，第 112 页。

(中国物价出版社 1992 年版),王乃学的《宏观调控失效与微观基础建设》(经济科学出版社 2001 年版),林兆木等编著的《市场经济体制宏观调控的国际比较》(中国经济出版社 1994 年版)。

综观经济学界对宏观调控概念的界定,经济学界对宏观调控的内涵仍没有达成共识。持"广义论者"认为,宏观调控等同于政府干预,将市场失灵的所有表现都作为宏观调控的依据,因而将政府的所有经济职能都纳入宏观调控的范畴。"狭义论者"则认为,宏观调控仅指运用财政政策和货币政策调节社会总需求,其理论基础是凯恩斯的"有效需求理论"。"特色论者"认为,中国的宏观调控是属于中国特色的国民经济管理行为,是基于中国经济转型的实践衍生的理论概念,从目标选择到手段选择都不能用经济学理论来解释。①

另外,我们从学术期刊——"中国知网"上搜索发现,经济学界更多地喜欢使用"宏观经济政策"或"宏观调控政策"来阐述其有关宏观调控的思想。

3. 作为法学概念的宏观调控

早在 20 世纪 80 年代,就有学者认为经济法是调整"宏观管理的纵向关系"(但不包括计划指导的纵向关系)的法律,率先将经济法表述为宏观调控法。② 1993 年《中华人民共和国宪法》修改后,随着市场经济体制的确立,更有学者直接以《宏观调控法》为题系统地对宏观调控展开研究。③ 从那时开始至今,各类以宏观调控为题的法学文章和著作已多得不胜枚举。宏观调控已成为我国经济法学界研究的热点。正如漆多俊先生指出的:"现在大家都在谈宏观调控,经济法学界都同意宏观调控

① 徐澜波:《规范意义的"宏观调控"概念与内涵辨析》,载《政治与法律》2014 年第 2 期,第 88 页。

② 孙亚明:《纵向经济法论》,载《中国经济法诸论》编写组编著:《中国经济法诸论》,法律出版社 1987 年版,第 57 页。

③ 卢炯星主编:《宏观经济法》,厦门大学出版社 2000 年版,第 26 页。

法是经济法的一个重要组成部分。但对于什么是宏观调控缺乏界定,似乎宏观调控是个筐,什么都往里面装。"①

我国经济法学界对宏观调控概念作了"大""中""小""微"四种界定。有学者认为,这四种观点在经济学意义上界定和诠释宏观调控的内涵是完全没有问题的,但要在法律规范意义上确定宏观调控的内涵还不全面。② 这里的"法律规范意义确定",根据笔者理解,其实就是指从法律概念层面对"宏观调控"的内涵予以界定。

4. 作为法律概念的宏观调控

法理学认为,根据法律概念的内容,可以将其分为原本的法律概念和非原本的法律概念。前者如不当得利、契约、合同解除等;后者如暴力、杀害、放火等。因此,从传统部门法角度考察,作为法律概念的宏观调控不是一个原本(基本的)的法律概念。根据公法与私法划分的标准,我国法学界一般将宏观调控法划入公法范畴。因此,从这一划分标准看,作为法律概念的宏观调控是一个公法概念,而不是私法概念。

作为法律概念的宏观调控是对各种宏观调控法律现象或法律事实加以描述、概括的概念。但它本身不是法律规则、法律原则,而是表述规则和原则之内容的工具。它不能独立于宏观调控法而存在,因为它不是一个完全独立的法的要素,而必须依附于宏观调控法法律规则或法律原则。由于我国至今没有《宏观调控法》,所以也就没有依附于《宏观调控法》的法律概念——"宏观调控"。"宏观调控"至今还不是一个法律概念。

《中华人民共和国宪法》(以下简称《宪法》)第15条第2款规定:"国家加强经济立法,完善宏观调控。"基于宪法这一条款,有学者就直

---

① 漆多俊:《法学的困惑与创新》,载漆多俊主编:《经济法论丛》(第12卷),中国方正出版社2006年版,第11~12页。

② 徐澜波:《规范意义的"宏观调控"概念与内涵辨析》,载《政治与法律》2014年第2期,第88页。

接提出,“宏观调控”已正式成为一个法律概念。① 那么,我们能否由此得出结论:“宏观调控”就是一个法律概念呢?笔者认为,判断“宏观调控”是不是一个法律概念,并不能单纯依靠《宪法》第15条规定。事实证明,宪法条款中诸多名词概念,并不一一都成为法律概念或者具有成为法律概念可能或必要。而且,将一个缺失法律属性的宏观调控看作一个法律概念,在实践上是有害的。因为这将虚估中国宏观调控法治化的水平。笔者认为,“宏观调控”是不是一个法律概念,关键还得看其自身有没有作为一个法律概念应有的法律属性。

二、宏观调控概念法律属性的缺失现状考察

作为法律概念的宏观调控反映的是人们对具有法律属性的宏观调控的思维形式。而这一法律属性是作为法律概念的宏观调控不可分离的、基本的特性,是宏观调控法律层面质的表现。

属性除了事物本身所固有的性质外,还体现为事物与其他事物之间的关系。这是因为属性是在事物之间相互联系相互作用的过程中表现出来的东西,“它反映的必然也就是事物之间的这种相互关系,而绝不会是其中某一事物单方面独有的性质。”②这又进一步告诉我们,宏观调控概念的法律属性是国家法律在规范政府与市场之间相互联系过程中所表现出来的东西。没有国家法律对政府与市场之间关系的规范,宏观调控概念就不可能表现出其应有的法律属性。因此,我们考察宏观调控概念的法律属性,必须从法律规范政府与市场之间的关系中去考察。

首先,从立法层面考察。我国至今没有一部法律、法规、政策是以宏

---

① 杨三正:《宏观调控权的概念辨析》,载《湛江师范学院学报》2007年第2期,第87页。

② 李泽健:《如何理解属性概念》,载 http://wenku.baidu.com/link?url=uDrx_IDVb4le_8dwQ3C3G8MDl7sY-klfAflsUbxs-3C6ZgdcNO2U1PZXr4P1GvNEbn3viBoK7uIJNda63To049NAsnfyW9b-Wbi0vjjhyMO,2017年6月29日访问。

观调控命名的。民事行为方面立法,我国有以《中华人民共和国民法总则》为代表的民事法律和法规;刑事行为方面立法有以《中华人民共和国刑法》为代表的刑事法律和法规;行政行为方面立法有《中华人民共和国税收征收管理法》《中华人民共和国价格法》《中华人民共和国电力法》等为代表行政法律和法规。但在宏观调控方面,或者说在规范政府与市场关系方面,我国至今没有一部基本法层面的《宏观调控法》。其他有关宏观调控方面的法律、法规、政策也没有以"宏观调控"四个字命名的。2002 年 6 月 29 日颁布的《中华人民共和国中小企业促进法》可以说是到目前为止,最具宏观调控法个性的立法了。综观该法 45 个条款,会发现没有设置一个法律责任条款。对这样一部没有法律责任条款的法律,人们有理由怀疑其是否是一部真正意义上的法律。

有学者认为,"从我国目前的立法实践观之,我国目前仅存在宏观调控法律规范,而并不存在我们观念中的宏观调控法。"①对这一观点,笔者表示认同。但当我们考察这些存在于其他行政法律、法规(如税法、价格法等)中的宏观调控法律规范时,我们会惊奇地发现,所有这些宏观调控法律规范中没有一个法律规范中使用过"宏观调控"这一基本概念。这一现象说明,现阶段,作为法律概念的"宏观调控"仍游离于我国宏观调控法律之外,哪怕这个法律仅以法律规范的形式存在。对此,有人会提出质疑:一国的宏观调控法是否存在,并不一定要以"宏观调控"命名为前提条件。如美国和德国的宏观调控法均没有以"宏观调控"命名的,但我们并不能据此而否定美国和德国存在宏观调控法的事实。笔者认为,上述质疑观点并没有错。问题是,这里讨论的不是《宏观调控法》是否一定要以"宏观调控"命名才能存在的问题,而是"宏观调控"作为一个法律概念存在的依据问题。我们都知道,如果一个名词或术语在一个法律中或一个法律体系中连出现或被表达的机会都没有,那无论如何

① 胡志光:《关于宏观调控法基本理论研究的反思》,载《重庆职业技术学院学报(综合版)》2002 年第 1 期,第 3 页。

都不能将之称为这个法律的基本概念。

其次,从司法实践层面考察。以最高人民法院为代表的司法机构经常被人们排斥在宏观调控主体之外,但国外的司法实践早已证明,"法院的司法审查对宏观调控权在立法和行政部门之间的分配起到了必要的监督和制约作用"。① 改革开放以来,我国最高法院一直通过颁布司法解释、司法政策、审判会议纪要等方式,介入宏观调控。有学者质疑,这种介入只是为了配合国家宏观调控政策实施需要,更多是基于政治上的考虑。"最高法院介入宏观调控目的的政治性,表明了最高法院在我国当前社会系统中的定位"②——司法不独立。"受制于地方政府的司法机关,不得不从法律的实施者和政府的监督者,蜕变为政府的职能部门,为政府的执政目标服务,而法律亦蜕化为实现执政目标的一个工具"。③

因此,虽然以最高人民法院为代表的司法机构也介入宏观调控,但其在宏观调控角色定位是错误的,所采用的手段也是错误的,其效果也是不理想的。应通过设立司法审查制度,通过追究宏观调控法律责任等方式,强化人民法院在介入宏观调控中的专业性和职业性特点,以彰显司法的独立性。让人民法院在宏观调控过程中真正发挥其监督者的作用。

三、宏观调控概念法律属性缺失对宏观调控法发展的阻碍

法律概念是一种具有法律意义的概念,它是指表达法律和认识法律的认识之网上的纽结。作为法律概念的宏观调控所以能够起到促进宏观调控法发展的作用,在于其具有以下三大功能。

---

① 鲁篱:《论最高法院在宏观调控中的角色定位》,载《现代法学》2006年第6期,第108页。

② 鲁篱:《论最高法院在宏观调控中的角色定位》,载《现代法学》2006年第6期,第112页。

③ 《中央党校教授:即将提交四中全会表决的决议很成熟》,载 http://news.ifeng.com/a/20141021/42257555_0.shtml,2017年6月28日访问。

第一,认识功能。这种认识功能表现在,只有借助宏观调控这一法律概念,立法机关才能科学地制定出宏观调控有关的法律、法规、政策、规章;只有借助宏观调控这一法律概念,司法机关才能科学地对宏观调控现象进行法律分析,做出司法判断;只有借助宏观调控这一法律概念,社会民众才能认识宏观调控法律,法学研究者才能对宏观调控法律进行科学的描述、评价。

第二,表达功能。这种表达功能体现在,认识运用作为法律概念的宏观调控,能更好地表达其依法调控的宪政理念,更好地表达人们对宏观调控法治化的追求,更好地表达人们在研究宏观调控法时的法学学术思想,更好地表达人们对宏观调控的科学预期,而不再将宏观调控看作包治百病的“灵丹妙药”,或者将宏观调控看作传统运动式的政府干预行为。总之,能更好地确定政府与市场的边界,更好地把握政府干预与市场调节两者之间的辩证关系。

第三,改进功能。这一功能在于提高宏观调控法律科学化的功能。宏观调控法的科学化的前提在于,构筑宏观调控法律大厦基础的科学性。这一基础就是作为法律概念的宏观调控。宏观调控作为宏观调控法的核心概念或基础性概念,其自身的科学性决定了在此基础上建立的宏观调控法的科学性。如果宏观调控的概念仍停留在政治或经济概念,那么,由此制定的宏观调控法就不可能科学化、合理化、法治化。

然而,在我国,由于宏观调控概念法律属性的缺失,作为法律概念的宏观调控上述三大功能自然不能得到正常的发挥。由此造成对宏观调控法发展的阻碍也是必然的。

首先,影响了宏观调控领域法律的地位。

改革开放近四十年来,宏观调控领域法律地位一直不高,换句话,就是法律不受人重视。人们已习惯于以“政策”唱主角,“法律”当配角调控格局。以税收调控为例,一直以来,国家税务总局制定的与宏观调控有关的税收优惠政策,基本上都是税收政策的形式出台的,很少看到通过法律和行政法规的形式出台。虽然以政策为主要手段实施宏观调控有其自身不可否认的优势,但这样的调控容易出现以下弊端:(1)这样的调控往往充斥着“碎片化”和“短期行为”,存在不可持续性,常常影响国家宏观调控的效果,已成了妨碍国家转变经济增长方式的绊脚石;(2)这样的调控往往出现各地区优惠政策“过多过滥”,扰乱了市场秩序,地区间不公平竞争加剧,全国统一市场的难以形成;(3)这样的调控容易为各部门利用手中的决策权力谋取本部门利益创造条件或机会。

其次,影响了宏观调控领域法律公共产品的供给。

综观宏观调控领域,我们发现,无论是官方文件,还是民间的学术研究性论文,人们习惯于使用“宏观调控政策”这一概念,而基本上不用“宏观调控法律”这一概念。表面上看起来,这仅仅是一个概念使用习惯问题,但在许多人看来,却成了一个宏观调控领域的立法与不立法无关紧要的问题,法律可有可无、无足轻重的问题。反映出我国社会各阶层对宏观调控领域立法的刚性需求不足,依法调控、依宪调控的国民意识根本没有树立起来。表现在立法则是法律公共产品供给不足。这决定了立法机构宏观调控领域无所作为或者不可能有太多作为。

以上由于宏观调控概念法律属性的缺失所导致宏观调控领域的法律地位的低下,法律公共产品的供给不足,其最终结果是导致宏观调控法治精神的缺失,宏观调控法治化进程的延缓。

四、解决宏观调控概念法律属性缺失问题的路径

(一)科学界定宏观调控概念的法律属性和内涵

“概念是有其内涵和外延,概念所反映的事物本质属性构成概念的内涵。以语言简明扼要地表述(揭示、反映)概念的内涵,即为概念定义。定义是对概念所代表的事物本质的提示和表述。”①宏观调控的定义就是对宏观调控概念的内涵的揭示和表述。

法律作为上层建筑,是建立在一定的经济基础之上的,是对现实经

① 漆多俊:《经济法基础理论》(第3版),武汉大学出版社2000年版,第83页。

济关系的反映。基于这一认识，有学者认为，"经济法学应当与经济学在同一内涵上使用宏观调控概念的观点是正确的"。然而，鉴于经济学界对宏观调控的内涵似乎也未达成共识，中国政府的宏观调控实践似乎也在不同内涵上使用着"宏观调控"的概念；因此，仅仅认为"经济法学应与经济学在同一意义上使用宏观调控的概念"是不够的。① 作为法律概念的宏观调控的内涵还应该充分把握宏观调控的特征。宏观调控的特征主要体现在以下几个方面：第一，宏观调控具有宏观性、总体性。宏观调控针对的是社会经济的宏观、总体和全局性的问题，其目标涉及社会经济增长、充分就业、经济稳定、结构协调等宏观指标和各类经济总量，其措施适用效力具有普遍性。第二，宏观调控是国家经济调节的一种基本方式。② 国家除了为克服市场缺陷中的"盲目性、被动性和滞后性"，实施宏观调控行为外，还可能为排除市场障碍，实施国家干预的；也有可能为克服市场主体的唯利性，实施国家参与投资经营的行为。后两种行为均为国家经济调节行为。③ 第三，宏观调控对执行主体具有强制性，而对被调控主体不具有直接强制性。④ 第四，宏观调控是一个动态的过程。它包括宏观调控决策，也包括宏观调控执行。⑤ 正是基于对宏观调控特征的把握，漆多俊先生认为，"宏观调控是这样一种国家调节经济的基本方式：国家从社会经济的宏观和总体角度，运用国家计划、经济政策和各种手段，引导和促进社会经济活动，以调节社会经济的结构和运行，维护和促进社会经济协调、稳定和发展"。⑥

科学界定作为法律概念的宏观调控的属性和内涵，目的是要明确宏

---

① 徐澜波：《规范意义的"宏观调控"概念与内涵辨析》，载《政治与法律》2014 年第 2 期，第 88 页。

② 漆多俊：《经济法基础理论》（第 3 版），武汉大学出版社 2000 年版，第 351 页。

③ 漆多俊：《转变中的法律》，法律出版社 2007 年版，第 36 页。

④ 张德峰：《宏观调控法律责任研究》，中国方正出版社 2009 年版，第 18～20 页。

⑤ 张德峰：《宏观调控法律责任研究》，中国方正出版社 2009 年版，第 36 页。

⑥ 漆多俊：《经济法基础理论》（第 3 版），武汉大学出版社 2000 年版，第 351 页。

观调控各主体的权利和义务。意义在于,在现代法治社会中,更规范地使用宏观调控概念。

作为法律概念的宏观调控是否具有科学性可以根据以下几点判断:(1)是否以成功经验为基础,即概念是否建立在宏观调控成功经验事实积累的基础上,能否得到重复和验证。(2)概念陈述的单一性,即在宏观调控法律文件中,无论是形式意义上的法律,还是实质意义上的宏观调控法律中,具体到"宏观调控"这一概念术语的含义是单一的,即所陈述表达的内涵都是一致的,并排除其他含义,哪怕是稍微相似的含义。(3)合乎逻辑性和综合性。宏观调控概念的合理性和综合性是指从现实宏观调控收集到的经验资料中建立起来合乎逻辑的联系。这种合乎逻辑和综合性的拓展,就能形成宏观调控法这个学科理论体系。这个理论体系能使人们对未来宏观调控做出有把握的、灵活的推断和科学的预期。

(二)尽快制定基本法层次的宏观调控法

对于要不要制定宏观调控法,一直是一个有争议的话题。一些学者认为,"经济法中已有独立的宏观调控法",所以没有必要再制定宏观调控法。而另有学者认为,"从我国目前的立法实践观之,我国目前仅存在宏观调控法律规范,而并不存在我们观念中的宏观调控法"。① 笔者赞同后一种观点。

法律概念不是完全独立的法的要素,而依附于法律规则或法律原则。既然中国没有宏观调控法,那么,依附于宏观调控法的之基本法律概念——宏观调控也就无法存在。因此,要解决宏观调控概念法律属性缺失的问题,首先必须制定宏观调控法。早在1994年,漆多俊教授就指出:"为了加强宏观调控,统一宏观调控的指导思想和基本原则,综合运用和协调国家的各种宏观调控手段和措施,很有必要使保种宏观调控法律规范系统化。可以考虑制定一部综合性的国家宏观调控基本法……

① 胡志光:《关于宏观调控法基本理论研究的反思》,载《重庆职业技术学院学报》(综合版)2002年第1期,第3页。

在目前人们对于制定经济法典尚存不同意见的情况下，制定一部宏观调控基本法是一种可行的替代办法。”①那么，现有条件下，中国能否制定宏观调控法呢？笔者认为，现阶段，我国制定基本法层次的宏观调控法的条件已基本成熟。

1.《宪法》为《宏观调控法》的立法提供了依据

我国《宪法》第15条明确规定：“国家实行社会主义市场经济。国家加强经济立法，完善宏观调控。”这一条其实告诉了我们如何处理“市场经济、经济立法和宏观调控”三者之间的关系，即只要实行市场经济体制，国家就必须加强经济立法，尤其应加强经济法的立法；同时，只有加强经济立法，才能更好地完善宏观调控。② 这里所谓的完善宏观调控其实就是要提高宏观调控的法治化水平，而要提高宏观调控法治化水平，最为重要的就是要加强《宏观调控法》的制定和实施。

2.十八届三中全会提出治理体系和治理能力的现代化战略目标，为制定《宏观调控法》提供了有利的政治背景

从宏观调控作为政府的一项重要职能视角或层面来看，要加快转变政府职能，就必须实行科学的宏观调控和有效的政府治理，这是充分发挥社会主义市场经济体制优势的内在要求，也是尽快实现全面深化改革的总目标的关键。从宏观调控作为衡量政府依法治理社会水平的角度来看，坚持宏观调控法治化是法治中国建设中的重要内容之一。十八届三中全会明确指出，法治是中国特色社会主义体制的指引，是现代国家的必然选择。今后的政府不再是国家唯一治理主体，国家治理方式也不可能是完全行政化的，而必须法治化和民主化。这就需要坚持依法治国、依法执政、依法行政共同推进，坚持法治国家、法治政府、法治社会一体建设。宏观调控能力和调控体系的现代化，是治理体系和治理能力的

---

① 漆多俊：《论现代市场经济法律保障体系》，载《中国法学》1994年第5期，第20页。

② 张守文：《论经济法与宪法的协调发展》，载《现代法学》2013年第4期，第5页。

现代化战略目标实现的一个重要标志。

3. 改革开放近四十年来,我国宏观调控方面积累了丰富的经验

一国宏观调控的经验其实也就是一国在处理政府与市场之间关系方面的经验。作为政府主导型的经济发展模式,改革开放近四十年来,我国在宏观调控方面,已积累了十分丰富的经验。既有成功的经验,也有失败的经验;既有制定宏观调控法律、法规和政策方面的立法经验,也是有具体实施这些法律、法规和政策方面的实践经验。通过对这些经验进行概括、总结和提升,并予以法律化,即成为《宏观调控法》的重要来源。

4. 经济法学者们为《宏观调控法》的制定已经做了大量充分的理论准备

早在2000年,我国经济法学界的一些专家和学者提出,需要制定一部宏观调控领域的基本法。在西南政法大学主办的第八次全国经济法理论研讨会上,有些学者进一步提出,应该早日将制定《宏观调控法》列入国家立法计划。2001年2月24~25日,来自全国各地的20多位学者在北京研讨制定《宏观调控基本法》的立法议案,并于当年3月形成《关于制定〈中华人民共和国宏观调控法〉的议案》,随后又在九届全国人大四次会议期间正式提出了该议案。①

近四十年来,围绕宏观调控法的制定,学者们撰写和发表了大量的论文和专著。基本上解决了制定《宏观调控法》将要涉及的一些理论问题:如宏观调控目标、基本原则问题、宏观调控体制和宏观调控程序的法律规定问题、宏观调控基本法与宏观调控普通法(如税法、价格法、预算法等法律)关系的协调问题、宏观调控的可诉性问题、宏观调控的法律责任问题等。

① 《关于制定中国华人民共和国宏观调控法的议案》,载杨紫烜主编:《经济法研究》(第2卷),北京大学出版社2001年版,第1~2页。

5. 国家宏观调控主管部门为宏观调控立法已作了有益的尝试

作为国务院的职能机构，国家发展和改革委员会（以下简称发改委）一直是我国综合研究拟订经济和社会发展政策，进行总量平衡，指导总体经济体制改革的宏观调控部门。2006 年，发改委委托上海人大和法学界人士起草了大小两套《宏观调控法草案》。大方案主张以基本法形式制定宏观调控法，统率其他宏观调控普通法，并作为其他相关普通法及行政法规的立法依据。小方案则主张，主要是调整经济运行，而不包括环保、自然资源等。发改委更倾向于第二套方案。① 对此，实务界及部分学者以宏观调控调控的"前沿性""技术性"与"灵活性"和"复杂性"为由，否定制订"宏观调控法"的必要性。② 但也有学者认为，在我国制订和颁布《宏观调控法》是完全必要和可行的。"尽管对宏观经济形势的判断具有复杂性、前沿性和灵活性，但是宏观调控的原则性目标和实施手段都是可以制度化"。③

---

① 参见席斯：《宏观调控立法两套方案，发改委力争纳入立法计划》，载《经济观察报》2007 年 5 月 26 日。

② 王延春、欧阳晓红：《发改委酝酿宏观调控立法，专家称听上去很好玩》，载《经济观察报》2006 年 1 月 8 日。

③ 吴越：《宏观调控：宜政策化抑或制度化》，载《中国法学》2008 年第 1 期，第 92 页。

15

税收宏观调控法若干基本问题研究*

——从现代税法学角度进行的考察

李　刚**

摘　要：从现代税法学的视角出发，基于税收法定主义的缘故，只有税法、而非税收才具有且才能实际发挥宏观调控功能，相应的税法称为税收宏观调控法。税收调控法有选择性地适用税法三大基本原则。首先必须适用于税收法定主义这一首要原则；其次，它不适用于税收公平和量能课税原则，却招致比例原则更严格的审查和限制；再次，在税收效率原则中，它在不符合税收行政效率的同时，却与税收经济效率保持着内在的统一性。因此，税法并不整体归属于经济法当中的宏观调控法，其与经济法的交集即为税收宏观调控法。

关键词：税收宏观调控法；现代税法学；税收法定主义

---

* 本文原载李刚：《现代税法学要论》，厦门大学出版社 2014 年版；收入本书时做了修改。原文第二节（本文第三部分）曾以《税收调控法等于税法吗？——从税法基本原则角度的考察》为题，2007 年 11 月获"中国法学会经济法学研究会 2007 年年会暨第十五届全国经济法理论研讨会"青年优秀论文评选唯一的一等奖；经修改后以《论税收调控法与税法基本原则的关系》为题，发表于《厦门大学学报》（哲学社会科学版）2008 年第 3 期，并由《经济法学、劳动法学》2008 年第 9 期全文转载，2009 年 11 月获"福建省第八届社科优秀成果奖"三等奖。原文第三节原载陈云良主编：《国家调节说的理论与实践》，法律出版社 2008 年版；收入本书时予以删除。

** 李刚，江西南昌人，法学博士，厦门大学法学院副教授。

一、引言

自从20世纪30年代凯恩斯主义兴起以来,“宏观调控”几乎成为现代各国调节国民经济的代名词。① 规范宏观调控的法律、即宏观调控法自20世纪80年代以来,也同时在西方国家和我国发生着逐渐取代原来的经济法体系核心而成为经济法体系新核心的变化。② 我国在长期计划经济体制的背景下向市场经济体制转轨的过程中,各种宏观调控措施的实行一方面发挥着调节经济的重要作用,但另一方面又大多以各种行政措施的面目出现,似乎处于计划经济的“惯性”之中而难以完全消除其痕迹;在经济学家热衷于探讨宏观调控措施经济合理性的同时,法学家也积极投身其中。虽然也有不少论文早就在探讨宏观调控法制(或法治)化问题,但可能是受“宏观调控”这一较为“宏观”以至于“抽象”概念的影响,这种讨论本身也显得较为“宏观”,而难以深入或具体化到现实的宏观调控措施中去。

尤其是税收,作为宏观调控措施中最为重要且不可替代的方式之一,近年来被我国频频运用于国民经济的调节方面。但税收作为一种以公权力方式侵入私财产权领域的手段,不仅与其他宏观调控措施有所不同,而且由于税收法定主义的缘由而在立法方面有着特殊的要求,③这

---

① 正因如此,所以我国常有学者将“宏观调控”与“国家调节”两个概念混同使用。但是,宏观调控作为国家调节经济的三种基本方式之一,与“国家调节”概念仍然有所不同,它们是具有包含关系(属种关系)的一对概念。参见漆多俊:《经济法基础理论》(第3版),武汉大学出版社2000年版,第352页。

② 在西方国家,由于科学技术的飞速发展引起生产更进一步社会化和竞争法的发展变化等原因,其经济法体系的核心正在由反垄断法转向宏观调控法;在我国,由于国家投资体制和国有企业改革的必然趋势,以及反垄断法的缺位等原因,经济法体系的核心则由国家投资经营法逐渐让位于宏观调控法。参见漆多俊:《经济法基础理论》(第3版),武汉大学出版社2000年版,第254~256页。

③ 参见李刚:《现代税法学要论》,厦门大学出版社2014年版,第77~119页。

给我们带来的疑问是:其一,实际上起宏观调控作用的究竟是以经济形态表现出来的税收,还是以法律形态呈现出来的税法?其二,早期的税收大多以获得财政收入为主要目的,或者说财政职能是早期税收的主要甚至唯一职能,规范这种税收的法律也被称为财政目的税法或简称为财政税法。[①] 而以宏观调控为主要目的的税收,由于不具备传统税收以获得财政收入为主要目的的本质特征,而一度游离于税收概念之外;同样,规范这种税收的法律被称为税收经济法或税收调控法,也曾引发税收经济法究竟是否属于税法的争论。以上两个基本问题正是本文所要探讨的主题。

二、税收宏观调控还是税法宏观调控?——从税收法定主义的角度出发

税收宏观调控(可简称为"税收调控")与税法宏观调控(又可简称为"税法调控"),是一对极易混淆的概念,在理论研究中也经常被误用;但其间的区别可能直接导致了对某些理论问题在认识上的根本分歧,因此,作为本文研究的基础,有必要首先辨析之。

(一)税收宏观调控与税法宏观调控概念的字义辨析

从字面上来看,税收宏观调控与税法宏观调控这两个概念的共同之处在于"宏观调控",不同之处在于"税收"和"税法"。

首先,看共同之处。对于"宏观调控"概念的界定,我国著名经济法学家漆多俊先生认为,所谓宏观调控,"是这样的一种国家调节经济的基本方式:国家从社会经济的宏观和总体角度,运用国家计划、经济政策和各种调节手段,引导和促进社会经济活动,以调节社会经济的结构和运

① 这里所谓的"财政税法"与我们通常作为一个学科名称指称的"财政税法"、即"财政法"和"税法"有所不同,本文如未特别指明,均是从财政目的的税法意义上使用"财政税法"这一概念。

行，维护和促进社会经济协调、稳定和发展”。[①]“或者更简要地说，宏观调控是国家综合运用各种引导、促进方式对社会经济宏观结构和运行进行调节的一种国家经济职能活动”。[②]我国著名财政学家邓子基先生则认为，“所谓宏观调控，就是政府从国民经济全局利益出发，采取一些经济措施，主要是通过财政政策和货币政策，对宏观经济运行过程进行自觉的调节与控制，以实现社会总需求和总供给的基本平衡等宏观经济目标”。[③]

从以上两个具有代表性的“宏观调控”的概念来看，其中当然存在差异，例如：(1)前者认为宏观调控主体应是国家，蕴含宏观调控应当依法而行、即应当依据代表国家的最高权力机关制定的“法律”的意思；后者则指称为政府，将着眼点聚焦在实际实施宏观调控行为的行政主体。相比而言，后者比前者少了些“法治”的意味。(2)后者强调政府的宏观调控的“自觉性”，而在前者看来，恰恰应是由于市场的固有缺陷导致市场无法完满地自我调节，才进一步促发了国家介入经济运行的需要，因而使宏观调控呈现出相对市场自我调节而言的“被动性”。只不过“自觉性”与“被动性”其实是从不同层面观察的结果，一个是介入之前原因的被动性，另一个是介入之后行为的自觉性，两者并不矛盾。除前述本文所以为的差异之外，两个概念之间其实并无本质上的不同，这也说明了经济法学与经济学之间的密切联系，以及社会经济关系作为法学调整对象的一般法理。

其次，看不同之处。税收与税法之间最根本的差别在于，前者是经济学概念，后者是法学概念；而税法概念的界定又是建立在对税收概念

---

① 漆多俊：《经济法基础理论》(第3版)，武汉大学出版社2000年版，第351页。该定义被认为是具有代表性的“宏观调控”的定义。参见刘定华、肖海军等：《宏观调控法律制度研究》，人民法院出版社2002年版，第13页。

② 漆多俊主编：《宏观调控法研究》，中国方正出版社2001年版，第10页。

③ 邓子基主编：《财政与宏观调控研究》，中国财政经济出版社2005年版，第40页。

理解的基础之上的。

传统税法学和现代税法学由于其理论基础和研究立场的不同,对税收概念有着不同的认识。[①] 传统税法学以马克思主义的国家学说和国家分配论为理论基础,始终是从国家的立场来看待税收问题,将税收看作国家获得财政收入的一种工具,强调税收形式上的"强制性"和"无偿性"特征,突出凌驾于纳税人权利之上的国家课税权。因此,其对税收概念的定义已经基本形成定式,即税收是指国家为了实现其职能的需要,按照法律规定,以国家政权体现者身份,强制地向纳税人无偿征收货币或实物所形成特定分配关系的活动。通观 20 世纪 90 年代中期以前的税法学教材,其对税收概念的定义大体如此。

而立基于社会契约论和公共财政论,并将内涵有"自由、平等和权利"的契约精神贯穿始终的现代税法学,则主要从纳税人的立场来看待税收作为满足纳税人对公共服务需要的财政支持的意义,主张必须先由纳税人(可以从最广义上解释为"人民")在宪法和法律中表示同意并进行授权、而后国家才能征税,在这一过程中,纳税人同意向国家让渡的部分权利转变为国家的权力,因而税收在本质上表现为"权利来源性"和以"同意"为基础的"自愿性"特征。在这一理论背景下,现代税法学将税收定义为:税收是指人民以要求并享受国家所提供的公共服务为目的,依法向征税机关缴纳一定的财产从而形成国家财政收入,供国家提供公共服务之需的一种活动。

现代税法学关于税收的新概念,与传统概念相比,最主要的区别体现在两个方面:一方面,主体与主语不同。传统概念总是以"国家"为主

---

① 笔者认为,在我国,税法学从 20 世纪 80 年代中期开始到 90 年代中期,属于传统税法学阶段;从 20 世纪 90 年代中后期开始,进入现代税法学阶段。本文有关传统税法学与现代税法学之间的关系问题,请参见李刚:《契约精神与中国税法的现代化》,载《法学评论》2004 年第 4 期;李刚:《中国税法学的现代化:标志、体系和差距》,载《法学家》2004 年第 6 期。

语，着重于税收活动中国家的主体地位和主动性；而且在税收关系主体方面，对国家、征税机关和纳税人到底是前二者合而为一、共两方主体，还是分别为三方主体界定不清。新概念则明确了税收（法律）关系的三方主体，即人民、征税机关和国家，并且以“人民”为主语，突出了“人民”的主体地位和主动性，内涵了国家征税权力来源于人民权利的意旨。

另一方面，对税收目的表述的不同。传统概念认为税收是国家出于实现其职能需要的目的而征收的，仅强调税收作为国家获得财政收入的工具意义，或是国家参与社会产品再分配的国家意志。新概念表明了税收的两重目的，即其直接目的是“形成国家财政收入”，而其根本目的则是“人民要求并享受国家提供的公共服务”。换言之，新概念比传统概念在理论层次上更进了一步，指明所谓国家职能无非在于为人民提供公共服务，人民纳税也正是为了使国家得以具备提供公共服务的能力。

从以上传统税法学和现代税法学有关税收概念的简要比较中可以看出，由于传统税法学作为税收经济学的“附庸”以及在研究上的惯性作用，直接借用了税收经济学对于税收概念的界定，没有真正地从法学的角度去认识税收问题，仅强调国家课税权的核心地位，而忽视了纳税人的权利，具有较大的局限性。而现代税法学将其视野范围扩展到国家的起源以及税收和税法的本源层面，从法理学和宪法的角度，以纳税人权利为中心重新构建了税收在法学意义上的概念，符合现代国家朝向“法治的租税国”发展的趋势。①

因此，如果从现代税法学的角度出发，去理解税收宏观调控和税法宏观调控这对概念，可以得到的基本认识是，虽然一个属于经济学范畴，一个属于法学范畴，但必须始终以纳税人权利为本位，遵循税收和税法的一般原则。当然，仅从字面上看的话，我们仍然难以明确税收调控和税法调控之间的本质区别，有必要作以下进一步的功能辨析。

① 参见李刚：《国家、税收与财产所有权》，载刘剑文主编：《财税法论丛》（第4卷），法律出版社2004年版，第124～150页。

(二)税收宏观调控与税法宏观调控从税收法定主义角度的功能辨析

在税收宏观调控和税法宏观调控这两个概念当中,“宏观调控”实际上是以其各自功能的角色出现的。这给我们带来的疑问是,起宏观调控作用的到底是税收还是税法?对这个问题的回答,必须仍然从税收与税法之间的关系入手。

有学者认为,税收之所以能够发挥宏观调控作用是由税收本身固有的职能决定的。通常认为,税收具有三大职能:财政职能、经济职能和监督职能。[①] 其中,所谓税收的经济职能,也称调控经济职能或经济调节职能,是指国家通过税种、税目、税率和税收减免等税收调控机制来调节不同部门、不同单位和个人的物质利益,改变国民收入(或 GDP)分配的原有格局,从而影响社会经济活动和社会经济运行,以达到预期的宏观调控目标。而且,税收的经济职能是通过物质利益的诱导实现的,是一种集经济手段、行政手段和法律手段于一身的手段。[②]

然而,上述观点由于仅从经济学的角度观察,没有认识到在以法治为前提的现代市场经济体制条件下,国家宏观调控所采取的经济手段、

---

① 所谓监督职能,财政学家认为包括反映和监督两个方面:一方面,通过对税收收入状况和税源的分析,可以及时、准确地反映微观和宏观全局、各经济部门、各地区经济活动的状况和整个国民经济的运行状况;另一方面,通过税法和其他经济法规的贯彻及各项税务征管制度的执行,监督纳税人认真执行税法和财会法规。参见邓子基主编:《财政与宏观调控研究》,中国财政经济出版社 2005 年版,第 140 页。从这个意义上来说,税收的监督职能其实是为税收的经济职能服务的,为国家制定科学、合理的税收调控法提供各种准确的经济数据,因此应当归属到经济职能当中。至于传统税法学从保障国家财政收入的角度更加强调税法对纳税人经济状况和是否依法纳税的监督作用。这种认识不仅有违现代税法的首要职能在于保障纳税人权利的观点,而且有主观上认为纳税人均不诚实的嫌疑,将纳税人作为“潜在的对手”看待,违反了税法上对纳税人应当作“诚实推定”的原则,因此更加不可取。所以,笔者认为,在现代税法学的视野中,税收其实具有财政、经济和社会三大职能。

② 参见邓子基主编:《财政与宏观调控研究》,中国财政经济出版社 2005 年版,第 138 ~ 139 页。

行政手段与法律手段相互之间的关系,因此具有较大的片面性。其实,早就有学者提出“宏观调控的法治化”问题,认为宏观调控必须建立在法治基础上的原因之一就在于法律手段较之其他手段处于一个相对较高的层次上;虽然经济手段、行政手段和法律手段三者之间的联系非常密切,不能彼此割裂开来,但严格地说,三者之间不完全是一种并列关系,按照市场经济的要求,不论是经济手段还是行政手段,其运用都必须采取一定的法律形式,法律与它们之间实际上是一种规范和被规范或者说是法律调整形式与内容之间的关系。而且,从市场经济的发展趋势来看,法律手段在包括宏观调控在内的各个方面的有效运用程度往往是一个国家市场经济发展的成熟程度和法治化水平的一个重要标志。①

本文认为,经济手段、行政手段和法律手段并不是按照同一标准所作的同一层面上的分类。当经济学者谈及这三种手段时,所谓经济手段,往往是指国家宏观调控措施的内容,由于国家宏观调控必然是以市场经济为对象的,所以经济手段已经在内容上将所有宏观调控措施包含进来了,这也是为何宏观调控又可称为经济调控的主要原因;所谓行政手段,则是指在我国实践中,宏观调控措施往往是由国家行政机关主导进行的,因此行政手段是侧重于从调控主体的角度来描述宏观调控的措施;至于法律手段,则重在指明实施宏观调控的依据,明确宏观调控措施发挥作用的效力来源,而且,一切经济手段和行政手段最终都必须落实到法律手段中;换言之,本身即作为一种经济手段的税收,如果失去税法这个载体和形式,是无法实现其对经济的调控作用的。

由此,我们可以得到初步结论,真正起宏观调控作用的其实并非税收,而是税法;而且,这一初步的结论可以通过税收法定主义得到进一步的加强。

所谓税收法定主义,一般认为,其基本含义是指,征税主体征税必须依且仅依法律的规定,纳税主体依且仅依法律的规定纳税。“有税必有

---

① 参见王先林:《试论宏观调控与法治》,载《法学杂志》1995 年第 3 期,第 7 页。

法,无法不成税”,是税收法定主义的经典表述。税收法定主义是经过近代资产阶级三大革命,即英国光荣革命、美国独立战争和法国资产阶级大革命血与火的洗礼,才逐步在西方各国宪法中得以确立,从而成为现代税法的首要原则。其核心要旨在于通过对国家课税权的限制来保护纳税人的权利,而这种限制在立法上就表现为,只有人民首先通过宪法这一“契约”形式同意纳税并对国家进行授权,国家才能够征税;而宪法中的这种“概括式”同意,还必须通过狭义的“法律”、即国家最高立法机关通过的法律来予以具体化。因此在形式上,税收法定主义要求课税要素以及基本的税收程序必须以狭义的法律形式明确规定。

在税收法定主义的支配下,税收与税法的关系可以通过税收关系与税收法律关系之间的关系来具体分析。按照法理学的一般观点,通常认为法所调整的社会关系与社会关系经法调整之后表现出来的法律关系之间具有历时性,即作为法调整对象的社会关系发生在前,而作为社会关系经法调整之后的结果,即法律关系发生在后。但在税收和税法领域,由于税收法定主义的缘故,税收关系与税收法律关系之间并不具有历时性,而是同时发生的。因为“法律规范是法律关系产生的前提,这一命题具有重要意义,它意味着各种法律关系的建立都必须有严格的法律根据,以保证法的制定与实施的有机统一。反之,不根据法律规范任意建立‘法律关系’,则必然会使一个国家法制的统一性遭到破坏”。① 这正是税收法定主义的精髓所在,即“税收的课赋和征收必须基于法律的规定,国民仅根据法律的规定承担纳税义务”;因此,从税收法定主义的角度来看,税收法律关系的概念则来得更简单:“国家与国民之间就税收产生的关系”就是税收法律关系。② 这样似乎把税收法律关系与税收关系等同起来了,但在某种意义上来说,确实如此。假若不加深入思考的

① 沈宗灵主编:《法理学》,高等教育出版社1994年版,第376页。

② 参见[日]金子宏:《日本税法原理》,刘多田等译,中国财政经济出版社1989年版,第18页。

话,“税收法律关系是税收关系经法律调整后的结果”这一命题,给人以税收关系与税收法律关系之间具有历时性的误解是会被想当然地接受的。然而在现代法治国家,基于税收法定主义的宪法性原则,又有哪一种税收关系不是因为有了相应的税收法律规范才能够得以产生的呢?因此,所谓的税收关系,只有在已有税法规定的前提下,才具有实际意义;否则,仅是一种理论上的假想或描述。“租税是租税法律的创造物(creature of tax statute)。在不存在租税法律的地方,实际上也就不产生租税关系,这就是由租税法律主义原则所下的定论”。①

而且,税收法定主义对(课税)权力的制约和对(纳税人)权利的维护的思想并非仅为税法所独有,在宏观调控法当中,也存在类似的原则,如有学者提出的权力制约原则、维护受控者权利原则与税收法定主义就有异曲同工之妙,②均可视为是法治原则在宏观调控法和税法领域的具体化。

(三)小结

综上所述,根据税收法定主义,在没有税法规定时,税收其实并不现实存在,当然也就无法发挥实际的宏观调控功能;只有当税法规定之后,税收固有的宏观调控功能才被激发,并且以税法宏观调控功能的形式出现。其实,有经济学者已经认识到了这一点,将税收调控界定为“就是国家为实现一定的社会经济目标,发挥税收经济职能,运用法律形式,调节经济主体的物质利益,影响其经济行为的一种调节、控制社会经济运行的活动”。③ 该定义将税收调控的形式限定为“法律形式”,并未提及所谓的“经济手段”和“行政手段”,可以认为是经济学者和法学学者在这

① [日]北野弘久:《税法学原论》(第4版),陈刚、杨建广等译,中国检察出版社2001年版,第158页。

② 参见李昌麒、胡光志:《宏观调控法若干基本范畴的法理分析》,载《中国法学》2002年第2期,第12~13页。

③ 卢仁法等:《中国税收调控》,中国税务出版社1996年版,第2页。

一问题上达成了共识。①

三、税收宏观调控法是税法吗?

其实,在前文的论述中,本文回避了一个问题,即发挥宏观调控作用的是指作为整体的税法,还是税法中某一特定的部分? 这就为我们引发了另一个重要的基本问题,即税收调控法与税法之间的关系。

(一)财政税法与经济税法(税收调控法)

根据税收目的的不同,可以将税收分为财政目的税收、经济目的税收和社会目的税收三类。顾名思义,财政目的税收以获得财政收入为主要目的,其相应的税法称为财政税法;经济目的税收以调控经济为主要目的,其相应的税法称为经济税法或税收经济法,即本文所称的税收调控法;社会目的税收则以实现国家社会政策为主要目的,其相应的税法称为社会税法,社会保障税法即为典型。②

其中,税收调控法的客体是税收调控措施,又可称为税收特别措施或管制诱导性租税,即通过加重或减轻税收负担的方式来引导纳税人的经济活动,这也是税收调控法又可称为税收经济法或经济税法的原因所在。

税收特别措施包括减免税负的税收优惠措施和加重税负的税收重课措施,通常以税收优惠措施为主。③ 早期观点认为,税收限于以获得

① 尽管通说认为,税法对于税收的作用在于保障税收的各项职能得以实现,但从税收法定主义的角度观察,缺乏法律依据的税收及其职能仅是一种理论上的存在,只有当其得到法律支持之后才具有实际意义。因此,所谓税收的财政、经济和社会职能不如说是税法的职能更为恰当。本文以下所说的税收,如未特别指明,均指税收法定主义支配下具有税法依据的税收。

② 参见黄茂荣:《税法总论——法学方法与现代税法》(第一册增订二版),台湾植根法学丛书编辑室 2005 年版,第 163 页。

③ 本文以下如未特别指明,税收特别措施均从税收优惠措施的意义上使用,税收调控法也以有关税收优惠的规定为主。

财政收入为唯一目的。由于税收优惠措施以减轻或免除纳税人的税负为手段,因此仅就税收优惠措施对税收收入的影响而言,必然导致税收收入的减少,从而与早期税收唯一的财政目的相冲突。① 因此,在德国联邦宪法法院,最初主张以税法之名、行干预经济之实的税收经济法系形式之滥用而违宪。但在近代资本主义由自由竞争向垄断过渡的阶段中,国家干预主义兴起,税收在获取财政收入之外对国民经济加以宏观调控的功能逐渐获得承认并被广泛运用。尤其是在 20 世纪 70 年代以后,税收经济法大行其道。德国联邦宪法法院也随时代变迁,逐步承认经济目的税收在国家调控经济中所扮演的积极角色,即便这种税收只是以获得财政收入作为附带目的,仍不失为税收的一种。为此,德国 1977 年修正其《租税通则》第 3 条,在有关税捐的要件中"以收入为目的"下附加"亦得仅为附带目的"等语,②从而成为以立法的形式明确税收作为达成国家政策的工具意义的范例。③

其实,所谓的财政税法和经济税法是与税法的财政职能和经济职能之间的关系问题紧密相连的。税收经济学上通说认为,税法的财政职能

① 当然,当在理论上假设一国财政年度的财政收入经估算是确定的情况下,由于对某些纳税主体采取税收优惠措施而减少的税收收入,势必转嫁到其他未能享受税收优惠的纳税主体身上,从而一方面导致其税收负担的加重,另一方面保证税收收入的总量不至于减少。如果税收优惠措施制定得科学、合理,其对经济的引导或调控作用得以充分发挥,就会进一步刺激经济整体上的快速、协调增长,反而可能导致税收收入总量超过预期目标。但无论如何,仅就税收优惠措施直接实施的效果而言,对某些特定纳税人税负的减轻或免除,必然导致相对于未采取税收优惠措施时从这些纳税人处可以获得的税收收入的减少。

② 《德国租税通则》第 3 条第 1 款规定:"称租税者,谓公法团体,以获取收入为目的,对所有该当于给付义务法律构成要件之人,所课征之金钱给付,而非属特定给付之对待给付者;收入得为附带目的。"陈敏译著:《德国租税通则》,台湾地区"司法院"2013 年版,第 4 页。

③ 参见葛克昌:《行政程序与纳税人基本权》(第三版),台湾翰芦图书出版有限公司 2012 年版,第 131 ~ 133、206 ~ 207 页;黄茂荣:《税法总论——法学方法与现代税法》(第一册增订二版),台湾植根法学丛书编辑室 2005 年版,第 167 ~ 171、463 ~ 465 页。

和经济职能之间是并列的关系。财政职能作为税法的职能之一应无疑义,[①]因为只要是税法,就必然会带来财政收入。[②] 同时,由于税法是以市场经济(和财产权利[③])为其调整对象的,税种、征税对象及其归属以及税率的选择和确定,都会随着税法的实施而影响到市场经济的各个方面。因此,税法的这种经济职能或者宏观调控功能实际上是伴随其财政职能的实现而实现的,其无法取代财政职能的地位和作用。

例如,税收特别措施中的税收重课措施。国家固然可以在通过税法方式组织财政收入的过程中,采取税收重课措施来达到其抑制某种经济活动的调控目的,但如果税收重课措施由于过度而导致实际上无法征到税,使作为附随目的的"获得财政收入"都不可能实现,那么这种所谓的"税收调控"就根本不能认为是税收,这种"税收调控法"也就完全游离于税法之外。再如,税收优惠措施,也仅限于对部分纳税人税负的减轻或免除。由于以税收收入为主的财政收入构成了国家为人民提供公共服务的物质基础,所以国家不可能因为经济不景气、为了刺激经济就完全不征税。如果这样做,虽然在理论上可能会使税收优惠调控措施的效果最大化,但国家却丧失了提供公共服务的能力,市场体制失去保障,经济秩序陷入混乱,即便完全免税的税收优惠措施产生的"积极"效果也会被抵消得一干二净。

通过对上述两种极端情形的理论推导,我们发现,税法的经济职能是不可能超越或取代其财政职能的,经济职能只能在实现财政职能的过

---

① 通常认为,财政职能是税收的首要职能。但在奉行税收法定主义和以"纳税人权利保护"主旨的现代税法中,税法的首要职能应当在于维护纳税人基本权,同时限制国家的课税权;在这一前提下,财政职能只能是税法的次要职能。

② 当然,这里存在税收是否适度的问题,借用拉弗曲线理论就能很好地予以说明。如果税法规定的税率超过了最佳税率点,致使纳税人所得的大部分要以税收形式缴纳给国家,就会抑制其获得所得的积极性甚至消除其动力,最终反而导致税收收入的减少。

③ 参见李刚、丛中笑:《税法与私法关系探源——对(私人)财产权的确认和保障》,载《法制与社会发展》2003 年第 6 期,第 70 ~ 73 页。

程中实现。然而,税法却可以忽视、甚至完全排斥其经济职能,只以获取财政收入为唯一目的;这涉及税收调控法与税收中性原则之间的关系,后文将有详述。因此,税法的经济职能与财政职能之间并非并列关系,而是从属关系。[①] 由此,我们得到初步认识,以经济职能为主的税收调控法,与以财政职能为主的财政税法相比,其地位较低,仅是税法的一部分而非税法的全部。

(二)税收调控法与税法基本原则的适用

虽然现在通说认为,税收调控法属于税法,且有将税收调控法等同于税法整体的倾向,但基于前文的简要分析可知,其与财政税法仍有所不同。德国著名税法学家 Tipke 甚至认为,对于税收调控法,应个别判断是否属于税法。[②]

本文认为,如果说税收调控法指称的是作为整体的税法,而并非仅是税法的一部分,那么就必须符合税法基本原则的要求。通常认为,税法的基本原则包括税收法定主义、税收公平原则和税收效率原则。以下逐一检验之。

1. 税收调控法与税收法定主义的适用

通说一般认为,宏观调控法的特点之一就是其"立法内容上的多样性和变动性",这一特点不仅较之其他部门法(如刑法、民法等)显著不同,即使在经济法体系内部,较之其他如竞争法、国家投资经营法,也远为逊色。而宏观调控法的这一特点,是由其调整对象——市场经济形势的复杂多变性决定的。为了适应市场经济形势的复杂多变性,宏观调控法必须及时地制定或变动。由此而引申出的宏观调控法在立法体制上的特点是普遍地采用"授权立法"方式,在法律表现形式上的特点是以

---

① 参见程宗璋:《对税法属于宏观调控法的质疑》,载《四川经济管理学院学报》2002年第4期,第37页。

② 参见葛克昌:《行政程序与纳税人基本权》(第3版),台湾翰芦图书出版有限公司2012年版,第133页。

大量的行政法规、规章为主。①

本文认为,以上对宏观调控法特点的概括准确地描述了我国现行宏观调控法的现状,从众多复杂的具体现象中抽象出了其一般规律。而且,从现代法治国家的角度来看,尤其是考虑到现代税法以税收法定主义为首要原则的情形,上述观点可以作进一步的引申分析。

首先,所谓宏观调控法必须针对市场经济形势的变化"及时"地制定或变动,这里的"及时"只是相对而言的。从实质上来看,法律永远是滞后的。只有当某种社会现象出现并已发展成为普遍现象之后,才会由学者或立法机关对伴随这种社会现象产生的社会行为规则加以概括和总结,抽象出一般的调整原则和具体规则,并通过立法程序转变为法律。②

法律相对于社会现象的滞后性与市场机制本身固有的被动性和滞后性缺陷,在法理上其实是一致的。虽然一般来说,市场主体的经济活动是受市场供求关系引导的,但往往是先有了某一产品一定量的交易与流通之后,其供求关系才能够真正地反映出来——从这个意义上来讲,市场调节是被动的。同时,因为从产品投资、生产运营到市场价格形成和信息反馈,需要经过一段时间,而各个市场主体对有关信息的重视程度、掌握程度等的不同,这一段时间便成为一些市场主体在竞争中胜出的决定性条件,也是另一些市场主体被淘汰的灾难性因素——这种时间的间隔性使市场不能在市场主体进行经济活动的同时同步调节,因而具有了滞后性。当市场主体的经营规模普遍不大的时候,市场调节的被动性和滞后性恰恰成为市场经济活动中正常的"优胜劣汰"的推动因素,

---

① 参见漆多俊:《宏观调控立法特点及其新发展》,载《政治与法律》2002年第1期,第52~53页。

② 从这个角度来看,所谓的"超前立法"其实并非真的超越于其所欲调整的社会现象或社会关系之前,无非是当某种社会现象在产生之初,学者或立法机关就依据社会发展的一般规律推导出其将形成为社会普遍现象的发展规律,从而制定出一般的法律原则和具体规则。因此,"超前立法"中的"超前"也是相对而言的,只是不那么滞后而已。对某种根本尚未出现的社会现象进行调整的"超前立法"违反了法理学的一般原理,根本不可能出现。

虽然可能给某些经营者个体的经济效益造成损害,使之亏损甚至破产,但并不妨害社会经济全局,反而使社会经济不断更新,从总体上保持生机和活力。然而当产业革命爆发后,市场经济从自由竞争走向了垄断,大规模的企业,即垄断企业逐步形成。他们对于超额垄断利润追逐的心理,往往使之凭仗自身的垄断优势,忽视市场需求而不断扩大投资,以致造成生产过剩和产品大量积压,最终由亏损到破产。与前述小企业不同,垄断企业的破产会对市场供求关系产生直接影响,同时还会引起其他相关企业和经济部门的连锁反应,甚至引发经济危机和社会动荡等严重后果。此时,市场调节的被动性和滞后性便从正面转向了反面,成为严重影响市场机制正常发挥作用的障碍。① 正因如此,才需要国家调节的介入,专门针对市场机制固有的被动性和滞后性缺陷而产生的宏观调控法才应运而生。所以,针对本身已经"滞后"的市场调节来说,宏观调控法的产生就更加滞后了。尤其是在税收和税法领域,有经济学者就指出,在税收政策操作性方面,存在严重的时滞问题,包括观察滞后、决策滞后和效果滞后。② 这一观点再次佐证了我们的认识。

因此,这种所谓的"及时性"不能成为放松宏观调控法在立法方面标准的理由,尤其是在受税收法定主义支配的税法领域。国家运用税法手段进行宏观调控,主要是通过对征税对象、税率等课税要素加以规定或变动的方式,而税收法定主义的具体内容之一就在于课税要素确定,即课税要素必须以狭义的法律形式明确地予以规定。不能因为经济形势发生变化,需要国家调节的介入,而国家最高立法机关立法费时较长,就可"放任"行政机关以行政法规,甚至部门规章的形式来对课税要素

---

① 漆多俊主编:《宏观调控法研究》,中国方正出版社 2001 年版,第 51 页。

② 所谓观察滞后,包括认识采取行动的必要性及将此项认识转变为行动的必需时间;决策滞后是指政府决策过程中所需的时间,在税法中表现为立法所需的时间;效果滞后是指按照决策采取行动到实际影响经济活动所需的时间。参见程宗璋:《对税法属于宏观调控法的质疑》,载《四川经济管理学院学报》2002 年第 4 期,第 35 页。

作出规定，这与税收法定主义的基本要求相冲突。①

① 在这方面可以用来作为反面例证的是自2005年以来，我国为调控房地产市场在个人转让住房的营业税和增值税的课税要素方面频繁的变动。从1999年7月《财政部、国家税务总局关于调整房地产市场若干税收政策的通知》（财税字〔1999〕210号）第1条规定个人自购自住超过1年的普通住宅，销售时免征营业税开始，(1)2005年5月《国务院办公厅转发建设部等部门关于做好稳定住房价格工作意见的通知》（国办发〔2005〕26号）第3条规定，个人购买住房不足2年转手交易全额计征营业税，普通住房超过2年转手交易免征营业税。(2)2006年5月《国务院办公厅转发建设部等部门关于调整住房供应结构、稳定住房价格意见的通知》（国办发〔2006〕37号）第2条规定，个人购买住房不足5年转手交易的全额计征营业税，普通住房超过5年转手交易的免征营业税。(3)2008年12月《国务院办公厅关于促进房地产市场健康发展的若干意见》（国办发〔2008〕131号）第5条规定，个人购买普通住房超过2年转让免征营业税，不足2年转让的按差额征收营业税。(4)2009年12月《财政部、国家税务总局关于调整个人住房转让营业税政策的通知》（财税〔2009〕157号）第1条规定，个人将购买不足5年的普通住房销售的按差额征收营业税，超过5年的普通住房销售的免征营业税。(5)2011年1月《财政部、国家税务总局关于调整个人住房转让营业税政策的通知》（财税〔2011〕12号）第1条规定，个人将购买不足5年的住房销售的全额征收营业税，将购买超过5年的普通住房销售的免征营业税。(6)2015年3月《财政部、国家税务总局关于调整个人住房转让营业税政策的通知》（财税〔2015〕39号）第1条规定，个人将购买不足2年的住房销售的全额征收营业税，将购买超过2年的非普通住房销售的按差额征收营业税，购买超过2年的普通住房销售的免征营业税。(7)2016年2月《财政部、国家税务总局、住房城乡建设部关于调整房地产交易环节契税、营业税优惠政策的通知》（财税〔2016〕23号）第2条规定，个人将购买不足2年的住房销售的全额征收营业税，超过2年的住房销售的免征营业税；北京市、上海市、广州市和深圳市（以下简称北上广深）个人住房转让营业税政策仍按照财税〔2015〕39号文执行。(8)2016年3月《财政部、国家税务总局关于全面推开营业税改征增值税试点的通知》（财税〔2016〕36号）附件3:《营业税改征增值税试点过渡政策的规定》第5条规定，个人将购买不足2年的住房销售的按照5%的征收率全额缴纳增值税，将购买超过2年的住房销售的免征增值税，上述政策适用于北上广深之外的地区；个人将购买不足2年的住房销售的按照5%的征收率全额缴纳增值税，将购买超过2年的非普通住房销售的按差额适用5%的征收率缴纳增值税，将购买超过2年的普通住房销售的免征增值税，上述政策仅适用于北上广深。

在12年时间内，个人转让住房营业税和增值税的征免税条件、计税依据变化多达8次，而且据以变化的均为部门规章形式。

其次,市场经济形势的复杂多变性是否必然导致宏观调控法的相应变动。在科技发展迅猛、经济交往跨越国界的现代市场经济形势下,复杂多变性必然构成其最直观的表现特征之一。问题在于,这种复杂多变性是因为市场经济体制自身调节使然,还是由于“市场失灵”所导致的。如果是前者,那么这种复杂多变性是市场经济体制自我调节的正常反映,恰恰构成了阻止国家不当干预措施介入的最好理由;只有当这种复杂多变性是市场失灵在外在形式上的表现时,国家宏观调控措施的介入才具有经济上的合理性。更何况,从法律的角度来看,市场经济作为宏观调控法调整的对象,其固有的复杂多变性是否必然地延伸成为宏观调控法本身的复杂多变性?有学者就认为,宏观调控法的稳定性较之其他法律稍差,这是其在立法上的一个明显特点;但不能只强调宏观调控法的变动性而否认其稳定性。[①] 还有学者指出:“人们往往将宏观调控法的对象的模糊性和易变性,当成了宏观调控法本身的特征。实际上,宏观调控手段的模糊性和易变性,并不影响或否定法的明确性、规范性和可操作性,这是泾渭分明的两个概念。”[②]具体到税收和税法领域,这就涉及税收调控法与税收中性原则的适用问题,下文再予以详述。

最后,是税法领域中税收法定主义与“授权立法”之间的关系。即便上述有关“及时性”和“复杂多变性”的理由成立,那么在税收调控的立法方面“授权立法”是否就是必然的选择,由此所导致的税收调控法体系在法律表现形式方面以行政法规和部门规章为主的特征是否合理呢?其与税收法定主义之间的关系又应如何?

本文认为,行政机关通过“授权立法”或称“委任立法”方式享有立

---

① 参见漆多俊:《宏观调控立法特点及其新发展》,载《政治与法律》2002 年第 1 期,第 53 页。

② 李昌麒、胡光志:《宏观调控法若干基本范畴的法理分析》,载《中国法学》2002 年第 2 期,第 10 ~ 11 页。

法权具有客观必然性。[①] 这种必然性源于两个矛盾：一是立法实际的需要与立法机关自身局限性之间的矛盾；二是行政机关充分、有效地行使其行政权的需要与其自身权能的有限性之间的矛盾。解决前一矛盾的结果是立法机关授出了部分立法权；同时也就为解决后一矛盾提供了途径——行政机关获得了授权立法权。这是一个问题的两个方面。

而且，具体到宏观调控法领域中，行政机关对委任立法权的享有也具有历史必然性。换言之，从委任立法权的历史发展来看，为什么会出现本来专属于立法机关的立法权需要在立法机关和行政机关之间进行分配的现象？众所周知，19 世纪中后期，资本主义逐步从自由走向垄断，政府干预调节经济以防止或协调自由商品经济及垄断资本竞争所造成的无序状态的职能开始被人们重新认识和加以确认，导致西方国家从自由放任转向国家干预经济的政策上来。各国政府获得了不同程度的委任立法权，自觉、大量地运用委任立法权作为国家干预经济的法律手段，进一步强化了行政权。第二次世界大战结束以来，西方发达资本主义国家先后进入所谓“福利国家时代”。“如果国家对公民从婴儿照管到死……提供衣食住行……相对来说，仅靠议会通过法律，然后交法院实施，那只能做些微不足道的事。另外还有许许多多事先不能决定的具体问题和许多具体事情……所有这些事情的法律方面问题都涉及行政

① 各国在授权立法产生并迅速发展的原因方面具有共同点：(1)现代社会国家立法内容的复杂性、专业性和技术性，导致立法机关在立法时间、立法技术方面的有限性；(2)为了适应情况变化的法律的灵活性，以及出于立法机关对地方(区)多样化情况变化考虑的局限性；(3)紧急情况需要；(4)为制定法律积累经验而进行试验的需要。参见[日]南博方：《日本行政法》，杨建顺等译，中国人民大学出版社 1988 年版，第 51 页；[日]室井力主编：《日本现代行政法》，吴微译，中国政法大学出版社 1995 年版，第 61 页；王名扬：《英国行政法》，中国政法大学出版社 1987 年版，第 110 页；[美]E. 博登海默：《法理学——法律哲学与法律方法》，邓正来译，中国政法大学出版社 1999 年版，第 420 ~ 423 页。

法”①,“行政国家”的政府职能又得到进一步强化,而立法机关由于自身的局限性,也不得不授权给行政机关。因此,委任立法的出现,从深层次来看,乃是资本主义在其自身发展过程中的经济、社会、观念等诸方面的原因共同作用的结果,具有历史必然性。

但这种委任立法权必须受到严格的制约和监督,各国在这一方面的态度是相同的,不尽相同的是制约和监督的方式。一般来说,制约和监督来自于权力机关和司法机关两方面。后者行使对行政机关委任立法权的司法审查权,主要是一种司法救济的方式。至于权力机关的制约和监督,一般有如下方式:一是权力机关通过制定授权法进行制约;二是权力机关通过对行政机关制定的行政性法规的审查实行监督,包括要求行政机关就其制定的行政性法规向权力机关申请批准或备案以及权力机关就行政性法规向行政机关质询等。前者是一种事前监督,后者是一种事后监督。② 尤其是立法机关的这种事前监督,要求其必须通过法律或相当于法律的形式(如立法机关作出的各种决定等)对授予行政机关的委任立法权加以明确、具体的规定。这恰恰是在我国宏观调控法领域长期以来极度欠缺的。

特别是在税收调控法领域,尽管税收法定主义并不排斥授权立法,授权立法仍有其存在的合理性,但也正是因为税收法定主义的缘故,授权立法必须受到更为严格的限制。从税收法定主义所包括的税种法定、课税要素确定和程序法定三项基本内容来看,起码课税要素和基本的税收征管程序必须以狭义的法律形式来规定,而不能授权给行政机关来制定——这也是在涉及侵犯人民财产权利的税法领域在立法方面的“议会保留原则”的要求。至于税收法定主义支配下税收立法中的“授权立

---

① [英]威廉·韦德:《行政法》,徐炳等译,中国大百科全书出版社 1997 年版,第 4 ~ 5 页。

② 参见李刚:《试论行政机关立法权的若干基本问题》,载《南昌大学学报》(哲学社会科学版)1998 年第 3 期,第 72 ~ 73 页。

法”,则必须符合“法律保留原则”的要求,[①]即除了税种及其课税要素和基本的税收征管程序以外的其他税收事项,可以由行政机关根据立法机关明确、具体的法律授权,通过行政法规的方式来加以规定。[②]

但我国的税收立法和税法体系却与税收法定主义的要求相去甚远。我国税法体系中,长期以来直到2010年,仅有《中华人民共和国个人所得税法》《中华人民共和国企业所得税法》和《中华人民共和国税收征收管理法》三部狭义的法律,[③]2011年才新增了第一部由行政法规形式提升为法律形式的《中华人民共和国车船税法》,2016年又新增《中华人民共和国环境保护税法》,此外的税种法均为由国务院以“暂行条例”形式颁布的行政法规。这一点成为我国税法学者指责我国税法体系背离税收法定主义要求最典型的例证。

一般认为,国务院已经制定的众多税收行政法规,其立法依据在于六届全国人大常委会七次会议于1984年和六届全国人大三次会议于

① 有关“议会保留原则”和“法律保留原则”,参见黄茂荣:《税法总论——法学方法与现代税法》(第一册增订二版),台湾植根法学丛书编辑室2005年版,第270~271页。

② 在这一方面可以用来作为反面例证的是上海市、重庆市政府“根据国务院第136次常务会议有关精神”,相继于2011年1月27日、28日以地方政府规章的形式开始的所谓“房产税地方性试点改革”,以及随后国内14位税法学者于2月21日联名向全国人大常委会寄送了《关于提请对房产税改革试点进行合法性审查的建议》一事。该份书面建议质疑国务院同意在部分城市进行对个人住房征收房产税的改革试点的做法,理由之一在于认为其违反了《立法法》第10条有关“禁止转授权”的规定,建议全国人大常委会对其合法性加以审查。有关上述例证的详细内容,请参见熊伟主编:《税法解释与判例评注》(第2卷),法律出版社2011年版,第1~27页。

③ 笔者认为,我国现行税法体系中的这三部法律,主要是因为在改革开放初期,我国为了吸引外资,向外商投资者表明我国在税法方面对外商投资者利益保护的态度和决心,所以得以“侥幸”地以国家最高立法机关制定的法律形式表现,并非是为了贯彻税收法定主义的要求使然。

1985 年的两次特别授权。[①] 如果要说明在税法领域中授权立法的不规范性，以这两次特别授权立法为例再典型不过。因为，这两次特别授权属于“空白授权”，既无具体、明确的授权事项，又无生效时限。所以，有学者认为，由国务院主导进行、财政部和国家税务总局具体实施的 1994 年税制改革，适用 10 年前全国人大或其常委会的特别授权立法条款十分牵强。更何况，如此宽泛、概括的立法授权，也不能让国务院满足，还不时超越授权权限进行立法。如 1984 年的授权条文中明确规定由国务院制定的相应税收条例草案不适用于中外合资企业和外资企业，但在国务院发布的《关于经济特区和沿海四个港口城市减征、免征企业所得税和工商统一税的暂行规定》中，其主要内容均适用于涉外企业。又如，国务院于 1985 年和 1987 年先后制定《进出口关税条例》，而关税并非属于授权的工商税收的范畴。[②] 在税收行政法规的立法方面尚且如此，在税收部门规章的立法方面就更加混乱。[③] 因此，在我国税法体系当中，税

---

① 1984 年六届全国人大常委会《关于授权国务院改革工商税制发布有关税收条例草案试行的决定》(简称“1984 年全国人大常委会授权决定”)已于 2009 年 6 月 27 日被十一届全国人大常委会《关于废止部分法律的决定》所废止。1984 年 6 月 22 日，时任全国人大常委会法制工作委员会主任的李适时在向本次常委会会议作关于法律决定案的说明时指出，1984 年全国人大常委会授权决定主要是解决经济体制改革初期国营企业利改税和改革工商税制的问题。决定通过后，国务院发布了产品税、增值税、盐税、营业税、资源税、国营企业所得税等 6 个税收条例草案试行。全国人大常委会法制工作委员会经研究认为，1985 年全国人大授权国务院在经济体制改革和对外开放方面可以制定暂行规定或者条例，后一授权决定已将前一授权决定覆盖。依据后一授权，国务院已制定了一系列税收暂行条例，未再以草案形式发布此类税收条例草案试行。1993 年，国务院发布的有关增值税等几个税收暂行条例已明确将上述 6 个税收条例草案废止。据此，建议全国人大常委会废止 1984 年全国人大常委会授权决定。参见国家税务总局网站：http://www. chinatax. gov. cn/n8136506/n8136548/n8136623/9177664. html，2012 年 7 月 1 日访问。

② 参见宋丽：《民主视野下的中国税收立法》，载刘剑文主编：《财税法论丛》(第 2 卷)，法律出版社 2003 年版，第 30 页。

③ 关于部门规章能否作为税法法源的问题，有着不同的看法。笔者认为，部门规章应当是税法法源的一部分。

收行政法规与税收法律之间、税收部门规章与税收行政法规之间、税收地方性法规与税收法律之间彼此相互冲突、低位阶法违反高位阶法的情形比比皆是。这其中,有些属于无权或越权立法的自不必说,即便是基于所谓"授权"的立法,其据以产生的授权是否合理、是否符合税收法定主义的要求,也值得我们深思。①

如果说由于目前我国《中华人民共和国宪法》(以下简称《宪法》)并未规定税收法定主义,因此不能认为我国现行税法体系中大部分税收行政法规是违宪的。② 但该原则作为税法的首要原则的地位和观念,已经普遍被税法学者所接受,并开始影响到税收的立法、执法、司法和守法等法治过程的各个方面。因此税收法定主义在我国《宪法》中的缺失,并不妨碍我们在理论上以税收法定主义为指导,去分析我国现行税法体系所存在的问题,并为今后的立法完善提供积极的参考建议。

既然税收调控法属于税法,那么同样应当受到税收法定主义的约束,所谓"立法的及时性"和作为调整对象的市场经济形势的"复杂多变性",均不能成为其在立法方面"空白授权立法"的浮滥和在法律形式表现方面税收行政法规和部门规章占据主导地位的正当理由。这也是我国推行与依法治国一脉相承的依法治税、实现税收法治的内在必然要求。因为只有在税收法定主义的指导下,以狭义的法律形式来规定有关税收的基本事项,才能逐步在依法治税的过程中向税收法治的理想状态推进;否则,最多只能算是建立了税收法制。

其实,所谓宏观调控法制与宏观调控法治之间的关系与上述观点同理,其区别集中体现在对宏观调控所采取的"法律手段"中"法律"含义

---

① 参见李刚:《现代税法学要论》,厦门大学出版社2014年版,第77~119页。

② 笔者认为,我国《宪法》中仅有的规定税收问题的第56条,即"中华人民共和国公民有依照法律纳税的义务",并未体现税收法定主义。参见李刚、周俊琪:《从法解释的角度看我国〈宪法〉第五十六条与税收法定主义——与刘剑文、熊伟二学者商榷》,载《税务研究》2006年第9期,第48~50页。

的理解上。如果将“法律”从广义上理解，包括国家有权机关制定的各种规范性文件，那么充其量只能认为形成了宏观调控法制。但只有把“法律”理解为狭义的“法律”，即由国家最高立法机关制定的法律，才能称之为宏观调控的法治化。所以有学者指出，宏观调控法治化的首要含义就在于调控手段的法律化，即排除法律以外的手段；这里的“法律”仅指立法机关的立法及立法机关委托行政机关的委托立法，或者与法律同位阶的决定，不包括行政法规、规章及政党政策等。①

2. 税收调控法与税收公平原则的适用

税收公平原则是税收和税法共同适用的基本原则。其在税收学上的意义，主要包括两个方面：一方面是横向公平，即经济情况相同、负担税收的能力（以下简称“负税能力”）相等的纳税人，其税负应当相同；另一方面是纵向公平，即经济情况不同、负税能力不等的纳税人，其税负也应不同。税收公平原则在判断纳税人的税负之间是否公平时所选取的“负税能力”标准，经过法学的演绎，在税法上便直接以“量能课税原则”的形式表现出来，即纳税人依法所承担税负的多少是根据其负税能力的大小来确定的，且彼此之间相对而言是公平的。②

如前所述，税收调控法所规定的税收调控措施包括税收优惠措施和税收重课措施。就税收优惠措施而言，由于对某些特定的纳税人给予减轻或免除其税负的优惠，即意味着其他未能享受税收优惠的纳税人税负的间接加重；就税收重课措施来说，则更加意味着其所针对的纳税人税负的直接加重。不论是税收优惠措施还是税收重课措施，其在选择适用的对象时，并非依据纳税人负税能力的大小，而是根据国家调控经济的需要，即对某种产业或某个地区的经济发展是持鼓励或抑制的态度而

---

① 参见周永坤：《宏观调控法治化论纲》，载《法学》1995 年第 10 期，第 4 页。

② 税法上的公平原则不仅限于衡量纳税人税负是否公平的量能课税原则，还包括国家和纳税人之间以及纳税人和税务机关之间的公平问题。参见李刚：《税法公平价值论》，载刘剑文主编：《财税法论丛》（第 1 卷），法律出版社 2002 年版。

定。对于适用税收调控法的纳税主体来说,其负税能力可能比其他纳税人要强,却负担了较轻的税负;也可能其负税能力并不强于甚至弱于其他纳税人,却负担了较重的税负。所以,税收调控措施直接违反了税收上的税收公平原则和税法上的量能课税原则。因此,德国税法学家Lang认为,“税捐优惠的概念之使用最好限于突破各该税目之建制原则,特别是突破量能课税原则,而对于纳税义务人给予优惠的规定”。[①] 还有学者指出,税收调控法不受量能课税原则的拘束,其所适用的基本原则应为需求原则和奖惩原则:所谓需求原则,即指税收调控法须根据促导经济的必要需求而制定;所谓奖惩原则,即对纳税人的作为或不作为给予相应的奖赏或惩罚,以引导其经济行为,从而达到调控的目的。[②]

该学者进一步指出,虽然税收调控法不受量能课税原则的拘束,但由于其在受调控措施适用的纳税人与非受该措施适用的纳税人之间构成了差别待遇,因此税收调控法必须具有实施这种差别待遇的合理理由。只有符合以下三方面的要求,税收调控法才具有正当合理性:一是须有助于公共利益,即必须有助于整体社会利益,其所带来的经济利益,尽可能对全体、或者至少对大多数社会成员有利;二是须符合比例原则,即税收调控法是否有助于政策目标的达成(适合原则),是否除税收调控手段之外,别无其他可达成政策目标的手段(必要原则),其所追求公益的分量是否超越牺牲量能课税原则的法益(狭义比例原则);三是在平等原则与税收调控措施间进行公共利益的权衡,即税收调控法所增进的公益的比重,经权衡后超越量能课税的公益。[③] 实际上,以上三个方

---

① Tipke/Lang, aaO. (Fn. 2); §7Rz. 2, 39. 转引自黄茂荣:《税法总论——法学方法与现代税法》(第一册增订二版),台湾植根法学丛书编辑室2005年版,第170页。

② 参见葛克昌:《行政程序与纳税人基本权》(第3版),台湾翰芦图书出版有限公司2012年版,第219~220页;以及黄茂荣:《税法总论——法学方法与现代税法》(第一册增订二版),台湾植根法学丛书编辑室2005年版,第10~11、463~465页。

③ 参见葛克昌:《行政程序与纳税人基本权》(第3版),台湾翰芦图书出版有限公司2012年版,第220~223页。

面共同构成了对税收调控法从整体上进行比例原则审查的内容。可见,税收调控法由于与财政税法有所不同,违反了税收公平原则,且不适用于税法上的量能课税原则,但正因如此,其必须受到比例原则更为严格的审查。①

3. 税收调控法与税收效率原则的适用

税收效率原则也是税收和税法所共同适用的原则,包括两个方面:一是税收的行政效率原则,又称为税收稽征经济原则,即如何以最少的征管成本征收到最多的税收,一般通过税收征管成本与税收收入之间的比例来衡量,比例越小,效率越高,反之则越低。二是税收的经济效率,即税收中性原则,是指税收对社会资源配置和经济运行机制的影响状况;其检验标准,在于是否使税收的额外负担最小化和额外收益最大化。税收将社会资源从纳税人手中转移给政府的过程中,除了资源转移本身(此为税收的正常负担)以外,势必还同时影响消费者对商品的选择或生产者对生产要素的选择,由此而对经济活动产生干扰和阻碍,社会利益因此而受到削弱,便产生了税收的额外负担。税收的额外收益则是指当市场配置资源低效或无效甚至失灵时,税收的调节作用就得以发挥,从而进行干预,促使经济正常有效地运行。

首先,看税收调控法与税收行政效率原则。显而易见,税收调控法由于对某些特定的纳税人实行与其他纳税人不同的差别待遇,导致在这些特定纳税人的资格认定与审查、优惠或重课税率的确定、税前扣除项目的厘清、税收的退还或加成征收、异议与纠纷的处理和违法行为的查处等征收过程中各个方面的工作量的增加,征管成本肯定有所提高。同时,如前文所述,税收优惠措施直接导致了其所涉及的税收收入的减少。因此,在提高的征管成本与减少的税收收入之间加以衡量,其比例无疑

① 参见熊伟:《法治视野下清理规范税收优惠政策研究》,载《中国法学》2014年第6期,第159~161页;叶金育、顾德瑞:《税收优惠的规范审查与实施评估——以比例原则为分析工具》,载《现代法学》2013年第6期,第171~183页。

较大,效率也就越低。所以,税收调控法起码从形式上看,就不符合税法的行政效率原则。如果把衡量税收行政效率比例中的分母不仅限于征税机关的征管成本,而是拓展到整个社会的税收成本,即除了征管成本之外,还包括纳税成本和机会成本,①那么把税收调控法,尤其是各种纷繁复杂的税收优惠措施,给纳税人带来的适用上的无所适从或烦琐困难,或者非法避税的可乘之机等成本因素都考虑在内,其效率将更为低下。

其次,看税收调控法与税收中性原则。如前文所述,税收中性原则要求在市场能够自我调节时,税法制度不能超越市场配置资源的基础性地位而对市场运行施加不当干预。而税收调控法恰恰就是要保障国家通过税收手段去积极干预市场。二者之间这种看似矛盾的关系成为其在经济学界长期以来被争论不休、无法达成共识的根源。

有学者就概括总结了我国经济学界对税收调控与税收中性之间关系的五种主要不同观点,认为这些观点虽然从不同角度阐述了二者之间的关系,但由于仅限于经济学学科内观察,因此仍有失偏颇。这些学者则从市场经济与宏观调控法之间的关系角度对税收中性与税收调控之间的关系作了如下再认识:其一,从经济自由与宏观调控法的内在统一性角度来看,当市场能够正常自我调节时,税收中性其实是一种能维持市场优化配置资源状态的税收制度,体现了一种理想的自由税收秩序状态,是税收调控法不断发展完善以求最适宜化的理想归宿;当出现市场失灵时,则需要国家通过宏观调控法去加以矫正,以促使市场恢复其优化配置资源的功能。因此,宏观调控法律制度的设计初衷并非为了调控而调控,其价值取向目标乃是全面回复市场之自发自生秩序状态,以期保障经济自由,促进经济自由的实现,绝不是限制经济自由。所以,税收中性与税收调控这对貌似对立的范畴其实有着极强的内在统一性。其

① 纳税成本,是指纳税人为完成纳税义务所发生的费用,包括经济、时间等方面的损失,此外还包括纳税人的心理压力等;机会成本是指由于征税机关放弃对一部分纳税人的管理或纳税人偷逃税款导致税收收入的损失而造成的成本。

二,从市场经济运行的内在需要与有限宏观调控行为的一致性角度分析,市场经济本质上是一种中性化经济,税收中性作为市场中性化理念在税收经济活动领域的体现,同样也是税收调控据以产生和存在的基础;税收调控法必须立足于税收中性的观念和制度框架的基础之上,服从于税收中性的公平、效率等客观要求。①

本文非常赞同上述学者的观点。正如前文所述,所谓复杂多变的市场经济形势,如果是其正常运行的外在表现,那么恰恰成为阻止国家宏观调控措施干预的屏障;如果是市场失灵所导致的,那么国家宏观调控法就具有了其经济上的合理性,即扭曲失衡的经济自由促发了国家宏观调控措施的介入,成为宏观调控的逻辑起点。而宏观调控的最终目的也在于平复市场经济非正常的波动,促使经济自由得以恢复。

我国最典型的主要起调控作用的税种法——固定资产投资方向调节税法[以下简称“固调税(法)”]从生效到中止的历程,就是最好的例证。我国《中华人民共和国固定资产投资方向调节税暂行条例》于1991年由国务院颁布,该条例的第1条即规定:“为了贯彻国家产业政策,控制投资规模,引导投资方向,调整投资结构,加强重点建设,促进国民经济持续、稳定、协调发展,制定本条例。”该法就是针对从20世纪80年代末到90年代初我国出现的投资过热、尤其是房地产领域的盲目投资,导致投资结构失衡、经济资源浪费等情形而制定的。到了90年代末,我国的房地产投资市场已逐步规范,同时国民经济出现投资不足、内需持续低迷的新形势,所以财政部、国家税务总局和原国家发展计划委员会于1999年12月联合发布通知,自2000年1月1日起,暂时停征了固调税,中止了固调税法的效力。② 可见,经济自由以及市场的自我调节既是宏

① 参见刘大洪、张剑辉:《税收中性与税收调控的经济法思考》,载《中南财经政法大学学报》2002年第4期,第95~98页。

② 《固定资产投资方向调节税暂行条例》自2013年1月1日起被国务院于2012年11月9日颁布的《国务院关于修改和废止部分行政法规的决定》(国务院令628号)所废止。

观调控法的逻辑起点,也是其最终的理想归宿。

从以上税收调控法是否适用于税法的三大基本原则的论述中,我们发现,税收调控法似乎是有选择性地加以适用。首先,它必须适用于税收法定主义这一首要原则;其次,它不适用于税收公平和量能课税原则,却招致比例原则更严格的审查和限制;最后,在税收效率原则中,它在不符合税收行政效率的同时,却与税收经济效率保持着内在的统一性。难怪有学者指出:"税捐优惠的规定是税捐法所以复杂的主要因素。是故,简化税捐法之首要在于,废止或减少税捐优惠的规定。"①

虽然我们并不能得出与现在通说相反的认识,即税收调控法不属于税法,但起码我们可以说,税收调控法与财政税法有别,仅仅是税法当中的一部分,而非税法的整体。那么,到底是哪一部分,有待下文进一步论证。

(三)税收调控法与税法

税收调控法到底是税法中的哪一部分,这其实是一个难以回答的问题。

从前文的论述中,我们可以看出,一方面,传统税法早期因坚持"财政目的"的唯一性,而排斥所谓的"税收经济法",后来虽然在税收调控功能的客观存在和切实发挥作用的形势下,逐步承认其为税法的一部分,但又认为一些财政税法的基本原则,如税收公平原则、量能课税原则等并不适用于税收经济法,因此与财政税法仍有所不同。然而另一方面,宏观调控法学者又普遍认为,税法应属于宏观调控法的组成部分。至于这里的税法是仅指税收经济法,还是也包括财政税法,并不明确。但迄今为止我国所有的经济法教材论著,凡采用经济法分为"宏观调控法""市场规制法"等几部分体例的,在"宏观调控法"编下必有税法一章,而税法一章中又大多是面面俱到,从基本概念到具体制度等内容一

① 黄茂荣:《税法总论——法学方法与现代税法》(第一册增订二版),台湾植根法学丛书编辑室2005年版,第512页。

应俱全,并未区分财政税法与税收经济法。即便是在少数几本有关宏观调控法的专门论著中,除了漆多俊教授主编的《宏观调控法研究》一书中主要是从宏观调控的角度论述税法之外,①其他论著也都是将税法作大而全的论述。此外,本文所检索到的大多数专门论述宏观调控法体系的论文,也无一例外地把税法整体地作为宏观调控法的一部分。由此,税收调控法就是税法,或税法就是税收调控法的认识似乎已经成为一种理所当然的观点。但从前文的论述中,我们发现,其实并非如此。

然而,由于税法的财政职能或经济职能是密切交织在一起的,所以我们很难根据某一具体税法的职能或目的去判别其在税法体系当中到底是属于财政税法,还是属于经济税法。有学者就指出,税收调控法与财政税法,其间界限难分。② 既然如此,本文以为,我们起码可以采取排除法,从税法学学科的角度去明确哪些内容并不属于税收调控法的研究范围,或许可以为我们明确税法体系中税收调控法的定位提供参考。

按照现在的通说,税法学体系包括税法总论、税收实体法、税收程序法、税收责任法和税收救济法五大部分。

第一,在税法总论当中,由于其包括了税法所通用的基本理论,所以其中有部分内容属于税收调控法,如税收调控法的概念和特征、税收调控法律关系、税收调控法的立法体制、税收法定主义和税收经济效率原则等。

第二,税收实体法。目前我国税法学界已经普遍接受从实体上看税收是一种“公法之债”的观点,将国家和纳税人在税收方面实体性的权利和义务作为一种税收债权债务关系来看待,因此税收实体法又可称为税收债务法。

---

① 参见漆多俊主编:《宏观调控法研究》,第七章“税法与宏观调控”,中国方正出版社2001年版,第218~270页。

② 参见葛克昌:《行政程序与纳税人基本权》(第3版),台湾翰芦图书出版有限公司2012年版,第134页。

在现代税法学的视野下，税收债务法律关系根据类型的不同，其含义有狭义和广义之分。狭义的税收债务法律关系，即传统税法学所认识的税收法律关系类型，主要集中在税收征管环节，其内容一方面是指征税机关（代表国家）通过征税获得其税收债权的满足，另一方面则是指纳税人因为纳税而使其税收债务得以清偿。由于狭义的税收法律关系仅限于税收征管环节，以税收的征收和缴纳为其全部的外在行为表现形式，法律关系主体间的财产流转始终处于一种由纳税人处到征税机关处的单向运动状态，在个案上表现为单个纳税主体与征税机关之间直接的税收法律关系，与所谓国家宏观经济形势无关。因此，并无税收调控的因素掺杂在内；从这个角度看，税收实体法似乎与税收调控法没有什么联系。

广义的税收法律关系除了包括上述狭义的税收法律关系之外，更重要的是把作为实质意义上征税主体的国家纳入税收法律关系主体范围之中，发掘出了国家与纳税人之间在抽象层面上的税收权利义务内容，即纳税人因其税收债务的清偿而取得了要求并享有国家提供公共服务的权利，国家因其税收债权的满足同时也就负有了为纳税人提供公共服务的义务。公共服务或称公共产品，包括有形和无形两类，前者如各种基础设施建设等，后者则包括完善的市场经济体制和稳定、安全的市场秩序等。在现代市场经济中，由于市场经济固有的三缺陷的存在，市场失灵现象时有发生，所以包括宏观调控（法）在内的国家经济调节（经济法）必不可少。[①] 因此，只有在现代税收法律关系理论框架中，[②]遵循“（抽象的）税收债权债务法律关系→公共服务的提供和满足→完善和稳定的市场经济体系→（税收）宏观调控法的不可或缺”这样一条逻辑思路，我们才在税收实体法中为税收调控法寻求到了存在的空间。而

---

① 参见漆多俊：《经济法基础理论》（第3版），武汉大学出版社2000年版。

② 参见刘剑文、李刚：《税收法律关系新论》，载《法学研究》1999年第4期，第92～100页。

且,世界各国在以税法作为宏观调控手段时,主要就是采取对征税对象、税率或税收特别措施等课税要素加以选择或变动的方式来进行的。从这一点看,税收调控法也主要存在于税收实体法当中。

然而,以上的分析只是为税收调控法与税收实体法在课税要素方面的内在联系提供了理论上的依据,从具体的税种法来看,目前我国现行税法体系当中,主要起调控作用的税种法,除了前文论及的固调税法之外,还有消费税法。消费税法主要以作为征税对象的应税消费品的选择、差别税率的确定及税负的轻重等方式来调节消费结构,进而影响到应税消费品与非应税消费品之间的产品结构。我国自 1994 年开始实施的消费税法所调整的消费税属于狭窄型,主要限于一些传统的应税消费品,其调节经济的作用非常有限;2006 年 3 月,我国对消费税法作了一次较大的修订,扩大了过度消费会对生态环境造成危害的消费品(如木制一次性筷子和实木地板等)、奢侈消费品(如高尔夫球及球具、高档手表、游艇等)和石油类消费品的征税范围,使消费税由狭窄型向中间型转变,其调节经济的作用有望增强。

此外,还有哪些税种法属于典型的税收调控法仍然难以判断。例如所得税法,其主要目的一方面在于筹集税收收入,另一方面则在于国家通过累进税率的设计在合理的限度内缩小高收入者和低收入者之间的收入差距,从而尽可能地使收入分配结构达到均衡。前者属于税法的财政职能,后者则是从财政职能中引申出来的收入分配职能,看似与调控经济目的无关。但进一步分析,收入水平不同的纳税人经所得税法调整后的税后收入水平仍然存在差距,而不可能达到绝对的平等;这种存在差距的税后收入水平又造成了不同纳税人间消费能力的不同,进而造成其在消费对象上的差异,如低收入者主要以维持生存所需的基本生活资料为主,而高收入者则主要以高档消费品甚至奢侈品为主,因而必然对产品结构产生影响。从这个意义上来看,所得税法并非完全不具备调控经济的职能。①

因此,鉴于判断具体税种法是否属于税收调控法几乎是一个无法准确回答的问题,本文在此仅提供以下两点初步的认识,作为在排除时应予考虑的因素:

首先,就课税要素方面来看,税率的调整、税负的减少本身并不必然就是调控经济的需要,恰恰相反,有时可能正是为了避免过多地干预经济,消除原有的税收调控法对经济的不当干预,以符合税收中性原则。②因此,即便是课税要素中通常认为与税收调控法密切相关的税收特别措施,也并非全部都属于税收调控法,必须根据该措施所据以引发的市场经济运行状况以及该措施的内容和其欲达到的目的来具体判断。

而且,税收特别措施如果超过一定的限度,那么不仅会被以保障和促进经济自由和市场自我调节为目的的(税收)调控法范围排除在外,即便是作为整体的税法也无其存身之地。例如,有学者指出,“在管制诱

---

① “所得税非基于给付能力,而是依其支付能力(担税能力)加以衡量。此点对国家课税权只能基于取得收入为目的,或者亦得对私人之所得与财产予以重分配为目的。税法只针对所得或财产之现存状态,而不及其应有状态,基本上是不适于对财产权加以重分配。”葛克昌:《国家学与国家法》,台湾月旦出版社股份有限公司 1996 年版,第 118 页。

② 笔者曾经指出,税法与私法关系的本源之一在于对私人财产权的确认和保障。参见李刚、丛中笑:《税法与私法关系探源——对(私人)财产权的确认和保障》,载《法制与社会发展》2003 年第 6 期,第 70 ~ 73 页。其实,税法与私法关系的另一本源即在于自由市场经济体制及其关系。市场经济作为权利经济和法治经济,首先需要起“第一次调整和保护作用”的私法从横向上来维护市场经济主体的私权利,并进而维持基本的市场规则;但仅仅如此是不够的,还需要经济法从纵向上对之起“第二次调整和保护作用”。具体到税法而言,税法对自由市场经济体制及其关系的纵向调整和保护作用体现在积极和消极两个方面。所谓消极作用,是指当市场运行正常、能够自我调节时,税法及其规范的税收应当遵守税收中性原则的要求,不去干预市场配置资源的基本规律。所谓积极作用,又包括两个方面:一方面,税法需要筹集财政费用,使国家政权机构得以运转,从而使包括私法在内的法律体系的效力得以发挥,其强制力得以体现,构成市场经济稳定、有序的法制基础;另一方面,当出现市场失灵时,包括税收调控法在内的宏观调控法得以介入市场运行,促使其回复到自我调节的状态。

导性租税,其主要目的固在行为之诱导管制,但只要其附带目的为国家收入,仍不失为租税,已普遍受到承认。唯仅具管制诱导性目的,而与收入目的无关者,则非租税。之所以租税概念中须保留至少将收入作为附带目的,即在凸显租税之财政功能,以有别于单纯行政功能之禁止规定或补贴规定”。[①] 还有学者以税收重课措施为例,进一步指出,“加重税捐虽具有抑制作用,但既未决意禁止,其加重是否可达到事实上禁绝的程度,引起疑问。盖加重之政策目的如在于收不到税,则财政目的在该税捐已连附随目的之地位亦不可得。这与税捐概念之最低限度的特征已然不符”。[②]

其次,就增值税法而言,由于其主要目的明显不在于调控经济,因此可以从税收调控法的范围内排除。增值税本身就是一种“中性”税收,其“中性”主要体现在两个方面:一方面,增值税法规定对流转额中的非增值因素在计税时予以扣除,对同一商品而言,无论流转环节多少,只要增值额相同,则税负相等,不会影响商品的生产结构、组织结构和产品结构;另一方面,增值税法实行“道道课征,税不重征”,避免了传统流转税“道道征税,税上加税”的税负累计现象。增值税的计税依据是增值额,可以避免以流转额全额为征税对象造成的对上一环节已征税的转移价值的重复征税,使同一售价的商品不受流转环节多少的影响,始终保持同等的税收含量。正因如此,所以增值税被冠之以“良税”的美誉。

再次,税收程序法。从法律程序的一般内容来看,包括立法程序、执法程序和司法程序,但在税法体系的分类中,税收立法程序一般包括在税收立法体制当中而归属于税法总论部分,税收司法程序则由于涉及法律救济问题而归属于税收救济法。因此这里的税收程序法,主要是指税

---

① 葛克昌:《行政程序与纳税人基本权》(第3版),台湾翰芦图书出版有限公司2012年版,第207页。

② 黄茂荣:《税法总论——法学方法与现代税法》(第一册增订二版),台湾植根法学丛书编辑室2005年版,第171页。

收行政执法程序。所以,正如前文所分析的那样,由于税收行政执法程序主要是围绕征管环节的狭义的税收征纳法律关系展开,因此,其与税收调控法也基本无关。

最后,税收责任法与税收救济法。由于税收救济的结果必然是税收法律关系主体对其法律责任的承担,因此二者在某种意义上来说是一致的。

与上述同理,在狭义的税收法律关系当中,税收救济的起因往往是税收征管过程中征税机关和纳税主体之间就其具体权利义务而发生的税收争议,其法律责任从主体形态和内容上看,既包括征税机关因违法行政而承担的法律责任,也包括纳税主体因偷税等税收违法行为而承担的法律责任,且以后者为主。因此,难以从中发现税收调控法的影子。

至于从广义的税收法律关系角度看,就涉及了国家宏观调控法律行为是否具有可诉性的问题,其与经济法责任问题都是近年来我国经济学界正在探讨的热点和难点问题。虽然笔者从美国和日本已经存在且具有较完善制度体系的"纳税人诉讼"中获得启发,认为在具体情形下,某些特定的税收调控行为并非不具有可诉性。① 但鉴于该问题的复杂性,限于篇幅,本文不拟作出进一步研究。起码,在目前我国宏观调控法律行为可诉性尚未得到立法承认的情形下,②税收救济法与税收调控法也

① 参见李刚:《宏观调控行为可诉性问题初探——由"纳税人诉讼"引发的思考》,载漆多俊主编:《经济法论丛》(第7卷),中国方正出版社2003年版,第397~403页。

② 2006年4月3日,湖南省常宁市荫田镇爷塘村村委会主任蒋石林,以一名普通纳税人的身份将常宁市财政局告上了法庭,其诉讼请求的核心即为确认被告在2005年超政府预算、超政府小车编制购买两辆豪华轿车,滥用国家税款侵害纳税人合法权利的行为违法。该案被媒体称为"中国首例纳税人诉讼案"。4月10日,常宁市人民法院立案庭作出了《行政裁定书》并送达蒋石林,认为"起诉人蒋石林所诉事项不属于人民法院行政诉讼受案范围,不符合起诉条件,故法院不予受理。"媒体和学界普遍认为,该案的意义并不在于诉讼的胜败,而在于唤起了普通民众的纳税人意识,激发了民众对政府的财政开支行为进行法律监督的关注。当然,从另一方面看,也说明在立法承认国家宏观调控行为等抽象行政行为具有可诉性之前,对该问题的探讨仅具有理论意义。

没有多大关联。

至于税收法律责任,也是如此。但笔者经初步思考,认为,即便将来承认了(税收)调控法律行为的可诉性从而导致其法律责任的产生,这种法律责任与从狭义法律关系角度观察到的法律责任也有所不同。如前所述,狭义的税收法律关系当中产生的法律责任,其主体包括纳税人和征税机关。但税收调控法的法律责任主体应当仅限于调控主体,包括制定主体和执行主体等,而不应包括作为调控受体的纳税人。因为,通常来说,部分纳税人的逃漏税等税收违法行为是不可能影响到宏观调控目标的实现的,因此也不能在对其处以税收行政罚或刑事罚之后,再要求其承担所谓违反税收调控法的法律责任;换言之,即便存在所谓的纳税人的税收调控法律责任,也只能是依附于且被消化在一般的税收行政或刑事法律责任中,征税机关或其他有权机关不能仅以纳税人的税收违法行为妨碍了国家宏观调控目标的实现为由就要求其承担不利的法律后果。因此,尽管已有学者就宏观调控法责任领域中,区别调控受体可以特定化和难以特定化的情形下,调控受体的责任问题作出了初步研究。① 但本文认为,还需要进一步深入地分析税收调控法或其他部门调控法的具体情形。

(四)小结:税法属于经济法吗?

综上所述,我们可以得到结论,税收调控法属于税法,但并不等于税法整体;反之,税法也并不仅指税收调控法。因此,作为经济法中属于宏观调控法的"税法",仅指税收调控法,仅仅是税法整体当中的一部分。由此附带引发的问题是,既然税法当中只有税收调控法与经济法有关,那么作为整体的税法属于经济法吗?

从税法发展的早期来看,税法一直是作为行政法的一部分,例如德国和日本。在第一次世界大战前,德国学界主要还在一般行政法的教科书中讨论税法。直到战后税法才逐渐从一般行政法中独立出来,成为一

---

① 参见张守文:《经济法责任理论之拓扑》,载《中国法学》2003 年第 4 期,第 20 页。

门独立的科目。到20世纪20年代德国的行政法教科书中已不再包含税法。而且，税法最初以德国1918年设立帝国财政法院作为审理税务案件的最高法院作为其独立的标志，也是从相对于行政法的独立而言的。① 至于税法与经济法之间的关系，也正是在税收调控法被用作国家调节经济的手段出现之后才发生的。日本著名税法学家金子宏教授认为，“从这种意义上，经济法和税法并非毫无关系”。②

“税法学带有明显的综合法学的特点”，③这一观点正在逐渐地被我国税法学界所接受。不论是理论上，还是实践中，税法与法理学、宪法行政法学、民商法学、刑法学、诉讼法学和国际法学等其他法学学科，甚至经济学、社会学和哲学等非法学学科之间的密切联系，也促使我们必须正视税法学作为一门综合法学的特点和地位，从更加广泛的理论背景并以一种开放的心态去对待税法学的研究。④

因此，税法并非整体地、当然地属于经济法，其与经济法所交叉的部分就是税收调控法。有学者就指出，“以税捐为工具推动经济政策属于经济税法的问题。正确说来，那属于经济法的范畴”。⑤ 进言之，“此种牺牲量能课税平等负担原则，以达到管制诱导目的之规范，学者多不承认其仍为税法，而应依其管制诱导政策目的，划归经济法、社会法或

---

① 参见黄茂荣：《税法总论——法学方法与现代税法》（第一册增订二版），台湾植根法学丛书编辑室2005年版，第575～576页；以及葛克昌：《税法基本问题——财政宪法篇》（2005年增订版），台湾元照出版有限公司2005年版，第8页。

② 参见[日]金子宏：《日本税法原理》，刘多田等译，中国财政经济出版社1989年版，第29～31页。

③ [日]北野弘久：《税法学原论》（第4版），陈刚等译，中国检察出版社2001年版，第13页。

④ 参见刘剑文、李刚：《二十世纪末期的中国税法学》，载《中外法学》1999年第2期，第39～40页。

⑤ 黄茂荣：《税法总论——法学方法与现代税法》（第一册增订二版），台湾植根法学丛书编辑室2005年版，第512页。

环境法”。[1] 其实,税法与经济法之间的关系问题和一般企业公司法与国有企业公司法之间的关系一样。作为经济法组成部分的“国家投资经营法”之所以并不把民商法当中的企业公司法都包括进来,而只研究与国家投资经营有关的国有企业公司法,正是因为看到了国有企业公司法与一般企业公司法之间的区别,而把国有企业公司法作为经济法与民商法之间的交集。[2] 同理,税法与经济法之间的交集就是税收调控法。

四、结论

以上本文主要针对税收宏观调控与税法宏观调控和税收宏观调控法与税法之间的关系两个基本问题进行了探讨。

对于第一个问题来说,传统税法学习惯性地接受税收经济学的理论成果,在税收和税法当中究竟是何者在起宏观调控作用要么语焉不清、要么根本不予理会。而坚守税收法定主义为首要原则的现代税法学,则从该原则的角度出发,厘清了税收与税法之间的关系,明确了宏观调控

---

① K. Tipke, Steuerrechtsordnung Ⅰ, 2 Aufl., 2000, S. 33. 转引自葛克昌:《行政程序与纳税人基本权》(第3版),台湾翰芦图书出版有限公司2012年版,第217页。

② 当然,在我国经济法学界,还有一种观点认为,“国家投资经营”仅是一种与财政税收、金融等并列的国家宏观调控手段,因此,所谓的“国家投资经营法”应当属于宏观调控法,并不是与宏观调控法并列的一个经济法构成部分。本文认为,这一观点有一定道理。但在我国建国以来长期采行“所有者国家”或“企业主国家”的财政类型的背景下,以国家掌握并经营财产作为获得财政收入的主要方式,以“国有企业”为主的国家投资经营及其法律规制成为经济法发展早期的主要及主体内容,因此,鉴于国家投资经营法的重要性和特殊性,将其单独作为经济法的一个构成部分并无不可。至于将来我国能够完全实现由计划经济体制向市场经济体制的转变,以及真正确立“法治国”的宪政体制,同时由“所有者国家”或“企业主国家”向“租税国家”的财政类型转型,并导致国家投资经营法的地位和重要性不断下降,那么,由宏观调控法吸收国家投资经营法作为其组成部分,从而使经济法由市场规制法和宏观调控法两大体系构成,也并非没有可能。有关“所有者国家”“企业主国家”和“租税国家”,请参见李刚、丛中笑:《税法与私法关系探源——对(私人)财产权的确认和保障》,载《法制与社会发展》2003年第6期,第70~73页。

必须也只有作为税法的固有职能才能真正发挥作用的意义。

对于第二个问题来说,传统税法学把税收调控法与税法整体等同起来,并且将之作为一个理所当然的“常识”予以接受,没有能够真正地从法学或法理的角度作深入细致的分析。而从现代税法学的视角,我们首先看到了财政税法与经济税法或税收调控法之间的分野;其次运用了现代税法学的三大基本原则并以税收法定主义为主,去逐一分析其对税收调控法的适用问题,既阐释了税法基本原则与税收调控法之间的相容性,也论证了其排斥性,从而使税收调控法并非等同于税法整体,而仅是税法其中一部分的观点得到了进一步验证;再次,我们还提供了在判断税法体系中哪些内容属于税收调控法,或者更准确地说,哪些内容不属于税收调控法时应当予以考虑的因素;最后,附带引申出税收调控法是作为独立的综合法学的税法与经济法之间交集的结论。

上述两个问题虽然是老问题,却构成了税收调控法的理论基础。本文以为,宏观调控法虽然“宏观”,但并不表明其研究也只能“宏观”,也并不因为其与经济学上的密切联系而失却其法学意味。长期以来,笔者感觉,不少研究宏观调控法的论著“高高在上”,难以具体化和落到实处,而且与税收经济学的论述难以区分。所谓经济法是“七分经济、三分法”的观点,在某种程度上,其实和本文所论及的税收调控法就是税法的观点长期以来被想当然地接受,但实际上是误解的情形一致。如果能够真正地从法学的角度出发,去论证宏观调控法中的具体问题,宏观调控法的研究也可以“微观”起来,也可以是“三分经济、七分法”。虽然本文仍然存在上述问题,但起码笔者已经作出了努力,试图通过对消费税法、固调税法、所得税法和增值税法等具体问题的分析,迈出了推动宏观调控法研究朝向“微观”和“法学”回归的一步。

16

论纳税人权利的功能[*]

黎江虹[**]

摘　要:对于政府征税权力的控制和监督一直是国家治理的热点话题。就监督方式而言,纳税人权利监督较之权力监督和社会监督,具有直接性和有效性的特点。除此之外,纳税人权利还是评价税法正当性的重要标准,已成为衡量税法完备程度的基准范畴。

关键词:纳税人权利;功能;权利监督;正当性

国家与公民的关系是宪政国家关注的焦点,税收征纳关系可以说是这一焦点的缩影。国家征税权力与纳税人权利的博弈实际上就是税法研究的永恒主题。著名法学家漆多俊教授提出“权力乃为权利而设,它本身也须以相应权利为基础”。① 纳税人权利的兴起也是有着深刻的政治原因和经济缘由的。简言之,纳税人权利的构建是随着控权理论的发展而完备起来的,它所具备的功能也与控权理念息息相关。

一、纳税人的权利——新型而有效的监督模式

在20世纪以后,传统的法治原则和宪政理念有一些新的变化,其中

---

* 本文节选自黎江虹:《中国纳税人权利研究》,中国检察出版社2014年版。

** 黎江虹,湖南永州人,博士,中南财经政法大学法学院教授、博士生导师。

① 漆多俊:《论权力》,载《法学研究》2001年第1期。

最为突出的就是广泛的公众参与和责任政府。有学者揭示了这两者之间的关系:“一方面,民主政府必须管理;它必须具有权力和领导层以及制定决策。另一方面,它对它的公民必须是富有责任的。因此,民主意味着,在某些方面政府精英们必须对公民的愿望和要求作出响应……如果精英们对普通公民负有责任,那么普通公民要做某项事情,普通公民必须发表他的观点,以便精英们知道他的要求是什么;他必须进入政治,以便指导和注意精英们从事负责任的行为。”①

就纳税人而言,他们必须参与税收的全过程。他们能参与税收的全过程是因为他们拥有权利。这种权利不仅赋予了纳税人的某项不被人干预的权利,也赋予了纳税人对于征税权力的监督。

对于政治权力制约的主要理由在于权力的扩张性。孟德斯鸠指出:“一切有权力的人都容易滥用权力,这是万古不易的一条经验。有权力的人们使用权力一直遇到界限的地方才休止。”②麦迪逊也说:“权力具有一种侵犯性质,应该通过给它规定的限度在实际上加以限制。”③一般而言,对于政治权力的监督模式有三种:一是权力的监督;二是权利的监督;三是社会的监督。

权力的制衡模式在政治社会是很普遍的。权力分立和制衡体现了一种保证宪法不轻易被政治权力所破坏的努力。权力分立和制衡有助于防止出现不受限制的绝对权力。权力的分立与制衡在形式上把国家权力分为相互制约的几个部分,避免了由一个机构或者部门单独行使国家最高权力,从而使权力的扩张性得到控制。权力的制衡模式在形式上确实具备制约权力的功能,在宏观层面上确实为制约权力提供了可能。

---

① [美]加布里埃尔·阿尔蒙德、西德尼·维伯:《公民文化》,徐相林等译,华夏出版社1989年版,第520~523页。

② [法]孟德斯鸠:《论法的精神》(上册),张雁深译,商务印书馆1961年版,第154页。

③ [美]汉密尔顿、杰伊、麦迪逊:《联邦党人文集》,陈逢如等译,商务印书馆1980年版,第252页。

但是在实质上是否能真正地起到监督的作用还是一个疑问。比如,同为发展中国家的印度,有最为完备的三权分立的机制,但是政治权力扩张,损害私权利的情形还比比皆是,因此有学者形象地指出:印度是开放的系统,封闭的心灵。因此,权力的分立和制衡并不能实质上地消除各权力部门、党派的立场和阶级利益的一致性以及国家权力的统一性。当然,权力制衡和分离也是一个民主社会必备的形式要件,只不过从制约权力的层面上看,以权力制约权力有一定的局限性。比如在税收领域,权力的分离和制衡也只是给征税权力的制约提供了一个可能性,况且在一个中央集权为传统的国家,以权力制约权力的效果是值得怀疑的。

社会的制约模式一般而言是指市民社会制约。宪法条款在决定政治斗争的结果方面无关紧要,想要真正理解政治的作用,真正需要注意的是各种"社会力量"①。很多学者认为自由与政治国家适度分离的市民社会才能真正地对国家权力形成有效的制约。市民社会是国家行使权力的界限,市民社会则通过市场、政党竞争、司法独立以及舆论监督等制度约束国家权力的过度膨胀。市民社会理论尽管遭到了许多批评,它应该还是不失为一种较为有效的监督模式。但是对于一些市民社会构建较晚或者发展缓慢的国家,如果寄希望于市民社会的监督模式成为主要的权力监督模式,则有可能成为权力扩张的突破口。就如同在中国,市民社会发展非常缓慢并且空间也是在慢慢拓展之中,市民社会特有的道德制度和规范还正在构建,加上公民参与意识非常被动,因此,这种模式不可能成为主要的、效果显著的监督模式,它的发展还尚需时日。

以权力制约权力是一种"权力内部"的制约与监督思路,而社会监督又比较虚幻,也许更为关键的还是以权利制约权力。对于现代社会来讲,建立在自由平等基础上的公民权利,是一个政治共同体据以维持与发展的现实起点。假如以权力制约权力只是执掌权力者之间展开的权

① [英]维尔:《美国政治》,王和、陈国清、杨铁钧译,商务印书馆1981年版,第12页。

力分配游戏,那么,就既不能指望权力会自我限制,也不能指望权力的公共性有根本的保障。于是,以高于权力的权利来制约与监督权力就是必然的选择。权利的监督模式在宪政国家是非常盛行的。它监督权力的要义就是划定界限,确定权利的原则和权利的内容,来抵御国家权力的侵害。如诺齐克的权利原则就包括三个基本的要求:(1)获取的正义要求,即任何人都必须通过自身的能力和劳动去获得财产;(2)转让的正义原则,即任何财产的转让与分配都必须建立在个人自愿的基础之上而不得以任何方式侵蚀个人权利;(3)矫正的正义的原则,即以正义的方式矫正分配过程中发生的一切侵蚀个人权利的行为和后果。① 对于权利的内容,安东尼德·亚赛就认为自由主义的权利观有六块基石:(1)个人能够选择,并且只有个人才能选择(个人主义原则);(2)个人能够为自己选择,为别人选择,或者既可以为自己选择也可以为别人选择;(3)选择的意义在于选取所偏爱的选择方案(无支配原则);(4)承诺必须兑现(契约原则);(5)先来后到(优先原则);(6)所有权都是私有的(排斥原则)。② 漆多俊先生也认为,"对权力的制衡更为重要的是人民的制衡,这是由于权力的本源(权利——引者注)及其所负担的根本职能和任务所决定的"。③

因此权利监督的模式的有效性就在于以维护人权和公民权利为主要目标,通过法律规定公民的权利或者设定权利设置的原则来规范国家权力的设置和行使。公共权力存在的主要理由在于保护公民权利,权力通过权利来说明其正当性。权利是目的,权力是手段。故民主国家的法律体系都是以权利的维护为其立法的目的,所有公共权力的存在、享有

① 参见[美]罗伯特·诺齐克:《无政府、国家与乌托邦》,何怀宏译,中国社会科学出版社1991年版,第156~159页。

② 参见[英]德·亚赛:《重申自由主义》,陈茅等译,中国社会科学出版社1997年版,第75页。

③ 漆多俊:《论权力》,载《法学研究》2001年第1期。

和行使方式都由宪法和法律明确规定,对宪法和法律的违反必定会导致相应的违宪责任和法律责任。公共权力机关就是在这样的约束下行使权力的。

从上述的论述中,我们可以清晰地看到,权利监督模式有其他两种模式不能比拟的优点:

1. 直接性。所谓直接性就是直接划定公共权力行使的范围和界限。这种划定是运用宪法和法律来完成的。公共机关通过了解宪法和法律对相对人权利的有所知晓,知道哪些能为、哪些不能为。换言之,权利监督的模式具有事前监督的效能,使公共权力扩张的可能性消失于权利规定之时。例如《中华人民共和国税收征收管理法》(以下简称《税收征管法》)第 3 条规定:"税收的开征、停征、以及减税、免税、退税、补税,依照法律的规定执行;法律授权国务院规定的,依照国务院制定的行政法规的规定执行。"虽然这是一个不太完备的条款,但我们可以从中透视出很多意味深长的含义。这一条款清晰地反映出纳税人对于税收的开征具有决定的权利。依据税收法定主义,税种法定是一基本要求,所谓法定那就是纳税人可以通过代议制反映自己的要求,从而使制定出来的法律比较贴近纳税人的要求和意愿。因此,这一条款的前半部分就是直接划定了国家征税权力的界限——税种等一些要素不能由行政部门确定而只能由纳税人确定,那么所衍生出来的意义就是纳税人对于不由法律规定的税种或者其他要素可以拒绝履行和遵从;相对应地,国家公权机关私自确定的税种不仅无效,还有可能会导致纳税人的诉讼和有关的赔偿要求。这是这一条款的积极意义所在,也是最能体现权利监督模式的有效性特点的。2015 年《中华人民共和国立法法》第 8 条的修订进一步强化了税收法定的理念。

2. 有效性。权利一般而言都是依据法律予以规定的。在法律意义上,法律所赋予的权利与法律所规定的义务相互对应,一方享有权利,另一方就负有相应的义务,享有权利的一方可以要求义务一方按照法律履行义务,在权利受到侵害或者义务人不履行义务的情况下,权利享有方可以诉诸法律强制。不管是权利还是权力,都以国家强制力为后盾。监督模式要取得效果就是能够让受监督方在违反法律时受到惩罚,加大其违法成本。权利监督模式的这一特性是最能反衬出市民社会监督模式只能是一种无望的浪漫主义。

纳税人权利对于征税权力的监督主要在税收立法过程、税收执法过程、税收司法过程中得以体现,下面简要论述:

第一,税收立法过程的监督。税收与费最大的区别实际上就是法定与否。法定是指一切的课税要素都是由宪法中的税收条款和税收法律予以规定。纳税人权利的监督在立法过程中主要体现在:赋予纳税人的广泛参与并提出意见的自由。如本文前面所述,纳税人是政治生活中的一个重要的范畴,与其相关的法律从民主宪政的角度上来看就应该是能体现和代表着他们的意志,否则就可能导致公权力的泛滥。因此,纳税人权利应该作为成为财产保护法律体系中的一个专有的概念。纳税人权利除了在宪法中会以专门条款规定之外,更多的时候是以公民的权利予以体现的。在现代租税国家,纳税人与公民的概念在很多时候是可以通用的,故公民的权利很多也可以作为纳税人的权利。每一个国家的宪法都有宪法公民权利的概要性的规定,只不过有简有繁而已。康德就认为宪法应规定公民三种权利:(1)宪法规定的自由,这是指每一个公民,除了必须服从他表示同意的或认可的法律外,不服从任何法律;(2)公民的平等,这是指每一个公民有权不承认在人民当中还有在他之上的人,除非是这样一个人,出于服从他自己的道德权力所加于他的义务,好像别人有权力把义务加于他;(3)政治上的独立(自主),这个权利使一个公民生活在社会中并继续生活下去,并不是由于别人的专横意志,而是由于他本人的权利以及作为这个共同体的成员的权利。因此,一个公民的人格的所有权,除他自己之外,别人是不能代表的。[①]

① [德]康德:《法的形而上学原则——权利的科学》,沈叔平译,商务印书馆 1997 年版,第 140~141 页。

宪法关于权利的规定实际上就是确定公民权利与权力的界限的指导思想，公民拥有一系列权利才能保证所制定出来的法律是符合民意的。“如果在立法过程中炮制了不合理的税法，而在执行过程中因遵从租税法律主义法理而被迫得以严格执行，其结果将是有害无益的。”①因此纳税人的监督不仅是在税收的执法环节，还在税收的立法环节，纳税人能加入和参与进来才能真正体现监督的重要性。因此，立法过程的监督，不仅意味着监督环节的提前，更为重要的这是纳税人监督的基础。

第二，税收执法过程的监督。如果说纳税人对税收立法过程的监督主要是通过利益群体在民主制度下的博弈而展开的，那么纳税人对税收执法过程的监督主要是在已有的规范层面上予以展开的。在每一个国家的税收征管法律或者法规中，都规定了一系列纳税人的权利，公权机关在征税时，如果能以尊重纳税人的权利为其行为的目的，那么纳税人对于执法过程的监督就自然而然地完成了。

第三，税收司法过程的监督。纳税人对于税收司法过程的监督，一般而言是指在产生税收纠纷时，征纳双方之间权利义务关系还原为法定的正常状态。对于税收争议，只要在税法中未作特别规定的，一般都是依据有关的行政复议法、行政诉讼法和国家赔偿法等规定处理。关于纳税人对于税收司法过程的监督，学者有很大的争议。有些学者认为纳税人对于司法的监督除了要监督司法过程的公正之外，更为重要的是要赋予纳税人自由选择争议处理方式的权利，这样就有利于纳税人选择自认为最可能公正处理案件的机关和方式。这就涉及对于有些案件的“行政复议前置主义的”的争论。“行政复议前置主义”在很多国家都有规定。如日本、德国等。我国也有类似的规定。如《税收征管法》第 88 条规定：“纳税人、扣缴义务人、纳税担保人同税务机关在纳税上发生争议时，必须先依照税务机关的纳税决定缴纳或者解缴税款及滞纳金或者提供相

① ［日］北野弘久：《税法学原论》（第 4 版），陈刚等译，中国检察出版社 2001 年版，第 76 页。

应的纳税担保,然后可以依法申请行政复议;对行政复议决定不服的,可以依法向人民法院起诉。当事人对税务机关的处罚决定、强制执行措施或者税收保全措施不服的,可以依法申请行政复议,也可以依法向人民法院起诉。”这一条款是把税收争议分为两类:一类是特殊争议,如解缴税款等案件就具有另一类案件所不具备的专业性和大量重复性的特点;另一类是普通案件,主要是处罚类案件。赞成者就认为在立法时,就是鉴于第一类案件的特殊性,所以要求在案件进入法院前,首先在行政阶段上公之于众为好,否则大量的案件将会进入法院而无法行使行政救济,况且案件具有专业性,法院的不专业可能还会导致案件久拖未决。反对者就认为是先进行简便的行政复议,还是直接向法院提起诉讼,这都是属于纳税人的自由判断的权利,如果强行要求纳税人进行行政复议,实际上是剥夺了纳税人接受迅速且公正裁判的权利。[①] 况且强制由行政机关进行行政复议,因为复议机关和原处理机关同属行政机关,使纳税人有一种本能的抵触情绪,他们担心自己的权利可能会遭受损失,那么还是不能阻止税收案件大量的进入法院。笔者赞成后者的意见,也就是对于税收案件是先进行行政复议还是直接进行诉讼,应由纳税人自由判断,不应当凭借国家法律强制纳税人作出某一选择。因此《税收征管法》第 88 条按照纳税人拥有对税收司法过程监督权的理念应予修改,赋予纳税人自主选择救济途径的权利。

总而言之,在权力制约权力的模式下的税权制衡仅仅是税权内部的各种权力的单向制衡,其始终缺乏一种互动的双向的制衡,而纳税人权利作为一项源于私权的新兴权利类型,它独立于公权之外,与公权没有相同的利益趋向,不存在就某些问题与国家达成妥协的可能性,因此,权利制约权力的优势是显而易见的。

① 有些国家就在宪法中规定了公民有接受迅速且公正裁判的权利。如《日本国宪法》第 32 条。

二、纳税人权利是评价税法正当性的标准

现代政府的行政运作一直面临着正当性与妥当性的拷问。所谓正当性就是指政府权力的合法性基础。“与其说仁慈是社会存在的基础，还不如说正义是这种基础。虽然没有仁慈之心，社会也可以存在于一种不很愉快的状态之中，但是不义行为的盛行却肯定会彻底毁坏它”。[①] 那么正义是什么？或者说生活中什么是有价值的？对于政府和人民之间的关系，政府应当怎么做？洛克曾有过回答：社会产生了政府（国家），政府与社会始终保持一种信托关系——如果政府亵渎了社会的信任，社会具有推翻前者的自由。对于社会而言，政府的作用在本质上是工具性的，它不能随意地干涉社会的秩序，这一方面是由于政府的权力只是源于人民通过让渡的部分权力；另一方面对政府是否违背契约而对社会造成致命的侵害的是由社会做裁判者的。[②]

由此，尊重个人权利既是人民同意政府统治的条件，又是政府合法性的基础。用杰弗逊的话来讲，政府是“为保护权利”而建立的，无论是代议制理论还是精巧繁复的权利设置都是为了保护每个人的权利免受任何形式的损害。

对于税法的正当性的评价，和政府其他权力的正当性一样具有十分深远的意义。税法如果不能说明其合法性的基础，所造成的恶果将会十分严重的。因为现代国家对于税赋的依赖性日益加强，大多数市场经济国家财政收入的90%以上来源于税收。如果税法缺乏正当性，纳税人就会对税法不信任，进而偷税漏税，使国家赋税弱化，从而影响国家正常职能的行使，最为严重的后果还在于会导致政体的解构。约翰统治的英国就是一个很好的反面教训。

---

① [英]亚当·斯密：《道德情操论》，蒋自强等译，商务印书馆1997年版，第67页。

② 参见邓正来：《国家与社会——中国市民社会研究》，四川人民出版社1997年版，第37页。

那么税法的正当性如何考量呢？一般而言，法的正当性的评价方式应该涉及三个要素：第一，评价的主体应是人，包括个人和作为个人集合方式的社会。法最重要的主体就是人，因而评价的权利应该赋予给人。第二，评价的客体是制定法。第三，评价的标尺应是人的需要。西方心理学家马斯洛提出的需要层次理论是一个很有影响的理论。他认为，人的需要是由“基本的需要”和“发展的需要”构成的层次繁复的庞大体系，人的每一种需要都处于体系中的一定的层次和地位，因而可以作出大致的排序。① 就税法而言，税收涉及个人和国家，因而评价的主体可以是个人和国家，但是国家是由个体组成的，实际上个人是真正的评价主体。故除了在国际法中，其他的法律部门较少用国家作为评价的主体。正是由于法的评价的主体是个人，故每一个法律的评价都会产生如下难题，税法也不例外。这三种冲突包括：个人和社会统一时（这里把社会作为个人的集合体），对法律正当性评价的问题；个人和个人针对相同的需要存在冲突时，对法律正当性的评价问题；个人和个人针对不同的需要产生冲突时，对法律正当性的评价问题。因为按照本文上面的论述，政府的执政目的就是为了人民的福利，故在这里我们把政府的评价隐去不说。

在这三个冲突中，最普遍也最难解决的就是第三种冲突，这里涉及个人与社会的关系问题。因而只要解决了第三种冲突，所有的问题就解决了。现代有一种合理的评价和决策程序：局外人仲裁程序。所谓局外人仲裁，就是每个人不考虑自己的欲望和要求等情况，把自己设定为一个公众的决定和自己需要、利益无关的人，从局外人角度为集体的决策

---

① 参见［美］弗兰克·G. 戈布尔：《第三思潮——马斯洛心理学》，吕明、陈红雯译，上海译文出版社2001年版，第39～40页。马斯洛的需要等级具体为，基本需要的等级排列为：生理需要（包括空气、水、食物、住所等）、安全与保障、爱与归属、自我尊重和他人的尊重；发展的需要包括：真善美、活跃、个人风格、完善、必要、完成、正义、秩序、单纯、丰富、乐观诙谐、轻松、自我满足、有意义。

作出选择。然而这并不等于自己的需要不在决策中体现,而是把自己的需要作为一种与他人的需要平等的要求,列出来加以公平考虑。这个程序可以用来判定法律是否正当。

首先,在局外人仲裁人的观念中,每个集体中的人在人格上是平等的,没有一个超越于所有主体的优越体。正是由于人格的平等,所以个人的需要只有客观的重要性,而不随主体身份、地位资格、影响力大小的改变,通俗地说就是人人平等,抽掉了具体的个性,而抽象出集体类的特征。比如在一个缺乏自由民主气氛的董事长独裁的公司里,董事长和员工在以公司为单位的集体决策中,必然首先考虑董事长的需要和要求,那么如果有某种资源需要分配的话,就有可能因为人员人格的不平等造成分配的不平等,董事长优先员工滞后(这种分配秩序在中国国有企业乃至很多单位中普遍存在,令人感叹不已)。这种架构虽然能满足领导者的需要,但是对于公司的集体利益而言是不明智的决策。因为如果某种交易可能会满足董事长个人的需要以至于对他有着极大的诱惑,但是可能会损害公司的利益时,最终还是会因为董事长的需要而得以进行。这种情形即使在私营企业里也存在,一个股东可能获利而损害其他股东的利益,这也是绝大多数国家的公司法都规定董事以及高级管理人员的忠实义务和勤勉义务的缘由所在。可见由于不平等产生的主体的影响力在客观上导致了不合理的片面需求的单位量,从而影响了理性的判断和选择。局外人仲裁程序要求其前提是成员人格平等,就是为了排除权力身份对集体决策的影响,保证以平等的需求作为决策的依据。人格平等在税法中实际上就是赋予纳税人与征税机关平等的法律地位,消除公权机关的特权地位,不能因为政府的需要而导致纳税人纳税负担的加重;授予纳税人与纳税人之间的平等地位,无歧视、无特权主体。这是我们评价税法正当性的基石。

其次,在局外人仲裁程序中,每个个体的需要的表达是客观的,既不比实际多也不比实际少。利己是现实生活中的每个人的本性,那么每个人或多或少会排斥或者轻视其他主体的合理要求,必然会为了满足自己的需求而在集体的评价和决策中争取利益平衡，这也是我们经常所说的“角色表达”。由于意志表达途径的不同、意志伸张方式的不同、意志集团力量的强弱不同，就很有可能是那些善于表达的、实力强劲的集团或者个人的需求更容易进入公共需求，这些表达可能会强调自己阶层的需求而形成不客观的表达，从而造成事实上的不公正，甚至形成代表个别人或者集团利益的集权。而在局外仲裁人的观念中，则必须要求需要表达是真实的，就是说这些表达把需要的种类、程度如实地表现出来，这是每个需要之间能够进行正当性衡量的基础。在政治生活中，能达到这种状态别无他法，就是赋予与法律息息相关的每一个人参与并表达自己意见的权利，并且决策机关要深入现实调查每一个阶层的需求，保证信息管道的畅通。我国在20世纪五六十年代就曾经有过惨痛的教训，农村饥饿成灾而决策机关以为形势大好。具体到税法中，知情权、陈述权、建议权以及信息互通制度的构建就是能达到这一状态的最好的路径。

基于以上的两个前提，是否就能进行正当性的选择了呢？答案是否定的。即使有上述的两个前提，但是进行选择的过程不可避免的受到主体价值观的影响。但不可否认的是，如果每个人的不同的评价和判断能够通过一定的程序平等地表达出来，所有的意见能够在同一平台上相互冲突协调而构成一个最终的判断和决策，那么其结果必然是和多数意见相吻合的。在这里，如果相关制度的构建比较完备（如选举制度、议员的遴选制度、相对人的权利意识较强烈等），多数人代表的相对而言是一种主流的价值观，即大部分人能有某种统一的见解，而且也不必担心出现多数人对少数人的专制问题，因为这里的每个个体的判断都是排除了个人的利益倾向性和感情倾向性，即使有也会通过一些制度平台达成一致或者有所妥协，保护私益其实也就是公共需要的组成部分。主流价值观体现的多数存在则更能代表最大程度上的公共需要性。当然个体的知识结构、价值基础和权利意识在这里非常重要。

应用局外人仲裁程序对于法律的判断归纳起来就是三点：一是主体地位的平等；二是对主体权利的尊重；三是正当程序的设计。用一句名言就此作为概括:那就是人民愿意恪守自己强加给自己的负担。也就是说,纳税人不仅拥有抽象的平等权,还拥有在议会中讨价还价和博弈的权利,这样税收法律才是正当的。

新康德自然法学派的代表人物施塔姆勒提出了“正当法律”的四条基本原则:(1)绝不应当使一个人的意志受制于任何他人的专断权力;(2)每一项法律要求都必须以这样一种方式提出,即承担义务的人认可以保有其人格尊严;(3)不得专断地把法律的共同体的成员排除出共同体;(4)只有在受法律影响的认可以保有其人格尊严的前提下,法律所授予的控制权力才能被认为是正当的。[①] 不管其论述的片面性与否,至少我们可以清晰地看到,判断一部法律正当性的重要标准就是主体的权利。同理,判断税法正当性最为重要的标准就是纳税人的权利。虽然纳税人的个体权利与整个社会的公共利益会有一定的冲突,在解决冲突时,谁为优位?德国学者 Alexyr 认为应以个人权利优位作考量,这是指概略(prima facie)优位之意。亦即个人权利辩护者与公共利益辩护者间举证时有争论时应:(1)举证优劣明确之情形,则依此优劣;(2)优劣不明或相等之时,以个人权利为优位。[②] 也就是说,一般的排序应该是个人、社会和国家。在税法中,纳税人的财产权是国家财政权的源泉,无纳税人财产权,国家财政权则成无源之水、无本之木;国家财产权是纳税人权利行使的必要条件,无国家机器的存在,纳税人行使权利的成本就会大大提高。所以,一般情形下,纳税人和国家之间的利益是一致的:国家从纳税人那里获得税收收入,纳税人则从国家建造的公共产品中受益。但是在一些具体情境里,纳税人权利和国家权力之间的冲突是相当激烈的,有时确实需要做一个判断。如果可以作优劣明确的判断,那么

① [美]E.博登海默:《法理学:法律哲学与法律方法》,邓正来译,中国政法大学出版社 1999 年版,第 173~174 页。

② 参见何子伦:《宪法上利益衡量之研究》,载法律思想网,http://www.law-thinker.com/detail.asp? id=1819。

按照优劣的顺序来进行，比如出口关税的上调是基于国际竞争环境的变化及其他国家对中国施加的压力，为了保证大多数中国产品不遭受歧视待遇，上调出口关税也许会损害一部分纳税人的利益，但在立法时，应选择国家利益或者大多数中国企业的利益优于某些纳税人的权利而上调出口关税。我国2001年加入WTO以后，在税收上做出了较多的承诺，这种承诺是基于长远整体的观点对中国企业参与国际竞争的策略调整，在其中国家对于WTO成员国的承诺应是优位。再如，纳税人的保密权和国家财政收入的及时收缴也会产生冲突，商业秘密对于现代社会的纳税人而言关乎其生死存亡，纳税人对于商业秘密的保护有着极为强烈的要求。相对应作为大企业、政治家等公共关系的存在，因他们有回答社会的责任，故纳税人对于保密权的行使可能会给国家税收收入的及时上缴带来一定的影响，在这对关系中，双方的优劣不明，不能说国家税收收入就一定优于纳税人保密权的行使，国家对于纳税人保密权的侵犯，可能会引发恶性后果，纳税人缺乏安全感，交易风险的增大一定会影响交易的繁荣，进而影响到国家税收的稳定。况且国家征税时可以采取有利于纳税人权利行使的方式进行，因此在制度设计时应以尊重纳税人的保密权为优位，这样的法律制度的设计才是正当的。

三、结语

当下，正恰逢中国新一轮财税体制改革的攻坚阶段，按照漆多俊先生对权力演进轨迹的勾绘，已预测了权力未来之基本走势："公共权力向民众权利的回归、权力的社会化、国际化等"。[①] "权力税法"向"权利税法"的转变已在所难免。特别是在中国迈向法治国家的征程中，税收领域无疑是国家和公民冲突比较激烈的所在，权利税法的构建不仅能带来双方关系的良性循环，更为重要的是为国家积聚财政资源、提高国家能力的打下了坚实的基础。

---

① 漆多俊：《论权力》，载《法学研究》2001年第1期。

17

资产证券化的发展与法律调控方式的演变*

——次贷危机的经济法思考

王　健**

摘　要:在资产证券化发展的初期,单一的民商事法律规范足以调控市场秩序。随着资产证券化的快速扩张和异化发展,系统性风险集中爆发,引发了严重的次贷危机。此时,无论是风险隔离机制还是资产证券化安全港制度均没有能力加以有效化解,以个体利益为本位的民商法也无法通过进一步的制度创新来解决上述问题。为了促进资产证券化的健康发展,经济法应有所作为,与民商法一起共同构成新的资产证券化调控秩序。经济法既是应对危机、遏制危机的法律,也是超越危机、完善国家调节的法律。

关键词:资产证券化;次贷危机;调控方式;民商法;经济法

2007年在美国率先爆发的次贷危机现已转化为金融危机,并进而引发了经济危机。其严重程度远高于2001年9月11日美国纽约世界贸易大楼遭受恐怖袭击后,对全球金融与经济所产生的影响,也媲美

* 本文原载漆多俊主编:《经济法论丛》(第18卷),武汉大学出版社2010年版。

** 王健,浙江黄岩人,法学博士,浙江理工大学法政学院教授。

1929年开始一直延伸到1930年的经济大萧条。[①] 在此次危机中，资产证券化起到了风险传递和风险扩张的反面作用，因此，不少人对资产证券化的存在价值产生了疑问。我们认为，本次危机不是资产证券化发展的必然结果。从法律的角度观察之，实际上是调控方式出了一些问题。在资产证券化的发展早期，单一的民商法调控足以应付，但随着资产证券化业务的扩张，传统民商法的局限性得到充分暴露，这种单一的法律调控方式越来越显得力不从心。为了应对资产证券化的危机，使资产证券化走上健康的发展道路，经济法应强力介入，并发挥其积极作用，与民商法一起构成新的法律调控秩序。

一、资产证券化的产生与单一民商法调控

（一）资产证券化产生的经济背景——金融自由化和去管制化

20世纪30年代席卷西方世界的严重经济危机导致西方金融体系的崩溃和重新整合。当时的经济理论和监管当局都认为是由于过度竞争才导致了不稳定和危机。为避免灾难的重新降临，必须要"限制竞争，保障安全"，以此作为反危机的措施。因此，主要西方国家都建立了以严密监管和专业化为特征的金融体制。[②] 进入20世纪70年代以后，西方工业国家强劲的经济增长势头逐步放缓，经济发展中的各种矛盾日益激化。经济现实的改变引起了经济学界主流思想的变化，经济自由主义又开始走上舞台。受其影响，金融领域中产生了金融自由化理论。该理论又称为金融深化理论，其主要观点是：实行金融自由化的改革将增加储蓄和投资，改善资源配置的效率，从而促进经济增长。其核心是反对政府干预管制，主张充分发挥市场机制作用。该理论得到了世界银行、国

---

① 林仁光：《金融危机与转机——谈金融服务业之整合规范》，载《月旦法学》2009年第5期，第93页。

② 李世谦：《公开资本市场监管问题研究》，经济管理出版社1997年版，第148页。

际货币基金组织以及许多国家的赞赏。① 按照金融自由化理论的制度安排,必须要采取一系列解除或者说放松管制(deregulation)的措施。这种现象又被称为“去管制化”或“去规范化”。金融自由化和去管制化是一对孪生兄弟。不少发达国家如英国、加拿大、法国、丹麦、瑞典等都实施了一些放松金融管制的措施。20 世纪 80 年代至 90 年代美国的银行改革和 1999 年《金融服务现代化法案》确立了鼓励创新、放松管制的基本方向。监管者笃信自由市场和金融机构的自律,金融自由化的基调成为监管制度的路径依赖。② 发达国家的自由化和去管制化的总趋势为金融创新的横向拓展和纵向深入提供了广阔的舞台。以英国为例,从外汇管制之松绑、因资本市场国际化而放宽证券交易所会员之资格、证券商单一能力规定之取消到证券商所收取之手续费费率的弹性化等,均凸显出去管制化是金融创新及市场进步之原动力。相同地,美国对金融市场之规范也倾向于仰赖自律及市场机制,此种信仰来自于“金融创新永远领先法律规范”之理念。③

在这个大的经济背景中,资产证券化应运而生。在众多的金融创新活动中,资产证券化(Asset Securitization)被视为最亮丽的风景线之一,“它引导了一场革命并改变了世界及美国的金融风貌”。作为金融创新成果的资产证券化,它集中体现了三方面的创新——风险转移创新、提高流动性创新和引致信用创新。④ 从理论上来讲,资产证券化是指将缺乏流动性但能够产生可预见的、稳定的现金流的金融资产(如银行的信贷资产、企业的贸易或服务应收账款等),通过一定的法律和融资结构安排,对资产中的风险和收益要素进行分离与重组,在资本市场发行有金

---

① 张忠军:《金融监管法论》,法律出版社 1998 年版,第 95 页。

② 温馨:《从次贷危机看资产证券化的内在矛盾》,载《金融法苑》2009 年总第 78 辑,第 27 页。

③ 曾宛如:《金融海啸下金融监理之反思》,载《月旦法学》2009 年第 5 期,第 84 页。

④ See Lamia Obey, Financial Innovation in the Banking Industry: the Case of Asset Securitization, Garland Publishing, INC. New York & London, 2000, p. 31.

融资产支撑的证券(Asset-Backed Securities,ABS)的过程。其基本交易结构可以简单地表述为:资产的原始权益人(Originator,又称发起人)将资产出售给一个特设机构(一般称为特殊目的机构,Special Purpose Vehicle,SPV),该机构以这项基础资产的未来现金流收益为支撑发行证券,以证券发行收入支付购买资产的价款,以资产产生的现金流向证券的投资者支付本息。[①] 资产证券化最初出现于20世纪70年代的美国,在国际资本市场上的流行开始于80年代。20世纪90年代,资产证券化正式进军亚洲市场。2005年3月,中国启动信贷资产证券化试点工作。美国有一个家喻户晓的广告——"证券化你的梦",能充分说明资产证券化在发达的市场经济国家中已经渗透到经济生活的各个领域。

(二)资产证券化的法律基础是民商法

资产证券化是一种债权利用的高级形态,是综合运用债权转让和权利证券化这两项技术的结果。[②] 因此,从本质上来说,资产证券化主要应由民商法来进行调控。在一定程度上,资产证券化是发起人"自编、自导的非常规交易",同其他商行为一样是契约的产物,来自于人们的自发的惯例式的约束,并非基于法律的规范模式引导。[③] 资产证券化的每一个环节都涉及不同参与者的权利义务问题,需要通过契约来维系,通过法律来保障。资产证券化是一种结构性融资技术,它的最大特点是通过一系列的法律文件来保证交易结构的成功。因此,不同于其他融资方式,在资产证券化过程中,法律文件的起草、准备和有效性占有很重要的地位。[④] 如果把全球证券化市场比喻为自行车轮子,一个SPV就是毂,发起人、承销商、投资者和市场专业人员组成了轮胎的各个部分,证券化

---

① 参见李尚公、沈春晖:《资产证券化的法律问题分析》,载《法学研究》2000年第4期,第19页。

② 参见王健:《资产证券化的法律构造》,中国方正出版社2006年版,第50页。

③ 参见魏晓东:《从次贷危机看资产证券化监管规则的完善》,载《辽宁大学学报》(哲学社会科学版)2009年第1期,第152~153页。

④ 于凤坤:《资产证券化:理论与实务》,北京大学出版社2002年版,第131页。

交易中形成的各个合同就好比是刹车。在一个特定的证券化交易中,SPV 是大多数合同的当事人。① 这些合同主要包括:购买和销售协议、管理协议、承销协议、担保信托契约、与 SPV 发行的股份有关的信托声明以及募集说明书等。除了《合同法》以外,一个完整的资产证券化交易还涉及《公司法》《破产法》《担保法》《信托法》《证券法》等其他民商法律法规。

资产证券化最初是在美国普通法环境下发展起来的。在美国,没有专门针对资产证券化的立法,调整资产证券化的法律散见于传统的合同法、公司法、破产法、信托法、证券法等民商事法律中,同时也非常注重运用判例来解释和发展资产证券化。由于上述法律毕竟不是专门针对资产证券化的,在某些方面离资产证券化的要求尚有一段距离,因此,为了鼓励这种金融创新,美国采取了一系列立法和行政的"去管制化"措施,为资产证券化的自由发展扫除了法律上的障碍。例如,美国国会于1984年通过《加强二级抵押贷款市场法案》(SMMEA)。该法案确保所有已评级的抵押贷款支撑证券对几乎所有的投资者来说都成为合法的投资对象,为其提供了法律上的支持。紧接着,美国的证券交易委员会(Securities Exchange Commission,SEC)据此同意所有抵押贷款支撑证券均可以通过"暂搁登记"方式承销。这一规则的实行,大大简化了 SEC 的审查程序,降低了抵押支撑证券的发行成本。1986 年,国会又通过《税收改革法案》,增加了房地产抵押投资渠道(Real Estate Mortgage Investment Conduits,REMIC)条款,该条款为房地产抵押支撑证券提供了合理的税收结构体系,并规定了相应的会计、税收和法律条件,清除了以前严重影响交易的税收障碍。当源于英美法国家美国的资产证券化技术于 20 世纪 80 年代向大陆法系国家输出时,人们发现,将美国运转

① See Special Purpose Companies and their Importance within the Securitisation Markets, The International Comparative Legal Guide to: Securitisation 2005, Global Legal Group, 2006, p. 9.

良好的法律结构移植到大陆法国家并不是一件容易的事。这主要是因为作为金融创新产物的资产证券化交易其许多方面的做法与大陆法系的现行规定相冲突。这种法律体系严重地阻碍了资产证券化的自由发展,延缓了大陆法系国家对资产证券化技术的吸收和消化。① 所以,在很大程度上,大陆法系国家为了发展证券化市场必须要制定新的法律。② 这种新的专门立法可以消除既存法律制度中不利于资产证券化发展的限制,从而构建基础的证券化法律框架。③ 据笔者掌握的资料,自20世纪80年代以来,很多大陆法系国家对资产证券化问题进行了专门立法,这些国家和地区主要有:意大利、法国、西班牙、葡萄牙、希腊、日本、韩国、印度、马来西亚、菲律宾、泰国、新加坡、中国香港、中国台湾、巴基斯坦、印度尼西亚等,例如《意大利证券化法》《韩国资产流动化法》《日本资产流动化法》《印度证券化、金融资产重组和担保物权执行法令》《菲律宾证券化法》和"台湾金融资产证券化条例"等。还有一些国家对资产证券化中的SPV进行了专项立法,例如《泰国关于证券化中特别目的法人的皇家法令》《菲律宾2002年SPV法》等。④ 上述法律、法规主要涉及资产证券化交易中当事人的权利义务安排,在法律属性上基本上是民商事法律规范。

(三)小结

资产证券化产生于金融自由化和去管制化时期,依赖和信奉的是市场机制,市场调节发挥着根本性的作用。按照漆多俊先生的观点,"与市场调节相适应,在调整经济关系的法律中,也基本上依靠民商法这一法

① Kevin T. S. Kong, Prospects for Asset Securitization within China's Legal Framework: The Two-Tiered Model, Cornell International Law Journal, Vol. 32, p. 243.

② Theodor Baums, Eddy Wymeersch, Asset-backed Securitization in Europe, Kluwer Law International, 1996, p. 5.

③ 参见洪艳蓉:《资产证券化法律问题研究》,北京大学出版社2004年版,第39页。

④ 王健:《特殊目的公司法律制度研究》,法律出版社2009年版,第59~60页。

律部门”。[①] 在这个阶段的资产证券化交易中，单一的民商事法律规范足以调控市场秩序，民商事法律规范成为资产证券化这一金融创新的法律基础。

二、资产证券化的扩张与民商法调控的局限性

（一）资产证券化的扩张与市场调节机制的失灵

20世纪80年代以后，资产证券化步入了快速发展的轨道。除了传统的住房抵押贷款证券化以外，可以证券化的资产已经扩张至汽车贷款、信用卡应收款、租赁应收款、工商企业贷款、贸易与服务应收款、公用事业和基础设施收入、设备和交通工具租赁费、保险费收入、消费品分期付款、知识产权带来的未来收益、足球队的未来门票收入、公园门票收入、保健费收入、俱乐部会费收入，各种有价证券（包括高收益/垃圾债券）组合等，甚至还出现了证券化的证券化。正如一个美国投资银行家所说的，“只要有一个稳定的现金流，就将它证券化”。在次贷危机爆发前，美国金融市场上的资产证券化产品发行规模出现了一个急速膨胀的发展过程。其住房抵押贷款证券化占住房抵押贷款的比重，从1981年的15%上升到1987年的74.7%。到20世纪90年代初，美国每年住房抵押贷款的60%以上是靠发行MBS来筹措。以1993年为例，美国银行业提供了2850亿美元的住房抵押贷款，其中2070亿美元都被证券化了。[②] 到1994年年底，全美MBS仅本金余额即达到16839亿美元，相当于同期美国GDP的1/4。[③] 2005年，美国资产证券化市场流通在外的金额高达7.9万亿美元，占整体债券市场的31.2%。政府国民抵押贷款协会、联邦国民抵押贷款协会以及联邦抵押贷款公司这三大代理机构的

---

① 参见漆多俊：《经济法基础理论》（第4版），法律出版社2008年版，第29页。

② 参见王开国等：《资产证券化论》，上海财经大学出版社1999年版，第15页。

③ 参见邝国权：《评经合组织国家资产证券化》，载《世界经济》1996年第7期，第34页。

MBS 发行余额在 1980 年年底为 1109 亿美元,至 2005 年年底已增长至 36817 亿美元,在约 25 年的时间里增长了 33.2 倍。[①]

伴随着资产证券化的快速扩张,资产证券化呈现出了过度发展和异化发展的不良趋势。过度发展主要表现在产品设计日益复杂,出现了多重证券化。发行人把借款人的抵押贷款打包发行 MBS,MBS 又被打包发行 CDOs(Collateralized Debt Obligations,抵押债务债券),甚至 CDOs 又被打包发行 CDOs。有时,投资银行又将 CDOs 再转化为另一种衍生性金融商品"信用违约交换"(Credit Default Swap,CDS)。[②] 2004 年,全球 CDOs 的发行量为 1570 亿,到 2006 年,这一规模达到了惊人的 5520 亿美元。[③] 在多重证券化的过程中,大量的信用和风险被创造出来。[④] 即便是对于资深的华尔街专业人士来说,理解这些复杂产品的风险依然困难。这些复杂的结构化金融产品被许多人指责导致了本次金融危机。[⑤] 美国国际集团(AIG)之所以面临今天的困境,是因为其集团整体共承保了高达 4000 亿美元的巨额 CDS。资产证券化的异化发展主要表现在次级抵押贷款证券化和资产证券化流程的滥用两个方面。所谓次级抵押贷款,是相对于优质抵押贷款而言的,此类贷款主要是面向信用记录较差和收入不高的借款人提供的,他们偿债能力普遍比较差原本不应该成为贷款的对象,但由于 20 世纪 90 年代后期美国房价的持续攀

---

① 参见黄嵩等:《资产证券化理论与案例》,中国发展出版社 2007 年版,第 89 ~ 90 页。

② 林国彬:《保险业经营危机之处理及因应机制》,载《月旦法学》2009 年第 2 期,第 51 页。

③ 参见周茂清:《次贷危机背景下的我国资产证券化发展》,载《理论视野》2008 年第 11 期,第 35 页。

④ 温馨:《从次贷危机看资产证券化的内在矛盾》,载《金融法苑》2009 年总第 78 辑,第 21 页。

⑤ 参见吴晓鹏:《华尔街的变与不变》,载《21 世纪经济报道》2009 年 9 月 18 日,第 4 版。

升、利率的不断下降,再加上这种贷款的利率高出一般贷款 2% ~3%,许多贷款机构由此放松了警惕加大了次级抵押贷款的力度。这些贷款机构认为,即便购房人的收入不够偿还贷款,通过对房屋的重新估值,房子增值的部分可以向银行或信贷公司抵押贷款,用以支付抵押贷款的本息。贷款机构为了筹集更多的资金,将大量的次级抵押贷款进行资产证券化。据统计,2003 年次级抵押贷款规模只占美国抵押贷款发行总量的 15% 左右,到 2006 年达到了 46%。[①] 然而,随着美联储 2005 年以来的 17 次提息,联邦基准利率从 1% 提升至 5.25%,美国房地产市场迅速降温,很多次级抵押贷款的借款人无法按期偿还借款,进而导致基于次级抵押贷款的资产证券化及其他金融衍生产品贬值,最终导致危机爆发。这就是"次贷危机"。另外,传统的资产证券化的运作模式是先由贷款机构向借款人发放贷款,然后把已经产生的贷款资产出售给投资银行,再由投资银行打包成债券出售给投资人。但投资银行在高风险和暴利驱动下进行反流程操作,这使资产证券化市场从"卖方市场"变为"买方市场",资产证券的发行规模从过去的由贷款机构控制变为由投资银行决定,风险控制要求也因此有所放松。[②] 这种滥用资产证券化流程的行为在扩大了发行规模的同时也放大了资产证券化的风险,成为次贷危机的帮凶。

在资产证券化过度扩张和异化发展过程中,法律和政府的管制并没有给予应有的重视,仍然信奉市场的作用和市场的约束机制,相信市场主体的理性,国家之手迟迟没有出手。美联储前主席格林斯潘甚至表示,出台新的监管措施有扰乱资本市场的风险。美国国会还于 2000 年通过了《商品期货现代化法》,彻底解除了对包括"信用违约交换"在内

---

① 参见邢嘉琦:《美国次级债危机的原因及给我国发展资产证券化带来的启示》,载《中国商界》2008 年第 12 期,第 8 页。

② 参见王亦平:《美国"次债"危机对完善我国信贷资产证券化制度的启示》,载《法学论坛》2008 年第 3 期,第 141 页。

的金融衍生品的规制和监管。美国国会通过该法案正是基于对市场自我约束的考虑,认为投资者的自我选择可以有效约束金融机构,无须政府对金融机构日程经营的金融衍生品进行规制和监管。① 资产证券化来本来是为了分散资产流动性风险,然而,一旦"只要给我一个现金流,我就能把他证券化"成为座佑铭,什么东西都拿来证券化,大家把这种风险分担当作投资乃至投机,通过金融杠杆无限放大,无疑又在创新狂欢中创造出了另外一种系统性的风险。② 当这种系统性风险集聚到一定程度时,泡沫破裂了,市场失灵了,问题成堆成堆显现出来:许多大型银行及非银行金融机构倒闭破产;全球股市急速下跌,平均达 50%;商品价格,不论是原材料、黄金还是石油,也剧烈波动。③ 目前,由次级抵押贷款导致的金融危机已从局部发展到全球,从金融领域扩散到实体经济领域,给世界各国经济发展和人民生活带来严重影响,对各国的金融安全和经济安全造成了重大损害。

(二)民商法调控的局限性

资产证券化虽然可以带来很多好处,但其发展和快速扩张所带来的风险更不能忽视。资产证券化的实质就是将原有资产的收益和风险通过一系列的操作,分散和转移到各个参与者手中。在这个过程中,每个参与方都会面临一定的风险,这些风险一部分来自原始资产的质量和证券化的架构,这是普通意义上的证券化风险。除此以外,还要面临早偿风险、利率风险等来自证券化结构以外的风险。对于这些风险,可称为为证券化产品投资的风险。我们还可以将资产证券化的风险分为法律风险、非法律风险以及道德风险等。对于上述风险,完全消除是不可能

① 参见韩龙:《美国金融危机的金融法根源》,载《法商研究》2009 年第 2 期,第 149 页。

② 参见彭兴庭:《"金融自由化"的前车之鉴》,http://www.china.com.cn/review/txt/2008-05/27/content_15490653.htm,2009 年 10 月 3 日访问。

③ 参见曾宛如:《金融海啸下金融监理之反思》,载《月旦法学》2009 年第 5 期,第 84 页。

的,我们所能做的只是防范风险、尽量较少风险的发生。如果任由风险扩散和爆发,将直接危害到资产证券化交易的安全,特别是证券化商品投资者的安全,严重损害投资者的利益。从这个意义上来说,防范资产证券化风险实质上就是保障资产证券化交易的安全和投资者安全。

对于已经观察到的风险和潜在风险,各国法律也作出了积极的反应,其制度架构集中表现在风险隔离机制以及相应的资产证券化安全港制度中。与一般股份公司或公司债等企业融资方式相比较,资产证券化最大特征在于其并非以企业未来整体收益为其财源基础,而系仅以特定资产未来可能收益为财源基础。此一未来收益既不受创始机构(又称发起人、原始权益人)其他资产获利如何影响,亦不能遭受其他不良资产亏损所侵蚀,因此为使其得以完全与创始机构其他资产收支相互隔离,乃生有必要将证券化资产自创始机构所有资产中加以分离,并将其所有权转移给专门为拥有此一资产而设立之特殊目的机构(SPV)。[①] 资产证券化架构中,最特别之设计为特殊目的机构,其目的在于与创始机构之风险隔离。[②] 也就是说,特殊目的机构应风险隔离需要而产生,但同时通过特殊目的机构的分险隔离机制来确保证券化资产的安全。特殊目的机构作为证券化的中介和核心机构,在证券化过程中好比一道坚实的"防火墙",将投资者和其他风险有效的隔离开来,使投资者的风险被限定在证券化的资产组合中,从而保证了现金流的安全性,提高了交易信用等级,增大了对投资者的吸引力。[③] 创设特殊目的机构体现了对证券投资者投资安全保障的价值理念追求和人文关怀。[④]

---

① 参见王文宇主编:《金融法》,台北,元照出版公司 2004 年版,第 279 页。

② 盖华英、谷湘仪:《[资产证券化专题]导读——兼谈资产证券化之法制引进》,载《全国律师》2001 年第 11 期,第 6 页。

③ 吴弘主编:《房地产证券化法律问题概述》,上海电子出版有限公司 2004 年版,第 152 页。

④ 参见覃天云、佘冰:《论资产证券化的安全价值》,载《经济体制改革》2004 年第 5 期,第 23 页。

实践中,很多国家的立法以特殊目的机构为中心构建了一整套资产证券化安全港制度——资产远离破产制度。立法者希望通过“资产远离破产”制度来隔离证券化资产的风险,同时强化证券化资产的安全系数。所谓资产远离破产,又称破产隔离,是指证券化资产与 SPV、发起人及 SPV 的母公司的破产相隔离,即这些公司的破产不会影响该证券化的资产,证券化的资产不作为这些主体的破产财产用于偿还破产主体的债务。资产远离破产制度是任何资产证券化交易的基石,这项制度具体表现在以下三个方面:第一,资产与 SPV 的破产相隔离。资产与 SPV 的破产相隔离实质上是指 SPV 要与破产相隔离,SPV 是一个破产隔离实体。要使 SPV 做到与破产相隔离,首先,SPV 的结构应该防止它从事任何与“特别目的”无关的商业活动。SPV 的唯一业务应是持有那些构成证券化基础的资产,法律严格限制 SPV 的经营范围,禁止 SPV 从事与经营范围无关的一切活动。其次,设立一个结构防止 SPV 主动提出破产申请也非常有必要。为了实现这个目标,SPV 应有一个或以上的独立董事。这些独立董事在考虑是否使 SPV 进入破产或清算程序时,应对 SPV 本身及投资者而不是股东负有信托义务。① 第二,资产与发起人的破产相隔离。资产由发起人转移给 SPV,这一转移行为的目的在于隔离应收账款与发起人所具备的风险。为了达到上述目的,发起人通常将该转移行为设计为“真实的出售行为”,以确保依照破产法,应收账款能够从发起人的破产资产中分离出来。② 很多国家的法律对真实销售行为的认定标准作出了明确的规定,建立了真实销售的安全港制度。第三,资产与 SPV 的母公司的破产相隔离。证券化的资产不仅要与 SPV 的破产相隔离,还要与 SPV 的母公司的破产相隔离,因为 SPV 的母公司一旦破产,

---

① See Michael J. Cohn, Asset Securitization: How Remote is Bankruptcy Remote? http://www.hofstra.edu/Academics/Law/law_lawyer_cohn.cfm,2004 年 2 月 3 日访问。

② 参见[美]斯蒂文·施瓦茨:《点石成金的资产证券化》,高西庆、蒋基理译,载王志达主编:《复旦民商法学评论》(第 1 卷),法律出版社 2002 年版,第 312 页。

SPV作为其对外投资也将被列为破产财产而用来偿还母公司的债务,这是很多国家公司法律的规定,这就使证券化的资产无法与SPV母公司的破产相隔离,从而影响了资产支持证券的偿付。要做到资产与SPV的母公司的破产相隔离,SPV保持充分的独立性很重要。只有SPV拥有了独立的法律地位,在其母公司破产时自己才不会被法院判决合并清算。

总体而言,风险隔离机制和资产证券化安全港制度对于防范资产证券化的风险,保障资产证券化的安全起到了较大的作用,但这种在民商法范围内的制度安排从其产生开始就注定了其适用的局限性:它能有效隔离资产证券化的局部风险但不能解决系统风险,它能促进投资者安全但不能保障更高层次的金融安全。正如有学者所说的:"在资产证券化组合中,债权的组合使资产风险稀释,资产转让使资产发起人风险分散,一系列的信用增强机制又使投资人风险降低,受托和担保机制又使发行人风险分散,这些利用合同建立起来的权利义务关系结构,使每个主体都降至最低风险。但是,只是分散风险,并没有消除风险,这些风险最终会积累成系统风险"。[①] 伴随着资产证券化的过度扩张和异化发展,资产证券化的风险快速集聚,带来了系统性风险。本次金融危机就是系统性风险集中爆发的结果。对于这种系统性风险引发的金融危机,无论是风险隔离机制还是资产证券化安全港制度均没有能力加以有效化解,以个体利益为本位的民商法也无法通过进一步的制度创新来解决上述问题。民商法只能解决资产证券化交易中的个体风险,保障个体的安全,至于资产证券化交易所产生的系统风险和更高层次的金融安全问题根本没有能力化解。此时,我们需要经济法的积极介入,通过释放经济法的功能来解决资产证券化扩张所造成的系统性风险,保障因系统性风险爆发而产生的金融安全问题。当然,经济法不能取代民商法,在新的形

① 参见魏晓东:《从次贷危机看资产证券化监管规则的完善》,载《辽宁大学学报(哲学社会科学版)》2009年第1期,第153页。

势下两者应该共同调控资产证券化交易,促进资产证券化的健康发展。

(三)小结

在资产证券化快速发展进程中,发生了过度扩张和异化发展两种不良现象,随之集聚了系统性风险。当这种系统性风险爆发后,市场调节机制失灵了。在传统民商法框架内的风险隔离机制和资产证券化安全港制度只能隔离局部和个体的风险、保障个体和投资者的安全,对于系统性风险和金融安全问题则无能为力,这种局限性是由民商法的个体利益本位决定的。为了促进资产证券化的健康发展,经济法应有所作为,与民商法一起共同构成新的资产证券化调控秩序。

三、资产证券化的危机与经济法调控的应对

应对因资产证券化过度扩张和异化发展而产生的危机,经济法有其独特的价值和地位。从各国采取的实际举措来看,有依据现行财政、金融法律或者通过一些特别立法来应对危机的做法,更有不少国家通过认真分析本次危机产生的原因看到了其中存在的问题,超越危机采取了一些强化监管、完善竞争的做法,并且提出了相应的立法建议。历史经验表明,经济法既是应对危机、遏制危机的法律,也是超越危机、完善国家调节的法律。我们以应对 1929 ~ 1933 年经济危机的罗斯福新政加以说明。罗斯福新政分为两个阶段:第一阶段的主要立法是在 1933 年 3 月 9 日至 6 月 16 日内完成(又称“百日新政”);第二阶段为 1935 年至 1939 年。第一阶段侧重于解决当务之急,即遏制萧条,挽救业已崩溃的金融体系和频于崩溃的农业危机,复兴工业,消除普遍的失业和饥饿。第二阶段则注重于具有长远意义的立法,确立现代银行体系,建立相对公正的税收和福利制度等。为了实现上述目标,美国颁布了大量相关法律。这些法律所规范的是国家调节,调整因国家调节而发生的社会关系,从性质上说,属于经济法范畴。[①] 如果我们从这些法律的内容加以分析,

① 参见漆多俊主编:《经济法学》,高等教育出版社 2007 年版,第 18 ~ 19 页。

第一阶段的立法属于应对危机、遏制危机的经济法，第二阶段的立法属于超越危机、完善国家调节的经济法。

（一）应对危机的经济法

经济法对付危机有一套办法，在特定历史时期经济法又被称为“危机对策法”。当危机来临后，原有的经济秩序被打乱，正常的市场调节受阻，需要国家采取紧急措施对经济进行干预和调节，包括调整、修改原来的计划和各种经济政策，改变政策工具和手段的运用方向，并以立法来确立这种调整，包括废止、修订原来某些立法，制定新的立法。① 在历史上，有不少对付危机而进行的经济法立法。例如，为了对付 1929 ~ 1933 年经济危机，美国颁布了《紧急银行法》《全国工业复兴法》《联邦紧急救济法》等，德国颁布了《消除国民与国家危机的法律》《经济有机结构条例》《强制卡特尔法》等。为了应对 20 世纪 70 年代的石油危机，美国于 1970 年颁布了《经济稳定法案》，规定从 1973 年 8 月开始对老油田生产的石油实行价格管制。为了应对阿拉伯国家的石油禁运，1973 年 12 月，《紧急石油分配法案》开始生效。该法令对原油产量采取“老油”和“新油”两级价格机制进行管制。直到 1981 年 1 月，里根总统签署了《解除石油价格和分配管制法案》，才结束了对油价的控制。②

本次危机发生后，各国依据现有法律规定或通过特别立法采取了金融、财政、国有化等应对措施。在危机发生的早期，各国主要采用金融调节方式应对危机，只是到后来危机越来越严重后，才开始采取各种更为猛烈的财政和国有化措施应对危机。在美国，次贷危机引发了大规模信贷紧缩，严重打击了市场信心，美联储连续大幅度地调低联邦基金利率、降低再贴现率，将常规货币政策手段几乎用到极致，但仍然不能阻止国际金融市场剧烈动荡、美国经济持续放缓的趋势。为此，美联储不得不

---

① 参见漆多俊：《经济法基础理论》（第 4 版），法律出版社 2008 年版，第 267 页。

② 参见李小地：《70 年代石油危机后美国的石油消费政策及其实施效果》，载《国际石油经济》2006 年第 11 期，第 29 ~ 30 页。

选择各种非常规措施,来增加市场的流动性供给,扩大信贷规模,恢复市场信心。这些非常规措施包括新的流动性管理手段和对金融机构的直接救助等。① 美国以外的其他国家也纷纷采取各种降息、提供长期贷款等常规和非常规金融手段,但效果并不是非常明显。为此,各国逐步采取各种财政手段甚至非常罕见的国有化措施对付危机。美国国会于2008年10月3日通过《紧急经济稳定法》,推出有史以来最大规模的7000亿美元的救援计划,授权财政部建立受损资产处置计划(TARP),在两年有效期内分步使用7000亿美元资金购买金融机构受损资产。此外,还增加了340亿美元的减税方案,将总金额扩大到8500亿美元。财政担保也是对付危机的常用手段,它可以挽救投资人对银行体系的信心,进而处理系统性风险问题。2008年10月12日,欧元区15国领导人在法国巴黎首次峰会,会议通过了一项大规模的救助计划,欧元区国家政府将在2009年年底前,为银行五年期以下的新发债务提供担保,并通过取得优先股的方式向银行直接注资,以缓解银行因为信贷紧缩而面临的融资困难。英国政府提供了2500亿英镑的担保额度,以协助银行能展延对企业的放款。德国政府将向银行业提供4000亿欧元的贷款担保。韩国政府宣布向韩国国内银行提供总共1000亿美元为期3年的国家担保,以稳定金融市场。

至于此次对付危机而采取的国有化措施,备受争议。前德意志银行高管罗格认为:“我们已经跨越了从资本主义到社会主义的红线。”②美国众议院金融服务委员会主席法兰克与共和党参议员乔恩凯尔坚决反对政府对银行的国有化。但也有学者认为,虽然银行国有化的成本和风险高,但如果银行损失持续上升,国有化可能是最好的选择。例如,纽约

① 参见王宇:《美国政府应对金融危机的非常规措施》,载《学习与探索》2008年第6期,第144~145页。

② 参见黎四奇:《对美国救市法案之评价及其对我国之启示》,载《法律科学》2009年第1期,第126页。

大学商学院教授鲁里埃尔·鲁比尼不断发表文章称,美国政府目前唯一的拯救之道是将资不抵债的银行国有化。① 但总体上看,目前西方国家所采取的银行国有化措施只是一种短期的临时行动,当时机成熟时会逐步退出。美国前总统布什表示,将状况不佳的金融公司部分国有化只是短期措施,旨在帮助银行业重新进行贷款业务,"政府只发挥有限的和临时性的作用",采取此项措施的目的"并不是要接管自由市场,而是为了保护它"。② 2007 年年底,英国率先对陷入危机的诺森罗克银行实行国有化。2008 年 9 月 16 日,美联储宣布向 AIG 提供 850 亿美元的高息抵押贷款,条件是美政府需获得 AIG79.9% 的股权,并持有其向其他股东分红的否决权。2008 年 9 月 30 日,比利时、法国和卢森堡三国向股价暴跌的比利时和法国的合资银行——德克夏银行(Dexia)注资 64 亿欧元(约合 92 亿美元),以增加其流动性,同时稳定其股价。2009 年 2 月 18 日,德国内阁批准了一项救市法案,允许政府将银行强制国有化,以防止大银行破产动摇德金融系统。2 月 27 日,英国政府继续对苏格兰皇家银行注资 225 亿英镑。至此,英国政府已经拥有该银行 95% 的股份。同一天,美国在花旗银行的持股比例达到 36%,实际上对花旗实行了国有化。③

(二)超越危机的经济法

但凡危机,必有其背后的深刻原因。历次危机发生后,各国都会采取必要的步骤和措施对症下药。其中,除了临时性的危机对策和立法以外,更会着眼未来,超越危机进行有关经济法的立、改、废,或调整经济法的执法思路,以完善和改进国家调节,促进社会经济协调、稳定和健康发

---

① 参见魏红欣:《美国"银行国有化"之争》,载 http://news.xinhuanet.com/fortune/2009-02/23/content_10873076.htm,2009 年 10 月 13 日访问。

② 《各国应对金融危机的政策》,载 http://class.wtojob.com/class1031_40415.shtml,2009 年 10 月 13 日访问。

③ 参见刘丽娜:《全球金融危机应对措施呈现新变化》,载 http://news.xinhuanet.com/fortune/2009-03/23/content_11058514.htm,2009 年 10 月 3 日访问。

展。本次危机发生后,许多国家经过认真分析和研究,发现了危机产生的若干主要原因,针对监管和竞争问题采取了一些切实有效的做法。

对于本次危机,许多人将矛头直接指向金融监管问题,认为全球性的金融危机与美国现行金融监管体系密切相关。美国设有联邦和州双重体系下的多元银行监管部门,不同部门都可以对贷款银行进行监管,贷款银行也可以自行选择不同的监管部门。因此,不可避免地出现监管重复和监管空白。由于监管部门之间存在竞争关系,为了获得更多的监管对象,存在放松监管的现象。美国 1999 年的《金融服务现代化法》确认了美国银行、证券、保险业之间可以混业经营,实行全能银行模式。而美国现阶段仍采用分业监管的方式已不适应混业经营及由此产生的金融创新衍生品的监管需要,金融监管的真空使金融风险放大导致次贷危机的发生。[①] 然而,我们也不能因为此次危机而否定金融创新和作为金融衍生品的资产证券化。危机给我们的一个重要教训是,当金融创新这部机器越来越复杂、越来越高速运转的时候,风险管理、金融监管、信息披露等必须随时跟上。[②] 至于如何处理好金融创新和监管的关系,却是一个难题。当经济稳定,财富增加时,要求放宽规定、回归市场机制成为主流,因为唯有如此,方能鼓励金融创新。但金融创新之结果,过度操作下,引发难以处理之系统性风险,而造成资产大幅缩水,景气萧条时,管制这些商品又成为应对之良方。如何找到"适度"规范之平衡点似乎是很大的难题。[③] 对于资产证券化而言,改革目前的监管体制是十分必要的。由于其涉及多个金融部门,产生多个利益主体,跨越全部金融市场并与实体经济领域相关,所建立的法律关系错综复杂,每个法律关系都由不同的法律来

① 参见张涛:《浅析美国次贷危机法律监管问题》,载《税务与经济》2009 年第 3 期,第 45 页。

② 参见吴晓鹏:《雷曼只是一个牺牲品和典型缩影》,载《21 世纪经济报道》2009 年 9 月 22 日,第 10 版。

③ 曾宛如:《金融海啸下金融监理之反思》,载《月旦法学》2009 年第 5 期,第 92 页。

调整,所以自然打破了金融业务分业监管的限制。在整个资产证券化过程中,参与者覆盖多个金融机构,这就要求监管必须高度的协调统一。①

与以往的每次金融危机一样,危机过后,监管的许多重大变化在酝酿和商讨当中,造成此次危机的种种监管漏洞都将有可能产生新的法规,例如不同金融机构的杠杆使用水平、信用违约掉期市场的统一和监管、华尔街报酬体制和水平、"逐市计价"会计制度的调整等。毫无疑问,"后雷曼时代"的华尔街金融机构将面临更多的法规约束。② 2008 年 3 月 29 日,美国财政部公布了《金融监管体系现代化蓝图》,计划通过三个阶段的变革最终建立基于目标的最优化监管架构。美国金融监管体制改革蓝图包括三个目标:一是短期目标:强化总统金融市场工作组的使命,并将银行监管者纳入小组;美联储进一步推进拓展贷款渠道;对抵押贷款发起设立全国统一标准;为各州对抵押贷款市场参与者颁发执照设定统一的最低标准。二是中期目标:合并储蓄机构监管署(OTS)和货币监理署(OCC);美联储负责监管支付和结算体系;设立联邦保险监管体系,隶属于财政部的全国保险管理署负责管理联邦保险监管体系;合并美国证券管理委员会与商品期货交易委员会(CFTC)。三是长期目标:设立美国三大金融监管体,即美联储担当"市场稳定监管者"的角色,维护美国金融市场稳定;成立"金融诚信监管者",负责对银行业的监管;成立"商业行为监管者",负责规范商业活动并保护消费者利益。③

此次危机还暴露出两大竞争问题。一个问题是各国政府基于金融系统性风险和金融安全的需要,重点救助了一些大型金融机构,并且对许多大型金融机构的合并行为网开一面,降低了反垄断法在金融领域的

---

① 参见魏晓东:《从次贷危机看资产证券化监管规则的完善》,载《辽宁大学学报》(哲学社会科学版)2009 年第 1 期,第 153 页。

② 吴晓鹏:《雷曼只是一个牺牲品和典型缩影》,载《21 世纪经济报道》2009 年 9 月 22 日,第 10 版。

③ 王宇:《美国政府应对金融危机的非常规措施》,载《学习与探索》2008 年第 6 期,第 146 页。

实施力度,“太大不能倒”。在此次金融危机中,由美国财政部出面协调的大规模银行收购,如JP摩根收购贝尔斯登和华盛顿互惠银行、美国银行收购美林、富国银行收购美联银行,若在平时通常需要至少几个月的反垄断审查,而在金融系统崩溃风险的压力下,最多几个星期就顺利通过了审查。至于英国的劳埃德TSB银行收购HBOS,更是完全绕过了反垄断审查这一程序。[①] 纵观反垄断历史,严重的经济危机常会影响一国的反垄断政策,使其对反垄断法的理解和执行趋于宽松。以美国为例,当上世纪30年代出现经济大萧条时,在垄断势力的推动下,美国国会通过《国家产业复兴法案》,直接支持一些具有垄断后果的市场行为,这一法案在后来的司法审查中被判定为违宪。一时紧一时松的反垄断政策总会给反垄断执法机构理解和执行反垄断法带来不确定性,其中利弊得失学者们有不同的看法。[②] 我们认为,虽然短期内拯救整个金融体系的紧迫性高于一切,但这些并购集中所可能导致的对市场竞争的长期影响也不可忽视。至于欧盟内各国竞相出台的经济救助计划,对共同市场的竞争格局也会产生长远影响。近期美国联邦贸易委员会和欧盟的负责竞争政策的官员在不同场合表示了对这一问题的关注。[③] 从实践情况来看,“太大不能倒”的金融机构在过去一年中越来越壮大,如美国的房利美和房地美在新发行和担保的抵押贷款证券业务中,从以前50%的市场份额上升至超过70%。其对竞争造成的影响受到了越来越多人的关注。美国企业研究所资深研究员彼得·沃里森认为,政府的改革计划实际上会在各行各业中都创造出像房利美和房地美一样的政府支持企业,这会严重破坏竞争,尤其对小公司不利。美国联邦存款保险公司主

① 孙速:《金融危机视角下关注中国反垄断》,载 http://www.caijing.com.cn/2009-02-18/110071110.html,2009年10月3日访问。

② 刘宁元:《欧盟委员会反垄断法的生命在于理性执行》,载《法制日报》2009年5月12日,第10版。

③ 孙速:《金融危机视角下关注中国反垄断》,http://www.caijing.com.cn/2009-02-18/110071110.html,2009年10月3日访问。

席希拉·拜尔表示:"太大不能倒是接下来需要修复的最重要的议题。它造成了这场危机,并且因为危机变得越来越严重。"[①]总之,我们不能因为危机而放松反垄断法的执行,反过来,经济危机使人们看到了垄断对市场和经济的巨大破坏,人们更应该意识到反垄断的必要性和迫切性。此次危机暴露的另一个竞争问题就是信用评级机构的垄断问题。在美国证券交易委员会注册为国家认可的统计评级机构(Nationally Recognized Statistical Rating Organizations)共7家,但大部分信用评级业务由标准普尔、穆迪和惠誉所垄断。由于信用评级产业多年来的定价和信息公开等制度缺陷,导致了该产业竞争明显不足,三家机构在信用评级时滥用评级垄断权,成为此次金融危机的一大诱因。[②] 按照美国法律的要求,资产证券化产品应由至少两家评级机构从不同的角度、运用不同的评级方法作出评级,但由于信用评级市场主要由3家评级机构垄断,因此任何2家参与评级的公司可能会基于自身利益的考虑,一致行动,对产品作出过高的评级。[③] 反垄断执法机构应该高度关注这种协同垄断行为对金融市场的负面影响。

(三)小结

应对因资产证券化而产生的危机,经济法有着相当大的优越性。它是对付危机的高手,可以通过金融、财政等手段迅速纠正市场调节机制的缺陷,弥补民商法调整的不足。与此同时机,经济法更应该超越危机,透过问题看本质,未雨绸缪,采取各种措施引导、调控市场经济又好又快的发展。

---

① 参见吴晓鹏:《"大者不亡"越变越大》,载《21世纪经济报道》2009年9月2日,第4版。

② 李震:《金融反垄断奏响了全球金融变革的主旋律》,载 http://moj.gov.cn/2007fxy/2009-04/14/content_1076220.htm,2009年9月8日访问。

③ 例如最近在美国发生的起诉评级公司的案件中,穆迪和标准普尔两家公司对于摩根斯坦利发行的"切尼"产品均给出了最高评级——AAA评级,但现在这种产品的价值接近零,使得投资者损失十分惨重。参见王康:《起诉评级公司》,载《21世纪经济报道》2009年9月8日,第4版。

18

次贷危机法律根源探究*

——美国金融监管制度及思想先进性质疑与启示

许多奇**

摘　要:次贷危机暴露出美国金融监管制度及思想存在的一些深层次问题:从价值取向看,安全与效益的博弈失衡;在制度构建上,金融监管应对金融创新滞后;法律秩序层面出现他律和自律的规则失范。寻根法律文化,金融监管制度彰显着自由、分权制衡和司法审查等文化传统,又有着一定的局限性。通过对上述问题的拷问和反思,得出有益于我国金融法制建设的几点结论:我国金融法制建设应警惕"唯美(美国)主义"倾向;需理性把握一系列博弈的动态平衡,应警惕一种倾向掩盖另一种倾向;吸取美国教训,立足本国实际,积极、稳妥地推进资产证券化金融创新。

关键词:次贷危机;金融监管;金融创新;分权制衡

伴随着美国房地产价格下跌出现的次贷违约,从而引发并已蔓延全球的"'二战'结束以来最严重的危机"。① 这场危机首先由美国次贷危

---

* 本文原载《交大法学》(第2卷),上海交通大学出版社2011年版。

** 许多奇,湖南临湘人,法学博士,上海交通大学凯原法学院教授、博士生导师。

① 美联储前主席格林斯潘说:"有一天,人们回首今日,可能会把美国当前的金融危机评为二战结束以来最严重的危机。"详见 Martin Wolf, Lessons of the Financial Crisis, Financial Times, Aug. 21st,2008。

机引起,发展到金融危机(金融机构信用危机、流动性危机),最后影响到实体经济(整个社会信用危机、经济危机);[①]不仅引起了全球金融市场的动荡与恐慌并波及实体经济,动摇了国内外投资者的信心,而且也大大降低了人们对美国金融监管制度及思想的信赖与评价。不断蔓延的危机昭示出监管失灵的事实,人们不禁要问:在以法治文明典范自居的美国,金融市场何以出现这般无序?共同构成美国双层多元监管体制的众多管理机构的存在,又何以不能保证金融安全?因此,有必要在次贷危机背景下重新审视美国的金融法律制度与法律秩序,拷问其价值取向与文化底蕴,反思并注重加强我国金融监管法制,[②]以取得有益于我国金融法制度建设的深刻启示。

一、价值取向:安全与效益的博弈失衡

安全性与效益性一直是各国金融监管立法的两大相互博弈的价值目标。一方面,由于金融业是高风险行业,且具有发生支付危机的连锁效应,因此安全性是前提,各国决策者与立法者都会给予金融安全以必要的关注;但另一方面,他们又希望金融监管成为促进金融创新,提高金融服务效率,增强本国金融业在国际市场中竞争力的根本保证,因而效益性往往又成为另一关注的焦点。能否在安全与效益的博弈中把握适当的度,取得动态的平衡,成为考量决策者或立法者理性与智慧的尺度。

美国政府也一直致力于在金融业安全与效益之间寻求可能的平衡点,然而这一寻求呈现为一个充满着激烈冲突的过程,换言之,平衡的取

---

① 漆多俊:《世界金融危机的经济法解读》,载漆多俊主编:《经济法论丛》(第18卷),武汉大学出版社2010年版,第2页。

② 漆多俊:《世界金融危机的经济法解读》,载漆多俊主编:《经济法论丛》(第18卷),武汉大学出版社2010年版,第12页。

得要以惨痛的危机、剧烈的震荡为代价。美国早期的银行特许状①以英国银行和证券业务分离的体制②为样板,实践中银行的业务范围仅限于对短期流动资产的收购。但这一实践及其背后"安全性"的价值取向在19世纪中叶的所谓"自由银行"时代③被逐步抛弃。1837年的金融恐慌和在随后6年中1/4美国银行的破产才带来"安全"价值的回眸,1864年的《国民银行条例》再次遵循传统,规定银行业务仅限于发行货币、接受存款和从事短期商业贷款。《国民银行条例》的颁行表明美国对金融业已实行初步管制,如规定银行缴存存款准备金、发行全国统一货币、建立全国支票清算系统、制订银行投资证券的最低限制,以避免银行可能遭受的风险等。④ 但是该国民银行法坚持的银证分离的模式在20世纪初期却通过修改法律而被彻底打破了。其原因在于:一方面公司证券发行的迅速发展和债券融资代替银行融资的市场趋势使银行越来越为证券业务所吸引;另一方面联邦储备委员会为加强国民银行对州银行的竞争力,一步步运用自己的权力打破了商业银行和投资银行的界限。金融业务之间已不存在法律上的楚河汉界,商业银行拥有证券分支机构,将

① 英国是现代公司制度的故乡,在特许时代出现了规范公司制度的立法,公司主动通过受领皇家特许状或经国会法令特准成为法人社团。参见蔡立冬:《公司制度生长的历史逻辑》,载《当代法学》2004年第6期。

② 英国很早就建立了银行与证券业务分离体制。商业银行的资产应该具备足够的清偿力和不能投资在不动产和公司股票的理论被广泛接受并运用,同时也反映在1694年国会授予英格兰银行的特许状中。这种状况一直保持到1986年。See Shall, The Separation of Banking and Commerce; Origin, Development and Implications for Anti-trust, (1983), Antitrust Bull. 转引自陆泽峰:《金融创新与法律变革》,法律出版社2000年版,第306页。

③ 自由银行时期是指美国1836~1863年推行自由银行制度的时期。该制度的理论基础是17世纪英国的"自由银行学派"。其基本理论是在通货发行可兑换硬币的条件下的自由贸易。该学派主张这样一种制度,即银行在所有业务上(包括纸币发行)都进行竞争,没有中央银行对纸币发行的垄断,当然也不需要对银行活动进行管制。

④ 陆泽峰:《金融创新与法律变革》,法律出版社2000年版,第118页。

公众的存款用于股市投机，日益成为证券分销和承销的主导力量。诚如美国学者所指出的那样："如依今日的标准来衡量，截至20年代后期的金融制度基本上是不受管制和自由竞争的。"①直到1929年那个"黑色星期五"，纽约华尔街股市一天狂泻数千点，并波及整个世界证券市场。华尔街股市大崩盘以及随之发生的大约9000家银行的破产和数年的经济萧条，才使政府决策者重新梳理与盘点自己重效益轻安全的金融监管理念。1933年《格拉斯斯蒂格尔法》(Glass-Steagall Act)在国会的顺利通过正是这一梳理与盘点的回应。该法确立了银行业与证券业分野的金融隔离制度，证券公司不再接受存款或设立吸收存款的分支机构，联邦储备系统的商业银行会员被禁止参与包销、买卖证券业务，只能经销和买卖联邦证券、存款单以及市政普通责任证券，而任何从事证券业务的银行又不能经营吸收存款等商业银行业务。自此开始直至20世纪70年代，美国实现了以成文法为基础的体系化监管。这一时期银行法方面重要的立法还有《联邦储备制度Q条例》《银行控股公司法》《利率管制法》《消费者信贷保护法》《公平信贷票据法》《真实贷款法》等。证券法方面则有：1933年《证券法》和1934年的《证券交易法》，该两法与1933年《银行法》一起，形成了投资银行与商业银行分业经营的制度框架。此外，1938年的《证券交易法修正案》，将证监会的监管范围扩大到柜台交易市场；《1940年投资公司法》授权证监会监管投资公司；《1964年证券法修正案》进一步将注册登记、财务公开以及其他保护性措施扩大到柜台交易市场上的证券，提高了对证券商及其职员的资格标准，加强了证监会和自我监管机构的自我约束和管理。《1968年威廉斯法》(1970年作了修正)要求在现金标购、交易所拍卖、大规模股权购买业务中实行信息公开，并授权证监会制定规则，管理公司接管活动。这些法律法规的颁行表明，金融业的自由竞争局面已经结束，金融市场的各个方面都无不处于法律的管制之下。综

① [美]托马斯·F.卡吉尔、吉里安·G.加里亚：《80年代的金融改革》，浦寿海等译，中国金融出版社1989年版，第38页。

上所述,一个典型的判例法国家,却以成文法大爆炸的形式来实现对金融业的全面管制。这是美国政府在饱尝了金融危机带来的灾难痛定思痛之后,价值取向发生的逆转:在金融法的价值目标定位中,金融秩序的安全与稳定应该是首要的,因为效益只能是安全与稳定的金融秩序中的效益,离开了金融业的有序与稳定,效益就没有存在的基础与意义。

自由放任主义的经济学家们曾受到这样尖锐的批判:1929 ~ 1933 年的“大危机”使得市场可以自行调节并经常保持供求平衡的自由主义经济学“一夜之间变成了神话”,然而,“一旦危机过去,一些经济学家就不可避免地回归旧日的信仰”。[①] 其实,政治家、立法者们又何尝不是如此?因而历史才总是在遗忘中前行。

金融风险对金融体系安全新一轮的挑战,与 20 世纪 80 年代以来的金融自由化浪潮相伴而行。“金融自由化”实际上是放松管制的代名词(西方学者多使用 Deregulation 一词)。其经济背景是,在 20 世纪 20 年代迫使银行进入证券市场业务的同样的市场压力即贷款证券化(融资脱媒)从 70 年代开始重新在世界范围内影响银行业,在资本天然趋利性的要求下,细密的规则、严苛的监管开始成为金融资本占有者必须逾越或规避的障碍,其理论反映便是出现了宣扬金融自由化理论的资本利益代言人。金融自由化理论以“金融深化”[②]及“金融压抑”[③]理念为代表,它

---

① [美]保罗·克鲁格曼:《美国怎么了?一个自由主义者的良知》,刘波译,中信出版社 2008 年版,第 88 页。

② 金融深化论(theory of financial deepening)是美国经济学家爱德华·肖提出的用金融自由化政策促进不发达国家经济发展的理论。它指解除对实际利率的限制,从而使其反映储蓄的稀缺性、刺激储蓄、提高投资的收益率等方面。参见[美]爱德华·肖:《经济发展中的金融深化》,邵伏军、许晓明、宋先平译,上海三联书店 1988 年版。

③ 金融压抑论(theory of financial repression)由当代金融发展理论奠基人罗纳德·麦金农提出,它指市场机制作用没有得到充分发挥的发展中国家所存在的金融管制过多、利率限制、信贷配额以及金融资产单调等现象,表现为金融市场发展不够、金融商品较少、居民储蓄率高等问题。参见[美]罗纳德·麦金农:《经济发展中的货币与资本》,卢骢译,上海三联书店 1988 年版。

倡导放松对金融机构过度严格的监管，特别是解除金融机构在利率标准、经营地域与业务范围等方面的限制，恢复金融业的竞争，以提高金融企业的效益。利益的诱导、理论的煽动，导致金融运作中出现了诸多自下而上的“闯红灯”行为。一方面，从 1975 年 5 月起美国证券业进入自由化改革阶段，不受“Q 条例”约束的证券公司和保险公司创立了一些适应投资者和企业需要的金融工具，并从中获得了巨额利润。另一方面，证券业的“金融创新使银行获取资金的成本优势以及资产方面的收益优势下降，由此造成的压力降低了银行的赢利，导致银行业收缩”。[①] 这种严峻的形势迫使传统的商业银行急需开辟新的利润来源渠道。于是一些大型商业银行开始钻《格拉斯斯蒂格尔法》的空子，涉足证券业，从事投资银行业务。如商业银行根据 1956 年制定、1970 年又作修改的《银行控股公司法》的规定几乎都建立了银行持股公司，并通过这种形式从事除银行业务以外的与银行业务密切相关的其他业务：投资咨询、信息服务、信用卡服务、发行商业银行票据、代理保险、不动产评估、从事海外各种金融业务等，成为实际上的万能银行。如 1998 年与旅行者集团合并后的新花旗银行集团就是一个集银行业务、投资、证券、保险于一身的全球最大的金融集团之一。对此，美国政府采取了由默认到法律屈从的应对路径。1999 年 11 月，国会参众两院表决通过了以金融混业经营为核心内容的《金融服务现代化法案》。该法允许银行持股公司直接从事证券、承销和保险，允许银行持股公司与任何金融机构联合，并可从事任何金融业务或金融业务附带业务。商业银行涉足证券业和保险业最终获得了法律上的支持。具有里程碑意义的《金融服务现代化法案》既是美国金融宏观政策和法律注重效率大于安全的结果，又成为该国金融业非正常发展与风险积累的见证。随着所谓“无须政府干预，市场就能自

① ［美］米什金：《货币金融学》，李扬译，中国人民大学出版社 1998 年版，第 267 页。

动实现均衡"[1]"只有在一个领域政府监管越多越好,那就是根除欺诈"[2]等放松监管的思想更加有恃无恐,美国的风险投资和高资源配置效率的金融市场日益活跃,以证券市场为中心的金融体系日益成熟。2007 年,美国股票市场和债券市场的规模为 49801.6 亿元,占全球证券市场规模的 1/3 以上。[3] 全国经济日趋金融化(经济活动的中心从产业部门转向金融部门)。时至 2007 年,美国金融企业的利润已占到全美企业利润总额的 40%[4]资本积累呈明显的虚拟化趋势,金融部门的发展远远超过实体经济部门的发展。2008 年美国金融总资产是 GDP 的 4 倍,而金融衍生工具却达到 GDP 的 12 倍。[5] 金融业通过对金融衍生产品日益繁多的自我创造和自我循环,实现最大限度的增值。经济金融化及资本积累的虚拟化使美国在引领经济全球化过程中获得了巨大的经济利益,通过源源不断地吸收海外资金,弥补财政预算和国际收支巨额"双赤字"造成的缺口,支撑经济持续增长。然而,这种经济增长的背后却潜伏着巨大的危机,对资本的滥用与游戏固然能带来虚拟资本成几何倍数的增长,但这一基础不牢的"金字塔"终因没有实体资本的支撑而倒塌。

历史总是这样惊人地相似,"危机发生以后,当政府采取应对措施的时候,'政府救市'实际上救市国家调节"。[6] 在危机加大的压力之下,

---

① Alan Greenspan, The Age of Turbulence: Adventures in a New World, The Penguin Press, 2007, p. 367.

② Alan Greenspan, The Age of Turbulence: Adventures in a New World, The Penguin Press, 2007, p. 375.

③ IMF, Global Financial Stability Report, http://www.imf.org/external/pubs/ft/gfsr/2008/02/pdf/statappx.pdf, October 2008, p. 181.

④ 于培伟:《美国经济日趋金融化》,载《中国经济时报》2007 年 3 月 26 日。

⑤ 王进诚:《金融危机的监管反思》,载《当代金融家》2009 年第 1 期。

⑥ 漆多俊:《当前世界金融危机与经济法的理论和应用》,载《政治与法律》2010 年第 2 期。

2008 年 3 月 31 日美国正式公布了金融监管改革方案。该方案强调金融监管体制改革的两大目的：一是要增强美国资本市场的竞争力；二是要保护美国消费者利益和维护市场稳定。① 或许，美国政府终于认识到了自己对金融市场稳定应负的监管责任，重新找到金融效率与金融安全价值目标冲突的平衡点，但即便是这样，也只能表明决策者金融法价值目标的正确定位具有明显的"危机驱动"的特征，是"亡羊补牢"式的，而不是"未雨绸缪"式的。在全球经济一体化，环球同此凉热的今天，世界各国不得不为以美国为震源的次贷危机买单并使经济蒙受了巨大的损失，为时太晚的"亡羊补牢"实不可取。此乃美国金融制度及思想先进性质疑之一。

二、制度建构：金融监管应对金融创新滞后

能否正确解决金融监管与金融创新之间看似难以克服的紧张关系，是考量决策者与立法者理性与智慧的又一尺度，因为以新金融工具的采用、新金融市场的开辟、金融服务方式的改变以及金融体制的改革为主要内容的金融创新，本身就意味着对既有金融监管法律制度的挑战与破坏。电子技术在金融领域日益广泛的运用和"脱媒"时代金融机构"扩大利润空间"动机的推动，以及金融全球化带来的国际金融竞争压力激发了金融创新的动力，金融创新在最近几十年内以近乎挑战人类想象的方式不断地迅速发展。美国政府出于对经济效益及国家在国际金融市场份额占有度的追求，为金融创新摇旗呐喊、保驾护航，而对其风险的产生与积聚则掉以轻心，视而不见，造成金融监管对金融创新的应对严重滞后。具体表现在：

（一）推动金融创新的法规层出不穷，金融衍生品的运行却无法可依

"作为 20 世纪 70 年代以来的一项重要的金融创新，证券化改变了

① The Department of the Treasury, The Department of the Treasury Blueprint for a Modernized Financial Regulatory Structure, March 2008, http://www. treas. gov/press/releases/reports/Blueprint. pdf.

传统的投融资体系，带来了金融领域的巨大变革”。[①] 在美国，这一变革表现为信贷方式的根本转变，即由银行体系的资金主要来源于存款，在留取一定存款准备金后再作贷款的传统信贷方式，转变为把银行贷款证券化，通过证券市场获得信贷资金，实现信贷扩张的新方式。[②] 见下图：

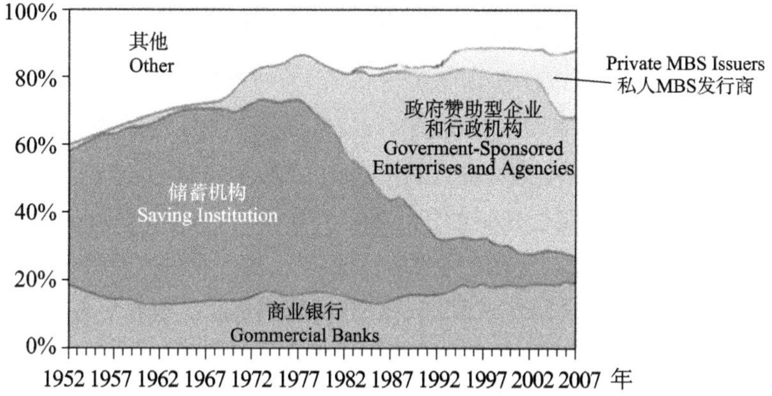

资产证券化代替金融机构融资比例变化

1952 年 1 月至 2007 年 9 月

资料来源：美国联邦储备委员会。

住房按揭贷款的证券化便是上述新的融资方式的主要形式。该形式形成了一套高风险的运作方式。以次级抵押贷款[③]证券化为例，贷款机构通过降低信用标准的方式把按揭贷款贷给次级信用的借款人，并把这些次级信用贷款的所有权转让给投资银行。投资银行将买来的次级住房按揭贷款再用复杂的金融工具转化为多种形式的次贷证券化产品，

① 洪艳蓉：《资产证券化法律问题研究》，北京大学出版社 2004 年版，第 4 页。

② 易宪容：《“影子银行体系”信贷危机的金融分析》，载《江海学刊》2009 年第 3 期。

③ 次级抵押贷款是一个高风险、高收益的行业。与传统意义上的标准抵押贷款区别在于，次级抵押贷款对贷款者信用记录和还款能力要求不高，贷款利率相应的比一般抵押贷款高很多。

通过 SPE 发行到债券市场由投资者认购。这一复杂过程的每一步都蕴藏着巨大的风险。在这种情况下，负责任的政府应对金融创新及其衍生产品蕴藏的风险保持高度的警觉，以金融监管的创新来应对金融创新的风险。美国政府是这样做的吗？

由于银行住房抵押贷款的资金一般要 15～30 年才能回笼，因此住房按揭贷款的证券化是为了解决银行的流动性风险而产生的，美国政府对于推动这一金融创新起到了关键作用。一方面，1938 年推出半政府机构——联邦住房按揭贷款协会（Federal National Mortgage Association，简称 Fannie Mae），作为特殊目的机构专门购买银行想变现的按揭贷款，这无疑会刺激银行放贷的积极性。为了解决 Fannie Mae 的流动性问题，1970 年又成立另一个半政府机构（Government National Mortgage Association，Ginnie Mae），专门将各种住房按揭贷款打包然后分成股份，以可交易证券的形式向资本市场投资者出售。以此两机构为中心，组成了美国最初的证券化抵押市场。另一方面，证券化抵押市场的繁荣依赖于抵押贷款市场的发展，于是美国政府通过立法为抵押贷款特别是次级抵押贷款创造宽松的法律环境，增加社会对抵押贷款的需求。1977 年的《社区再投资法》鼓励贷款者对低收入者的放贷；1980 年的《存款机构放松管制和货币控制法》取消了住房抵押贷款的传统利率上限，允许放贷人以高利率、高费率向低收入者放贷，以填补放贷人的贷款风险。1982 年的《可选择抵押交易平价法》，规定放贷人可采用浮动利率放贷和“气球式”支付（Balloon Payments）。这几部法律打开了次贷市场发展之门。而 1986 年美国国会通过的《税收改革法》则进一步使次贷成为了一种有一定规模的贷款。① 该法虽然取消了消费贷款利息税前扣除，但保留了抵押贷款利息支出的税前扣除。这一系列法案都为抵押贷款、进

① See Nelson. A. Gene, Morrow Alice Mills, Oregon State University Extension Service, Understanding the Tax Reform Act of 1986, http://ir. library. oregonstate. edu/jspui/bitstream/1957/5568/1/SR%20no. %20789_ocr. pdf.

而为抵押贷款证券化的发展提供了良好的法律环境。正是在政府的大力推动下,住房按揭贷款证券化呈爆炸式地发展。在2000年到2005年,仅明显的抵押贷款证券化就增长了61%,到2005年3月证券化抵押资产总计达4.61万亿美元。① 甚至可怕的次贷危机即将来临的信号也遏制不住这一增长趋势,到2006年年底证券化抵押资产达到6.5万亿美元的规模。② 但是,我们也遗憾地看到,美国政府虽催化了全球最大的住房按揭贷款证券化市场,却并没有对这一市场实施监管的专门法律,尽管市场中次级抵押贷款证券化产品形式多种多样,由此形成的按揭衍生证券链条越来越长,资金的最终提供方与最终使用方之间的距离越来越远。③ 风险也越来越大,但无论在市场准入、运行过程方面,还是在风险防范方面,都没有对这些金融衍生产品形成一个严格而合理的监管制度体系。

在过去70年中,围绕住房按揭贷款的多种金融创新为美国社会提供了巨大的购房资金。次贷本身作为一种优惠贷款的补充,很好地起到了使许多中下阶层特别是低收入者拥有住房的作用。从1994年到2006年,美国的房屋拥有率从64%上升到69%,超过900万的家庭在这期间拥有了自己的房屋,为美国的经济繁荣和社会稳定作出了巨大的贡献。④ 见下图:

可见,金融创新并非引发此次次贷危机的罪魁祸首,住房按揭贷款(包括次级贷款)的证券化也不应是风险扩散和金融危机导火索的代名

① Ruth Simon et al., Housing-Bubble Talk Doesn't Scare Off Foreigners, Wall St. J., Aug. 24, 2005, at A1.

② Gretchen Morgenson, Foreclosures Hit a Snag for Lenders, N. Y. Times, Nov. 15, 2007, at C1.

③ 陈志武:《金融的逻辑》,国际文化出版公司2009年版,第133页。

④ 谢百三、李云飞:《关于美国次级房贷危机及其对中国经济的影响》,上海市会计学会网,http://www.csj.sh.gov.cn/gb/kjxh/30year/node51/userobject1ai503.html,2009年9月20日访问。

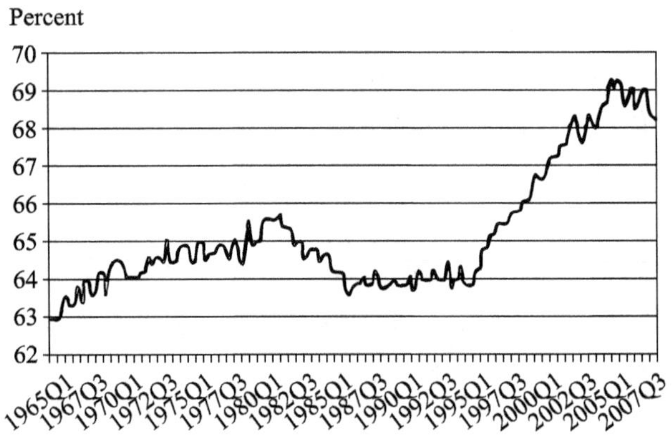

美国房屋所有权比例图

1965 年 1 月至 2007 年 9 月

资料来源:美国统计局。

词,问题在于金融监管未能跟上金融创新的步伐,法律规制的缺乏纵容了证券化产品的滥用。比如,随着次级贷款的增长,越来越多的贷款打包为抵押支持证券(MBS)。1994 年只有 31.6% 的次级抵押被证券化,但是到了 2006 年比例激增到所有次级贷款的 80.5% 。① 抵押证券化经纪商也随之从 1987 年的 7000 人迅速提升到 2006 年的 53000 人。② 另有研究估计,美国金融产品交易合约总额有 530 万亿美元之多,其中 CDS(信贷违约掉期)③超过 60 万亿美元,它们赖以发起的担保品即物

① James R. Barth, the Rise and Fall of the U. S. Mortgage and Credit Markets, John Wiley & Sons, Inc. ,2009, p. 49.

② James R. Barth et al. , A Short History of the Subprime Mortgage Market Meltdown, GH Bank Housing Journal, Milken Institute Paper, January 2008. p. 1.

③ 信贷违约掉期,亦称信贷违约互换,是最为传统也是目前市场份额最大的信用衍生产品,由合约的一方(信用保障买方)定期向另一方(信用保障卖方)支付费用,以换取另一方在某一公司或主权实体(参考实体)发生事先界定的信用事件时的补偿支付。参见易华:《信用衍生产品及其监管》,载《中国金融》2006 年第 2 期。

质金融资产实际价值只有2.7万亿,其杠杆率高达200。[①]（按照新巴塞尔协议的规定,商业银行贷款必须维持存款准备,保留资本充足率为8%,即杠杆率不能超过12.5。）美国政府大力推动金融创新,却忽视了信用泛滥的风险,没有用法律来保证金融衍生产品原始基础资产的真实性,积聚的风险最终引爆了金融危机。

（二）金融监管体制不适应混业金融,不彻底的功能性监管改革应对金融创新无力

美国是最早建立金融分业监管体制并至今仍固守这一体制的国家。20世纪90年代以来,在金融混业趋势日健和金融创新迅猛发展的浪潮中,全球性的金融改革随之展开。更高一级的监管成为金融市场监管的冲击波,许多国家为此修改了原有的监管体系,即在银行、证券、保险三部分监管职权之上建立一个单独的监管者。除德国、日本、澳大利亚等国外,最典型的例子是与美国经济、文化、法律和政治体制最为接近的英国。2000年6月,英国国会通过《金融服务与市场法》(FSMA)。该法创造了一个新的单一监管体制,按照该法于2001年建立的金融监管局(FSA)是目前世界上最大和最有权力的一体化金融监管机构之一。与此潮流相左,美国虽随着1999年《金融现代化法案》的颁行而重回混业经营的金融体系,但却继续发展其分业监管体制,从而形成了当今世界上最为复杂的双层多边监管结构。

美国金融监管结构的复杂性,在纵向上表现为联邦政府与州政府实行分权监管,即所谓双层监管体系;在横向上,各监管机构实行分业监管。联邦层面的最基本管辖权属如下:美联储(FRS)、货币监理署(OCC)、联邦存款保险公司(FDIC)3家机构共同负责对商业银行的监管;证监会(SEC)、商品期货交易委员会(CFTC)与美国投资者保护公司(SIPC)3家机构共同负责对证券期货机构及证券期货市场的监管;对信用合作社的监管权属于信用合作社监管局(NCUA);对储蓄信贷会的监

① 易宪容:《"影子银行体系"信贷危机的金融分析》,载《江海学刊》2009年第3期。

管权则属于储蓄信贷会监管局。对于拥有跨行业子公司的金融控股公司，1999年《金融现代化法案》规定，其母公司的监管实行伞形监管与联合监管共存的制度。联储对所有金融控股公司拥有监管权，即所谓"伞形监管"。与此同时，对拥有其他行业大型子公司的金融控股公司，相关的行业监管者也可以作为联合监管者实施监管。例如，传统银行控股公司在收购证券子公司后，或者传统证券控股公司在收购银行后，证监会有权作为"联合监管"机构实施监管，同样的情况也适用于储贷会监管局。①

美国"双层多边"的监管体制对混业金融的不适应是显而易见的。首当其冲的问题是监管重叠与监管冲突。同时接受多家监管机构的监管是美国金融机构的常态。美国审计总署（GAO）模拟了一种极端情况：如果一家公司是金融巨头，同时提供银行、证券和保险服务，结果发现，有权对这一金融巨头进行直接监管的机构就有9家。实际上，根据该署对花旗、摩根大通的调查，对这两大集团有监管权的机构远远超过这一数字。② 2005年，美国在联邦和各州层级，总共拥有115个金融监管机构从事金融监管，而且当时国会还在考虑增设监管机构。③ 每家机构都在其监管范围之内颁布法规并实施监管。由于监管目标和监管文化的不同，金融监管机构之间的冲突非常频繁。一个最广泛引用、也最受人们指责的例子是美国证监会与美国期货交易委员会之间绵绵不休的争斗。1975年，芝加哥期货交易所推出一种基于国债抵押的期货合约，遂向新成立的期货交易委员会提出申请，并获得批准。但是，美国证监会立刻宣布期货交易委员会的批准是无效的，理由是该期货合约属于证券范畴，于是要求芝加哥期货交易所必须重新向证监会申请。两家监

① 赵静梅：《美国金融监管结构的转型及对我国的启示》，载《国际金融研究》2007年第12期。

② GAO：Financial Regulation：Industry Changes Prompt Need to Reconsider U. S. Regulatory Structure，www. gao. gov/cgibin/getrpt？GAO－/05－61，p. 120.

③ Elizabeth F. Brown，E Pluribus Unum—Out of Many，One：Why the United States Needs a Single Financial Services Agency，14 U. Miami Bus. L. Rev. 1，33－37（2005）.

管机构此后展开将近20年的对金融衍生产品监管权的争夺战,最终在20世纪90年代初期在国会的调节之下形成了一个妥协方案:期货交易委员会拥有对外汇金融衍生产品(除全国性证券交易所上市的外汇衍生产品)、股票指数期货以及指数期货期权的监管权,而证监会则拥有对股票期货、股票期权、股票指数期权的监管权。随着资产证券化和金融创新的不断拓展,在证券监管与银行监管、保险监管之间的类似冲突也屡见不鲜。①

为了协调"双层多头"监管与混业金融的矛盾,美国启动并于金融危机爆发之前完成了从机构监管②向功能监管的转变。功能监管的基本理念是:相似的功能应该受到相同的监管,而不论这种功能由何种性质的机构行使。换言之,监管权属以业务或产品性质而不是机构注册时的性质来划分。功能监管的真谛在于创造一个统一的"巨无霸"式的金融监管者,以避免机构监管中不同金融业的监管者各自为政的现象。然而,美国的金融监管结构转型极不彻底,仍保留了机构监管的诸多痕迹,因而仍无力应对混业金融和金融创新的挑战。次贷危机将其局限性暴露无遗:除上述重复监管、监管冲突以及监管成本居高不下之外,③更有

① 赵静梅:《美国金融监管结构的转型及对我国的启示》,载《国际金融研究》2007年第12期。

② 机构监管又称"部门监管",指按照金融机构的性质设置不同的监管机构。不同的监管机构分别对不同的金融机构从事的多项业务进行监管,但某一类型的金融机构监管者无权监管其他类型金融机构的金融活动。参见张忠军:《金融业务融合与监管制度创新》,北京大学出版社2007年版,第229页。

③ 2003年度,美国的监管成本至少是英国的7.7倍、德国的35.1倍,且2003~2005年该比率几乎未发生重大变化,即使以GDP来折算的话,美国2005年的金融监管成本仍比英国多支出19.4%,比德国多支出663%。See Elizabeth F. Brown, the Tyranny of the Multitude is a Multiplied Tyranny: Is the United States Financial Regulatory Structure Undermining U. S. Competitiveness? 2 Brook. J. Corp. Fin. & Com. L. 369, 383, 384 (2008). 2006年这一差距虽然有所降低,但仍相当惊人,该年度美国金融监管成本高达52.6亿美元,约是英国的9倍。参见廖岷:《从美国次贷危机反思现代金融监管》,载《国际经济评论》2008年第4期。

监管真空、监管竞次、监管容忍与监管套利。

随着金融创新的不断推进，银行、证券和保险领域的产品及服务不再有截然的分野，兼具三者属性的金融衍生产品不断涌现。而“双层多边”体制下的功能监管并不能解决谁有权最终决定一个金融产品到底是银行产品、证券产品还是期货产品的问题。按照传统的做法，联储对银行产品具有解释权，证监会对证券产品具有解释权，期货交易所委员会对期货产品具有解释权。当解释权发生冲突时，则由国会裁决。但是，事无巨细都由国会裁决实施起来非常困难。因此，监管真空成为了监管重叠的双胞兄弟。20 世纪 90 年代初，美国主要的商业银行和证券公司都建立了衍生产品部，大力拓展结构化产品业务，开发出 CDO（债务担保证券）、CDS（信用违约掉期）等多种金融衍生产品。由于这样的产品到底该由联储、储蓄管理局还是证券交易委员会来监管，法律并没有明确，以至于“三个和尚没水吃”，多边监管变成了无人监管。10 多年过去了，尽管结构化产品已经成为金融机构的重要收入来源，但至今却没有一个监管机构宣称对这些产品的运行、风险揭示、投资者保护和海外运作负有监管责任。监管真空另一个成因便是监管机构监管范围覆盖的不周延。如为了对住房抵押贷款市场进行监督，美国分别设立了两个相应的监管机构：联邦住房金融委员会负责一级市场的监管，其职责主要是监管 12 家联邦住房贷款银行；联邦住房企业办公室负责监管二级市场，监督政府支持企业每年购买中、低收入家庭住房贷款和市中心住房贷款的执行情况。但这种专门性的监管并没有完全覆盖全部住房抵押贷款市场。占有次贷市场 59% 的抵押贷款机构并非联邦住房贷款银行会员，[①]不受联邦住房金融委员会的约束，而私人机构发起的抵押贷款证券亦不在联邦住房企业办公室监管范围之内。二级市场中大量金融衍生产品的监管基本处于空白状态，如 CDO、CDS 都是在非公开市场进

① 张宇、刘洪玉：《美国住房金融体系及其经验借鉴——兼谈美国次贷危机》，载《国际金融研究》2008 年第 4 期。

行交易，监管部门无法确切知晓其市场风险，采取相关手段来控制风险也就无从谈起。

金融机构可以选择自己的监管者，监管机构之间存在竞争，是美国区别于其他国家的特色。次贷危机使美国金融机构之间激烈的非良性竞争以及带来的“监管竞次”恶果得以曝光。所谓“监管竞次”是指监管机构为了取悦本部门利益集团、吸引潜在监管对象或扩展监管势力范围，竞相降低监管标准，以致降低整体监管水平，损害消费者（投资者）和社会公共利益的现象。① 比如，为了吸引更多的公司到本州注册，从20世纪80年代起，许多州开始豁免公司上市的实质性审查，改为形式审查（注册制）。除此之外，很多州还在公司最低资本要求、治理结构、投资者保护义务、董事责任与权力、公司解散条件与程序等方面，给予公司尽可能大的自由决定权。与“监管竞次”相联系的是“监管容忍”，即监管者不是严格依照法律程序对违法者进行查处，而是默许甚至纵容违法行为的继续。比如，次贷危机爆发前并非完全没有风险征兆。在2003年年底美联储就注意到银行信贷标准的降低，且评级机构也已经将一家主要的次贷放贷机构列入“信用观察”名单，表示了对该机构发行的次级房屋贷款的担忧。② 贷款机构放松贷款标准使次级抵押贷款急剧膨胀，在2007年已达到8000多亿美元。这一数据也已被联储理事会收集。但美联储在这些迹象面前没有表现出足够的谨慎，反而姑息纵容，任其发展，终成恶果。

美国金融市场的开放程度虽然举世闻名，且金融法也将保护投资者利益置于重要位置，但仍不乏金融监管因遭特殊利益集团“劫掠”而导致监管套利的现象。比如，在次贷二级市场恶性膨胀的情况下，2002年乔治亚洲率先进行了当时被称为“全国最严格”的反掠夺性贷款立法，

① 罗培新：《美国金融监管的法律与政策困局之反思——兼及对我国金融监管之启示》，载《中国法学》2009年第3期。

② 高明华：《次贷危机与公司治理》，载《经济学家茶座》2009年第2期。

出台了《乔治亚洲公平贷款法》。[1] 该法规定,如果二级抵押贷款市场上的投资者购买的是掠夺性贷款,他们将承担严重的法律后果。随后,纽约州、新墨西哥州也明确规定二级抵押贷款市场上的投资者购买次贷将面临罚款。但是,州控制次贷的试图与二级抵押贷款市场最大的投资者——联邦银行扩张次贷的迫切要求相冲突。于是,联邦银行游说货币监理署以阻止州反次贷法的实施。尽管货币监理署的基本监管职能是确保联邦银行系统运行的安全与稳健,但它的全部预算来源于被监管银行的收费,财政上的依赖关系使货币监理署背离监管者的职责而站到被监管者的立场上,于 2004 年宣布上述各州的反次贷法因为不能适用于联邦银行而无效,监管套利简直是明目张胆!

综上所述,金融创新与金融监管的关系是一个两难的命题。一方面,金融创新意味着金融业务、金融市场、金融技术,以及金融风险不断的自我突破与演进,否则就不叫"创新",金融创新还往往通过对既定法律的"反叛"或规避来为自己开辟道路;另一方面,金融创新又不可能独来独往,它只能是在金融市场中通过金融主体相互间一系列交易过程来存在和发展的。因此,金融创新就不可能是完全无拘无束的,其创新的自由只有搁置于法律自由的框架之下,才是具有社会意义和有益于社会的。正因为如此,在处理金融创新与金融监管的关系时,"善"与"恶"总是纠缠在一起。推动金融创新,促进社会经济发展固然是善,而以严密的监管制度来防范和化解金融创新中的风险,给人们创造一种有一定预期有一定保障的金融秩序,又何尝不是善?美国的政府决策者与立法者视严格的金融监管制度为压抑金融创新与金融效益,增加社会控制成本之"恶",但在笔者看来,其政府以金融监管法律松绑与金融监管结构体系落伍来换取金融创新的扩张与膨胀,任其风险积聚、扩散为危机,迫使各国在经济衰败中重建金融秩序,才是真正的"恶"。危机暴露出美国

① 孙天琦、张晓东:《美国次贷危机:法律诱因、立法解危及其对我国的启示》,载《法商研究》2009 年第 2 期。

金融监管制度应对金融创新的滞后性、脆弱性,其先进性、科学性何在?此乃质疑之二。

三、法律秩序:他律与自律规则失范

这次以次级债为“震源”的危机,既暴露出美国金融法律制度构建中金融衍生产品无法可依的漏洞,更折射出作为世界各国法律文明标杆的美国,存在文本中的法律并没有演变为行动中的法律秩序的现象。规则中的行为人玩弄既定规则于股掌之中,他律与自律规则的失效是金融风险滚雪球般由小到大,一发不可收拾的更深层的原因。

(一)金融机构违规放贷,导致房地产信贷过度膨胀

次贷危机的演化过程其实就是美国房地产泡沫产生、积聚和破灭的过程。房地产是资金密集型产业,其供给和需求都离不开金融支持。因此,金融机构的短视行为,造成房地产信贷过度膨胀,是次贷危机传导链条上的首要环节。

巴塞尔委员会于1988年制定的《关于统一国际银行资本衡量和资本标准的报告》要求银行资本充足率(银行总资本与总加权风险资产的比率)应达到8%。之后,巴塞尔委员会又发布了大量文件,将信用风险之外的金融风险、市场风险、利率和汇率风险、经营风险、法律风险等均纳入其监管体系,强调银行应加强对风险的监管与控制。巴塞尔协议是国际银行监管中最具影响的国际协议之一,美国银行业根据这些风险管理原则在贷款的发放方面强调必须注意借款者的资格、能力和担保,即“3C原则”(Character,Capacity,Collateral)。然而,发放次级抵押贷款的金融机构推出了所谓“无首付抵押贷款”“无证明抵押贷款”等“金融创新”产品,完全将上述原则置于脑后。本来发放抵押贷款的金融机构通常需要借款者支付房价的20%,不能支付者须购买个人抵押贷款保险,以此来降低放贷风险。但是近15年来,越来越多的抵押贷款只需要借款者支付少量的首期房款,甚至不需要支付首期房款(所谓零首付)。同样,取得抵押贷款本来必须提供收入和财产证明,但是近几年来,借款

者只需要声明收入情况并支付一定的费用就可以获得贷款。为了追求较高的利率,①金融机构纷纷降低贷款资格审核标准,虽然活跃了房地产交易市场(从 1994 ~2005 年,次级抵押贷款年平均总额增加 25%。2006 年次级抵押贷款资产总规模达到 6400 亿美元,相当于 2001 年规模的 5.3 倍。)②但也埋下了危机的种子。见下图:

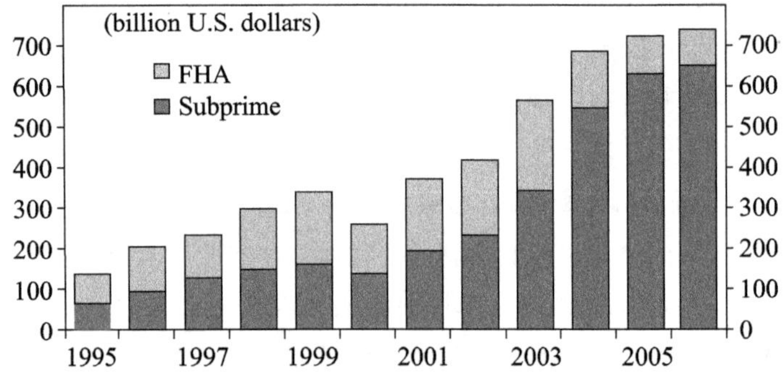

次级抵押贷款与联邦住房管理局担保贷款发放情况

资料来源:Kiff. John and Paul Mill(2007). Money for Nothing and Checks for Free:Recent development in U. S. Subprime Mortgage Markets。

(二)信用评级机构缺乏信用,大量次级债券的价值被严重高估

证券化产品市场上交易双方的信息高度不对称,使信用评级成为必要。美国证券交易委员会(SEC)从 1975 年起就开始依赖于一种叫作 NRSROs 的机构作为信用评级手段,建立了 NRSRO 制度。SEC 立法规定评级机构必须为"全国所承认",而它们的评级必须是准确的。③由于评级机构的评级可以将复杂的投资工具简化为最简单的英文字母,自从 SEC 使用 NRSROs 之后,对评级机构的依赖便迅速扩展到包括国

---

① 次贷对信用要求不高,但贷款利率通常比一般抵押贷款高出 2% ~3%。

② 资料来源:《美国统计年鉴 2007》。

③ U. S. Sec. & Exch. Comm'n, Report on the Role and Function of Credit Rating Agencies in the Operation of the Securities Markets, 2003, p. 5.

内外的各类机构投资者。[①] 此外,国会也在各种金融立法中要求使用 NRSRO 评级。[②] 在当今美国资本市场上,主要的评级机构是标准普尔(STANDARD & POOR)、穆迪(MOODY)和惠誉(FITCH)。

从本质上来讲,信用评级机构的地位不应该等同于其他金融机构,它们是具有明显公共服务性质的金融从业机构,在充当金融工具价值评估者的同时,还肩负着投资者利益保护、金融市场合法地实现再分配功能以及金融自律体系中守门人的责任。因此,在复杂的衍生品市场上,评级机构应该立足于客观、公正的立场,对被评估对象尽可能准确的评级。然而事实证明,三大评级机构并不是投资者利益的"守护者"和资本市场的"看门人"。

美国评级机构向证券发行人收取评级费用及提供附带咨询服务的赢利模式,影响了信用评级的独立性与公正性。评级机构的功能不限于评级,而且是帮助结构金融发起者构建由它们评级的金融创新工具,共同谋求如何在分层级的发行证券中,用低层级部分证券的发行获得资产证券化的利益最大化。与传统债券发行相比较,结构金融评级费用构成了评级机构总收入的一半以上。这些收入来自为数不多的投资银行,作为补偿,提供评级费用的投资银行获得非同一般的市场权力。[③] 这无疑会带来评级机构的道德风险。事实正是如此,次贷危机中评级机构给次级贷款的高评级让投资者吃够了苦头。危机发生前,大约有 75% 的次贷产品获得 AAA 的评级,10% 得到 AA,8% 获得 A,仅有 7% 被评为

---

① U. S. Sec. & Exch. Comm'n, Report on the Role and Function of Credit Rating Agencies in the Operation of the Securities Markets, 2003, p. 6.

② U. S. Sec. & Exch. Comm'n, Report on the Role and Function of Credit Rating Agencies in the Operation of the Securities Markets, 2003, pp. 7 - 8.

③ John C. Coffee, Jr., The Mortgage Meltdown and Gatekeeper Failure, 9/20/2007 N. Y. L. J. 5, p. 1.

BBB 或更低评级。[①] 危机发生后，那些国际知名的评级机构为推卸责任，又将当年评级为 AAA 级的金融衍生工具的评级一降再降。仅 2009 年 7 月，标准普尔评级机构将 2996 种自诩为黄金质量的抵押贷款，次级房屋贷款和房屋净值贷款评级为“D 类证券”。[②] 评级机构的套利行为，对次贷危机的爆发起到推波助澜的作用。

(三) 金融机构过度投机，启动并扩大了金融风险

在过去 20 年对银行监管不断加强的背景下，金融资本为争取更多的利益，便在一种“影子银行”的金融制度安排下求得发展。[③] 所谓“影子银行”，又称影子金融体系或者影子银行系统（Shadow Banking system)，是指把银行贷款证券化，通过证券市场获得信贷资金，实现信贷扩张的一种融资方式，属于银行的证券化活动。次级抵押贷款证券化这种“有毒”的金融创新产品是由华尔街的投资银行、券商和银行合作推出的，是典型的“影子银行”的证券化活动。次贷抵押资产证券化包括各种复杂的金融衍生工具，除次级按揭贷款（Subprime Mortgage）、按揭贷款抵押支持债券（Mortgage Backed Security MBS）外，更有资产支持型抵押债务权益（ABS、CDO）和信用违约互换（Credit Default Swap, CDS）。资产支持证券（Asset Backed Security, ABS）是以其他资产的现金净收入为价格支持而进行的一种证券化过程。抵押债务权益

① 符浩东：《构建风险应急机制稳健推进金融创新——次级贷危机对中国资本市场的启示》，载《证券市场导报》2008 年 6 月。

② Harrison Scott Publications Inc. , MBS Losses Grow Murky as Defaults Rocket, Asset Backed Alert, September 11, 2009. See http://www.securitization.net/article.asp? id = 1&aid = 9222, 2009 年 9 月 22 日访问。

③ 在美国的金融系统里面，也有一个庞大的影子银行系统（Shadow Banking System）。根据美国现任财政部长盖特纳 2008 年（时为美联储纽约分行行长）的估计，在 2007 年初，美国影子银行系统的总资产大约 6.5 万亿美元，而当时美国五大银行的总资产大约六万亿美元，美国所有银行的总资产大约 10 万亿美元。美国影子银行的规模有多大，大家从这几个数字就可以作出判断。《了解美国的影子银行》，2009 年 8 月 6 日，参见江苏国税局网：www.jsgs.gov.cn. 2009 年 10 月 2 日访问。

(Collateralized Debt Obligation,CDO)是购买某种证券池,并以该证券池内的资产和未来现金流为抵押品而发行的一种权益产品。支持CDO的证券池包括各种企业债券、杠杆贷款和资产支持债券(ABS)。而以资产支持债券为证券池的抵押债务权益称为资产支持型抵押债务权益(ABS CDO),约占所有CDO的65%。信用违约互换(Credit Default Swap,CDS)是一种金融资产的违约保险合约。买卖双方约定,如果标的金融资产没有出现违约情况,则买家向卖家定期支付"保险费";一旦发生违约,则卖方承担买方的资产损失。CDO圆满地解决了以次级抵押贷款为基础的证券化产品MBC的低信用评级问题,而CDS则是目前全球交易最为广泛的场外信用衍生品。截至2007年年底,CDS达到顶峰,规模为62亿美元。①"影子银行"在金融机构发现新的投资机会、开展金融创新活动从而满足不同投资者需要的过程中,存在信贷衍生品市场的过度开发、交易,利用监管漏洞为所欲为和兴风作浪等问题。美国衍生产品专家甚至宣称,如果掌握了他们的技术,无论哪种类型的风险,都能转化为商品卖出去。② 在这样的投机中,金融体系本应关注的促进实体经济发展的目标被弃之不顾,结果造成抵押贷款二级市场脱离一级市场、金融经济严重背离实体经济的恶果。

次级抵押贷款证券化市场的过度繁荣也是机构投资者过度投机推动的结果。包括投资银行、资产管理公司、对冲基金和养老基金等在内的众多机构投资者见利忘"义"、只顾逐利,不顾风险,最终使金融系统陷入失控状态。一方面,机构投资者中的高级证券投资者由于对担保资产的现金流享有优先受偿权,他们认为自己即使在资产违约率高时也不会蒙受大的损失,因而对信贷资产的监督缺乏动力;另一方面,当大量衍

① 华鸣:《美国次贷危机中的金融衍生品及其风险传递研究》,载《财务与金融》2009年第1期。

② [日]高田太久吉:《金融全球化十大热点问题》,孙仲涛、宋颖译,中共中央党校出版社2005年版,第96页。

生金融产品进入市场时，机构投资者一般是依靠聘用的高级管理人员来进行风险识别。而对于相当一部分高级管理人员来说，逐利是唯一的动机，自己所获得的利润是从何而来的，千奇百怪的金融衍生商品到底会给实体经济带来什么影响，他们全不理会。赚钱时可以获得高薪，亏本时由股东埋单的薪酬激励机制进一步助长了这种道德沦丧。在这个过程中，表现出来的是贪婪的投机，而非理性的投资。从这一角度来看，华尔街贪婪的投资文化也是次贷危机的重要根源。

拉德布鲁赫说："法律不仅想成为用以评价的规范，而且欲作为产生效果的力量。"①这表明，对于秩序的构建来说，也许重要的不是无生命的法律规则，而是法律规则在人们行动中自觉的释放和体现。现代法律秩序的基本实现方式既是权利的实现，"一个现代化的法律制度必然同时是一个有机协调的合理的权利体系"②；又是权利的制约（权利的实现是有限度的，权利必须受到义务的制约）。只不过法律秩序对权利的制约，不能只是作为一种外在的强制，而应更多地体现为出于主体自身道德要求的内在制约。从这一角度来看，次贷危机也是道德危机。银行的违规贷款、评级机构的评级套利以及华尔街金融机构狂热的、非理性的投机行为，暴露出美国法治社会中法律不被信仰的一面。美国的法律秩序，特别是金融法律秩序，经得起利润、私利的冲击吗？此乃质疑之三。

四、法律文化：自由、分权制衡和司法至上在金融监管法中的张扬与局限

作为特定社会中植根于历史与文化的法律价值和观念，法律文化直接或间接影响法律制度的运作效果，而法律制度也明显或隐含地体现法律文化。因此，我们在梳理、拷问了美国的金融监管制度之后，必然要寻

① ［德］拉德布鲁赫：《法学导论》，米健等译，中国大百科全书出版社 1997 年版，第 100 页。

② 公丕祥：《法治现代化的理论逻辑》，中国政法大学出版社 1999 年版，第 264 页。

根到它赖以生存的法律文化。

(一)"自由"的制度力及其局限

在美国的法律文化中,"自由"是核心话语之一。北美独立战争刚一胜利,"自由权"就与"生命权""追求幸福权"一道,作为人的三大基本权利被重申于《独立宣言》中。林肯演说中"不自由,毋宁死"的名言激励着美国人民为自由而奋斗不息。与此同时,自由还被付诸各种具体形象的表达,费城的"自由钟"、纽约的"自由女神像"就是其中的典型。总之在美国,自由已被升华为俗世神灵,成为一种现代图腾。这种文化沃土哺育的美国人民具有酷爱自由的特点。他们"既把自由视为获得幸福的最佳工具,又把它视为获得幸福的最大保障"。①

然而,私有制下的"自由"毕竟有其特定的含义:私有财产被看作通向个人自由的通行证;个人成功集聚巨大财富被当作唯一的或主要的成功标志。每一个人都拥有不受限制的机遇去追求财富、积累财富和享受财富,"最大自由地去赚取财富",是次贷危机表现出来的美国人的自由观。

自由,最大限度的自由,这一文化因子具有最高的制度力。它使政府决策者一而再、再而三地成为自由主义、新自由主义的信奉者。他们迷信市场逻辑,反对国家干预;崇尚创新,轻视监管。认为如果没有国家管制,金融市场会更有效率,人们就能把有限的资源投入到回报率最高的领域。于是,法治国家出现了重大的立法空白:当令人眼花缭乱、名目繁多的金融产品被华尔街的财富精英们开发出来,并吸引全世界的投资者投资认购而从中获取了巨额财富时,这整个过程却缺乏监管法律的导引与约束。"自由"的制度力也表现在司法领域,对言论自由的维护竟然能适用于资本市场的"看门人"——评级机构。2002年,美国证券交易委员会(SEC)着手调查安然倒塌案件中评级机构(NRSROs)充当的角色。NRSROs 直到安然宣布破产前 4 天还一直给予

① [法]托克维尔:《论美国的民主》(下卷),董果良译,商务印书馆 1988 年版,第 674 页。

其很高的信用评级。[①] 2002 年 10 月,参议院发布了一篇有关 NRSROs 在报道和评估安然过程中缺乏谨慎性的报告。[②] 该报告阐明由于 NRSROs 的义务在传统上受到监管豁免和宪法第一修正案(言论自由)的保护,对 NRSROs 的责任追究很难实施。[③] 事实果真如此。在投资者追究评级机构法律责任时,司法机关总是根据美国宪法关于公民言论自由对规定,视评级机构为中立性机构,认为它们的评级结果仅仅作为投资者的参考,所评等级的改变引起投资者损失与评级机构无关。所以在安然倒闭、世通财务危机、次贷危机等与评级机构相关的重大事件中,SEC 的调查每次都无功而返。

这样,立法的空白、司法的纵容,为各种逐利行为的泛滥成灾提供了广阔的自由空间。激进的信贷扩张、过度的衍生品开发、虚假的评级、非理性的投资……所谓的"虚拟经济"就变成了"投机赌博经济",最后引来一场经济灾难便不足为奇了。

(二)金融监管体制中的"分权制衡"及其保守性

主张权力的分立或是对集权的不信任,是美国法律文化中的核心理念。控制和均衡的原则正是源于法律文化中的这一因素。该原则渗透在美国的整个政治制度和法律制度中,联邦宪法确立了立法、行政、司法三权分立的中央横向分权体制和联邦与州之间的纵向分权体制,几乎每一实权位置都有相反的权力与之均衡。对此,美国的国父华盛顿在其"告别演说"中曾有过精辟的阐述:"侵犯职权的风气易使各部门的权力集中为一,这样不管建成何种形式的政府,都会产生一种地道的专制。正确估计支配人类心灵的对权力的迷恋及滥用权力的癖好,就完全可以

---

① U. S. Sec. & Exch. Comm'n, Report on the Role and Function of Credit Rating Agencies in the Operation of the Securities Markets, 2003, p. 3.

② Staff of the Senate Comm. on Government Affairs, Financial Oversight of Enron: The SEC and Private sector Watchdogs, S. Rep. 10775, 2002, pp. 115 – 16.

③ Staff of the Senate Comm. on Government Affairs, Financial Oversight of Enron: The SEC and Private sector Watchdogs, S. Rep. 10775, 2002, pp. 115 – 16.

使我们相信这种情况是真实的。行使政治权力时，必须把权力分开并分配给各个不同的受托人以便互相制约，并指定受托人为公众福利的保护人以防他人侵犯。”①

分权制衡的思想是美国法律制度构建的基石，所以当这一思想也被植根于金融监管法律制度时，其“分层多元”的金融监管体制架构就不难理解了。美联储前主席格林斯潘在其2007年出版的新著《动荡年代》（The Age of Turbulence）中赞美分权的金融监管模式是“多个监管者比一个好”。如果说在分业经营的条件下，监管者之间的竞争和权力之间的相互平衡较好地保证了监管权力的有效行使，那么，当金融业重回混业经营时，分权监管模式严重的局限性就日益显露出来了。

为了解决分权监管模式与混业金融不协调的问题，美国学者和政府改革派官员提出了多种可供选择的转型方案（由机构监管转向功能监管），但是没有一种转型方案完全成为现实。根据贝肯和肯尼斯（Bacon，Kenneth，1993）和斯古勒（Schooner，2003）的统计，从20世纪50年代到90年代，美国国会有关金融监管一体化的正式议案就有11个，这些议案均未被通过。② 在这里，法律文化表现出固执的保守性。长期固有的分权制衡意识使美国人对功能型监管体制所需要的金融监管集权产生天然的抵触、敌视与怀疑，对金融领域垄断和权力集中有着本能的忌讳，美国金融监管由机构监管向功能监管转型之所以不彻底，根子就在于此。

（三）司法至上在金融监管中的彰显及其不相容性

司法至上，是指“同级政府官员不仅有义务遵守司法裁决，而且也要在未来的决策过程中依循司法部门的推理”。③ 1803年，美国的司法审

① 王建华：《美国演说名篇》，世界图书出版公司1995年版，第29页。

② 曹红辉：《美国金融体制的特点及对中国的启示》，载《国际金融研究》2007年第12期。

③ Walter F. Murphy, Who Shall Interpret? The Quest for the Ultimate Constitutional Interpreter, Review of Politics 48（1986）：407. 转引自［美］基斯·威廷顿：《司法至上的政治基础——美国历史上的总统、最高法院及宪政领导权》，牛悦译，北京大学出版社2010年版，第9页。

查制度通过一个著名宪法判例——马伯里诉麦迪逊案得以确立。它赋予“三权分立”的三个部门中看似权力最弱的一个部门——联邦法院系统足以制衡其他两类机构的权力，即联邦法院，尤其是联邦最高法院，是联邦或州立法与行政部门立法以及行为合宪性的最终裁定者。美国联邦最高法院不仅是权威的象征，而且手握实权，“它能使国会、总统、州长以及立法者俯首就范”。[①] 司法审查制度在美国法律文化中积淀为司法至上的倾向。“对司法至上者而言，最高法院确定了有效的宪法含义，因此其他政府官员必须既要遵守照办最高法院对具体案件的处理结果，也要对其宪法推理言听计从”。[②] 这种倾向有助于司法机构的独立运作，也有助于增加公众对于司法公正的信心，从而愿意把纠纷提交司法机构解决，并通常倾向于服从司法判决。

然而，美国法律文化中司法至上的倾向与金融监管当局的监管条例之间出现了不相容的情况，并导致监管法规的无效。从 20 世纪 70 年代开始，金融机构纷纷利用各种金融创新工具规避分业经营的限制。在这一过程中，可以说美国有关的司法判决支持了创新者的规避行为。因为，在美国这样的司法至上的国度里，如果司法判决不认为某项创新行为是对法律的违反，就等于直接宣告了既有的立法不适用该具体的规避情况，加之美国判例法的司法原则，规避金融管制的具体行为不违法的司法判决一旦构成先例，就自然适用于其他同类案件，从而受到合法的保护，这样就使得金融监管当局屡屡陷入被动，不得不修订监管条例。如下表：

① 任东来等：《美国宪政历程：影响美国的 25 个司法大案》，中国法制出版社 2004 年版，第 38 页。

② ［美］基斯·威廷顿：《司法至上的政治基础——美国历史上的总统、最高法院及宪政领导权》，牛悦译，北京大学出版社 2010 年版，第 9 页。

美国货币当局为修改分业管理法规所做的工作

时间	法律变化	影　响
1933	格拉斯—斯蒂格尔法	禁止证券公司和银行之间的联盟
1945	麦克卡兰—费古森法	保持政府对保险业的唯一管辖权
1956	银行控股公司法	要求一个公司若拥有一个以上的银行要得到监管机构的批准,禁止银行控股公司从事非银行业务
1970	银行控股公司法修正案	监管银行控股公司,禁止银行控股公司从事保险业务
1970～1986	管制条例修正案	联邦储备委员会批准银行控股公司开展投资咨询公司的经济业务
1987～1989	联邦储备法令	联储批准银行控股公司建立证券经纪交易机构,但收益不得超过全部收益的10%
1996～1997	管制条例修正和联邦储备法令	联储将上述10%的限额提高到25%
1999	金融服务现代化法	批准美国的银行、保险公司和证券公司联合经营

资料来源:英国《经济学家》,1999年10月30日。

综上所述,美国法律文化秉承了人类文明中许多重要的价值理念:自由民主、分权制衡、司法至上……这是值得充分肯定的。但这些法律文化因子在金融监管制度中的彰显,却带来这一制度的某些偏执性与局限性。在这里,笔者并非意在苛求美国法律文化中的这些人类文明的积淀,而是意在强调金融监管制度的特殊性,并由此展开一种批判的视角,质疑美国式的自由民主、分权制衡、司法至上作为金融监管制度的文化根基,是否具有普遍的适用性?此乃质疑之四。

五、启示与结论

次贷危机背景下对美国金融监管制度与思想的仔细梳理与盘点，给予我们一些深刻的启示。由此得到三点基本的结论：

（一）金融业美国标准的“共同性”可疑，应警惕我国金融法制建设中的“唯美（美国）主义”倾向

2005 年，日本中央大学商学部教授高田太久吉在所著的《金融全球化十大热点问题》一书中，第一次提出了“金融业美国标准”问题。他认为自 20 世纪 80 年代以来，美国金融机构所开发的金融业务（证券化、衍生交易及其他）以及经营模式（以自营业务、兼并与收购中介业务等为中心的投资银行业）被众多国家的金融机构和监管机构视为共同标准。的确，数 10 年来，美国“华尔街”作为全球金融市场的中心和楷模，引领着世界金融市场的发展方向。美国的金融监管模式及相关法律制度，也一向是新兴国家学习和效仿的对象。[①] 次贷危机全面展现了作为金融业全球标准而在全世界扩散的美国金融制度的内在矛盾和困境，表明“共同标准”并不具有“共同”性与普适性，因而给深陷唯美主义情节的一些国家敲响了警钟。

我国金融法的制定或修订中，也有着明显的唯美主义倾向。比如，我国目前“一行三会”的金融监管结构，[②]基本上属于按机构性质划分监管权属的多边监管结构，有着浓浓的美国式印记，实践中也有不少美国式的尴尬。如中央银行与银监会之间“剪不断，理还乱”的关系；“一行三会”诸机构之间的分工协作关系不明确以及信息交流不畅等。美国坚持双层多边的监管体制有其独特的“美国因素”，例如其不同的文化传统、不同的

---

① 罗培新：《美国金融监管的法律与政策困局之反思——兼及对我国金融监管之启示》，载《中国法学》2009 年第 3 期。

② 自银监会成立之后，银行监管职能从中央银行剥离。中国人民银行制定和实施货币政策，银监会、证监会和保监会分别行使对银行业、证券业和保险业的监管职能。

政治制度,因此,在法律移植与借鉴中,痴迷美国标准的普适性与万能性是非理性的。“拿来主义”立法并非一无是处,但问题在于如何“拿来”?“拿来”的基础是什么?怎样克服“拿来”的法律制度水土不服?“拿来”的目的是为了创新,将借鉴的法律制度与本国具体国情相结合,创造出中国式的“这一个”,这才是我们在法律移植中应坚持的正确方向。

(二)金融法制建设需理性把握一系列博弈的动态平衡,应警惕一种倾向掩盖另一种倾向

金融法律制度的发展演进承载着太多矛盾统一关系的博弈与动态平衡:安全与效益不可偏废,金融创新与金融监管不能分离……次贷危机中美国政府一味逐利,不顾安全;放任创新,舍弃监管固然铸成大错,但这并不意味着可以只要安全,不讲效益;强化监管,压制创新,那样就会从一个极端跳到另一个极端。次贷危机发生后,有人认为衍生金融工具容许极大的资金杠杆比例,启动并扩大了金融风险;证券化狂潮导致人们海量使用杠杆融资,危机是资产证券化惹的祸。并为我国没有大量使用这类金融衍生工具而沾沾自喜。需不知,从思维方式来看,这是与美国式形而上学相对的又一种形而上学。正在我国庆幸自己尚未大规模启动资产证券化融资工具之时,美国不仅没有放弃结构性融资方式,相反在修补金融监管法律漏洞的同时,进一步用资产证券化解决政府财政困难。例如,加州新的财政预算中计划,州政府将借贷物业税 1 亿美元用于修路,用路修好后的营利偿还国家。加利福尼亚州则希望借贷 8% 财产税直到 2013 年偿还给国家。底特律是另一个试图用资产证券化弥补其财政预算缺口的城市,由前市长肯尼斯(Kenneth Cockrel)为首的政府透露,在 2010 年财政预算中,有一个用底特律温莎隧道、市属公共照明系统以及停车位收费作为资产支持以消除财政赤字的证券化方案。①

① Nora Colomer, Structured Finance Likely Savior for Municipals, Asset Securitization Report, September 7, 2009. See http://www.securitization.net/article.asp?id=1&aid=9216,2009 年 9 月 22 日访问。

这些证券化方案表明,使金融市场免于崩盘的并非市场本身,而是当局的干预。① 资产证券化产品本身是中性的,关键还在于保证它运行的制度和人的风险防范意识。

沾沾自喜者说,中国的金融企业中,只有中行、工行、建行和中信银行等持有一定数量的 MBS 和 CDO,且在各自的证券投资总额中比重不大,特别是相对于银行总资产来讲十分有限,对各银行的资产负债状况和盈利能力影响不大,对整个银行体系的直接影响有限。② 所以次贷危机对中国几乎没有影响。见下表:

美国金融机构香港公司对 6 家中资银行次级债投资损失的估计值③

银行	投资美国证券规模(百万元)	按揭抵押债券占比	按揭抵押债券规模估计值(百万元)	次级债估计值(百万元)	次级债占比	次级债亏损估计值(百万元)	与 2007 年税前利润预测值之比
中国银行	590766	37.40%	221202	29641	0.51%	3853	4.50%
建设银行	306685	10.80%	33080	4433	0.07%	576	0.70%
工商银行	199870	3.50%	6940	930	0.01%	120	0.10%
交通银行	27583	52.50%	14488	1941	0.10%	252	1.20%
招商银行	34272	17.30%	5924	794	0.07%	103	0.70%
中信银行	24052	4.80%	1146	154	0.02%	19	0.20%

其实,这只是表面上能看见的直接投资损失,在经济一体化、金融全球化,各国同住地球村的背景下,有些损失是难以估算的。次贷危机发生前,美国持续实行扩张性的货币政策,刺激了次级抵押贷款的发展以

① 乔治·索罗斯:《全球面临 60 年来最严重的金融危机》,载金融时报中文网,2008 年 1 月 23 日,http://www.ftchinese.com/story/001016924. 2009 年 9 月 23 日访问。

② 中行持有的 MBS 和 CDO 分别占集团证券投资总额的 3.51% 和 0.27%;工行持有的 MBS 占外汇债券资产的 4.3%,占总资产的 0.0012%。

③ 金融界:http://finance.jrj.com.cn/focus/usacjz/,2009 年 9 月 28 日访问。

及房地产市场的繁荣,进而推动了美国经济的持续增长。据有关测算,美国近年来新增 GDP 有 50% 来自房地产业。资产证券化等金融创新使美国在国际金融市场上获得了巨额利润;危机发生后,美国又利用美元在国际货币体系中的强势地位和资产证券化手段,成功地把部分风险转移到国际市场。美联储同时降低贴息率和同业拆借率,[①]并持续注入流动性,就是为了将危机的冲击波转移至其他的美元持有者身上,因为这些政策造成的美元弱势将使美联储及美国金融机构的债务缩水。[②] 作为美国最大债权国的中国,实际上既没有在美国资产证券化发展的过程中分享到金融创新的利益,反而在次贷危机中为美国买单,难道我们还能够为自己没有搞资产证券化而庆幸吗?次贷危机虽然使资产证券化的发展势头受挫,但是经过危机的洗礼,金融监管制度和资产证券化市场一定会完善起来,并为各国经济发展提供更好的资金支持。我国若不趁此机会并参与资产证券化的研究与开发,将会被世界金融市场远远地抛在后面。

(三)吸取美国教训,立足本国实际,积极、稳妥地推进资产证券化金融创新

我国的资产证券化小规模试点启动于 2005 年,国家开发银行和中国建设银行作为先锋单位,先后进行信贷资产证券化和住房抵押贷款证券化的试点。2007 年 4 月,国务院批准同意扩大信贷资产证券化试点,包括工商银行、浦发银行等在内的 6 家银行进入试点行列。2007 年年末,资产证券化按计划将结束试点,进入常规化发行,而此时

---

① 所谓中央银行的贴息率是各商业银行在资金不足的时候向中央银行借款时候所适用的利率。See Greg Ip et al. , Stronger Steps: Fed Offers Banks Loans amid Crisis, Wall St. J. , Aug. 18, 2007, at A1. 所谓同业拆借率是银行之间相互借贷资金的利率。See Greg Ip, Fed's Rate Cut Could Be Last for a While, Wall St. J. , Nov. 1, 2007, at A1.

② 由于美国的对外负债主要是以美元计价的,而美国的对外资产主要是以外币计价的,美元贬值造成的"估值效应"能够降低美国政府的对外真实债务,从而改善财政赤字政策的可持续性。

美国发生危及全球的次贷危机使我国暂停了资产证券化试点实践的立法推动。总之,我国资产证券化尚处在以零星个案、小规模试点为主的初级阶段。迄今,资产支持证券的市场总量不过670亿元,发展严重滞后。① 可喜的是,2010年我国呈现出金融创新年的好兆头:融资融券、股指期货相继推出,资产证券化解冻呼声再起。在这种情况下,为保证资产证券化等金融创新产品的健康发展,提出以下两点建议:

其一,既要充分发挥银监会对各个商业银行实施金融监管的作用,更要注重发挥人民银行在防范系统金融风险方面的独到作用。2003年12月27日《银行业监督管理法》与修改的《中国人民银行法》同时于第十届人大常委会第六次会议上通过,为银监会从人民银行中独立出来,单独履行对银行业的监督管理职责提供了明确的法律依据。次贷危机发生以后,银监会紧锣密鼓地出台了一系列监管指引,②其中2010年颁布的《商业银行资产证券化风险暴露监管资本计量指引》甚至对信用风险转移与监管资本计量、资产证券化标准法、内部评级法进行细致阐述,在推进资产证券化金融创新工具的同时,秉承从严监管的标准。如第10条规定:"同一资产证券化风险暴露具有两个不同的评级结果时,商业银行应当运用所对应的较高风险权重。"第14条规定"商业银行全面了解其表内外资产证券化风险暴露及基础资产的风险特征"。显然,这

① 史晨昱:《信贷资产证券化将迎来发展新机遇》,载《上海证券报》2010年4月15日。

② 自2008年10月1日起,我国银监会发布了第一批新资本协议实施监管指引。包括《商业银行信用风险内部评级体系监管指引》《商业银行银行账户信用风险暴露分类指引》《商业银行专业贷款监管资本计量指引》《商业银行信用风险缓释监管资本计量指引》和《商业银行操作风险监管资本计量指引》。2009年和2010年又发布了第二批《商业银行资本充足率监督检查指引》《商业银行资产证券化风险暴露监管资本计量指引》和《商业银行稳健薪酬监管指引》等规范性文件,力图逐步建立一整套以巴塞尔新资本协议为基础的风险监管制度。

些都是总结次贷危机经验教训后的具体法律体现。笔者认为,这样的监管指引的确及时和必要,但次贷危机表明,金融风险是系统性风险,而仅仅依靠银监会对单个商业银行进行金融监管尚不能从根本上防御系统性风险,防御系统金融风险还是必须发挥人民银行的金融稳定作用。2003 年颁布的《中国人民银行法》强化了人民银行在制定和执行货币政策进行宏观调控方面的职能,明确地规定了其“防范和化解金融风险,维护金融稳定”的职责。次贷危机后,为保障金融安全,2008 年国务院发布《中国人民银行主要职责内设机构和人员编制规定》,在中国人民银行的职责中添加了“负责会同金融监管部门制定金融控股公司的监管规则和交叉性金融业务的标准、规范”。这无疑在人民银行货币政策基本职能之外加上了某种金融监管职能,但这种职能与“三会”(银监会、证监会、保监会)负责个别金融机构监管有本质区别,它是一种金融系统风险预警监管方式。当然,仅仅将人民银行的职责扩张至金融控股公司的监管,还不能涵盖所有的金融创新领域,因此,在未来的金融宏观调控和金融监管活动中,中国人民银行与银监会应该互相配合,做好系统风险防范才是明智之举。

其二,建立资产证券化多主体争议解决机制,弥补金融监管法律缝隙。如前所述,金融创新与金融监管始终在不断的博弈中前行。金融监管催生金融创新,金融创新又为金融监管的完善注入活力。由于金融创新往往是在金融监管法律夹缝中求生存,因此,金融监管法律体系的无缝化便成为立法者与监管者的不懈追求。然而,即使最完备的金融监管法律也不是“铁板一块”,建立完全无缝化金融监管体系只是追求者们的理想蓝图。在笔者看来,只有构建金融创新中多主体争端解决机制,才能改变相对僵死的成文法应对金融产品层出不穷的尴尬局面。从资产证券化过程来看,资产证券化法律关系主体主要包括发起人(原始债权人)、原始债务人、特殊目的机构、投资人等相关参与主体。他们之间会发生很多法律争议问题,诸如发起机构与特殊目的机构之间是否真正做到破产隔离、受托机构能否代表委托人直接起诉债务人、私募基金从事资产证券交易合法性问题等。因此,只有建立一个资产证券化多主体间解决争议的平台与机制,才能一方面用“纠纷解决的结果使这些社会规范得到了维护和不断强化”,[①]另一方面用金融纠纷解决的正当性和合理性弥补成文法的不足。

① [日]棚濑孝雄:《纠纷的解决与审判制度》,王亚新译,中国政法大学出版社2004年版,第33页。

附录

漆多俊先生指导学生名录

博士后（按入学年、姓氏笔画排序）

2002　王先林、钟志勇、沈乐平

2005　张满生、周战超

2007　戚小村

2010　李　沫

博士（按入学年、姓氏笔画排序）

1999　李国海

2000　王天习、王　健、闫小龙、许多奇、孙光焰、李　刚、陈　文、陈丽华、郭宗杰

2001　丁国民、王新红、刘桂清、张冬云、赵红光、黄明安

2002　刘继虎、李运华、李勇、张军建、陈云、陈云良、蒋言斌、游钰、漆丹、黎江虹

2003　丁作提、卢明纯、孙平、孙晋、李晓葵、杨翔、武晋伟、欧阳恩钱、贺运生、徐士英、郭振兰、蒋建湘、谭小林、颜运秋

2004　王玉辉、阮赞林、劳常冬、李立新、杨启伦、宋　威、张　辉、张德峰、周礼文、周符波、敖双红、谢增福

2005　李　微、吴伟达、沈明宇、陈雄根、漆思剑

2006　王红霞、石金平、李胜利、李祖湖、陈茂国、郑艳馨、薛江武

2007　吴云峰、彭卫兵、韩灵丽

2008　古小刚、朱　黎、汤启萍、肖　琼、宾雪花

2009　左平良、姜　美、徐澜波、蔡镇疆

2010　汪玉涛、覃妤嫦

2011　田开友

2012　翟　艳

2013　刘安民

硕士(按入学年、姓氏笔画排序)

1989　卢上需、冯　果、劳常冬、余焕春、段善武

1990　印国强、郑　悦

1991　王天习、王功荣、王立亚、邱建平、余庆斌、贺航洲

1992　卫聪玲、邓文剑、李朝晖、傅绪桥

1993　刘玲佩、李　磊、杨文辉、涂卫东、黄生文

1994　王新红、张传兵、陈爱斌、欧志惠、熊伟

说明:

以上是不完全统计。1989级至1994级硕士除个别同学外,主要由漆多俊教授、凌相权教授、杨荣浩教授、罗明达教授集体指导,联合培养。在毕业论文环节,根据学校要求做了适当分工。

1995　丁作提、王　健、任辉献、肖保国、欧阳建荣

1996　闫小龙、李国海、陈　文、陈永平、罗　平、胡夏冰、游　钰、薛江武

1998　孙　晋、杨百胜

1999　李修蛟

2002　李超玲、吴　征、赵　峰、蓝　澜、蔡文辉

2003　李雪婷、肖　婧、赵汉军、谈　琳

2004　何　丽、张志方、董笃笃

2005　余　志、谢　瑛

2006　石　峰、郭　莹

2007　杨振昊、张婧婧

2008　何圆圆、余君山

2009　史禧娟、刘文楠、刘轩昊、吴丹丹、袁月琴

2010　田　文、刘　娟、李如嘉、肖　威、张光根、张　恒、郭　爽

2011　马　瑶、孙　杰、李　明、张　月、翟文婷

2012　刘海燕、胡　丹、蒋霄瀚

2013　叶秋芳、钟　娜、唐　林

1995级经济法学位班(按姓氏笔画排序)

丁国民、于京珍、王玉明、王宏柱、王　焜、毛学群、邓社民、邓保同、宁艳岩、师　维、任广浩、刘吉彬、刘　亚、汤正旗、李之琳、李　响、李晓光、李新天、杨连专、沈理平、张正平、张运霞、张荣芳、张新民、陈茂国、费　春、徐新意、郭娅丽、傅　建、曾咏梅

武汉市司法学校学生(按姓氏笔画排序)

于小山、于小明、马志标、王　珏、王世川、王晓华、王敬全、方道茂、甘伟华、田士武、吕　瑛、朱　俊、朱绍华、刘树群、李　军、李　炜、李茂刚、李晴云、杨昌武、肖民役、肖　勤、吴建祥、冷　旗、宋红燕、张　峰、张启胜、张学锋、张建生、张家喜、张翠华、陈　力、陈静涛、易珍荣、罗明涛、周汉祥、郑绍斌、夏建铭、徐　维、栾天翔、唐华越、陶丽蓉、黄春香、龚延瑛、彭继明、舒腊荣、曾小凤、蔡子林、薛红文

湖北沔阳县中学学生

漆先生于1963年至1976年在湖北省沔阳县任中学教员共13年,学生很多。其中不少学生对老师感情深厚,40多年来一直保持联系。这次先生八十寿庆,许多沔阳同学献诗作画,表达对老师怀念和感恩。由于当年的学生太多,且分散,实难全面统计,这里就不一一列出名单。特作说明。

图书在版编目(CIP)数据

国家调节说的传承与发展 / 王健,李刚主编. —北京:法律出版社,2017
ISBN 978 -7 -5197 -1212 -9

Ⅰ.①国… Ⅱ.①王…②李… Ⅲ.①宏观调控政策—研究—中国 Ⅳ.①F123.16

中国版本图书馆 CIP 数据核字(2017)第198219号

国家调节说的传承与发展
GUOJIA TIAOJIE SHUO DE CHUANCHENG YU FAZHAN

王 健 李 刚 主编

策划编辑 刘伟俊
责任编辑 刘伟俊
装帧设计 汪奇峰

出版 法律出版社
总发行 中国法律图书有限公司
经销 新华书店
印刷 北京京华虎彩印刷有限公司
责任校对 郭艳萍
责任印制 张建伟

编辑统筹 独立项目策划部
开本 A5
印张 11.75
字数 310千
版本 2017年9月第1版
印次 2017年9月第1次印刷

法律出版社/北京市丰台区莲花池西里7号(100073)
网址/www.lawpress.com.cn
投稿邮箱/info@lawpress.com.cn
举报维权邮箱/jbwq@lawpress.com.cn
销售热线/010 -63939792
咨询电话/010 -63939796

中国法律图书有限公司/北京市丰台区莲花池西里7号(100073)
全国各地中法图分、子公司销售电话:
统一销售客服/400 -660 -6393
第一法律书店/010 -63939781/9782
西安分公司/029 -85330678
重庆分公司/023 -67453036
上海分公司/021 -62071639/1636
深圳分公司/0755 -83072995

书号:ISBN 978 -7 -5197 -1212 -9
定价:46.00元